U0798202

高等学校医疗保险专业第二轮系列教材

总主编　周绿林

医疗保险统计学

第 2 版

主 编　李君荣　李跃平

科 学 出 版 社
北 京

内 容 简 介

本书内容是按照医疗保险研究的流程，以研究设计作为起点，选择了与医疗保险科研及实际应用较为密切的统计学方法。全书内容包括绪论、医疗保险研究设计、数值变量资料的统计描述、随机变量及其分布、抽样误差与抽样分布、数值变量资料的统计推断、方差分析、分类变量资料的统计描述和统计推断、回归分析（包括线性回归和多重线性回归等）、相关分析（包括线性相关、复相关、偏相关和典型相关分析等）、非参数统计方法、Logistic 回归、生命统计、生存分析、常用综合评价方法、常用统计预测方法、统计图表以及计算机数据管理与分析等。

本书可供医疗保险专业和公共管理类专业（医疗保险方向）的全日制本科学生使用，也可作为相关专业人员的科研参考书。

图书在版编目（CIP）数据

医疗保险统计学 / 李君荣，李跃平主编. --2 版. --北京：科学出版社，2024. 10

高等学校医疗保险专业第二轮系列教材 / 周绿林总主编

ISBN 978-7-03-076811-7

Ⅰ. ①医… Ⅱ. ①李… ②李… Ⅲ. ①医疗保险-保险统计-高等学校-教材 Ⅳ. ①F840.684

中国国家版本馆 CIP 数据核字（2023）第 205728 号

责任编辑：郭海燕 / 责任校对：刘 芳

责任印制：徐晓晨 / 封面设计：陈 敬

版权所有，违者必究。未经本社许可，数字图书馆不得使用

科学出版社出版

北京东黄城根北街 16 号

邮政编码：100717

http://www.sciencep.com

固安县铭成印刷有限公司印刷

科学出版社发行 各地新华书店经销

*

2015 年 8 月第 一 版 开本：787×1092 1/16

2024 年 10 月第 二 版 印张：22 1/2

2024 年 10 月第七次印刷 字数：635 000

定价：89.00 元

（如有印装质量问题，我社负责调换）

高等学校医疗保险专业第二轮系列教材
编写委员会

主 任 委 员 林闽钢

副主任委员 申曙光　杨翠迎

总 主 编 周绿林

副 总 主 编 李绍华　毛　瑛　姚东明　黑启明　王　冬　周尚成

总 编 委（以下按姓名笔画排序）

于贞杰（山东第二医科大学）　　于彩霞（内蒙古医科大学）
马蔚姝（天津中医药大学）　　王　冬（南方医科大学）
王　玫（滨州医学院）　　王　昕（中国医科大学）
王前强（广西医科大学）　　毛　瑛（西安交通大学）
白　丽（齐齐哈尔医学院）　　吕国营（中南财经政法大学）
刘维蓉（贵州中医药大学）　　苏宝利（山东第一医科大学）
李绍华（安徽医科大学）　　李跃平（福建医科大学）
杨　风（桂林医学院）　　吴　涛（锦州医科大学）
何　梅（昆明医科大学）　　余军华（湖北经济学院）
张　晓（东南大学）　　陈曼莉（湖北中医药大学）
欧阳静（陕西中医药大学）　　金　浪（福建中医药大学）
周良荣（湖南中医药大学）　　周尚成（广州中医药大学）
周晓媛（四川大学）　　周绿林（江苏大学）
赵　军（湖北医药学院）　　赵成文（西南医科大学）
姚　俊（南京医科大学）　　姚东明（江西中医药大学）
倪　飞（安徽中医药大学）　　高广颖（首都医科大学）
陶四海（华北理工大学）　　彭美华（成都中医药大学）
覃朝晖（徐州医科大学）　　黑启明（海南医科大学）
焦明丽（哈尔滨医科大学）　　熊季霞（南京中医药大学）

秘　　书 张心洁（江苏大学）

本书编委会

主　编　李君荣　李跃平

副主编　王学梅　王　玖　陈　丹　赵　军　卢曼曼

编　委（按姓氏笔画排序）

王　玖　滨州医学院
王学梅　内蒙古医科大学
王诗淇　内蒙古医科大学
卢曼曼　安徽医科大学
刘丽群　江苏大学
刘思佳　内蒙古医科大学
李君荣　江苏大学
李跃平　福建医科大学
时　涛　山东第一医科大学
张田田　安徽中医药大学
张惠东　南京中医药大学
陈　丹　湖北中医药大学
易　颖　广州中医药大学
赵　军　湖北医药学院
赵林海　安徽医科大学
胡乃宝　滨州医学院
唐艳林　江苏大学
鲁志鸿　山东中医药大学

秘　书（按姓氏笔画排序）

刘丽群　唐艳林

总　序

自1994年“两江”（镇江市和九江市）职工医疗保障制度改革试点方案实施以来，我国医疗保障制度建设取得长足发展，实现了历史性跨越。截至2021年底，全国基本医疗保险覆盖13.6亿人，95%以上的国民有了基本医疗保障，全民医保体系初步形成。国际劳工组织盛赞中国社会保障取得的巨大成就，在《世界社会保障报告（2017—2019）》指出，中国是实现养老保险和医疗保险快速扩面最成功的国家之一。2020年《中共中央 国务院关于深化医疗保障制度改革的意见》提出：“到2030年，全面建成以基本医疗保险为主体，医疗救助为托底，补充医疗保险、商业健康保险、慈善捐赠、医疗互助共同发展的医疗保障制度体系。”

为适应医疗保险事业的发展，我国医疗保险人才培养也走过了 20 多年历程。目前全国已有多所高校在公共事业管理、劳动与社会保障等相关专业中培养医疗保险人才。令人欣喜的是，2020年2月印发的《教育部关于公布2019年度普通高等学校本科专业备案和审批结果的通知》决定新增备案医疗保险本科专业，充分体现了政府和社会对医疗保险专业建设的重视和认同。

教材是学校教育教学、推进立德树人的关键要素，教材建设也是专业建设中最基本的教学条件建设内容之一，教材质量直接体现高等教育和科学研究的发展水平，也直接影响本科教学的质量。在新文科建设背景下，紧密结合一流专业和一流课程建设，需要符合新时代发展要求的高水平教材。

为适应新时代医疗保险专业人才培养和高等医疗保险教育的需要，体现最新的教学改革成果，2014年5月“中国医疗保险教育论坛”理事会发起编写“高等学校医疗保险专业第一轮系列教材”（简称第一轮系列教材）。第一轮系列教材出版后，受到了教材使用高校和社会读者的广泛好评。随着时间的推移，近年来公共管理理论和方法有了新的进展，国内外医疗保障改革发生了巨大变化。为此理事会决定启动编写第二轮系列教材并成立了“高等学校医疗保险专业第二轮系列教材编写委员会”，特邀林闽钢（教育部高等学校公共管理类专业教学指导委员会委员、中国社会保障学会副会长、南京大学教授）担任主任委员，申曙光（中国社会保障学会副会长兼医疗保障专业委员会主任委员、中山大学教授）、杨翠迎（教育部高等学校公共管理类专业教学指导委员会委员、上海财经大学教授）担任副主任委员。

此后在全国范围内进行了主编、副主编、编者的申报遴选工作。2020年11月，在江西中医药大学隆重召开“高等学校医疗保险专业第二轮系列教材主编、副主编聘任暨全体编委会议”。编委会要求教材编写时应遵循“三基”（基本理论、基本知识、基本技能）要求，以必需和够用为度，体现现代教育思想，反映学科建设和医改发展最新成果，把第二轮系列教材编成有特色、有创新、有深度、有影响力的精品教材。教材编写过程中，适逢党的二十大胜利召开，为此，编委会要求推进党的二十大精神进教材、进课堂，落实立德树人根本任务，努力践行社会主义核心价值观。

第二轮系列教材体系沿袭第一轮系列教材确定的12门专业基础课和专业课教材，其编写是在第一轮系列教材基础上吸收了国内外医疗保险最新理论研究与改革实践成果，是全国40余所高校从事医疗保险专业教育工作者的集体智慧。第二轮系列教材的编写出版，期冀为提升新时代我国医疗保险专业人才培养质量与专业学科建设水平发挥积极作用。

“中国医疗保险教育论坛”理事会
高等学校医疗保险专业第二轮系列教材编写委员会
2023年1月10日

前　　言

随着我国新医改的持续推进，医保在“三医联动”改革中基础性作用越来越凸显，医保自身高质量发展越来越迫切，它不仅需要对各种数据进行归纳、汇总，以反映日常业务运行情况，同时还要研究如何建立适度的待遇保障、稳健可持续的筹资、管用高效的医保支付、严密有力的基金监管等机制和制定科学合理的医疗保险发展规划等。医疗保险统计学是探索医疗保险业务活动特点及其医疗保险事业发展规律的有效手段，也是分析和拓展医疗保险业务以及科学研究的有力工具。医疗保险专业和公共管理类专业（医疗保险方向）的学生通过学习医疗保险统计学，掌握相关的原理和方法，以便将来工作中正确搜集、整理和分析医疗卫生服务和医疗保险领域的信息，有助于科学地总结和分析医疗保险运行规律，为有关决策部门提供依据，促进医疗保险管理的科学化，增强医院管理水平，推动卫生经济学科的健康发展。

科学出版社出版的《医疗保险统计学》自 2015 年出版以来，深受广大师生的欢迎和好评。此次再版，编委会充分考虑医疗保险专业培养复合型人才的特点，根据历年在教学、医疗保险管理、医院管理实践中所应用的统计方法，结合各校的实际情况，对第一版进行了适当增减。

本书在撰写过程中，坚持简明实用、适合本科生的教学目标，对概念和原理的解释力求准确；对理论、方法、技术等知识的介绍，努力做到科学规范；对语言文字的叙述，力戒烦琐。所有统计方法的名称尽量与国际较为权威的社会科学统计软件包（SPSS）保持一致，并从实例入手，由浅入深讲述其基本原理、基本概念、基本方法以及各种统计方法的用途和应用条件，便于实际操作时模仿和借鉴。

全书共19章。第一章为绪论，第二章为医疗保险研究设计，考虑到医疗保险的专业特点，在第三章数值变量资料的统计描述中保留了总量指标，第四章为随机变量及其分布，第五章为抽样误差与抽样分布，第六章为数值变量资料的统计推断，第七章为方差分析，第八章和第九章介绍分类变量资料的统计描述和统计推断，第十章为回归分析（包括线性回归、多重线性回归等），第十一章为相关分析（包括线性相关、复相关、偏相关和典型相关等），第十二章为非参数统计方法，第十三章为Logistic回归，将涉及生命统计的内容合并为第十四章，第十五章为生存分析，第十六章为常用综合评价方法，第十七章为常用统计预测方法，第十八章为统计图表，增加了部分医疗保险专业常用的统计图，第十九章为计算机数据管理与分析，更新了对统计软件较新版本的介绍，具有很强的实践性。综合各高校反馈情况，部分章节进行了较大增减，删除了医疗保险统计报表体系。书中大部分章节附有思考题，同附录中部分内容一起，放于书末二维码中，可供学生参考、自测和课堂教学用。

本书在编写过程中，得到所有参编单位的大力支持，特别是江苏大学医学院和管理学院、福建医科大学领导的支持。本书学术秘书刘丽群、唐艳林老师为本书的出版付出了辛勤劳动，江苏大学 2018 级硕士研究生周雪莲为本书的计算部分进行复算。在此特向所有对本书给予关心和支持的各位领导和同仁以及被引用文献的有关作者致以诚挚的谢意。

限于水平，本书不当之处在所难免，敬请广大读者批评指正，以便修订时参考。

李君荣　李跃平

2023 年 11 月 30 日

目　录

第一章 绪　论

内容提要

本章介绍了统计学发展的简史，医疗保险统计学的定义、研究内容和医疗保险统计工作的基本步骤，重点介绍了常用的统计学基本概念，是读者理解和学习后续章节内容非常重要的前置基础。

随着我国医疗保险事业的不断推进和完善，信息的传播速度与交流日益加快，人们获取知识的渠道与方法不断增加，人们所面对的各种各样的信息，都会涉及大量的数字信息资料，如何去分析、挖掘和利用医疗保险数字信息资料，为医疗保险政策、决策提供数据支持，就要对医疗保险信息的变化有更加深入的认识。然而，事物的变化现象有必然和偶然之分，且常常是偶然性（不确定性）掩盖了必然性，妨碍了人们对客观规律的认识。如何去伪存真、去粗取精，正确地从表面纷繁杂乱的不确定性现象中揭示其内在的规律，正是统计学（statistics）所面临的根本任务。

第一节　统计学发展简史

统计一词由来已久，最早来源于拉丁语 status，其意思是各种现象的状态和状况。在原始社会里，人类最初的一般计数活动，已经蕴藏着统计萌芽。随着奴隶制国家的产生，统治阶级为了满足对内统治和对外战争的需要，需要征兵征税，开始了人口、土地和财产及世袭领地的统计工作。进入封建社会，统计工作已初具规模，一些君主和开明的政客日益认识到统计对治国强邦的重要作用。到了封建社会末期，特别是进入资本主义社会后，由于社会生产力的迅速发展，社会分工愈益精细，交通、航运、贸易日益发达，国际市场逐步形成，政府不仅需要有人口、土地、财富、赋税和军事等国情国力方面的统计，各企业主、商人为了经营管理也需要统计，统计逐步扩展到了工业、农业、商业、银行、保险、邮电、海关等部门，并出现了专业性统计组织和研究机构。在这样的历史条件下，17 世纪中叶以后，随着各行各业统计实践的发展，客观上各专业领域要求总结经验，使之上升为理论，并进一步指导实践。欧洲开始出现一些统计理论著作，统计学（statistics）应运而生，并形成了一些不同的学派。

一、古典统计学时期

古典统计学时期是统计学的萌芽期，指 17 世纪中叶至 18 世纪中叶。帕斯卡（Pascal）和费马（Fermat）基于对别人赌博经验的兴趣，开创了概率论研究，约翰·格朗特（John Graunt）最重要的贡献是编制了世界上第一个死亡表（即生命表的基础），他被称为人口统计学之父。这一时期许多学者将统计工作应用于政府服务，主要有两大学派。

（一）政治算术学派

政治算术起源于 17 世纪中叶的英国，代表人物是配第（W. Petty），代表作是《政治算术》（*Political Arithmetick*），该书首次用计量和比较的方法对英国、法国与荷兰三国的经济实力、军事实力和内在潜力进行了分析，他主张一切论述都用数字、重量和尺度来进行，并提出了用图表形式概括数字资料的理论和方法。其理论与方法对后来的统计学形成与发展有着深远的影响。

（二）国势学派

国势学派亦称记述学派，该学派产生于18世纪的德国，主要代表人物是康宁（H. Coning）和阿亨瓦尔（G. Achenwall）。Achenwall一个主要的贡献是，他首次把国势学定义为"statistic"，统计学的名称由此沿用下来。该学派后来逐渐发展为政府统计。

二、近代统计学时期

近代统计学时期是统计学的发展期，指18世纪末至19世纪末。标志性事件有1834年伦敦统计学会成立（1887年更名为现在的皇家统计学会），1885年全球性的统计专业性学术组织——国际统计学会的成立。在这段时期，统计学得以快速发展并形成了许多学派，其中最主要的是数理统计学派和社会统计学派。

（一）数理统计学派

许多统计学者研究赌博中的随机现象，这促使了概率论研究的深入，由此将概率论引进统计学也就顺理成章。其奠基人是比利时学者凯特尔（A. Quetelet）和他的老师拉普拉斯（P. S. Laplace）。他们主张用自然科学的方法研究社会现象，并将概率论引入统计学，使统计学进入了一个新的阶段。Quetelet最早用大数定律论证了社会生活现象复杂变化的偶然性中存在着规律性，与高斯（Gauss）一道将正态分布理论用于描述误差分布的研究，解决了统计学的准确性问题，同时将统计学定义为一门既研究社会现象，又研究自然现象的独立的方法论科学，概率论在英美等国得以快速发展，至19世纪末，正式从统计中分离出来，自成一派。

（二）社会统计学派

该学派是以德国为中心，由克尼斯（K.G.A. Knies）首创，主要代表人物有恩格尔（C.L.E. Engel）和迈尔（G.V. Mayr）等。他们认为统计学是一门社会科学，是研究社会现象变动原因和规律性的实质性科学，以此与数理统计学派的通用方法论相对立。社会统计学派研究社会总体而不是个别的社会现象，将政府统计与社会调查结合起来，形成自己的特点，在国际统计学界占有一定的地位，对日本等国的统计学界有一定的影响。

然而，社会经济的不断发展，要求统计学提供更多的方法，社会科学本身也不断向定量化发展，日益重视方法论的研究，出现了从实质性科学向方法论转化的趋势。

三、现代统计学时期

现代统计学时期指20世纪初至今的统计学发展时期。皮尔逊（K. Pearson）提出了描述生物变异的指标——标准差（standard deviation，SD），并且在1899年创办了世界上第一本统计学杂志*Biometrika*，在1990年提出了卡方检验的思想，他还创建了世界上第一所统计学校。这一时期的科学技术迅猛发展，社会生产发生了巨大变化。数理统计学同自然科学、工程技术紧密结合而被广泛应用，获得迅速发展，进入了鼎盛时期。K. Pearson的学生戈塞特（W. S. Gosset）提出了小样本的t分布理论，费希尔（R. A. Fisher）又加以充实，并由内曼（J. Neyman）等进一步发展，建立了统计假设理论，形成了当今广为应用的t检验，开创了小样本研究的新纪元。后来，沃尔德（A. Wald）创立了统计决策理论，威尔克斯（S. S. Wilks）和威沙特（J. Wishart）等统计学家对样本分布理论加以充实和发展，R. A. Fisher首次提出了实验设计的概念和三个基本原则（对照原则、随机化原则和重复原则），科克伦（W. G. Cochran）等对其进一步丰富和发展，拓宽了统计学的研究范围，至今仍在广泛应用。在这期间，特别要提出的是数理统计学派吸取了生物学研究的有益成果，提出并发展了回归分析、相关分析、假设检验等方法。20 世纪 60 年代后，数理统计学的发展呈现出三个明显的趋势：一是越来越广泛地应用数学方法；二是出现了一些新的分支（如抽样理论、非参数统计、多元分析、时间序列分析等）以及一些边缘学科（如经济计量学、生物统计学、天文统计学、工程统计学等）；三是应用更加广泛，尤其伴随着计算机的发展，各种统计软件层出不穷，使原先需要较为复杂计算的统计方法得以普及，统计学在科学研究领域所发挥的作用也愈加明显。因而，数理统计学派已成为现代统计学的主流学派。

在各学派争论的同时，出现了一个不可忽视的学派，就是贝叶斯（Bayes）学派。该学派在近 50 年中逐渐形成体系，也开始走进教室，并逐步打破数理统计学派一统天下的局面，值得研究人员关注。

第二节 医疗保险统计学概述

统计学的原理和方法几乎应用到自然科学和社会科学的各个领域，产生了许多应用性分支，诸如社会经济统计学、工业统计学、生物统计学、卫生统计学、农业统计学、教育统计学等。随着医疗保险事业的不断推进，如何将统计学的原理和方法应用到医疗保险研究领域越来越引起人们的关注。由于该领域的研究对象是人，具有其特殊性，并受诸多的社会、经济、文化和心理因素等的影响，许多现象均具有不确定性，统计学更是大有用武之地，完全有理由成为一个统计学的应用性分支。

一、医疗保险统计学定义

医疗保险统计学（statistics in health insurance）至今没有一个严格的定义，我国较早由李君荣和杨江林两位教授定义了该学科。医疗保险统计学是运用概率论和数理统计原理、方法，结合医疗保险研究与实践的实际情况，探讨医疗保险研究设计以及医疗保险研究中的资料的搜集、整理、分析和推断的一门科学，是进行医疗保险日常管理和科学研究所必需的重要手段，它不仅仅是一门方法学，同时也有其自身研究领域的一门科学。例如，在保险业务中要检查计划完成情况，动态分析保险业务收入情况，计算各种费额，对社会经济现象和年保费增长趋势进行预测，以及填报、计算各种统计报表，有时为了预测保险给付额，常常要分析疾病登记资料，了解疾病的发生发展规律，这些都离不开医疗保险统计学。

二、医疗保险统计学研究内容

医疗保险专业的学生学习医疗保险统计学，其目的不言而喻。通过本课程的学习，要求同学充分认识原始资料的重要性，如实反映研究中的现象是每个科研人员必备的品质，记住：“Figures don’t lie，but liars do figures.”（数字不会说谎，但说谎者可以伪造数字。）

医疗保险统计学的研究内容非常广泛，几乎所有的统计原理和方法都能在医疗保险领域得以直接或间接应用，根据目前该领域研究的现状以及教学学时的限制，本书的主要内容包括医疗保险研究设计、常用统计分布理论、样本资料的统计描述、统计推断（包括参数估计及假设检验）、相关分析、回归分析、生命统计、多因素分析、生存分析以及统计预测、医疗保险统计图表等。

医疗保险产生的自然条件是生死病残等事件的客观存在，其经济基础是商品生产和商品交换，统计则是医疗保险经营管理和研究的技术手段。对于某个具体参保人，病死伤残事件的发生时间和程度是无法确定的，但可以运用统计学原理和方法，揭示这些现象变化的关系和规律。如医疗保险费率的确定，是根据大量的生命统计资料以及相关因素计算的。充分认识医疗保险统计的意义和作用，对于全面了解医疗保险的现状，制定医疗保险政策、改善医疗保险经营以及促进医疗保险事业的健康发展有着很重要的现实意义。

上述研究最终是为国家或地方制定医疗保险工作的方针、政策提供依据，医疗保险大政方针的制定是建立在有关医疗保险、经济活动、卫生服务水平、居民健康状况等分析的基础上，不是“一拍脑袋”形成的；分析评价医疗保险业务经营情况和影响因素，医疗保险工作的好坏，无非从其科学性、先进性和效益等方面进行评价。其中不乏大量的统计指标和指标体系，甚至多因素统计分析，如将主成分分析法用于医疗保险评价；分析疾病的发生、发展规律，医疗保险的经营、管理及科学研究都与疾病的发生与发展分不开，需要经常了解居民的健康水平，分析疾病的发生、发展规律，研究医疗费用的结构、消长，进而调整医疗保险费率、降低管理费用；规范运用统计图表，对于日常管理以及不同时期的比较，甚至不同地区间的比较都非常实用，可以减少冗长文字的描述，使得科研文献或管理文本更为简洁。

三、医疗保险统计工作的基本步骤

医疗保险统计工作的步骤类似于科研工作的步骤，一般分为四个步骤：研究设计（design）、搜集资料（collection of data）、整理资料（sorting data）和分析资料（analysis of data）。前一步骤是后一步骤的基础，同时后一步骤又对前一步骤提出要求，相辅相成，缺一不可。任何一个步骤的缺陷，都会影响统计分析结果的真实性和结论的可靠性。

（一）研究设计

统计工作首先要有一个全过程的设计，这是很重要的一步（详见第二章），它包括专业设计与统计设计两方面。专业设计是医疗保险专业知识用于科研选题、建立假说、确定研究对象和技术方法等，是研究设计的个性体现；而统计设计则围绕专业设计确定其设计类型、样本大小、分组方法、统计分析指标及统计分析方法选择等，是研究设计的共性体现。

（二）搜集资料

1. 搜集资料的重要性

多数学者认为用“搜集”比较合适，即带有目的性地搜集资料，而不是漫无目的地“收集”。好的资料搜集是医疗保险管理工作和科研工作的关键，如果搜集原始资料的计划不周密，原始记录不准确，就会造成整理资料、分析资料的困难，甚至得出虚假结果和错误结论。

2. 资料的来源

资料又分为第一手资料和第二手资料。

第一手资料包含以下几种情况。

（1）统计报表。统计报表有多种，包括医院工作报表、疫情报表、医疗保险报表、出生或死亡报表等。通常是由于工作需要，由国家或地方统一设计，要求有关卫生机构定期、逐级上报，其所含信息既为管理服务，又完全可以为科研所利用。

（2）日常工作记录。在日常工作中，住院、门诊病历，各种医学检查记录等不仅是临床医疗工作的凭证，如果资料准确、完整，也是医疗保险科学研究非常宝贵的资料来源。

日常工作记录是经常性资料。为了使这些资料可以供科研使用，必须注意资料的完整性和准确性，防止重复和遗漏或者项目填写不清等情况发生，一旦发现错误，应及时纠正，否则得到的资料也不可靠。因此，医疗卫生人员必须从思想上认识到原始记录的重要性。

（3）专题调查或实验性研究资料。有些资料不能通过上述途径得到，如肝癌的病因学研究、某种药物的疗效观察、医保政策实施效果评价等，必须进行专题调查或实验才能取得所需的资料。由于这类资料事先有较为严密的设计，其应用价值相对较高。

第二手资料是指已公布的资料，如数据银行，全国、全省卫生统计资料，统计年鉴等。无论是第一手资料还是第二手资料，都要求资料完整、准确、及时。资料完整是指观察单位及观察指标完整，不能有遗漏；准确是指数据真实、可靠，数据真实是医疗保险统计学的灵魂；及时是指医疗保险资料具有时效性。

（三）整理资料

整理资料又称为统计归纳，即根据研究设计者整理分析计划的要求进行分组与汇总，使资料条理化、系统化的过程，目的是便于分析。

在整理资料之前，首先应对原始数据进行复核检查，数据准确无误后方可进行整理、分析。复核、检查的手段有多种，可以通过手工核实、逻辑检查等方法发现一些常见的错误。

值得一提的是，随着计算机应用的普及，数据管理大多采用数据库进行，然后进行统计分析。在数据录入的过程中，录入错误不容忽视，对统计分析的质量带来严重影响，甚至歪曲结论。解决的办法除了加强数据录入人员的责任心之外，目前较好的是录入两次数据，即同时建立两个数据库，再编一比较程序比较两个数据库，若发现数据不一致，表示数据有录入错误。

（四）分析资料

分析资料是本书要讲解的重点，是对整理过的资料作进一步的统计计算、分析的过程。统计分析包括统计描述和统计推断，其结果可用适当的统计图表等表示，同时，还必须结合专业知识给出恰如其分的专业结论。

以上四个步骤相互关联，不能截然分开，前一步骤是后一步骤的基础，后一步骤又对前一步骤提出具体要求。

第三节 常用的统计学基本概念

一、研究对象

医疗保险研究的研究对象（subject），亦称个体（individual）、观察单位（unit），是根据研究目的确定的研究主体。根据研究目的，研究对象可以是患者、医生、管理人员，也可以是一个地区、医疗机构、科室等。

二、变 量

医疗保险研究所搜集的资料，并不是对研究对象（个体）本身感兴趣，而是对其某项指标或者是特征感兴趣(即对其特征进行测量、观察等)。这些指标或者特征在统计学上统称为变量(variable)，变量一律用大写拉丁字母表示，如 X，Y，Z，…。变量的取值，称为变量值，亦称为观察值，习惯用小写拉丁字母表示。如研究对象是参保人，研究人员对参保人的年龄、收入、保费感兴趣，则年龄、收入、保费就是变量（X，Y，Z），20 名参保人具体年龄即为观察值（x_1，x_2，…，x_{20}）。本书若不作特别说明，所谓变量指的都是随机变量（见第四章）。

三、变量类型

根据变量值（观察值）的特性，将变量分为数值变量和分类变量两大类。医疗保险研究者首先要分清变量类型，以便采用合适的统计指标和统计方法来处理。

（一）数值变量

数值变量（numerical variable）或称为定量变量（quantitative variable），指对每个观察单位用定量方法测定某项特征（指标）量的大小，数值变量的取值是定量的，一般有度量衡单位。例如，参保人的年龄（岁）、收入（元）、血红蛋白含量（g/L）等都属于数值变量。这样所得资料称为数值变量资料。

（二）分类变量

分类变量（categorical variable）亦称定性变量（qualitative variable），将观察单位按某种属性或类别分组所得的各组单位数。分类变量的取值是定性的，表现为互不相容的类别或属性。根据属性或者类别的多少又可分为二分类变量和多分类变量，分述如下。

1. 二分类变量

将观察单位按两种属性分类，如性别作为一个变量，表现为互不相容的两类结果（男或女）；再如生存和死亡、满意和不满意、参保和不参保等均为两互不相容的类别。

2. 多分类变量

将观察单位按多种属性进行分类，又包括两种情况。一种为无序分类（unordered categories），如职业（工人、农民……），表现为结果之间彼此互斥、各类之间无程度上区别，即不能说何种职业为大；另一种为有序分类（ordered categories），如临床疗效的观察（治愈、显效、好转、无效），对医保政策的满意程度（结果为很满意、较满意、一般、较不满意、很不满意），各类结果之间有程度上的差别（等级关系），即所谓的“半定量资料”。

变量的分类不是一成不变的，根据研究目的，在分析资料的过程中可以将各类变量资料进行转换。如观察一组参保职工的年龄（岁），显然属数值变量，但若按照是否大于 60 岁（或 65 岁）来进行分组，可以分为两组（即老年组和非老年组），再分别清点两组的人数，此时年龄作为一个变量就变成二分类变量；如果按照 10 岁一组，年龄又变成有序分类变量。

四、同质与变异

同质（homogeneity）是指性质相同或相近的事物。统计学常要求研究对象同质，是指性质相同或相近的观察对象。例如，研究某种疾病，一定要有统一的诊断标准；研究城镇在职职工参保情况，必须是户口在城镇的在职人员，称为同质观察单位。然而，即使是同质观察单位，就其某一特征（观察指标）而言，个体之间也是存在差异的，这种差异称为变异（variation）。例如，尽管在同一城市的在职职工，其收入却不相同，称为收入变异；某药物治疗某疾病，有的患者能治愈，有的患者好转，有的患者则无效甚至恶化、死亡，称为疗效变异。

五、总体与样本

总体（population）是指根据研究目的所确定的同质研究对象的全体，分为有限总体和无限总体。例如，我们要调查镇江市在职职工的收入情况，该市所有的单位或企业在职职工就构成了本次研究的总体，属于有限总体，其同质的基础是工作在镇江市范围内的单位或企业在职职工。样本（sample）是从总体中随机抽取的部分有代表性的观察单位，某指标的实测值即构成了样本。若要了解镇江市在职职工的收入，可以对总体中的所有职工进行调查，称之为普查，但限于时间、人力、物力和财力等方面的影响，普查的难度较大。然而，要达到上述研究目的，不是必须要普查，甚至是没有必要的。此时，可以在总体中随机抽取一部分有代表性的单位或企业职工作为本次研究的调查对象，该部分职工就组成了本次研究的样本。样本中包含的研究对象数称为样本含量（sample size），本

书一律用小写 n 表示。

六、参数与统计量

描述总体特征的统计指标统称为参数（parameter），一律用希腊字母表示。而由样本的信息所计算的统计指标称为统计量（statistic），一般用拉丁字母表示。例如，某市所有在职职工的平均收入就是一个参数，而根据在职职工样本所计算出的平均收入则是一个统计量。

七、抽样研究与抽样误差

从总体中随机地抽出一部分个体（样本）进行研究，称为抽样研究（sampling study）。由于总体中的个体往往存在着变异，而样本只是总体中的一部分，因而，由样本所计算出的统计量常常与总体的参数之间存在着差异，这种由于随机抽样所造成的样本统计量与总体参数之间的差异称为“抽样误差”（sampling error）（详见第五章）。

八、频率与概率

在一定条件下，一定会发生或一定不会发生的现象称为确定性现象。其表现结果为两种事件：肯定发生某种结果的叫必然事件；肯定不发生某种结果的叫不可能事件。在同样条件下可能会出现两种或多种结果，究竟会发生哪种结果，事先不能确定，称为随机现象，其表现结果称为随机事件。随机事件具有两个特征：①不确定性；②规律性，即每种结果发生的可能性的大小是确定的。

假设在相同条件下，独立地重复做 n 次试验，随机事件 A 在 n 次试验中出现了 m 次，则

$$f=\frac{m}{n}=\frac{A\text{发生的试验次数}}{\text{试验的总次数}}$$

称为事件 A 在 n 次试验中出现的频率（frequency），m 称为频数。频率常用小数或百分数表示，显然有 $0\leqslant f\leqslant 1$。在医疗保险研究中常用的参保率、病死率等都可看作是频率。

实践表明，在重复试验中，事件 A 出现的频率，随着试验次数的不断增加，它愈来愈接近一个稳定的常数，这个常数称为事件 A 出现的概率（probability，P），可以记为 $P(A)$。概率的这一定义称为概率的统计定义，它描述了事件 A 发生的可能性。其值介于 0 和 1 之间，概率愈近于 1，该事件发生的可能性就愈大；不可能事件，概率为 0；必然事件，概率为 1；随机事件，概率介于 0～1 之间。习惯上将概率 $P\leqslant 0.05$ 的事件称为小概率事件，其含义是该事件发生的可能性很小，可以认为在一次抽样中不会发生。

（李君荣 李跃平）

第二章　医疗保险研究设计

内容提要

研究设计是开展科学研究的第一步，更是必不可少的重要环节，医疗保险研究也不例外，研究人员必须同时具备统计学知识和医疗保险专业知识，才能够在研究目的的指导下，对研究对象的选择、研究类型的确定、研究方法的使用、研究方案的实施、数据资料的整理、分析结果的形式等方面问题做出有效的设计和周密的安排，以达到为后续的研究实施、数据整理和分析工作提供支持的目的。一份合理的医疗保险研究设计方案不仅是高效完成研究工作的前提，更是研究结果能被再现（reproduction）的科学保证，对于提高医疗保险研究工作的质量与水平是非常重要的。

第一节　医疗保险研究设计概述

一、研究设计的概念和意义

研究设计是根据科学研究的目的和研究对象的特点，对科研工作的各个方面、各个环节进行科学有效的设计与部署，从而保证研究工作的顺利进行和研究资料的真实有效。包括专业设计和统计设计两部分，专业设计反映了研究者对专业领域知识的把握能力，决定了研究工作的水平和深度，保证了研究工作的实用性和先进性，是医疗保险科研工作的“个性”问题；统计设计反映了研究者对统计工作的应用能力，决定了研究工作的质量，确保了研究工作的经济性、可靠性和再现性，属于医疗保险科研工作的“共性”问题。本书仅从医疗保险科研工作的共性入手，讨论医疗保险研究设计。

医疗保险研究设计的意义在于合理安排资源，提高工作效率，用较少的人财物和时间投入获得较为准确可靠的原始资料，以保证医疗保险研究工作的科学严谨、真实有效和经济高效，并能够合理控制误差，通过分析探索医疗保险现象的运行机制和发展规律。研究设计是统计工作的首要环节，必须作为一个独立的工作阶段加以重视，才能分清主次、统一标准、避免重复和遗漏，确保医疗保险研究工作顺利有序开展。

二、研究设计的类型

医疗保险研究设计分为观察性研究和实验性研究两大类。

观察性研究（observational study）又称调查研究、非随机化对比研究，是人类认识客观世界和获取科学事实的基本方法，是通过未施加干预的观察、记录和描述活动，来达到认识事物或现象的目的的研究。在开展观察性研究时，要特别注意是将事物或现象放置于自然状态之下进行观察和记录，并客观地对其进行描述，无需对其进行任何的干预，具有较好外部真实性。而内部真实性直接影响研究结论的科学正确性，但同时也存在着混杂和偏倚，因此必须经过科学的设计才能保证观察性研究获得科学的结论。观察性研究可以起到扩大感性认识、启发思维、导致新发现等作用，在人类认识世界的过程中具有不可替代的作用。

实验性研究（experimental study）又称干预性研究，主要是为达到某种研究目的而对研究对象给予人为干预措施的研究，并对干预效果进行评价。而实验性研究是在观察性研究的基础上，根据研究目的主动对所研究事物或现象施加一定的干预措施，在人为控制实验条件和混杂因素的情况下做出的进一步研究。

观察性研究与实验性研究相比，最大的区别在于是否人为给研究对象施加干预措施。在实际工作中两者往往结合使用，观察性研究为实验性研究提供线索和假设思路，实验性研究为观察性研究提供假设的验证和科学依据。

第二节　观察性研究设计

一、观察性研究的方法

（一）按照研究范围分类

1. 全面调查

全面调查就是对构成研究对象总体的所有单位逐一进行信息登记的一种调查方法，如想要了解某种药品的产量情况，就要对全国所有生产该药品的企业一一登记调查。普查和全面统计报表属于全面调查。

全面调查得到的数据最为准确，但是由于是要对全部总体单位逐一登记调查，必然耗费人财物和时间，因此通常在国民经济调查中，需谨慎选择，通常只在关系到国计民生等重大信息时才会选择全面调查，如人口普查、耕地普查、经济普查等。

2. 非全面调查

非全面调查是从构成总体中选择一部分单位构成样本并由此进行综合调查的一种方法，如抽样调查社会失业率等。非全面调查根据样本选择方式的不同，又可以分为重点调查、典型调查和抽样调查。

（二）按照研究目的分类

1. 描述性研究

描述性研究是指在没有对照组的情况下，对事物或现象进行描述性阐述，以达到记录、分析趋势、生成假设的目的，如病例报告、病例分析等。

2. 分析性研究

分析性研究侧重于分析事物或现象的内在联系和相互影响，包括横断面研究、病例-对照研究和队列研究三种基本形式。

（1）横断面研究（cross-sectional study）。横断面研究是医疗卫生、保险研究领域较常用的研究方法，是在某一时间与范围内，以个体为单位收集相关变量（因素）以及疾病或卫生事件的基本情况，分析疾病或卫生事件与有关因素之间的关系。如2019年8月发布的《中国高血压防治现状蓝皮书（2018版）》中公布的数据，2012年我国18岁及以上人口的高血压患病率为25.20%，2015年上升至27.90%。横断面研究通常是为了了解疾病或健康状况的分布而做的一个现况性研究，可以为进一步的研究提供基础和思路，可以据此开展疾病监测、确定高危人群、建立某些人体生理指标的参考值范围，或是研究人群的有关因素与疾病或健康状况之间的关系，提供病因线索或建立病因假设等。

横断面研究作为一种现况性研究，反映的是某个时间断面上的情况，研究因素和现状可能同时存在，两者的先后顺序关系不明确，因而很难得出因果关系的结论。因此在横断面研究中，研究因素不能随机地分配到研究对象中，这是观察性研究区别于实验研究的重要特征之一。例如在医疗保险的影响因素调查中，研究者不能随机地将调查对象按照年龄、收入等分成相应的处理组分别来研究作用效果。在比较两个社区某肿瘤患病率时，由于年龄和性别存在不同，不能运用随机分配的方式将社区居民按照年龄和性别进行分组来控制。

（2）病例-对照研究（case-control study）。病例-对照研究是一种用于探索病因的流行病学研究方法，它是以某人群内一组患有某种疾病的人（病例组）和同一人群内未患有该疾病但具有可比性的人（对照组）为研究对象，分析两组人群对某一研究因子的暴露有无和暴露程度，以推断研究因子与疾病之间是否存在因果关系。例如，选择一组肺癌患者（病例组）和一组未患肺癌但有可比性的人（对照组）调查两组人群是否吸烟、吸烟时长、吸烟频次等信息，以分析吸烟这一可能的致病因子与肺癌之间是否存在因果关系。病例-对照研究是从现在是否患病出发追溯过去可能的原因，因此属于回顾性研究。

（3）队列研究（cohort study）。队列研究是将某一人群按照是否暴露于某种可疑因素及其暴露程度分为不同的亚组，追踪各组的结局，比较不同亚组结局的差异程度，以判断研究因子与结局之间是否存在因果关系的一种研究方法。队列研究主要用于研究综合防治措施或方案的作用，探索疾病的病因，研究干预或与干预相关的不良作用等。例如，在某一人群中按照是否饮食口味的清淡程度分组，记录追踪不同组高血压的发病率，以判断食盐的摄入量与高血压之间是否存在因果关系。

三种研究方式中，横断面研究在医疗保险研究领域应用最为广泛，实际工作中多被称为调查研究，它是统计研究工作的开端，是整个统计工作的基础，决定着整个统计工作质量。因此在开始之前必须认真做好研究设计工作，包括资料搜集、整理和分析的各个环节以及对整个调查过程的科学规划和安排。

二、调查研究设计

（一）拟定调查方案

统计调查是一项系统工程，需要有计划、有组织地开展，因此在开始调查之前需要制定一个详细周密的调查方案需要明确“五个 W”，此次调查的目的是什么（why）？向谁搜集资料（who）？搜集哪些资料（what）？搜集资料的时间是什么（when）？如何开展调查（how）？

1. 确定调查目的

首先要明确此次调查的目的，任何一项统计研究工作都是为了解决一定的问题而实施的。有了明确的调查目的，才能有的放矢地开展调查工作、正确地选择调查的方式方法、有针对性地选择整理资料，从而提高调查的准确性、经济性和时效性。但在确定调查目的的时候要注意，开展调查要解决的问题可能有很多，要根据资料获取的可能性和难易程度选择其中最根本、最重要的问题，作为调查的目的。

调查研究的目的可以分为探索性研究、描述性研究和解释性研究三类。探索性研究（exploratory research）是指研究的问题是没有研究过的、全新的。例如对新发传染病的研究，只有对疾病的类型、形成原因及传播方式进行研究，才能设计出精确的治疗方案和预防办法。描述性研究是将某个情景、社会背景或关系精确地呈现出来，在医疗保险研究中，描述性研究是对疾病或卫生事件在时间、空间和人群的分布和强度进行描述。例如 2013 年国家卫生计生委在全国范围内开展的国家卫生服务调查中，对于慢性病患病情况的描述，其中对于 15 岁及以上人口的慢性病患病率为 33.1%，城市地区和农村地区分别为 36.7%和 29.5%，与 2008 年比较，15 岁及以上人口慢性病患病率上升了 9 个百分点。解释性研究（explanatory research）是基于探索性研究和描述性研究之上的，寻求现象发生的原因，一般从假设出发，经过深入调查，搜集相关资料，来验证假设并解释社会现象。

2. 确定调查范围和调查对象

调查范围是进行统计研究的整体、全体，即统计调查的总体。当调查目的被确定之后，调查对象的范围也就被唯一地确定下来了，这一范围的确定有助于避免在调查过程中出现遗漏或重复。调查对象是需要观察和记录的每一个个体，即统计调查的个体，是调查项目的承担者。例如调查某地区小学生的生长发育状况，调查对象是该地区在校的全体小学生，而调查对象即为每个在校小学生。

调查对象会随着调查目的的变动而变动。例如在对居民医疗保险需求进行调研时，如果研究的是农村居民的医疗保险状况时，则选择所有农村家庭作为调查对象；如果研究的是医疗保险的城乡统筹问题时，则可以选择所有城市家庭作为调查对象；如果研究医疗保险支付方式对卫生服务的需求影响时，可以选择不同支付方式的居民群体作为调查对象。

在选择调查对象时需要注意：①调查对象的选择标准。如果对象是某种患者，则需明确疾病名称、型别（临床类型，病理类型）、诊断依据（临床物理诊断或实验诊断等），以及样本的人口学特征（如性别、年龄、民族、职业等）。②调查对象的来源。如果调查对象是患者，需说明来自医院还是门诊，是根据病案还是登记簿选择的，或是直接去病房门诊选择的，还是来自患者自愿者等，或说明是来自机关、工厂、单位、居民区，是否为兄弟姐妹或其他亲属以及同事，等等，明确来源的目的是为了避免样本选择出现偏倚。③样本容量（sample size）。样本容量是指在允许误差下使用最少的研究对象数目。由于某些研究可能出现失访，因此在设计时应对失访率有所估计，并适当调整样本容量。④调查对象的组数。大多情况下，调查对象为数量大小不等的样本，可能是一组、两组或多组。

3. 确定调查项目

调查项目是根据调查目的和调查对象的属性特点所确定的需要向调查单位获取资料的具体内容，也就是需要收集数据信息的问题清单。例如在开展医保财务收支情况统计调查时，需要收集参保人员的姓名、性别、年龄、病种、疾病类型、发病时间等等。

调查项目的选择决定了整个调查工作的成效，应该遵循“少而精”的原则，项目过多会造成大量的人力、物力和时间的浪费，项目过少又无法准确地满足调查目的的要求，因此需要紧紧围绕调查目的，结合调查对象、调查单位的具体情况，考虑科学研究对于资料的实际需要等情况，谨慎选择调查项目。需要特别注意的是：①每一个调查项目都应该具有明确的含义，做出统一的解释，避免因为被调查者和工作人员理解上的不同而造成收集到的资料无法汇总的情况。②只选择可以获得准确资料的项目，对于可有可无的项目或者是备而不用的项目，不要列入其中，以避免造成时间上的浪费和加大数据整理的工作量。③注意调查项目之间纵向和横向的关联性。纵向关联性是指尽量选择与以往同类调查相同的调查项目，以方便开展动态对比；横向关联性是指调查项目之间尽可能相互关联，以方便对资料的准确性进行核对，例如在开展医保财务收支调查时，患者的年龄和发病时间之间就具有一定的关联，如果发现某人的发病时间早于出生时间，就可以判断该资料存在错误。④要从实际出发，选择有条件获取确切资料的项目，没有条件取得资料的项目不要列入调查内容。⑤调查项目的答案要有确定的表示形式，一般采用文字式、是否式和数字式，其中数字式要标明计量单位，以便取得确切答案并有利于汇总。

4. 设计调查表

调查表，也称为问卷（questionnaire），是统计研究工作的基本手段，是将确定好的调查项目用精练的语言、合理的顺序设计成一张表格，以方便被调查者填写和研究人员汇总整理，目的在于调查工作的规范化和标准化。

设计调查表需要注意：①布局合理、项目的排列符合逻辑顺序，方便被调查者填写，避免出现漏答；②措辞准确明了、谦虚真诚，避免被调查者因情绪波动而拒绝配合调查或故意填写错误信息等情况；③必要时增加填表说明和项目注释，对填表过程中的要求和注意事项加以说明，对某些项目的含义、计算方法、计量单位等做出统一的解释，避免因为理解的不同而造成填写信息口径不一致的情况，增加审查和整理数据的工作量。

调查表分为单一表和一览表两种类型。单一表是每个调查单位填写一张表格，因此单一表中可以容纳较多的项目，可以对被调查的单位展开全面细致的信息收集；一览表则是若干个调查单位填写一张表格，同一张表格中可容纳的项目有限，但比较适合用于对比和汇总。在实际工作中应根据调查对象的特点和调查项目的数量合理选择调查表的种类。调查表的设计较为复杂，将在后面的内容中做具体的阐述。

5. 确定调查方法

（1）普查。普查是一种专门组织的一次性的全面调查，即对总体中的全部观察对象进行调查，如人口普查、经济普查等。普查主要用于了解观察对象在某一时点上所处的状态，例如某一时点的全国人口数、患病率等。普查的涉及面较广，耗费大量人力、物力和财力，成本较高，在应用时需关注其成本效益和社会影响。在进行疾病普查时，需考虑以下条件：①疾病患病率的高低和病程的长短；②是否具有灵敏度和特异度较高的检查或诊断方法；③普查方式是否便于调查人员实际操作，并被群众所接受；④是否具有实施和治疗的条件。在患病率调查时，还需在尽可能短的时间内完成。

（2）抽样调查。也称抽样推断，是指按照随机原则从总体中抽取部分单位构成样本进行观察，并根据样本的调查资料推断总体指标的一种非全面调查。抽样调查的特点：按照随机原则抽取调查单位，不受调查人员主观意愿的影响，可以有效地降低误差；随机抽样得到的样本，代表性强、准确度高，可以通过样本推断总体。

（3）重点调查。重点调查是指在调查对象中选择重点单位开展的一种非全面调查。所谓重点单位是指其单位数在全部总体单位总量中占的比重不大，但是其标志值在总体标志总量当中占有较大的比重。如通过调查宝钢、鞍钢、首钢、武钢等几个主要的钢铁企业，了解全国钢铁生产的基本情况。重点调查的特点是：调查单位少，省时省力，可以以较小的代价获得总体基本情况的调查资料；重点单位的选择客观性强，避免了主观选择对调查结果产生的影响；重点调查不能完全反映总体状况，不具有推断总体的作用。

（4）典型调查。典型调查是根据调查的目的与任务，在对研究总体作全面分析后，有意识地从中选择具有代表性的单位进行深入调查研究的一种非全面调查。典型调查的特点是：由于是有意识地选择出的具有代表性的单位，便于从典型入手逐步扩大普遍性；由于调查单位少，可以开展细致深入的调查，取得的资料更能够揭示事物发展变化的规律；典型调查灵活多样、省时省力。

6. 确定调查时间和调查期限

调查时间是调查资料本身所属的时间。若资料的调查时间从某一时间开始到某一时间结束，有起点有终点，则称为时期资料；若调查时间是某一个时刻或瞬间，则称为时点资料。调查期限是开展调查研究所需的工作时间，一般包括完成搜集和报送资料全部工作所需的时间。例如第七次全国人口普查。规定调查时间是为了保证搜集到的资料符合统一的时间要求，方便后续的汇总和整理；规定调查期限是为了保证统计资料的时效性，不至于因为工作的拖拉导致后续工作无法开展，甚至数据资料失去价值。

7. 调查计划的组织实施

在调查计划的组织实施过程中还需要考虑的内容包括：组织领导机构的设立、人员的分工与培训、资料的印刷发放、调查方法的选择、调查资料的报送时间和方法、调查经费预算、工作进度安排等等。在一些意义重大且规模较大的调查工作展开之前，还可以做试点调查，一方面积累经验、提高研究人员的熟练程度，另一方面检验方案的可行性，动态补充和完善方案。

（二）调查资料的审查

在进行资料整理汇总前需要对调查获取的原始资料进行检查审核，及时发现问题，填补缺项或改正错误，不合格者予以复查或废弃，这是保证统计研究质量的重要环节。一般审查内容包括：对调查对象的选择是否符合原研究设计的要求；对调查指标的理解和操作的定义是否出现误差；对询问问题的回答是否符合原来的设计要求；回答填写的数据是否真实、准确；对问卷中设计的检验性问题的回答是否经得起检验。

（三）调查资料的录入

调查数据的录入是资料整理分析中极其重要的一个环节，也是进一步定量分析调查资料的前提。对于数据资料录入工作：一是要对录入的组织工作高度重视，为录入员创造良好的工作条件和环境，提出严格要求，并及时进行检查。二是要在录入工作开始之前，再次对调查资料进行整理核查。三是录入过程要做到细致认真，录入人员要认真阅读问卷、认真输入数据，一丝不苟、一字不差地做好录入工作。四要重视录入后的校对工作，要做到录入一段、校对一段，既可由录入员本人校对，也可换人校对，力争把数据录入的差错减少到最低限度。此外，在可能的条件下，最好采取双录入方法，既可以是一个录入员录入两次，也可以是两个录入员分别录入，然后互相校对、互相纠错，这样就有可能基本上消除录入的差错。

通常在数据资料录入后会由计算机完成数据清洗工作，发现并纠正数据文件中可识别的错误，包括检查数据一致性，处理无效值和缺失值等。数据清洗的任务是过滤那些不符合要求的数据，将过滤的结果交给主管部门，确认是过滤掉还是由业务单位修正之后再进行整理。

（四）调查资料的整理

根据研究的目的，将统计调查获得的原始资料进行科学的分组和汇总，或对次级资料进行再加工，为下一步统计分析准备系统化、条理化的综合资料。整理的对象主要是调查所取得的原始资料，目的是将这些原始资料集中化、系统化，以准确反映总体特征；另外还包括已经加工整理过的次级资料，因为随着时间、环境的变化，统计的计算口径、范围等也随之改变，因此必须按照新的方法和要求进行重新整理。

分组是统计整理中的核心环节，根据统计研究的目的和任务，按照选定的变异标志将总体划分为若干部分或组别，使得组与组之间存在差别性，同一组的观察单位保持相对的同质性。在进行分组时，要选择研究对象最主要的、本质的特征进行分组。分组可以按照类型分组，也可以按照数量分组。类型分组是按照分组因素的类别或特征进行分组，例如可以按照观察单位的性别、职业、受教育程度、患病类型等特征进行分组；数量分组是按照分组因素的数量大小进行分组，例如可以按照观察单位的年龄、体重、血压、血糖等进行分组。分组数的多少要根据数据资料的性质以及观察单位数的多少来决定。各组的组限确定要根据数据变量的性质来确定，使之能够更好地反映总体各单位的实际分布特征。

（五）调查资料的分析

对经过加工汇总的资料开展分析研究，对各分组资料计算分析指标，以揭示研究现象的比例关系及发展趋势，阐明现象发展的特征和规律性，并根据分析研究做出科学的结论。统计分析是理性认识阶段，是统计研究发挥作用的决定性阶段。例如对发病率、死亡率、年龄别发病率和死亡率、参保率等的指标描述，对男、女性别发病率差异的显著性检验，以及职业与参保率间的关系，收入与参保率间关系的统计推断等等。

三、调查表的设计

（一）调查表的基本结构

1. 封面信

封面信是一封致被调查者的短信，其作用是向被调查者介绍和说明本次调查的目的、调查单位或调查者的身份，调查的大致内容、调查对象的选取以及保密措施等。封面信的言语要简明、中肯，字数不宜太多。

2. 指导语

指导语是用来指导被调查者填答调查表的各种解释和说明。有些调查表较简单，指导语只需在封面信中提一下即可，如“请根据自己的实际情况在合适的答案上画圈或者在空白处直接填写”；有些较为复杂的，指导语则应集中在封面信之后，并标有“填答说明”的标题。例如：

> 填　答　说　明
>
> 1. 请在每一个问题后适合自己情况的答案号码上画圈，或者在____处填上适当的内容；
> 2. 问卷右边的数码及方格供计算机处理用，您不必填写；
> 3. 问卷答案无对错之分，只要真实反映您的观点；
> 4. 若无特殊说明，每一问题只能选择一个答案；
> 5. 填写问卷时，请不要与他人商量。

3. 调查表的主体

包括：①调查表的名称，编号；②一般项目，或者叫识别项目，如姓名、性别、出生日期、出生地、民族、职业等；③调查研究项目（研究变量），这部分应根据研究目的（目标）有逻辑地按顺序分类编写；④结尾部分，通常包括调查人对调查可信程度的估计，监督、审核者对调查工作的评定、签字等；⑤结束部分：应包括调查人签字、调查日期。

（二）调查表题目的设计

1. 题型

（1）填空式。通常适用于只填写数字的问题。比如年龄、各种费用、家庭人口等。

（2）是否式。问题的答案只有是和不是（或者其他的肯定与否定形式）两种，回答者根据自己的具体情况选择其一。这一题型在各种民意测验用得很多，其特点是答案简单明确，分析者可以将回答者分成两类不同的群体，但其信息量较小。

（3）选择题。该题型给出的答案至少为两个，回答者根据自己的情况选择其中的一个或多个。

（4）矩阵式。该题型将同一类型的若干问题集中在一起，构成一个问题的表达方式。例如，你觉得下列现象在你熟悉的人中是否普遍？（请在每一行适当的方框内打钩）

	很普遍	比较普遍	不太普遍	不普遍	不知道
代亲朋好友开药	□	□	□	□	□
借卡给亲朋好友	□	□	□	□	□
看病需找熟人	□	□	□	□	□

2. 备选项

大多数调查表是由封闭式问题所构成，而备选项是封闭式问题重要的组成部分，因此在设计备选项时要特别注意：

（1）互斥性。备选项相互之间不能交叉重叠或相互包含。

（2）穷尽性。备选项要包括所有可能的情况。也就是说对于任何一个被调查者，问题的答案中总有一个是符合他的情况。

3. 数量与顺序

调查表项目的多少，要根据调查的目的、样本性质、人力、物力和财力诸多因素综合考虑，没有固定的标准。一般而言，以被调查者在 20 分钟内完成为宜。

安排项目顺序的原则：①易于回答和易于引起应答者兴趣的问题放在前面。②敏感的问题放在后面。③需要利用其结果的项目，放在前面。④顺序要合理，合乎逻辑性，如按时间先后排列。⑤核查回答的可靠程度时，常使用正反两类问题，这两类问题不能挨在一起。⑥识别项目放在研究项目之前。⑦封闭式问题放在前面，开放式的问题放在后面或最后。⑧最好是漏斗型地安排问题，即将分解开的枝节性问题放在前，逐步进行到较集中的和核心的问题上来。

（三）调查表的信度和效度

调查问卷中测量误差是不可避免的，其误差主要来源于两个方面：一是来源于问卷测量过程中的误差，称为测量误差，又称为随机误差。另一方面是来源于问卷质量造成的误差，称为系统误差。与两类误差相对应，在问卷测验结果中引入了信度和效度概念。信度和效度是衡量问卷质量的重要标志。

1. 信度

（1）定义。信度（reliability）又称可靠性、稳定性或精密度，用以反映相同条件下重复测定结果的一致程度。调查问卷的信度包括两层含义：一是相同的个体在不同时间、以相同的问卷测验，是否能得到相同的结果，即调查结果是否因时间、地点等因素变化而变化；二是能否减少随机误差对问卷测量结果的影响，即问卷的结果是否具有稳定性、可靠性。一个好的问卷应当是稳定可靠的且多次问卷测量结果应前后一致。

（2）信度分析。信度分析的基本原理是以问卷测验结果变异理论为基础，问卷测验变异结果可以分为系统变异和非系统变异两种。信度主要受非系统变异的影响，非系统变异主要是受测量误差所导致的，因而，减少测量误差可以控制非系统变异，从而可以提高问卷的信度。常用的信度评价方法有：重复测量法、折半信度法和 Cronbach's α 系数。

2. 效度

（1）定义。效度是指测量的真实性、准确性程度，用以反映测量结果与“真实值”的接近程度。测验的效度越高，表示它所代表的结果越能代表所测行为的真实性，也就是说问卷的准确性和有效性越高。

（2）类型。由于“真实值”往往不可知，所以对效度的评价常常不可能有绝对肯定的答案。在实际问题中可以通过指标来评价效度。一般来说效度的评价指标有四种类型：标准效度、内容效度、结构效度和区分效度。标准效度（criteria validity）又称为校标效度，是用来说明问卷得分与某种外部准则间的关联程度，用问卷测量得分与效度准则之间的相关系数来表示。内容效度（content validity）是指问卷的贴切性和代表性，即问卷内容能否反映所要测量的特质，能否达到测验的目的，较好地代表所欲测验的内容和引起预期反应的程度。结构效度（construct validity）又称构想效度，是指问卷对某一理论概念或特质测量的程度，即某问卷所测得的实际得分能解释某一特质的程度。区分效度（discriminant validity），如果测量的结果能区分已知的不同特征的人群，那么该测量就具有区分效度。

3. 影响信度和效度的因素

（1）调查者。调查者的工作作风和工作态度是影响信度和效度的重要原因之一。例如在调查期间是否按照随机原则进行，在实地调查过程中，调查者是否对调查对象予以正确的指导，有无暗示和启发等等。

（2）测量工具。主要包括问卷的用语是否恰当，有无歧义；问卷的容量是否合适，所用的时间是否太长或太短等。

（3）调查对象。涉及被调查者态度是否积极、认真，回答是否属实。

（4）环境因素及其他偶然因素。主要涉及调查时有无外界环境的干扰，资料数据录入、编码过程中有无疏忽或差错等。

（四）调查表的设计注意事项

1. 明确出发点

调查表的设计要紧紧围绕研究目的和观测变量来进行。不要遗漏重要信息，也不要列入无关资料。要从被调查者的角度出发，避免问题太多、太复杂而引起被调查者的反感，导致调查中断或者无法获取准确信息，应尽量为他们填答问卷提供方便、减少麻烦。

2. 明确阻碍因素

（1）主观因素阻碍。是指由被调查者心理上对填写调查表产生的各种不良反应导致的阻碍。例如，问卷表太厚，或者花时间太多，回忆、计算问题太多时，被调查者容易产生畏难情绪；有些问题涉及个人隐私，回答者也易产生顾虑；当问卷的封面信质量不高时，回答者对问卷调查不重视，缺乏合作等；问卷设计脱离生活实际，被调查者对问卷毫无兴趣，甚至置之不理，将问卷弃如废纸等；问题可能引起回答者的反感等。

（2）客观因素阻碍。是指由被调查者本身的能力、条件等方面的限制所形成的障碍。例如，被调查者阅读能力有限，看不懂问卷的内容和要求；有的被调查者理解能力有限，不能理解内容和填写的方法；还有的被调查者记忆能力、计算能力有限。如果研究者不设身处地为被调查者考虑，那么就有一些被调查者会因为上述客观因素的限制而放弃答卷，从而减少了问卷的回收率，影响调查质量。

3. 其他注意事项

（1）考虑被调查者的年龄、文化水平等因素，调查表的语言要符合被调查者的接受能力，尽量通俗易懂，避免使用专业术语。

（2）尽量用客观的、定量的问题。

（3）问题不应带有引导性或暗示性。

（4）每个问题只包含一个内容，不能是双中心或多中心。

（5）语句要简练准确，不能引起误解或多解。

（6）填写的字迹要工整、清楚，不要用铅笔填写，以免字迹失真。

（7）调查者最后要签名并注上日期，以示慎重和负责，并备查询。

第三节　实验性研究设计

一、实验性研究的基本要素

实验性研究通常包括的基本要素为实验对象、处理因素和实验效应，不要忽视混杂因素的影响。实验性研究就是将某些处理因素作用于实验对象后表现出一定的实验效应的过程。例如，研究降压药对原发性高血压患者的治疗效果，其中高血压患者为实验对象，所用的降压药为处理因素，血压的变化值为实验效应。

（一）实验对象

实验对象（study subjects），也称为实验单位，是实验中处理因素作用的客体，是接受处理因素的基本单位。对于实验对象的要求主要有两点：①实验前必须对实验对象的条件做出明确的规定，包括纳入标准、排除标准、剔除标准，目的是为了确保实验对象的同质性；②从实验对象中抽取部分单位参与研究，称为样本，样本要能代表总体，称为代表性。

根据处理方式的不同，实验对象可以是生物个体，如人、动物；可以是生物材料，如某个器官、组织、血清、细胞等；也可以是自然人群，如一个家庭、社区等。通常以人为对象的实验称为试验（trial），根据受试对象的不同，实验研究可以分为动物实验（animal experiment）、临床试验（clinical trial）和现场试验（field trial）三种。医疗保险研究常用到现场试验。

（二）处理因素

处理因素（treatment factor）就是研究者根据研究目的人为确定的、施加于实验对象，在实验中需要观察其作用大小并阐明其效应的实验条件，简称为因素。而在实验中也是选择这些处理因素对实验单位进行分组，因此可以说处理因素就是实验单位分组的标志。例如采用药物治疗糖尿病，就要注意药物的种类、给药剂量、给药时间、给药途径等，而评价该药物治疗糖尿病的效果时，就可以选择药物的种类或者是给药剂量来对实验对象进行分组，比较不同种类的药物或者是不同的剂量对于治疗糖尿病效果上的差异。

若一次实验中只研究一个处理因素对实验指标的影响，称为单因素试验；若一次实验中要研究两个或多个处理因素对实验指标的影响，称之为多因素试验。

为了了解处理因素的实验效应，有时需要将处理因素分为不同的水平。所谓水平（level），就是处理因素不同的剂量等级或状态。例如在研究不同含氟量的防龋制剂的防龋效果时，一个生理盐水对照组和三个含氟涂膜组，防龋制剂就是处理因素，其含氟量分别为 0，0.2%，0.5%，1%，称处理因素为 4 水平；某药用与不用两种状态，称为 2 水平。

受试对象在实验过程中所具体接受的某一因素某个水平，或接受多个因素不同水平的组合称为处理（treatment）。

（三）实验效应

实验效应（experimental effect）是处理因素作用于受试对象所产生的反应或结果，是研究结果的最终体现。实验效应是用来反映处理因素作用大小的标志，必须通过具体的实验指标来体现，称为观测指标、效应指标或效应变量，因此选择观测指标时应该遵循以下原则：

1. 针对性

效应指标要根据专业知识选定，要能够评价实验的效果、验证实验前所提出的假设。如反映某降血压药的效果，选择血压的改变值作为效应指标，而不是其他指标。

2. 客观性

观测指标根据获得途径不同分为主观指标与客观指标。主观指标是指通过被观察者自身主体感官或观察者主观判断，获得对实验过程和结果的描述，例如患者感觉到头晕、疼痛，医生判断病情好转等都属于主观指标。主观指标是观察者和被观察者对实验过程和结果的主观认识，具有随意性、偶然性的特点，易受判断主体心理因素的影响，在研究设计中可作为辅助指标。客观指标是通过工具、仪器设备计量或测取得到的数据，反映受试对象的客观状态或观察结果，例如血压、血脂、心率、体温、白细胞数等属于客观指标。在实验研究中，客观指标是医学研究的首选指标，应当尽可能地选择客观的、定量的指标来反映实验效应，同时也不排除主观指标的应用。

3. 首选定量指标

效应指标应首先定量方法测量，后选定性方法，半定量方法介于两者之间。

4. 其他方面

效应指标的测定方法要选精密度高、准确性好，特异性强、敏感性好的方法。在临床上还要强调无损害性、是否经济、速度快慢、操作是否方便、可行以及患者的依从性等。

必须提出的是，其中混杂因素的影响不可忽视。混杂因素（confounder）亦称为非处理因素、非实验因素、干扰因素等，是指虽然与处理因素同时存在，会对实验对象产生效应，但是不是人为施加的因素。如上例中，评价不同剂量的药物在治疗糖尿病的效果实验过程中，受试者的性别、年龄、病情、病程、家族病史、伴发疾病等也会对实验结果产生影响，但这不是人为施加的，属于非处理因素。

为了避免非处理因素对实验效果的影响，需要对其进行控制。在实验设计阶段控制方法包括：①将其作为一个实验条件，把它控制在不起作用的水平上或使各组处于同一水平上。例如医护人员的服务态度是影响某新药治疗冠心病疗效的一个非处理因素，不可能使其达到毫不起作用的程度，但可以尽量控制在同一水平，即医护人员对不同组别的患者态度一样好；②平衡法，如患者年龄是某药疗效试验的一个非处理因素，可将试验组与对照组的年龄进行平衡，尽可能减低年龄带来的影响差异；③转为实验因素，有时将明显的非处理因素作为一个实验因素来对待，比如在析因试验中，常常采取这种形式。当试验进入统计分析阶段可考虑用统计学手段来分析混杂因素对结果的影响，常用的有分层分析、协方差分析、多因素分析（如多元逻辑斯谛（Logistic）回归、考克斯（Cox）回归等）以及倾向评分匹配（propensity score matching，PSM）等。

二、实验设计的基本原则

开展实验设计的目的是要保持经济、高效的实验效果，排除非处理因素的影响，较好地控制随机误差，避免或减少系统误差，提高实验效率。科学的实验设计须遵循对照（control）原则、重复（replication）原则和随机化（randomization）原则等。

（一）对照原则

在确定接受处理因素的实验组时，同时设立不施加处理因素的对照组（control group），对照组只暴露于非处理因素下。设立对照组的意义在于区别处理因素与非处理因素引起的效应，消除非处理因素对结果的影响，把处理因素的效应充分显示出来。设立对照组是控制各种混杂因素造成系统误差的基本措施。例如，在研究某药物对上呼吸道感染的治疗效果时，由于上呼吸道感染具有自愈的倾向，即使药物本身没有疗效或者疗效甚微，也有可能出现疗效较好的结果，因此需要设立对照才能明确药物的疗效。

1. 基本条件

为了确保研究均衡性的要求，对照组的设置必须满足三个基本条件：

对等（homogeneity），是指除处理因素不同外，对照组和实验组应具备一致的非处理因素，包括环境状况以及个体状况等。

同步（synchronicity），是指对照组和实验组设立后，在整个实验期间应始终保持处于同一时间和空间。

专设（purpose-design）。专设是指为了突出实验效果，对照组是应实验研究目的要求专门针对实验组设立的。不能将文献资料记载的实验项目或其他研究资料作为本实验的对照组。

2. 基本形式

对照有多种形式，可根据实验研究的目的及内容选择一种或多种。

（1）空白对照（blank control）。对照组不施加任何处理因素，即对照组的处理因素为“空白”。例如，研究膳食铁补充对儿童生长发育的影响，试验组加铁强化剂，对照组则不用铁强化剂，试验因素完全是空白的，最后对比两组人群的生长发育情况。又如观察某种新疫苗预防某种传染病的效果，试验组的一批儿童接种这种疫苗，对照组的一批儿童不接种这种疫苗，也不接种任何免疫制品，试验因素完全是空白的，最后对比两组的血清学和流行病学指标。

（2）实验对照（experimental control）。对照组不施加干预，但是施加与实验组操作条件一致的对照措施，为实验对照。如观察穴位注射某种药物，对照组也采用同样方法注射稀释药物的溶剂，取得两组的均衡，这样的对照组就成为溶媒性实验对照。又如在外科手术中进行心脏缺血的研究，对照组往往也采取同样的开胸等手术处理，即假手术组（sham），这也是一种试验操作性实验对照。

（3）标准对照（standard control）。对照组采用现有的标准方法或常规方法作为对照。主要用于药物的临床试验，伦理上不允许对对照组采用空白对照时，例如某新药的临床试验，不适合采用空白对照，就可以选择目前疗效确定的成熟药物作为标准对照。又如研究血红蛋白的变化时，以成年女性 130g/L，成年男性 140g/L 的标准值作为对照组指标。

（4）相互对照（mutual control）。不设立专门的对照组，将各实验组间互为对照。如三种药物治疗同一疾病，对比这三种药物的疗效，就是最为常用的相互对照，这种情况就不必再设立空白或实验对照。

（5）潜在对照（potential control）。不专门设立对照组，以过去研究结果或他人的研究结果与本次研究结果作对照。历史对照一般不建议使用，除非影响实验的因素极小，鉴定指标非常明确，如儿童身高可以采用历史对照，得出儿童身高逐渐增加的长期趋势。在采用历史对照应特别注意所用资料的可比性。

（二）重复原则

重复是指在实验条件相同的情形下，实验研究应具有一定数量的重复观测，实验单位要达到一定的数量规模，才可能降低实验中的随机误差，以保证实验结果的可靠性。具体来说：①为了尽可能降低实验误差，应对同一实验单位进行重复观察，提高数据的精度。如测量血压时，一般需要重复测量 3 次，以 3 次的平均值作为测量的最终结果。②为了避免将个别情况误认为普遍情况、将偶然误认为必然，应对样本中的多个实验单位进行重复实验，确保研究结果的稳定性，使得假设检验能够达到预定的效果。

大数定律告诉我们，在大量的观察试验中，个别、偶然的因素影响造成的差异会相互抵消，从而现象的必然性显现出来。因此想要准确认识总体，必须对足够量的单位进行观察，反对对个别或少数单位进行观察。一方面，样本含量越大，样本的代表性就好，有利于减少机遇对研究结果的影响；另一方面，观察次数太多，实验条件难以控制且容易造成浪费，对实验结果的可靠性造成影响。因此，正确估计样本量确保研究结果的真实性和结论的可靠性显得十分重要。

（三）随机化原则

随机化原则是指在进行实验分组时，每个符合研究条件的观察单位都有同等机会被抽中构成样本，并有同等机会被分配到实验组和对照组。若同一实验中存在多个处理因素，则需注意施加顺序均等。随机化原则并不是“随便”和“随意”。

1. 随机化原则的作用

（1）使得非处理因素在不同处理组中的分布均匀，从而真正体现处理因素的作用效果，保证样本具有一定的代表性，这样用样本特征值来推断总体的参数时，其研究结论才具有价值。

（2）避免各种可能的偏差，减小系统误差，提高研究结果的可靠程度。

（3）随机化分组是所有统计假设检验的基础。

2. 随机化原则的内容

在实验研究中，随机化原则应用于受试对象的抽样、分组以及实验实施过程中。随机化原则主要包括以下三个方面的内容。

随机抽样（random sampling）。随机抽样是按照随机抽样原理从符合条件的研究对象中随机抽取一定数量的个体作为受试对象，能够确保每个符合条件的研究总体单位被抽中的机会均等。随机抽样能够保证所取的样本具有代表性，从而使得研究结论具有普遍性。

随机分组（random allocation）。将研究对象随机地分配到各个处理组，并且使得每个受试对象分配到各组的机会均等。通过随机分组能够使得非处理因素在各组间保持均衡，也能确保各组间具有可比性。

随机顺序（random order）。为了满足实验均衡性的要求，在实验过程中每个受试对象需先后均等地接受实验处理，从而能够保障实验效应的充分显现。

3. 随机化的方法

随机化的方法有抛硬币、抽签等，但较为准确的是采用随机数的方法，随机数的来源通常有：查阅专门的随机数字表（附表 17）、科学计算器和统计软件（如 EXCEL 中的随机数、SPSS 中的均匀分布随机函数）。随机数字表均互相独立，全部数字无论横向、纵向或斜向的各种顺序均呈随机状态，因此，使用时可从任何一处开始。

具体步骤是：①从 1 到 N 为观察单位编号；②选择随机数，一般位数与 N 相同；③将随机数由小到大排序；④从排序后的随机数中，选择前 n_1 个编为第一组，将第 n_1+1 个至第（n_1+n_2）个编为第二组，以此类推。

三、医疗保险研究中常见的实验设计方法

在医学研究中，研究者可以根据研究目的、处理因素的多少选择合适的研究实验。医疗保险中常见的实验类型有：完全随机设计、配对设计、随机区组设计等。

（一）完全随机设计

1. 基本概念

完全随机设计（completely randomized design）是医学研究、医疗保险领域科研中最为常用的一种设计方法。它将同质的实验对象随机分配到各个处理组或对照组中，或者是从不同的总体中随机抽样形成各处理组或对照组，进行实验并观察实验效应的一种设计方法。各组的样本容量可以相同，也可以不同，但以各组样本容量相等时统计效率最高。

2. 设计方法

有 15 名患者，使用随机数字表将他们随机分成三组。首先将这批 15 名患者编号为 1，2，…，15；然后在随机数字表（附表 17）内随意确定一行，如从第 8 行第一个数字开始，舍去 15～19，横向抄录 0～14 的数字，它们依次录于患者编号下方；最后按预先规定，将随机数字为 0～4 者分入 A 组、5～9 者分为 B 组、10～14 者分为 C 组，结果列入表 2-1 中。

表 2-1　15 名患者随机化分组情况

患者编号	1	2	3	4	5	6	7	8	9	10	11	12	13	14	15
随机数字	3	2	6	1	13	8	14	0	9	11	5	4	10	7	12
归组	A	A	B	A	C	B	C	A	B	C	B	A	C	B	C

最后各组内患者的编号为

A 组：	1	2	4	8	12
B 组：	3	6	9	11	14
C 组：	5	7	10	13	15

3. 分析方法

在选择观测指标时，若属于定量资料的两组间比较，可采用 t 检验或秩和检验；定量资料的多组间比较，可考虑单向方差分析（one-way ANOVA）或秩和检验等；若属于定性资料（无序分类资料）则采用 χ^2 检验；若属于等级资料，可考虑用秩和检验等方法来处理。

4. 优缺点

本设计方法简单、灵活、易理解，处理数以及重复数都不受限制，因此可以充分利用全部观察单位；统计分析也较简单；如果某个实验对象发生意外，对数据的处理影响不大，信息损失小。但是由于单纯靠随机化的办法来应对非处理因素的干扰和处理组平衡，控制力弱，因而实验误差往往偏高，精确度较低。因此，完全随机设计一般在实验对象同质性较好、分布均匀的条件下使用。

（二）配对设计

1. 基本概念

配对设计（paired design）将实验对象中个体差异较小的配成对子，将每对中的两个实验对象随机分配到不同的处理组和对照组中，进行不同的实验处理。配对条件通常选择可能对实验结果有影响的主要非处理因素，配对条件保证了非处理因素在处理组和对照组间的均衡，起到了降低实验误差的目的。医疗保险研究可借鉴医学研究成熟的相关概念与方法，创造性地运用相关设计方法。

2. 医学研究中常见的配对设计

（1）基本配对设计：动物实验中，常将同种属、同窝别、同性别等组成对子，再用随机化的方法将每对中的动物分配到处理组和对照组中去；临床试验中，常将性别相同，年龄、职业相近，病情、病型（期）相同或相近的两个患者配成对子，再用随机化的方法将每对中的研究对象分配到处理组和对照组中去。

（2）自身配对设计：①同一份标本一分为二，分别用两种不同的检测方法测量某一指标，然后比较两种检测方法，如结核病患者痰培养，同一患者的痰可用甲乙两种方法来培养，即属自身配对（同时对照）。②将对象接受处理前的变量值作为对照，处理后的变量值作为实验值，观察一定样本含量的对象，在临床上多用于药物治疗前后的比较，但要注意该设计不适用于慢性反复发作的疾病、自限性疾病等。如糖尿病患者注射胰岛素前后的血糖浓度变化，属自身配对（前后对照），但两次测定的时间不能相隔太久，否则可能由于时间因素的影响而不符合配对的定义。③同一观察对象的两侧器官或组织分别给予不同的处理，观察其效应，该设计适用于临床上的局部作用的研究，如皮肤过敏试验、扩瞳药等。

3. 设计方法

将 16 名健康者作为研究对象，按性别相同，体重、年龄相近等要求配成 8 对，现需要将这 8 对研究对象随机分至甲、乙两组之中。首先将这 16 名研究对象编号，第一对中的第一个编为 1.1，第二个编为 1.2，以此类推；其次从随机数字表（附表 17）中任意指定一行，如第 3 行，舍去 8～19 数字，横向抄录 0～8 八个随机数字，列于 8 对编号下方；最后按照规定，遇奇数取甲乙顺序，遇偶数取乙甲顺序，完成随机分组。结果列入表 2-2 中。

表 2-2　8 对研究对象随机分入甲乙两组

对象编号	1.1	1.2	2.1	2.2	3.1	3.2	4.1	4.2	5.1	5.2	6.1	6.2	7.1	7.2	8.1	8.2
随机数字	1		2		0		3		7		4		5		6	
归组	甲	乙	乙	甲	乙	甲	甲	乙	甲	乙	乙	甲	甲	乙	乙	甲

这样两组对象的分配情况如下：

甲组：1.1　2.2　3.2　4.1　5.1　6.2　7.1　8.2

乙组：1.2　2.1　3.1　4.2　5.2　6.1　7.2　8.1

4. 分析方法

观测指标是定量资料，可考虑用配对 t 检验、配对符号秩检验；观测指标是定性资料，可考虑配对 χ^2 检验；观测指标是等级资料，则考虑用秩和检验等。

5. 优缺点

配对设计的优势在于，降低实验误差，提高实验的精确度，另外还可以进行空间扩展、时间扩展，大大提高了配对设计的利用率和实用性。但是在实际工作中要注意，配对条件不能过多、过严，否则很难将实验对象配成对子。

（三）随机区组设计

1. 基本概念

随机区组设计（randomized block design）亦称为配伍组设计。该设计首先是在农业试验中提出来的，认为小麦的产量不仅受其品种（处理）的影响，还受田块（区组）的影响。因此，将每个田块再分成几个单元，每个单元所受的处理（即不同品种的小麦）是随机的，这样的设计既可分析处理的作用，也可分析田块的影响，提高试验效率。

应用到医学领域的科学实验，如将相同特征的患者（同性别，年龄、病情轻重相近等）按处理数的多少（比如是 k 个）归为一个区组（block），至于同一区组内每个患者接受何种处理，则是随机的。可见，本设计是配对设计的一种扩展，当 k 为 2 时，本设计就是配对设计。如果临床试验中，同一批研究对象除了治疗前后测定了某指标外，在治疗过程中还测定了该指标，该设计从自身配对设计扩展为配伍设计，一个对象即为一个区组。

2. 设计方法

假设已按动物的基本特征设置好了 6 个区组，每个区组各有 4 个动物，首先将第一区组的动物编为 1，2，3，4 号，第二区组的动物编为 5，6，7，8 号，以此类推。然后在随机数字表（附表 17）中任意指定一个起点，比如在第六行第一个数字为起点，并依横向抄录，以 3 个随机数字为一组（35，19，33），给第一区组使用，将这 3 个数字分别除以 4，3，2，第一个数 35 除以 4 后得到的余数为 3，应将第 1 号动物分配至 C 组，第二个数 19 除以 3 后余 1，即应将第 2 号动物分到剩下的 A、B、D 组的第一组（A 组），第三个数 33 除以 2，余数为 1，应将第 3 号动物分到剩下的 B、D 组的第一组（B 组），第 4 号动物则归入 D 组。其他区组以此类推。见表 2-3。

表 2-3　24 只动物区组内随机化分配情况

动物编号	1	2	3	4	5	6	7	8	9	10	11	12
随机数字	35	19	33	—	29	64	84	—	15	27	27	—
除数	4	3	2	—	4	3	2	—	4	3	2	—
余数	3	1	1	—	1	1	0	—	3	0	1	—
归组	C	A	B	D	A	B	D	C	C	D	A	B

续表

动物编号	13	14	15	16	17	18	19	20	21	22	23	24
随机数字	99	84	18	—	68	46	13	—	41	86	65	—
除数	4	3	2	—	4	3	2	—	4	3	2	—
余数	3	0	0	—	0	1	1	—	1	2	1	—
归组	C	D	B	A	D	A	B	C	A	C	B	D

四组的动物编号分别为

A组：2　5　11　16　18　21

B组：3　6　12　15　19　23

C组：1　8　9　13　20　22

D组：4　7　10　14　17　24

3. 分析方法

当资料为数值变量资料时，可采用双向方差分析（two-way ANOVA）或秩和检验等。

4. 优缺点

随机区组设计在统计分析时有一个假定，即区组与处理组间无交互作用，故不能分析交互作用。随机区组设计的优势在于误差低、均衡性好、效率高，统计分析也较简易，但是一个区组内的观察对象一旦发生意外，整个区组只好放弃或者不得已而采取缺项估计。

（张田田）

第三章　数值变量资料的统计描述

内容提要

在医疗保险研究和实践中可获得的资料很多，通常需借助适当的方法进行描述来揭示其内在规律。前已述及，通过测量每个观察单位某项指标值大小得到的资料，称之为数值变量资料（numerical variable data），又称定量资料或计量资料，其特点是能够用数值大小衡量其水平的高低，一般有计量单位。为了描述数据分布类型及特征，可以使用频数表和直方图，而使用统计指标则可以概括性地描述其集中趋势或离散程度，从而有效地整理和显示数据信息。

第一节　频数分布与频数表

一、原始资料的检查与整理

在搜集医疗保险原始资料后，需对原始资料进行复核，复核无误后进行整理、加工和分析，以发现样本数据的分布（distribution）类型和分布特征。真实准确的原始资料是进行统计描述、统计推断和预测的基础。对原始资料进行必要的检查（check）和整理（sort）具有重要的意义。通过净化数据，可以去粗取精、去伪存真，使其条理化和系统化，以便进一步统计与分析。

对原始资料的检查需注意其完整性和正确性。首先，完整性要求资料没有缺漏或重复，各项资料都完整地体现了实际情况；其次，正确性要求各项数据要合理且无误。如果在检查中发现有个别资料缺失或有误，则需要对资料进行补齐和修正，但如果现实无法获得所需数据，那么可将该条数据删除或进行缺失值处理。

对原始资料的整理是在对原始资料检查的基础上进一步分组、汇总和制图等，也是将资料条理化、系统化的一个过程。定量资料的整理中最常用的是频数分布表，简称频数表（frequency table）。

二、频数表的编制

例 3-1　2020 年某省属大学抽查了 110 名教师的职工医保月个人缴费金额（元）数据如表 3-1，试编制频数分布表。

表 3-1　2020 年某省属大学 110 名教师的职工医保月个人缴费金额（元）数据

120.8	110.2	111.7	114.4	120.4	118.7	121.6	112.4	112.8	116.8	122.6
124.4	126.8	119.3	116.5	119.3	121.8	120.7	123.4	115.2	114.8	121.3
117.2	119.2	123.2	119.6	120.8	108.7	113.6	125.0	119.2	122.8	125.7
128.1	118.7	121.2	127.2	116.3	119.4	124.8	118.4	121.7	127.2	117.2
113.5	130.2	116.9	116.3	118.3	121.6	114.6	113.0	126.8	118.8	122.8
131.5	120.7	113.6	114.8	118.8	118.2	121.7	116.8	121.7	121.2	117.1
116.4	129.3	112.8	117.2	122.9	115.2	118.4	121.8	124.5	115.6	122.9
129.6	123.3	121.4	123.3	124.8	132.4	125.6	111.4	120.7	119.1	124.0
117.8	116.0	125.9	125.5	119.5	121.6	123.2	117.3	119.6	123.5	113.9
122.8	116.8	120.9	115.3	113.8	118.2	121.4	123.3	115.5	129.8	119.3

频数分布表编制步骤如下。

1. 计算极差

先找出其中的两个“极值”——最大值 x_{max} 和最小值 x_{min}，按式（3-1）计算极差（range，R）。

$$R = x_{max} - x_{min} \quad (3\text{-}1)$$

首先确定该 110 个数据里面的两个“极值”，最大值为 132.4，最小值为 108.7。依据式（3-1），极差 R=23.7（元）。

2. 计算组距

首先需要确定拟分组段数（K），然后再计算组距。组距尽量相对取整。组段数受样本含量的数量制约。样本含量越多，分的组也越多；反之，则越少。为显示资料的分布类型和分布特征，通常以 8～15 组为宜。

$$组距=极差（R）/拟分组段数（K） \quad (3\text{-}2)$$

依据分组规则，本例拟将 110 个数据初步分为 10 组，依据式（3-2），组距为 $\frac{23.7}{10}=2.37\approx 2$ 元。

3. 确定组距上下限

关键是第一组下限值的确定。下限值应小于等于最小值 x_{min}。第一组段要包括最小值，最后一个组段要包括最大值。上一组的上限值一定对应下一组的下限值。为避免交叉，可以规定下一组的数据都是从下限值开始，并大于等于下限值，即等于下限值的数据应包含在本组段中。

本例第一组段下限为 108，上限为 110，为避免交叉，各组段应从本组段下限开始，不应包括本组段上限，最后一组段应同时写出其上限和下限，记为 132～134，见表 3-2（1）栏。

4. 列表

列出每一组段及其对应的频数，并计算频率。列表见表 3-2。

表 3-2　2020 年某省属大学 110 名教师的职工医保月个人缴费金额（元）频数分布

缴费金额组段 （1）	频数 （2）	频率（%） （3）	组中值 （4）
108～	1	0.91	109
110～	3	2.73	111
112～	9	8.18	113
114～	9	8.18	115
116～	15	13.63	117
118～	19	17.27	119
120～	20	18.18	121
122～	13	11.82	123
124～	10	9.09	125
126～	4	3.64	127
128～	4	3.64	129
130～	2	1.82	131
132～134	1	0.91	133
合计	110	100.00	—

三、频数分布的图示及分析

1. 频数分布的图示

为了清楚观测到数据的分布情况，将其绘制成频数分布图更为直观，频数分布图亦称为直方图（histogram）。直方图是在直角坐标系中，用横轴表示观测变量的组段，纵轴表示频数，绘制成的图形。直方面积的大小表示频数的大小，直方面积占总面积的比例表示频率的大小。如例 3-1 中的数据绘制成直方图，见图 3-1。

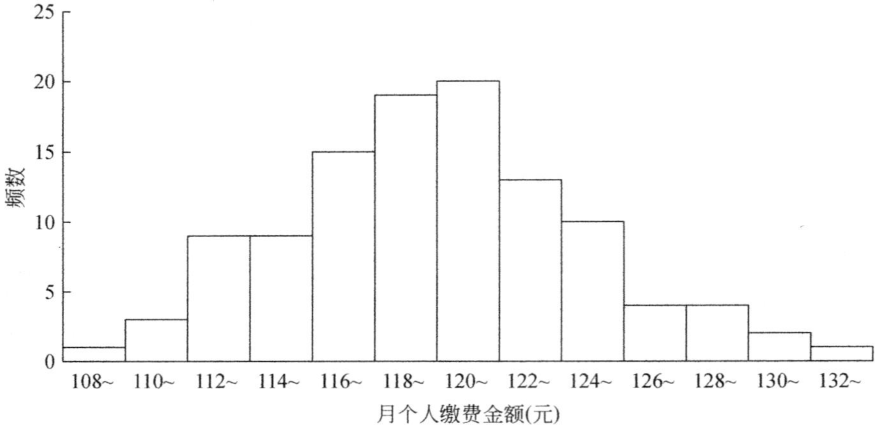

图 3-1　2020 年某省属大学 110 名教师的职工医保月个人缴费金额（元）的频数分布图

2. 频数分布的分析

（1）频数分布的类型

频数分布通常分为两种类型：对称分布和偏态分布。对称分布是指所有的频数都具有向中央值集中的特点，中央值左右两侧频数分布基本对称；偏态分布是指频数分布不对称，集中位置偏向一侧。集中位置偏向数值小的一侧，称为正偏态分布；集中位置偏向数值大的一侧，称为负偏态分布。

由图 3-1 初步可见，该频数分布呈现出中间高两边低，左右基本对称的对称分布。当对数值变量资料进行统计描述时，常常根据资料的不同分布类型，选择适当的统计分析方法。

（2）频数分布的特征

从频数表和图形中不仅可以直接观察数据的变化情况，还可以分析频数分布的重要特征。频数分布一般有集中趋势（central tendency）和离散趋势（tendency of dispersion）两个特征。集中趋势是观察值向某一值靠拢，在图 3-1 中 110 个观察值大部分集中在 120～组段，呈现出向该位置集中的趋势；在 110 个数据向 120～组段集中的同时，又可以看到逐渐偏离该中间位置，呈现出离散趋势，越远离中间位置，频数逐渐减少，造成离散趋势的根本原因是数据的个体差异（变异）。

一般来说，数值变量资料的统计描述可通过频数分布的集中趋势和离散趋势去分析其规律。

四、频数表的用途

（1）揭示资料的分布类型，因不同分布类型资料应采用不同统计方法处理，故可为进一步统计方法的选择提供依据。

（2）揭示资料的分布特征，观察资料的集中趋势和离散趋势。

（3）便于发现某些特大或特小的可疑值或离群值（outlier），必要时需要检查并核实这些数值。

（4）作为陈述资料的一种形式通常出现在报告、年鉴、论文或期刊等刊物中。

第二节　集中趋势描述

将数值变量资料进行分组和频数表整理之后，对资料分布有一个初步直观的认识，仍不能全面描述资料的分布特征，所以需要进行集中趋势的描述，即对频数分布的集中位置和平均水平进行测量。

用来描述数值变量资料的集中位置的指标，医疗保险统计主要应用算术均数、几何均数、中位数等。这些指标在统计学上统称作平均数（average）或平均指标，反映了性质相同的一组观察值的集中趋势、中心位置或平均水平。

一、算术均数

算术均数（arithmetic mean）简称均数（mean），在数值上等于一组同质观察值总和除以观察个数。均数适用于对称分布，可以描述一组定量数据在数量上的平均水平。此时均数能够反映分布的集中趋势，其值位于分布的中心。若数据为偏态分布，均数就不能较好地反映分布的集中趋势。

样本均数（sample mean）在统计学上常常用 $\bar{x}$ 表示，总体均数（population mean）用 μ 表示。均数的计算又分为直接法和加权法。

1. 直接法

当样本资料较少（一般 $n \leqslant 30$）时，可以直接将各观察值相加再除以样本个数得出均数。若原始数据分别为 x_1，x_2，…，x_n，那么均数 $\bar{x}$ 等于将所有数据 x_1，x_2，…，x_n 直接相加，再除以样本量 n，即

$$\bar{x}=\frac{x_1+x_2+\cdots+x_n}{n}=\frac{\sum X}{n} \tag{3-3}$$

式中，希腊字母 $\sum$ 为求和符号；x_i 为各观察值；n 为观察值的个数，即样本含量。

例 3-2　某医疗保险机构某员工 2020 年下半年的月收入如下：7 月 6900 元，8 月 6800 元，9 月 5700 元，10 月 7100 元，11 月 7000 元，12 月 7800 元，请计算该员工的月平均收入。

$$\bar{x}=\frac{x_1+x_2+\cdots+x_n}{n}=\frac{\sum X}{n}=\frac{6900+6800+5700+7100+7000+7800}{6}\approx 6883.3(\text{元})$$

因此，该员工 2020 年下半年的月平均收入为 6883.3 元。

2. 加权法

当样本资料较多（一般 $n>30$）或相同数据个数较多时，这时可将观测值分组归纳成频数表，用加权法计算，加权均数在数值上等于观测值各组段组中值与其个数（或频数）乘积之和再除以各观察值个数（或频数）之和，即

$$\bar{x}=\frac{f_1x_1+f_2x_2+\cdots+f_kx_k}{f_1+f_2+\cdots+f_k}=\frac{\sum fX}{\sum f} \tag{3-4}$$

式（3-4）中，f_i 为各组段的频数，x_i 为各组段的组中值，k 为组数，$\frac{f_i}{\sum f}$ 为权重。

以例 3-1 数据为例，对于已编制成频数表的资料表 3-3，以各组段的组中值代替本组段的各观察值，以各组段的频数作 f，用加权法求均数，计算该人群 2020 年职工医保月个人平均缴费水平。按式（3-4）计算如下：

$$\overline{x}=\frac{109\times1+111\times3+\cdots+133\times1}{1+3+\cdots+1}=119.98\text{（元）}$$

因此，该人群2020年职工医保月个人平均缴费水平为119.98元。

二、几 何 均 数

几何均数（geometric mean）也是平均数中常用的一个指标，适用于：①数据经对数变换后呈正态分布的资料；②观测值之间呈倍数或近似倍数变化的资料。样本几何均数用 G 表示，总体几何均数用 μ_G 表示。其计算方法有直接法和加权法。

1. 直接法

当样本资料较小时，几何均数等于对 n 个观察值的乘积开 n 次方根。

$$G=\sqrt[n]{x_1\cdot x_2\cdot\ \cdots\ \cdot x_n}=\sqrt[n]{\prod X} \tag{3-5}$$

式中，$\prod$ 为连乘符号；G 为几何均数；x_i 为各观察值。为更好地理解几何均数及便于计算，对式（3-5）两边取对数：

$$\lg G=\frac{\lg x_1+\lg x_2+\cdots+\lg x_n}{n}$$

则几何均数为

$$G=\lg^{-1}\left(\frac{\sum\lg X}{n}\right) \tag{3-6}$$

例 3-3 某保险公司某款理财保险产品预计第一年至第四年收益率分别为3%，4.5%，6.8%，10.1%。计算4年平均收益率。

根据题意，该资料呈倍数关系，应用几何均数来计算平均收益率。计算 G。

$$G=\sqrt[4]{1.03\times1.045\times1.068\times1.101}\approx1.06$$

$$\text{平均收益率}=G-1=1.06-1=6.0\%$$

因此，该保险产品的4年平均收益率为6.0%。

2. 加权法

当样本资料较多时或已将资料进行分组时，适用加权法求得几何均数。

$$G=\lg^{-1}\left(\frac{f_1\lg x_1+f_2\lg x_2+\cdots+f_k\lg x_k}{\sum f}\right)=\lg^{-1}\left(\frac{\sum f\lg X}{\sum f}\right) \tag{3-7}$$

式中，$\sum f$ 为总权数，即样本含量；f_1，f_2，…，f_n 为各组的频数；x_1，x_2，…，x_n 为各组变量值。

例 3-4 测得16名正常人的血清乙型肝炎表面抗原HBsAg滴度如下：7人为1∶8，5人为1∶16，1人为1∶32，3人为1∶64，请计算16名正常人的乙型肝炎表面抗原HBsAg的平均滴度。

先将原始数据取倒数，用式（3-7）计算几何均数，

$$G=\lg^{-1}\left(\frac{\sum f\lg X}{\sum f}\right)=\lg^{-1}\frac{7\lg8+5\lg16+\lg32+3\lg64}{7+5+1+3}=\lg^{-1}\frac{19.23}{16}\approx15.92$$

该16名正常人的乙型肝炎表面抗原HBsAg的平均滴度为1∶15.92。

3. 注意事项

（1）计算几何均数原始数据不允许出现0，因为0不与任何数字构成倍数关系；另外，数据中只能用正值计算，当数据全部为负值时，可将负号先去掉，等运算完之后再加入相应的负号。

（2）几何均数是一种特殊的平均值，各比例值之间差别越小，均数的结果越接近几何均数。

（3）几何均数受观察值中极端值影响较算数均数小，同一数据若同时计算几何均数和均数，结果必然为 $\bar{x} > G$。

三、中　位　数

中位数（median）是将一组原始数据从小到大（或从大到小）顺序排列，位次居中的观察值即为中位数。样本中位数用 M 表示，总体中位数用 μ_M 表示。适用于：偏态分布的资料、分布不清楚的资料及分布的一端或两端无确定数值的资料。由于中位数的大小取决于观察值分布的中点数值，所以它不受极端数值的影响，可用来表示现象的一般水平。

1. 直接计算法

当观测值个数较少时，将所有观察值按从小到大（常用排列方式）顺序排列，位置居中的观察值即为中位数。

$$M = X_{\frac{n+1}{2}} \quad （n\text{为奇数}） \tag{3-8}$$

或

$$M = \frac{X_{n/2} + X_{n/2+1}}{2} \quad （n\text{为偶数}） \tag{3-9}$$

例 3-5　某地区某个城镇居民医疗保险慢性病参保患者，2020 年 1 月至 8 月每月个人自付门诊医疗费用（单位：元）如下 212，125，155，148，103，196，188，201，请计算其中位数。

将结果数据按从小到大进行排序 103，125，148，155，188，196，201，212，由式（3-9），

$$M = \frac{X_{n/2} + X_{n/2+1}}{2} = \frac{155+188}{2} = 171.5 \text{（元）}$$

因此，该组费用中位数为 171.5 元。

2. 频数表法

当观察值个数较多时，先将资料编成频数表，按组段由小到大计算累计频数或累计频率，再找出中位数所在组段（累计频率首次大于 50%的组段），最后按式（3-10）求中位数 M。

$$M = L + \frac{W}{f_M}\left(\frac{n}{2} - \sum f_L\right) \tag{3-10}$$

式中，L 为中位数所在组的下限，W 为中位数所在组的组距，f_M 为中位数所在组的频数，$\sum f_L$ 为中位数所在组段之前的累计频数。

例 3-6　某地区调查了 100 户家庭人均医疗支出（元）水平，资料见表 3-3，请计算该地区的人均医疗支出。

表 3-3　某地区人均医疗支出（元）水平表

按月医疗支出水平分组	家庭数（频数）	累计频数
40～	45	45
60～	35	80
80～	15	95
100 以上	5	100
合计	100	—

由表 3-3 数据可知，资料为偏态分布，故计算中位数。计算的过程中，要找中位数所在的位置。由于 n=100，中位数应为观察值从小到大排列的第 50 个位次，由表 3-3 可见中位数对应的组为 60～组频数为 35。据式（3-10）可得

$$M = L + \frac{W}{f_M}\left(\frac{n}{2} - \sum f_L\right) = 60 + \frac{20}{35}(50 - 45) \approx 62.86 \text{（元）}$$

因此，该地区的人均医疗支出为 62.86 元。

第三节 离散趋势描述

对于一组定量数据，仅仅描述集中趋势不足以反映数据完整的分布特征，还需要描述数据的离散趋势（离散程度），即数据组中各观察值远离中心值的趋势。

描述离散趋势的常用指标有极差、四分位数间距、离均差平方和、方差、标准差和变异系数，它们也被称为变异程度测量指标。

一、极　　差

极差（range）又称全距，是所有观察值中最大值与最小值的差值。极差=最大观察值−最小观察值，极差表明了观察值变动的范围和幅度，极差大，说明观察值的离散程度大，此时平均数的代表性比较差；极差小，说明观察值的离散程度小，此时平均数的代表性好。

例 3-7 请计算三组数据的极差：

A 组　1　3　5　7　9　10

B 组　1　2　3　7　9　10

C 组　3　4　5　7　8　9

A 组和 B 组数据的极差都为 9，C 组数据的极差为 6。可以发现，C 组数据离散程度最小。虽然 A 组和 B 组数据极差是一样的，但不能断言两组数据的离散程度相同，很明显 B 组的离散程度大于 A 组。

极差的特点如下：①计算简便，方法简单，反映定量数据的离散程度较为直观，易于理解；②易受极端值的影响，只能反映数据中最大值和最小值之间的差距，不能反映组内其他数据的离散情况，代表性差；③不稳定，随样本含量增加，极差也会变大。

二、四分位数间距

百分位数（percentile）是一个位置指标，样本的第 x 个百分位数记为 P_x，它是指把数据从小到大排列后处于第 x 百分位置的数值。P_x 将全部观察值分为两部分，理论上有 x% 的观察值比它小，有（100−x）%的观察值比它大。例如，P_{25} 是指在全部观察值中，有 25%的观察值小于 P_{25}，有 75%的观察值大于 P_{25}。中位数是个特定的百分位数，即 P_{50}。

$$P_x = L + \frac{W}{f_x}\left(n \cdot x\% - \sum f_L\right) \tag{3-11}$$

式中，P_x 为第 x 个百分位数，L，W，f_x 为 P_x 所在组的下限、组距和频数，n 为总例数，$\sum f_L$ 为 P_x 所在组段之前的累计频数。

$$\text{IQR} = P_{75} - P_{25} \tag{3-12}$$

式（3-12）为 P_{75} 与 P_{25} 的差值，即为四分位数间距（inter-quartile range，IQR），可反映离散程度的大小。四分位数间距越大，则数据的离散程度越大；反之，说明离散程度越小。四分位数间距不受

两端极大值和极小值的影响，比极差更为稳定。实际应用中，四分位数间距与中位数一起使用，综合反映数据的集中趋势和离散趋势，写成 M（P_{25}，P_{75}）。

例 3-8 计算表 3-3 中某地区家庭按人均医疗支出（元）水平的四分位数。

根据式（3-11），分别计算 P_{75} 和 P_{25}，再按式（3-12）计算四分位间距。

$$\text{IQR} = P_{75} - P_{25} = 60 + \frac{20}{35}(75-45) - \left[40 + \frac{20}{45}(25-0)\right] = 26.03 \text{（元）}$$

三、离均差平方和

极差与四分位数间距因为只涉及了部分观察值，不能反映全部观察值的离散程度，所以稳定性较差。由于误差的不可控性，所以只由两个数据来评判一组数据是不科学的。离散程度就是数据偏离平均值的程度。为了较全面地反映数据的离散程度，可以考虑总体中每个观察值 x_i 与总体均数 μ 的差额，即 $x_i-\mu$，这个差额称为离均差。

为了避免正负问题，在数学上有两种方法：一种是取绝对值，也就是离均差绝对值之和；而数学上最常用的是另一种方法——平方，这样就都成了非负数。因此，离均差的平方和可作为评价离散程度的一个指标。

离均差平方和简称为平方和（sum of squares，SS），其含义是计算每个观察值与均数的差，将其平方后相加。$\text{SS} = \sum(X-\mu)^2$ 是统计中离散趋势的重要指标之一，对样本而言 $\text{SS} = \sum(X-\bar{x})^2$。离均差平方和越大，离散程度越大。

四、方　　差

离均差平方和的大小与观测值的个数 N 有关，对有限总体而言，观测值个数越多，离均差平方和越大。为了消除观测值个数 N 的影响，除以 N 就得到总体方差（population variance），用 σ^2 表示，即

$$\sigma^2 = \frac{\sum(X-\mu)^2}{N} \tag{3-13}$$

实际工作中，通常研究的是样本。对样本而言，μ 常常未知，故用样本均数 $\bar{x}$ 来代替总体均数 μ，以样本含量 n 来代替 N，得 $\frac{\sum(X-\bar{x})^2}{n}$，但这样计算的结果常比实际的 σ^2 小。英国统计学家 W. S. Gosset 于 1908 年提出用 $n-1$ 代替 n 来作校正，即得样本方差（sample variance），用 s^2 表示，即

$$s^2 = \frac{\sum(X-\bar{x})^2}{n-1} \tag{3-14}$$

式中，$n-1$ 称为自由度（degree of freedom），其值是随机变量可以自由取值的个数，自由度一律用 ν 表示。

方差的特点：①全面考虑了每个观察值，方差越大说明数据越离散；②不受观察值个数的影响且便于数学上的处理；③因为平方使得度量单位发生变化，实际应用过程中有时显得不适宜。

五、标　准　差

标准差（standard deviation，SD）是方差的算术平方根取正值，标准差通常是相对于样本数据的平均值而定的，表示样本某个数据观察值相距均数有多远。可以看出，标准差比均数更容易受到离群值的影响，个别离群值就能使它明显增大。标准差越小，表明数据越聚集；标准差越大，表明

数据越离散。

样本标准差 s 是总体标准差 σ 的无偏估计，n-1 是其自由度。

方差和标准差两种指标可以相互换算，实际应用中，因为标准差的单位与原始观测的单位相同，更多使用标准差来反映数据的离散程度。

$$\sigma=\sqrt{\frac{\sum(X-\mu)^2}{N}} \tag{3-15}$$

$$s=\sqrt{\frac{\sum(X-\bar{x})^2}{n-1}} \tag{3-16}$$

1. 计算方法

（1）未分组资料，直接法，即

$$s=\sqrt{\frac{\sum(X-\bar{x})^2}{n-1}}=\sqrt{\frac{\sum X^2-\frac{\left(\sum X\right)^2}{n}}{n-1}} \tag{3-17}$$

（2）分组资料，加权法，即

$$s=\sqrt{\frac{\sum(X-\bar{x})^2 f}{\sum f-1}}=\sqrt{\frac{\sum fX^2-\frac{\left(\sum fX\right)^2}{\sum f}}{\sum f-1}} \tag{3-18}$$

式中，X 为频数表中各组段的组中值，f 为各组段的频数。

例 3-9 某保险公司内务科和外勤科各有 5 名员工，按天的奖金水平（元）如下：

内务科：26 28 30 32 34

外勤科：24 27 30 33 36

分别计算其标准差，描述其离散程度。

内务科

$$\sum X^2=26^2+28^2+30^2+32^2+34^2=4540$$
$$\sum X=26+28+30+32+34=150$$

代入式（3-17），得

$$s=\sqrt{\frac{4540-\frac{150^2}{5}}{5-1}}\approx 3.16\ （元）$$

同理，计算出外勤科的标准差为 4.74 元，可见外勤科奖金的离散程度大于内务科，个体差异较大。

例 3-10 根据表 3-4，对分组资料求某省属大学某部门 110 名教师的省直职工医疗保险月个人缴费金额（元）的标准差。

表 3-4 2020 年某省属大学某部门 110 名教师的省直职工医疗保险月个人缴费金额（元）的标准差计算表

缴费金额组段 （1）	频数 f （2）	组中值 X （3）	fX （4）	fX^2 （5）
108～	1	109	109	11881
110～	3	111	333	36963
112～	9	113	1017	114921
114～	9	115	1035	119025

续表

缴费金额组段 （1）	频数 f （2）	组中值 X （3）	fX （4）	fX^2 （5）
116～	15	117	1755	205335
118～	19	119	2261	269059
120～	20	121	2420	292820
122～	13	123	1599	196677
124～	10	125	1250	156250
126～	4	127	508	64516
128～	4	129	516	66564
130～	2	131	262	34322
132～134	1	133	133	17689
合计	110		13198	1586022

加权法计算标准差

$\sum fX=13198$，$\sum fX^2=1586022$，代入式（3-18），得

$$s=\sqrt{\frac{1586022-\dfrac{13198^2}{110}}{110-1}}\approx 4.79 \text{（元）}$$

因此，该人群 2020 年医疗保险月个人缴费金额的标准差为 4.79 元。

2. 标准差的用途

（1）对近似正态分布资料来说，可以通过均数和标准差描述其平均水平和离散程度（分布特征）。

（2）两组（或多组）均数接近的数据，在度量单位相同情况下，可以通过标准差衡量样本均数的代表性。标准差越大，表示观察值越离散，均数的代表性越差；反之，均数的代表性则越好。

（3）计算均数的标准误。有关均数标准误的讲述详见第五章。

六、变 异 系 数

对于度量单位相同的两个或两个以上样本，平均水平彼此接近时，可以通过标准差比较它们的离异程度。当度量单位不同或均数相差较大时，则不能用标准差来比较它们之间的离异程度，这时需要计算变异系数（coefficient of variation，CV）进行比较。

变异系数又称离散系数，是标准差与均数之比，用百分数表示，即

$$\mathrm{CV}=\frac{s}{\bar{x}}\times 100\% \tag{3-19}$$

变异系数不受均数差异大小或度量单位不同的影响。变异系数值越大，表示变量的离散程度越大。

例 3-11　假定某省份各市 2009～2011 年和 2018～2020 年的居民医保基金收入情况如下：2009～2011 年，均数为 18.2 亿元，标准差为 3.4 亿元；2018～2020 年，均数为 54.8 亿元，标准差为 5.3 亿元，试比较这两组数据的变异程度。

将数据代入式（3-19），求得 2009～2011 年居民医保基金收入变异系数为

$$\mathrm{CV}=\frac{s}{\bar{x}}\times 100\%=\frac{3.4}{18.2}\times 100\%\approx 18.68\%$$

求得 2018～2020 年居民医保基金收入变异系数为

$$CV = \frac{s}{\bar{x}} \times 100\% = \frac{5.3}{54.8} \times 100\% = 9.67\%$$

因此，该省各市 2018～2020 年居民医保基金收入变异系数小于 2009～2011 年，说明该省各市之间居民医保基金收入差异逐渐缩小。

第四节　总 量 指 标

一、总量指标的概念

总量（amounts）指标是反映现象总体在一定时间、地点、条件下的总规模、总水平或工作总量的统计指标，一般用绝对数表示。总量指标是计算有限总体的指标，其指标值与有限总体的范围成正比。例如，国内生产总值、基本医疗保险基金总收入、全口径基本医疗保险参保人数等。总量指标也可以表现为总体发展变化的绝对差数。例如，2020 年全国参加职工基本医疗保险人数 34423 万人，比上年同期增加 1498 万人。这个 1498 万人也是一个总量指标。

二、总量指标的作用

1. 反映社会经济现象的总体规模

如果要了解一个国家的基本国情、国力，就必须了解其人口数、土地面积、粮食产量、国内生产总值、进出口贸易额等总量指标。要了解一个企业的基本情况，就要掌握企业的员工人数、产量、产值、利润、固定资产等总量指标。

2. 实行社会经济管理的依据

进行经济管理、经济核算和经济活动分析，必须要明确当前这个地区、行业的总体水平、管理水平及社会效益等情况。例如，要对某市 60 岁以上生活困难的老年人口进行补贴，必须要明确全市老年人口及生活困难的老年人口数字，还要知道他们的具体困难程度（家庭收入）和当地的生活水平等情况。此外，还可以通过搜集到的指标分析他们的消费支出比例情况，以此来确定他们所需要的物质补贴的数量。

3. 计算相对指标和平均指标的基础

相对指标和平均指标一般是两个总量指标对比的结果，它们是在总量指标的基础上派生出来的。因此，总量指标的计算将直接影响相对指标和平均指标的计算结果。

三、运用总量指标应遵守的原则

总量指标的计算和运用不是一个简单加总的技术问题，要使总量指标能够正确地反映社会经济现象的数量特征，必须遵循以下原则。

1. 总量指标的含义及计算范围的确定应科学

计算总量指标必须科学地明确其经济内容，划清总量指标所包括的计算范围。如对职工工资总额进行统计时，首先必须明确“工资”所包括的内容，即职工什么性质的收入可以计入“工资总额”的范围；其次还需要界定“工资总额”所属的时间和空间，这样才能正确地统计“工资总额”。

2. 总量分析应注意现象的同类性

只有同类现象才能直接汇总。如将粮食、棉花、钢铁、煤炭等不同产品产量直接加总没有经济意义，不能说明什么问题。

3. 计算口径、计量单位、计算价格和计算方法应一致

实际统计工作中，不同时期、不同国家（地区）的同一现象，在计算总量指标时常常会出现计量单位、计算价格、计算方法不一致的情况。在运用这些总量指标进行分析和计算时必须将其调整为统一的口径。

四、总量指标计算应用时应注意的问题

1. 总量指标并非任何时候都有意义

比如计算一个单位职工的平均年龄时，需要先计算所有职工的总年龄，这个总年龄在统计学上几乎是没有意义的，但却是计算平均年龄时必需的一个步骤。

2. 注意时期总量和时点总量的区别

它们都是反映时间状态的指标，但是时期指标是总体在一定时期内数量累计所达到的结果。例如：国家进出口总局每年都公布的进出口的总量、医院统计的业务收入、保险公司公布的支出保费总额等都是时期指标。时点指标则表明在某一时点上某一事物所处的状态。比如，在具体的某一时间点，某产品库存量的数额、固定资产的净值等等。

3. 注意每个总量指标间的衔接

每个总量指标都反映了社会经济总体及其运动的某一个方面，若想宏观反映整个总体的状况，需要采用互相衔接的统计指标体系，从相互联系的各个方面进行反映，避免相互包含和遗漏。

五、医疗保险专业常用统计指标

医疗保险统计指标来源于实践，是医保部门日常工作实际数据的记录，对全面反映医疗保险事业发展的规模、水平、结构、比例及跟踪国家政策的贯彻落实情况，揭示医疗服务管理中存在的问题有着非常重要的意义。在这些常用指标中，既有总量指标，也有在总量指标的基础上派生出的平均指标和相对指标，用来反映医疗保险的具体运行情况。

1. 反映医疗保险覆盖情况的指标

常用指标有应参保单位数、申报登记单位数、应参保人数、实际参保人数、缴费单位数、实际缴费人数、医疗保险覆盖率、参保人群年龄构成、不同工资收入水平参保人群构成等。

2. 反映医疗保险基金运行与管理情况的指标

常用指标有医疗保险基金应（实）缴额、医疗保险统筹基金收入、医疗保险统筹基金支出、医疗保险统筹基金结余、个人账户收入、个人账户支出及沉淀额、风险调节金动用额、住院费用统筹基金支付比例等。

3. 反映医疗保险的经济效益和社会效益指标

常用指标有住院费用统筹基金支付比例、参保患者平均住院统筹基金支付额、参保患者平均每日统筹基金支付额、参保患者平均每次门诊刷卡金额、参保职工住院率、住院人次数、平均住院床日数等。

（卢曼曼）

第四章　随机变量及其分布

内容提要

所有的自然和社会现象，可以分为确定性现象和随机现象两大类。在一定条件下必然出现某种结果的现象，称为确定性现象，如在1个标准大气压下水在100℃时会沸腾，多属于物理化学研究的现象；在一定条件下可能出现这种结果，也可能出现那种结果的现象，即不能预先断定会出现哪种结果的现象，称为随机现象，如掷一颗骰子，点数是不确定的，出海可能遇到风暴也可能晴空万里等。为方便研究随机现象，需要引进一种“定量”的概念，我们可以用一个取值带有不确定性的变量来表示试验的各种结果，这个变量称为随机变量（random variable）。本章主要介绍了连续型随机变量及其常用分布，如正态分布；离散型随机变量及其常用分布，如二项分布、泊松分布等。

第一节　随机变量的概率分布

随机变量是随机事件的数量表现，具有两个特点：①取值的随机性，即事先不能确定X取哪个数值；②取值的统计规律性，即X取某个值或X在某一个区间内取值有一定的概率。随机变量常用大写字母表示如X，Y等，它们的取值常用小写字母（x_1，x_2，…，x_n），（y_1，y_2，…，y_n）表示。简而言之，随机变量就是取值伴随一定概率的变量。

按随机变量的取值类型不同，随机变量可以分为离散型随机变量（discrete random variable）和连续型随机变量（continuous random variable）。随机变量X的取值可以一一列举（有限或可数无穷多个），则称为离散型随机变量，如性别、血型、各种险种等；随机变量X的取值充满某一区间（不能一一列举，即为不可数无穷多个），则称为连续型随机变量。如身高、保费、血液中的血红蛋白含量等。

研究一个随机变量，首先要知道它可能取哪些值，其次知道它取这些值或某个区间值的可能性是多少，进而可以得到下列常用事件的概率，如$\{X\leqslant x\}$，$\{X>x\}$，$\{x_2<X\leqslant x_1\}$，x为任意常数，根据事件的关系和运算（对立事件和减法法则），我们只需要得到事件$\{X\leqslant x\}$随x取值变化的概率规律即可，则其所形成的随x变化而变化的事件$\{X\leqslant x\}$的分布规律称为概率分布（probability distribution）。我们把$F(x)=P(X\leqslant x)\ (-\infty<x<+\infty)$称为随机变量的分布函数，它的取值范围是[0，1]，具有下列性质：

（1）**单调不减**　若$x_1<x_2$，则$F(x_1)\leqslant F(x_2)$；

（2）**极限性质**　$F(-\infty)=\lim\limits_{x\to-\infty}F(x)=0$，

$F(+\infty)=\lim\limits_{x\to+\infty}F(x)=1$；

（3）**右连续性**　$F(x_0+0)=\lim\limits_{x\to x_0^+}F(x)=F(x_0)$。

概率分布表明随机变量分布的规律，具有一般意义，所以可以称为理论分布。有了分布函数，就可以求随机变量落在某个区间中的概率，即

$$P(a<X\leqslant b)=P(X\leqslant b)-P(X\leqslant a)=F(b)-F(a) \tag{4-1}$$

$$P(X>a)=1-P(X\leqslant a)=1-F(a) \tag{4-2}$$

一、离散型随机变量的概率分布律

设离散型随机变量 X 的所有可能的取值为（$x_1, x_2, \cdots, x_n$），n 可以取无穷，且取这些值的概率分别为 $p_1, p_2, \cdots, p_n$，即

$$P(X = x_k) = p_k \quad (k = 1,2,\cdots,n) \tag{4-3}$$

写成列表形式如下

X	x_1	x_2	$\cdots$	x_n
P	p_1	p_2	$\cdots$	p_n

（4-3）式称为离散型随机变量 X 的概率分布律或分布列。它与离散型随机变量的概率分布函数的关系是 $F(x) = P(X \leqslant x) = \sum\limits_{x_k \leqslant x} P(X = x_k)$。

由概率的性质可知，任一离散型随机变量的概率分布律都具有下述两个性质：

（1）每一项概率取值都大于等于 0，$p_k \geqslant 0$；

（2）所有项的概率取值加和等于 1，$\sum p_k = 1$。

因此，离散型随机变量的概率分布列表明全部概率 1 在各个可能值之间分配的规律，全面描述了离散型随机变量的随机性质。保险中常用的离散型随机变量的分布有二项分布、泊松分布及超几何分布等。

离散型随机变量的期望 $EX = \sum x_k p_k$，方差 $DX = \sum (x_k - EX)^2 p_k$，标准差为 $\sqrt{DX}$。

例如某一险种理赔时有三种情况，情况一出现时，理赔 1 万元，情况二出现时，理赔 2 万元，情况三出现时，理赔 4 万元，每种情况出现的概率分别是 0.3，0.5，0.2，则平均理赔钱数 EX 为 $0.3\times1+0.5\times2+0.2\times4=2.1$（万元），表示了平均理赔 2.1 万元，如果我们要了解理赔钱数的离散度，则方差 $DX=(1-2.1)^2\times0.3+(2-2.1)^2\times0.5+(4-2.1)^2\times0.2=1.09$（万元的平方）。

二、连续型随机变量的概率分布

由于连续型随机变量的取值不能一一列举，其随机性质无法像离散型随机变量那样表示，要用密度函数 $f(x)$ 和分布函数 $F(x)$ 来描述连续型随机变量的随机性质。

对于连续型随机变量 X，如果存在非负可积函数 $f(x)$，使得对于其分布函数来说有

$$F(x) = P(X \leqslant x) = \int_{-\infty}^{x} f(t)\mathrm{d}t \quad (-\infty < x < +\infty) \tag{4-4}$$

且非负可积函数 $f(x)$ 满足条件：$\int_{-\infty}^{+\infty} f(x)\mathrm{d}x = 1$，即密度函数曲线与 x 轴所围成的图形的面积为 1，如图 4-1 所示。

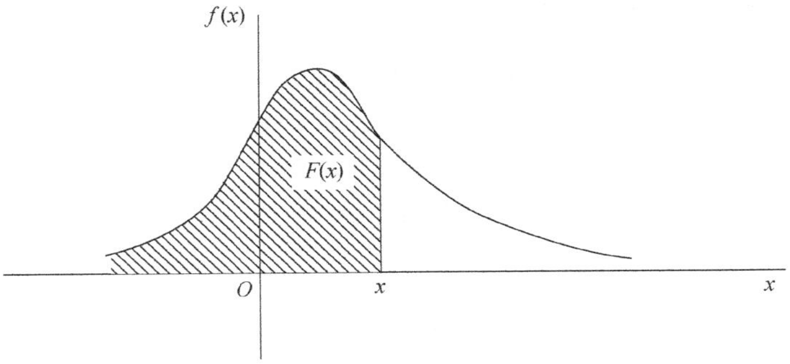

图 4-1　一般密度曲线 $f(x)$ 和 x 轴所围成的图形

我们称 $f(x)$ 为连续型随机变量 X 的概率密度函数（probability density function），简称概率密度或密度函数。连续型随机变量的分布函数 $F(x)$ 和密度函数 $f(x)$ 都是对连续型随机变量随机性质的完整刻画，两者的关系是 $F'(x)=f(x)$ 。

同时对任意的 $x_1<x_2$，有

$$P(x_1<X\leqslant x_2)=\int_{x_1}^{x_2} f(x)\mathrm{d}x=F(x_2)-F(x_1) \tag{4-5}$$

保险中常用的连续型随机变量的分布有正态分布、指数分布、伽马分布、贝塔分布、威布尔（Weibull）分布等。

连续型随机变量的期望（即均数）为 $EX=\int_{-\infty}^{+\infty} xf(x)\mathrm{d}x$ ，方差为 $DX=\int_{-\infty}^{+\infty}(x-EX)^2 f(x)\mathrm{d}x$ ，标准差为 $\sqrt{DX}$ 。

例如，某保险公司某类投资的收益率为一随机变量，记作 $K\%$，设 K 的密度函数为 $f(x)=\begin{cases}1/6, & 0\leqslant x\leqslant 6,\\ 0 & 其他,\end{cases}$ 则 $EK=\int_0^6 x\frac{1}{6}\mathrm{d}x=3$ ， $DK=\int_0^6 (x-3)^2\frac{1}{6}\mathrm{d}x=3$ ，则平均收益率为 3%。

第二节　正 态 分 布

正态分布（normal distribution）是概率统计中最重要的一个连续型分布，它首先由德国数学家和天文学家棣莫弗（Abraham De Moivre）于 1733 年提出，后来由高斯在研究误差理论的过程中进行了发展、改进和传播，因此又称为“高斯”分布，它的应用极为广泛，而且在理论上有着极其重要的地位。许多随机变量服从或近似地服从正态分布，如人的身高、体重、智商、肺活量、测量误差和大宗保单的精算问题等。这些随机变量的共同点是与均值较接近的数值出现的概率较大，离均值远的数值出现的概率较小，即属于“中间大、两头小”的分布形态。

一、正态分布的概念及特征

在许多实际问题中，遇到的随机变量是受到许多相互独立的随机因素的影响的，而每个个别因素的影响都不起决定性作用，且这些影响是可以叠加的。例如，人的身高会受到除了基因的主要影响外，还会受到食物、水、空气、情绪等诸多因素的随机变动的影响，而这些因素的波动在正常情况下是相互独立的，且每一个都不起决定性作用，又可以认为是相互叠加的。在概率论的中心极限定理（central limit theorem，CLT）中可以证明：具有上述特点的随机变量一般都可以认为服从概率密度函数为

$$f(x)=\frac{1}{\sqrt{2\pi}\sigma}\mathrm{e}^{-\frac{(x-\mu)^2}{2\sigma^2}} \quad (-\infty<x<+\infty) \tag{4-6}$$

的正态分布。其中参数 μ 是正态分布的均数，σ 是标准差。如果一个随机变量 X 服从正态分布，可记为 $X\sim N(\mu,\sigma)$ 或 $X\sim N(\mu,\sigma^2)$ 。

假如我们知道某市 2020 年测得的 150 名 12 岁健康男童的体重（kg），试绘出男童体重的直方图（如图 4-2 所示），设想一下，当体重数据不断增多，分组组段不断细分时，直方图的每个直方也就不断变窄，其顶端连线就会不断接近于一条光滑的曲线，即正态分布的密度函数曲线。根据正态分布的密度函数式（4-6）绘出其图形（如图 4-3 所示）。

正态分布的分布函数为

$$F(x)=\frac{1}{\sqrt{2\pi}\sigma}\int_{-\infty}^{x}\mathrm{e}^{-\frac{(t-\mu)^2}{2\sigma^2}}\mathrm{d}t \tag{4-7}$$

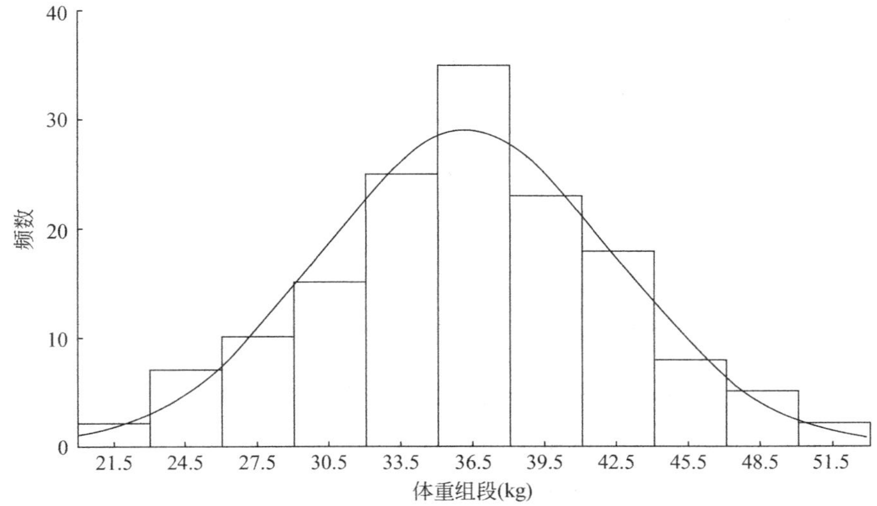

图 4-2　某市 2020 年测得的 150 名 12 岁健康男童的体重（kg）直方图

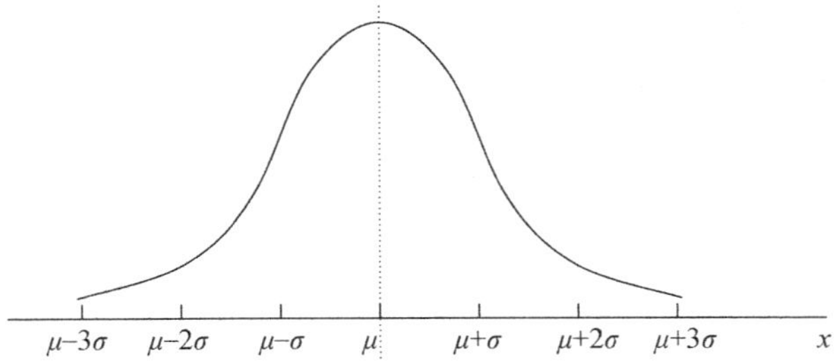

图 4-3　正态分布密度曲线

正态分布的概率密度曲线具有下述特点：

（1）分布以均数 μ 为中心，中间高，两头低，左右完全对称。

（2）正态分布只有一个高峰，高峰的位置在 $x=\mu$ 处，峰值为 $\dfrac{1}{\sqrt{2\pi}\sigma}$ 。

（3）正态分布的两个参数（μ 和 σ）分别决定了分布的位置和形状。其中 μ 是位置参数，σ 是形状参数。当 σ 恒定时，μ 变大，正态曲线向右移动；反之，μ 变小，正态曲线向左移动（如图 4-4 所示）。若 μ 恒定，σ 愈大（数据愈离散），正态曲线显得愈“矮胖”；反之，σ 愈小（数据愈集中），正态曲线显得愈“瘦高”（如图 4-5 所示）。

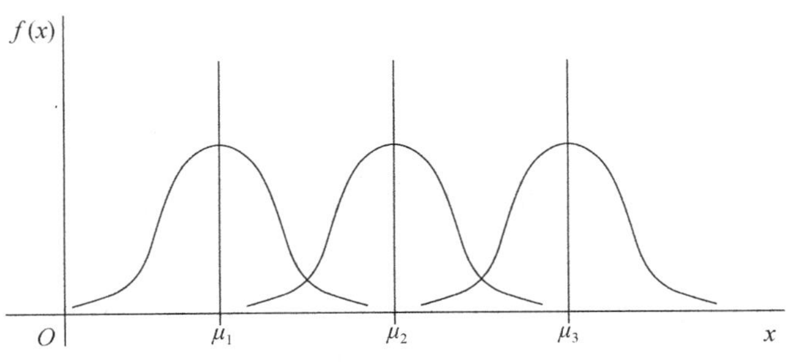

图 4-4　不同均数 μ 的正态分布密度函数示意图 $\mu_1<\mu_2<\mu_3$

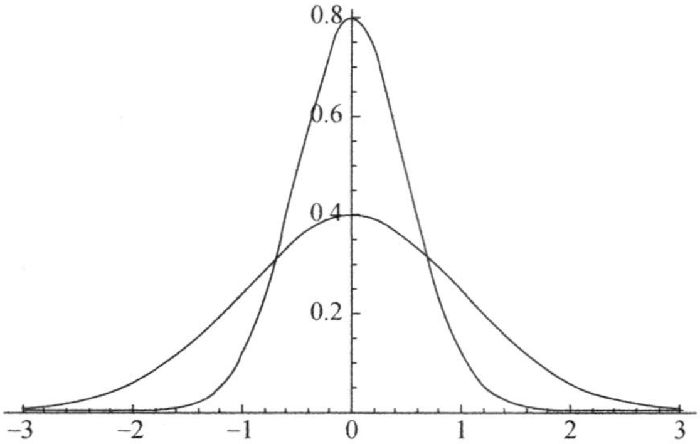

图 4-5　不同标准差的正态分布密度函数示意图

（4）正态分布在 $\mu \pm \sigma$ 处各有一个拐点（凹变凸）。

（5）对任一正态分布随机变量 $X \sim N(\mu,\sigma)$，进行如下线性变换

$$Z = \frac{X-\mu}{\sigma} \tag{4-8}$$

得到的新的随机变量 Z 一定服从均数为 0，标准差为 1 的正态分布，该正态分布称为标准正态分布（standard normal distribution），记为 $Z \sim N$（0，1）。（4-8）式称为一般正态随机变量的标准化。标准正态分布的密度函数为

$$\varphi(z) = \frac{1}{\sqrt{2\pi}} \mathrm{e}^{\frac{-z^2}{2}} \quad (-\infty < z < +\infty) \tag{4-9}$$

标准正态分布是正态分布族中 $\mu = 0$ 和 $\sigma = 1$ 时的分布，同样具有正态分布的一般特征。标准正态分布的密度曲线如图 4-6 所示。

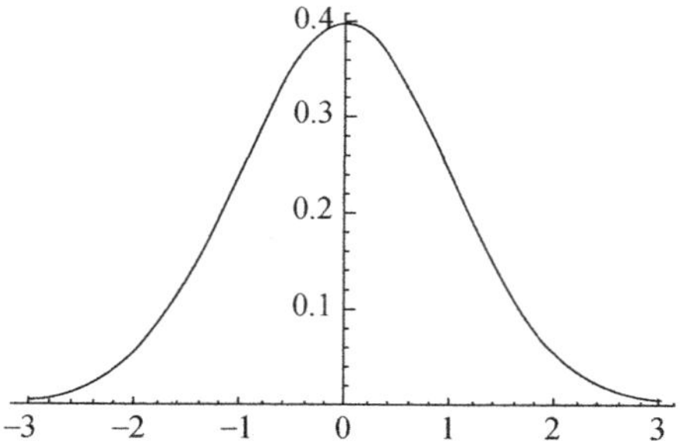

图 4-6　标准正态分布密度曲线示意图

标准正态分布的分布函数为

$$\Phi(z) = \frac{1}{\sqrt{2\pi}} \int_{-\infty}^{z} \mathrm{e}^{-\frac{t^2}{2}} \mathrm{d}t \tag{4-10}$$

二、　正态分布曲线下的面积规律

正态分布密度曲线下的面积有一定的分布规律，可以通过其分布函数积分求得。正态曲线下面积分布的规律见图 4-7，对应区间 $(\mu-\sigma,\mu+\sigma)$ 的面积占全面积的 68.27%；对应区间 $(\mu-1.96\sigma,\mu+1.96\sigma)$ 的面积占全面积的 95%；对应区间 $(\mu-2.58\sigma,\mu+2.58\sigma)$ 的面积占全部面积的 99%。

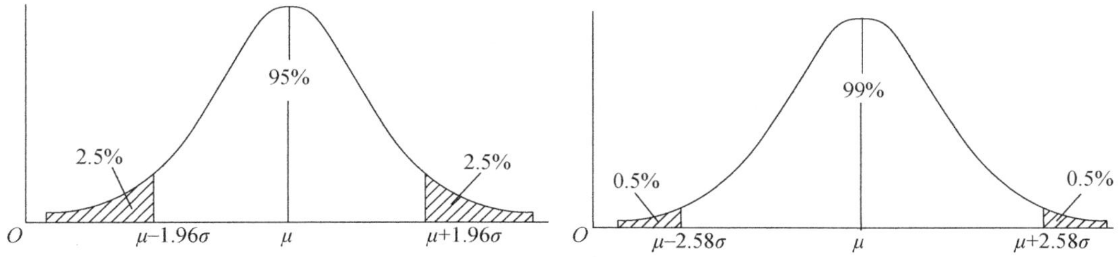

图 4-7 正态曲线下面积分布示意图

标准正态分布是 $\mu=0$ 为对称轴的对称分布且分布曲线同横轴所包围的面积是常数 1（如图 4-8），故有以下性质：

（1） $\Phi(0)=0.5$；

（2） $\Phi(-z)=\int_{-\infty}^{-z}\varphi(t)\,\mathrm{d}t=\int_{z}^{+\infty}\varphi(t)\mathrm{d}t=1-\Phi(z),\quad z>0$ 。

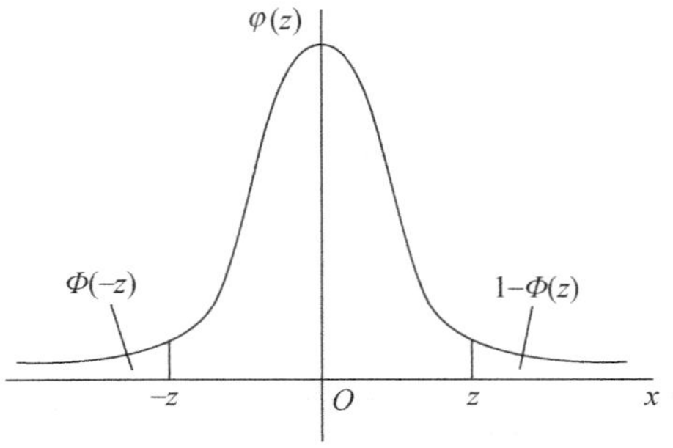

图 4-8 标准正态分布密度曲线下的面积规律

为了省去计算的麻烦，统计学家们按式（4-10）编成了标准正态曲线下的面积（见附表 1）。

实际工作中经常要计算服从正态分布的随机变量取一个指定区间内的值的概率。若 $X\sim N(0,1)$，且 $a<b$ 为任意两个实数，那么

$$P(a<X\leqslant b)=P(X\leqslant b)-P(X\leqslant a)=\Phi(b)-\Phi(a) \tag{4-11}$$

$$P(X>a)=1-P(X\leqslant a)=1-\Phi(a) \tag{4-12}$$

具体数值可以通过后面附表 1 查表得到。

对于一般正态分布 $X\sim N(\mu,\sigma)$， $a<b$ 为任意两个实数，利用正态分布的标准化可以得到一般正态分布随机变量落在某个区间中的概率为

$$P(a<X\leqslant b)=P\left(\frac{a-\mu}{\sigma}<\frac{X-\mu}{\sigma}\leqslant\frac{b-\mu}{\sigma}\right)=\Phi\left(\frac{b-\mu}{\sigma}\right)-\Phi\left(\frac{a-\mu}{\sigma}\right) \tag{4-13}$$

$$P(X>a)=1-P(X\leqslant a)=1-P\left(\frac{X-\mu}{\sigma}\leqslant\frac{a-\mu}{\sigma}\right)=1-\Phi\left(\frac{a-\mu}{\sigma}\right) \tag{4-14}$$

这样，求正态分布 $X\sim N(\mu,\sigma)$ 在某区间上的概率就可转化为求标准正态分布在相应区间上的概率，即做了一个等面积的变换。

例 4-1 某厂生产的一种小型装置，该小型装置的寿命 X 服从均数为 10，标准差为 2（单位：年）的正态分布。求①小型装置的寿命大于 9 年的概率；②求小型装置中寿命介于 9～11 年的概率；③如果工厂规定在保用年限期间遇到故障可免费换新，将要求免费换新的概率定为 3%，求保用年限。

解 由于 $X\sim N(10,2)$，根据式（4-13）和式（4-14），有

（1）$P(X>9)=1-P(X\leqslant 9)=1-P\left(\dfrac{X-10}{2}\leqslant\dfrac{9-10}{2}\right)=1-\Phi(-0.5)=69.15\%$

（2）$P(9<X\leqslant 11)=P\left(\dfrac{9-10}{2}<\dfrac{X-10}{2}\leqslant\dfrac{11-10}{2}\right)=\Phi(0.5)-\Phi(-0.5)$

$=2\Phi(0.5)-1=38.3\%$

（3）设保用年限为 b，则

$$P(X\leqslant b)=P\left(\frac{X-10}{2}\leqslant\frac{b-10}{2}\right)=\Phi\left(\frac{b-10}{2}\right)=3\%$$

查附表 1 得 $b-10/2\approx-1.88$，故 $b\approx 6$ 年，即工厂保用年限大约定为 6 年。

在实际工作中，对于服从正态分布的随机变量，其参数 μ 和 σ 常常是未知的，样本观察值例数 n 较大时，可用样本均值 $\bar{x}$ 估计 μ，样本标准差 s 估计 σ；可作样本频数分布估计。

例 4-2 某市 2019 年 110 名 7 岁男童的身高，已知均数 $\bar{x}$ =119.95（cm），标准差 s=4.72（cm），①试估计该地 7 岁男童身高在 110cm 以下者占该地 7 岁男童总数的百分比。②如果可以得到 $\bar{x}\pm s$，$\bar{x}\pm1.96s$，$\bar{x}\pm2.58s$ 范围内 7 岁男童人数占该组儿童总数的实际百分比，说明与理论百分数是否接近。

解 （1）首先我们认为男童身高 X 服从正态分布 $N(\mu,\sigma)$，其参数 μ 和 σ 未知，可由 $\bar{x}$，s 估计，根据式（4-13）得

$$P(X\leqslant 110)=P\left(\frac{X-119.95}{4.72}\leqslant\frac{110-119.95}{4.72}\right)=\Phi(-2.11)\approx 1.74\%$$

也就是说，该地 7 岁男童身高在 110cm 以下者约占 1.74%。

（2）计算结果见表 4-1。

表 4-1 110 名 7 岁男童身高的实际分布与理论分布比较

$\bar{x}\pm zs$	计算过程	身高范围（cm）	实际人数	百分比（%）	理论分布（%）
$\bar{x}\pm s$	119.95 ± 1×4.72	115.23～124.67	75	68.18	68.27
$\bar{x}\pm1.96s$	119.95 ± 1.96×4.72	110.70～129.20	104	94.55	95.00
$\bar{x}\pm2.58s$	119.95 ± 2.58×4.72	107.77～132.13	109	99.10	99.00

通过计算可知本资料的实际分布与理论分布是很接近的。

三、正态分布在医疗保险中的应用

正态分布在医疗卫生中有着广泛的应用，在保险行业也是非常重要的分布。

（一）医学参考值的制定

健康人的一些生理、生化指标的观察值分布（如同年龄、同性别人的身高；同性别的正常成年人的白细胞计数、血糖浓度、血红蛋白含量等）是正态分布资料，在求得均数和标准差后，即可用正态分布法求出医学参考值范围，例如某地调查正常成年男子 144 人的红细胞数（RBC），可计算均数、标准差等统计量，欲估计该地成年男子 RBC 的 95%的参考值范围，考虑到 RBC 近似正态分布，可按正态分布来处理，又因 RBC 过高、过低均属异常，故按双侧估计 95%界值，即 $(\bar{x}\pm1.96s)$。一般而言，双侧参考值范围的界值公式为 $\bar{x}\pm zs$；单侧上界为 $\bar{x}+zs$；单侧下界为 $\bar{x}-zs$。常用 z 界值可由表 4-2 查出。

表 4-2　常用 z 界值表

参考值范围（%）	单侧	双侧
80	0.842	1.282
90	1.282	1.645
95	1.645	1.960
99	2.326	2.576

例 4-3　某医院随机抽查的 200 名正常成年女子的红细胞数的均数 $\bar{x}=4.23(\times10^{12}/\mathrm{L})$，标准差 $s=0.45(\times10^{12}/\mathrm{L})$，试估计正常成年女子的红细胞数的 95%的参考值范围。

解　下限：$\bar{x}-1.96s=4.23-1.96\times0.45=3.35(\times10^{12}/\mathrm{L})$

上限：$\bar{x}+1.96s=4.23+1.96\times0.45=5.11(\times10^{12}/\mathrm{L})$

所以正常成年女子红细胞数的 95%的参考值范围是 $(3.35,5.11)(\times10^{12}/\mathrm{L})$。

应用正态分布理论估计医学参考值范围必须注意：①资料必须呈正态分布或近似正态分布或经过变量变换可变换成正态分布（参阅有关统计专著）；否则，应当用其他方法如百分位数法估计医学参考值范围；②样本含量必须足够大，否则估计出的医学参考值范围就不够可靠；③总体必须有明确的定义和范围；④观察仪器方法必须统一。

值得一提的是，在应用正态分布统计理论或百分位数法去估计医学参考值范围时一定要防止绝对化，必须知道 $\bar{x}\pm1.96s$ 的范围只包括 95%的正常人群，必然会有 5%的健康者被遗漏；用 $\bar{x}\pm2.58s$ 确定的医学参考值范围仍有 1%健康者被遗漏。因此在临床实践中应根据各方面情况综合考虑，防止漏诊或误诊。

（二）正态分布在保险中的应用

健康保险定价的基本原理和人寿保险相同，那就是保费收入要足以弥补保险公司的赔款支出。由于健康保险计算预期索赔的指标是发病率，而不是死亡率，而且发病率统计比死亡率统计要复杂得多。因此，健康保险无论在统计上还是在数学计算上都是一个复杂的过程。

一个被保险人在保险期限内是否发生保险事故是不确定的，或者说是随机的；被保险人发生损失的程度或者保险公司支付的保险给付也是不确定的、随机的。保险作为经营风险的行业，其经营是通过集中分散的投保人所缴纳的保险费建立起保险基金，用于补偿社会经济生活中因自然灾害或意外事故所造成的经济损失。只有保险费的不断流入，才能保证保险经营活动的连续性；也只有保险费科学、合理地计算，保险人才能稳定经营，维持保险经营活动所需的费用，获得预期的经济效益。因此，保险经营科学的核心在于保险费及保险费率的计算上，大数定律是保险费计算的重要基础之一。

大数定律（law of large number）又称大数法则，是精算学中重要的理论基础之一。大数定律表明，随机变量观察值的算术平均值具有相当的稳定性与秩序性：实际的平均值与理论的平均值，将随着观察次数的增加而充分接近，观察数越多，这种秩序性的稳定程度也越高。

保险经营的风险是一种可能发生，也可能不发生的随机现象。单个危险单位发生损失的概率可能很小，但损失多少的不确定性却很大；若结合众多危险单位，则可以减少这种不确定性。运用大数定律，可以将个别危险单位遭遇损失的不确定性，变成多数危险单位可以预知的损失，从而能够比较准确地计算纯费率。承保的危险单位越多，偏差越小，越接近预期损失，使保险能够集中大量危险单位来减少风险的不确定性，保证其财务稳定性。

在保险经营中，有关计算要基于数据的分布类型，能够精确地确定损失分布的情形是不多的，这样在保险经营中，需要进行逼近。在大宗保单的精算问题上，最常用的逼近方法是正态逼近，其理论依据是概率论中的中心极限定理，这样就会使复杂的计算得以简化。

对于健康保险，从以前保险给付总结的经验中可知，保险事故的经验数据和将来可能发生的概率之间会有某些联系和规律，因此保险公司经常用以前发生的经验数据为未来情况做预测。预测方法多种多样，如一元回归分析法、趋势平均法、正态分布法等，不同的数据类型应用不同的适合方法。

采用正态分布法计算健康保险的纯费率，至少要依据最近 5 年的保额损失资料。如果某种保险近年来的保额损失率变化不是呈逐年上升或逐年下降的趋势，那么可将其看作或近似看作服从正态分布，而且这一随机变量服从正态分布。正态分布法是把各年的保额损失率看作是一个随机变量，而且这一随机变量服从正态分布，根据以往若干年度实际发生的保额损失率，估计下一年度的保额损失率以多大的概率小于某一数值。

通过正态分布法我们能够计算出一个数值，以这个数值为纯费率，就能保证在未来年度中实际发生的保额损失率能够以很高的概率小于这一数值。这样保险公司在绝大多数年份就不至于发生亏损，保证业务的稳定性。

假设μ是保险公司经验保额损失率 X 的均数，σ是 X 的标准差，根据概率论原理有

$$P(X<\mu+0.80\sigma)=0.7881,\quad P(X<\mu+1.00\sigma)=0.8413$$
$$P(X<\mu+1.50\sigma)=0.9332,\quad P(X<\mu+1.65\sigma)=0.9505$$
$$P(X<\mu+2.00\sigma)=0.9772,\quad P(X<\mu+2.35\sigma)=0.9906$$
$$P(X<\mu+3.00\sigma)=0.9987$$

也就是说，如果以 $\mu+0.80\sigma$，$\mu+1.00\sigma$，$\mu+1.50\sigma$，$\mu+1.65\sigma$，$\mu+2.00\sigma$，$\mu+2.35\sigma$ 和 $\mu+3.00\sigma$ 作为纯费率，那么，保额损失率小于纯费率的概率分别是 78.81%，84.13%，93.32%，95.05%，97.72%，99.06%和 99.87%。

那么，按照正态分布法计算纯费率的公式为

$$\text{纯费率}=\mu+a\sigma \tag{4-15}$$

其中，a 是安全系数，取值范围是 $0\leqslant a\leqslant 4$。a 取值越大，保额损失率小于纯费率的概率就越大，通常的观点是，对于商业性保险，a 一般取 2 已经足够。

例 4-4 某保险公司的一个健康险种 2014～2020 年中各年的保额损失率如表 4-3 第 2 栏所示。保险公司对该健康险种在 2021 年征收的纯费率应为多少？（假定安全系数取 1.5）

表 4-3 某保险公司某一健康险种 2014～2020 年中保额损失率表

年份	经验保额损失率 X_i（‰）	$(X_i-\bar{x})$	$(X_i-\bar{x})^2$
2014	2.80	−0.20	0.04
2015	3.10	+0.10	0.01
2016	2.50	−0.50	0.25
2017	2.70	−0.30	0.09
2018	3.50	+0.50	0.25
2019	3.00	0.00	0.00
2020	3.40	+0.40	0.16
合计（n=7）	21.00	0.00	0.80

由表 4-3 中的数据算出

$$\bar{x}=3\text{（‰）}$$

$$s=\sqrt{\frac{1}{n-1}\sum_{i=1}^{n}(X_i-\overline{x})^2}=\sqrt{\frac{0.8}{7-1}}=0.365‰$$

若取 a=1.5，则保险公司对该健康险种在2021年征收的纯费率=3‰+1.5×0.365‰=3.5475‰。

（三）质量控制

当影响某一数量指标的随机因素很多，每个因素所起的作用均不太大时，这个指标的随机波动属于随机误差，则这个指标往往服从正态分布，相反，如果除随机误差外，还存在某些影响较大的因素（如环境、设备或人为因素）导致的系统性误差，这时指标的波动就不再服从正态分布了，利用这一原理，可以进行测量过程的质量控制，换句话说，实验中的随机误差一般服从均数为0、标准差为 σ 的正态分布。因此正态分布原理可用于判断误差是否为随机误差，从而被广泛应用于质量控制中。

质量控制的一个重要工具是控制图。控制图的基本原理：如果某一波动仅仅由个体差异或随机测量误差所致，那么观察结果服从正态分布。控制图共有7条水平线，中心线位于总体均数 μ 处，警戒限位于 $\mu\pm2\sigma$ 处，控制限位于 $\mu\pm3\sigma$，此外还有2条位于 $\mu\pm\sigma$ 处，如果总体均数和总体标准差未知，也可以用样本估计值代替，这时，7条水平线分别位于 $\overline{x}$，$\overline{x}\pm s$，$\overline{x}\pm2s$ 和 $\overline{x}\pm3s$ 处。依时间顺序记录观察数据，在控制图上依次描点，控制图通过科学区分正常波动和异常波动，对工序过程的质量波动性进行控制，并通过及时调整消除异常波动，使过程处于受控状态。不仅如此，通过比较工序改进以后的控制图，还可以确认此过程的质量改进效果。因此，控制图在质量管理中有着广泛的应用。

（四）正态分布是许多统计方法应用的理论基础

后面章节将讲述的 t 检验、相关分析与回归分析等多种统计方法均要求分析的指标（变量）服从正态分布。而对于非正态分布资料，实施这些统计处理时，其中一个重要途径是先作变量变换，使之转换成近似正态分布，然后再按正态分布的原理作统计处理。

第三节　二 项 分 布

对于一个随机试验，如果每次试验都有两种可能结果：“成功（事件 A）”与“失败”，如果两种结果的概率恒定，则称该试验为伯努利（Bernoulli）试验。独立重复做 n 次伯努利试验，称为 n 重伯努利试验，n 重伯努利试验中我们所关心的事件 A 发生的次数服从二项分布（binomial distribution）。

一、二项分布的定义

（一）伯努利试验

任意一次试验中，只有事件 A 发生和不发生两种结果，该试验称为伯努利试验。例如

毒性试验：白鼠　　死亡——生存
临床试验：患者　　治愈——未愈
城乡居民医保：居民　　愿意——不愿意

（二）伯努利试验序列

n 次伯努利试验构成了伯努利试验序列。其特点如下：

（1）每次试验结果，只能是两个互斥的结果之一（A 或非 A）；

（2）每次试验的条件不变，即每次试验中，结果 A 发生的概率不变，均为 π；

（3）各次试验独立，即一次试验出现什么样的结果与前面已出现的结果无关。

（三）二项分布

1. 二项分布的概率函数

在 n 重伯努利试验中事件 A 发生的概率为 π，若离散型随机变量 X 记为事件 A 发生的次数，其所有可能的取值为 0，1，…，n，且取这些值的概率分别为 $p_0, p_1, p_2, \cdots, p_n$，即

$$p_k = P(X = k) = \mathrm{C}_n^k \pi^k (1-\pi)^{n-k} \quad (k = 0,1,2,\cdots,n) \tag{4-16}$$

则称 X 服从二项分布，记为 $X \sim B(n,\pi)$，其中 n 为试验次数，π 为事件 A 发生的概率。式（4-16）即为二项分布的概率函数，反映在 n 次独立重复试验中，事件 A 发生的次数 X 取 k 的概率，k=0，1，…，n。

2. 二项分布的分布函数

（1）在 n 次独立重复试验中，事件 A 至少发生 k 次的概率：

$$P(X \geqslant k) = P(X = k) + \cdots + P(X = n) = \sum_{k}^{n} p(X) \tag{4-17}$$

（2）在 n 次独立重复试验中，事件 A 至多发生 k 次的概率：

$$P(X \leqslant k) = P(X = 0) + \cdots + P(X = k) = \sum_{0}^{k} p(X) \tag{4-18}$$

二、二项分布的性质

二项分布的性质具有以下性质：

（1）二项分布的概率总和为 1，即 $\sum_{k=0}^{n} \mathrm{C}_n^k \pi^k (1-\pi)^{n-k} = 1$。

（2）对于 0 到 n 间的整数 $m_1 \leqslant m_2$，有 $P(m_1 \leqslant X \leqslant m_2) = \sum_{k=m_1}^{m_2} \mathrm{C}_n^k \pi^k (1-\pi)^{n-k}$。

（3）二项分布的期望为 $EX = n\pi$，方差为 $DX = n\pi(1-\pi)$，标准差为 $\sqrt{n\pi(1-\pi)}$。

（4）二项分布具有可加性，如果 $X \sim B(n_1,\pi)$，$Y \sim B(n_2,\pi)$，且 X,Y 相互独立，则 $X+Y \sim B(n_1+n_2,\pi)$。

（5）二项分布的概率分布如图 4-9 所示。

由图 4-9 看出，随着 n 的增大，二项分布趋向对称，实际上，当 n 充分大时，它将趋向于正态分布。

在 n 重伯努利试验中，X 记为事件 A 发生的次数，我们把 $p = \dfrac{X}{n}$ 称为样本率，即事件 A 出现的频率，由 X 的期望方差得到 $Ep = E\dfrac{X}{n} = \dfrac{EX}{n} = \pi$，$Dp = D\dfrac{X}{n} = \dfrac{DX}{n^2} = \dfrac{\pi(1-\pi)}{n}$，标准差为 $\sigma_p = \sqrt{\dfrac{\pi(1-\pi)}{n}}$，此标准差又称为频率的标准误。在实践过程中，事件 A 发生的概率 π 往往不知道，则人们用样本中事件 A 出现的频率 p 来估计事件 A 出现的概率 π，此时频率的标准误的估计值为

$$s_p = \sqrt{\frac{p(1-p)}{n}} \tag{4-19}$$

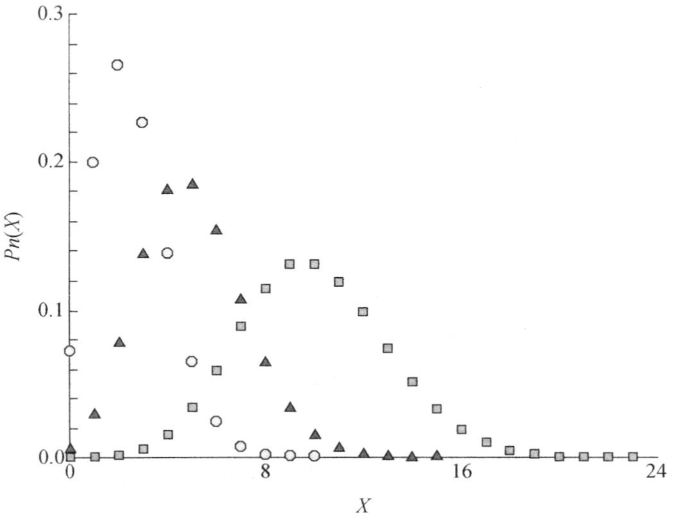

图 4-9 二项分布示意图 $\pi = 0.1, n = 25, 50, 100$（分别用圆、三角、方形表示）

频率的标准误反映事件 A 发生的频率的抽样误差的大小，其值越大，反映样本频率越不可靠。

三、二项分布的应用

二项分布常应用于药效判断、有返回抽样、试验方法、群检验等。为了便于计算相关的概率，人们制定了二项分布表，不同的表在结构上可能稍有不同，使用时要注意区别。

例 4-5 药效判断 如果知道某疾病患者的自然痊愈率是 0.25，为了试验某种药对治疗该病是否有效，把它给 10 位患者服用。如果医生事先规定一个决策规则：这 10 位患者服药后不足 4 人痊愈，就认为该药无效。试问，按照此规则，①虽然该药完全无效，但由于患者可能自然痊愈，因此，可能出现至少 4 个受试者痊愈的情况，从而错误地认为该药有效。求此种“无效当有效”错误的概率是多少。②虽然该药有效，服用后可把痊愈率提高到 0.35，但通过试验，仍可能出现不足 4 个受试者痊愈的情况，从而错误地认为该药无效，请计算犯这种“有效当无效”错误的概率是多少。

解 做药效评价时，先做无效假设，记作 H_0，如果否定 H_0，就可能犯“无效当有效”的错误，称为第一类错误，其概率大小用 α 表示。如果接受 H_0，即认为该药无效，这就有可能犯“有效当无效”的错误，称为第二类错误，其大小用 β 表示。由题中条件可得：

（1）如果该药无效（H_0 成立），设自然痊愈的人数是随机变量 X，由 $X \sim B(10, 0.25)$，按决策规则

$$\alpha = P(X \geqslant 4) = \sum_{k=4}^{10} \mathrm{C}_{10}^{k} 0.25^{k} 0.75^{10-k} = 0.2356$$

（2）如果该药有效（H_0 不成立），把痊愈率从 0.25 提高到 0.35，设受试者中痊愈人数是随机变量 X，则 $X \sim B(10, 0.35)$，按决策规则

$$\beta = P(X < 4) = \sum_{k=0}^{3} \mathrm{C}_{10}^{k} 0.35^{k} 0.65^{10-k} = 0.5159$$

四、二项分布应用的条件

由二项分布的定义知，它是定义在一系列独立重复的试验基础上的，因此在实际应用中应遵循一定的条件，分述如下。

（一）各次试验应该是独立的

每次试验中，随机事件的发生与否应该是互无影响的。如传染性疾病，就不能认为其发病人数服从二项分布，因此可通过某疾病发生人数是否服从二项分布来判断该病是否具有传染性。

（二）各次试验应该是“重复试验”

每次试验都要在条件基本相同的情况下重复进行。例如，在对食管癌的流行病因素调查中，应该在饮食习惯、水源等方面条件都基本相同的情况下来进行，其发病人数才会较好地服从二项分布。对于参保人而言，每个人参加保险与否可以认为是相互独立的，也可以看成是重复试验，因此，可以说人群中参保人数服从二项分布。

五、二项分布在保险研究中的应用

在保险业中，保险策略的制定常常基于某一地区某一具体事件发生率的大小，通常称其为该地区的总体率。总体率要么已知，要么未知，通常要从该地区抽取一定的样本，根据样本率的大小来和总体率进行比较，从而制定相关策略。

（一）直接概率法

例 4-6 保险公司对某种常见病进行投保，已知该病发病率为 0.1，投保者年付保金 3000 元，如果发生该病，则保险公司付给发病人 20000 元，现有 10000 人参加该项投保。试问保险公司赔本的概率有多大？

解 对每个投保人来说，投保事件相当于作一次二项分布的试验，对 10000 个投保者来说，相当于发病人数 $X \sim B(10000, 0.1)$，因此可用二项分布方法计算上述问题。

为了计算赔本概率，需计算发病人数的下限，设其为 m，则

$$20000m \geqslant 10000 \times 3000$$

得 $m \geqslant 1500$，因而，根据式（4-17）可计算出保险公司赔本的概率为

$$P(X \geqslant 1500) = \sum_{k=1500}^{10000} \mathrm{C}_{10000}^{k} 0.1^{k} 0.9^{10000-k}$$

直接计算该数值相当困难，需要寻找更好的方法，下面介绍一种近似计算的方法。

（二）正态近似法

二项分布的正态近似基于棣莫弗-拉普拉斯定理（De Moivre-Laplace theorem）。该定理意为：如果在 n 次独立的重复试验中，每一次某事件 A 发生的概率都是π，则在这 n 次试验中事件 A 恰好发生 k 次的概率为 $P(X=k)=\mathrm{C}_{n}^{k}\pi^{k}(1-\pi)^{n-k}$。

如果 $n \to +\infty$，π不趋向于“0”或“1”，且 $n\pi$ 与 n（$1-\pi$）均大于 5 时，则有二项分布的极限分布是正态分布。即

$$X \overset{\text{近似}}{\sim} N(n\pi, n\pi(1-\pi))$$

$$P(X=k)=C_n^k\pi^k(1-\pi)^{n-k}\approx\frac{1}{\sqrt{n\pi(1-\pi)}}\varphi\left(\frac{k-n\pi}{\sqrt{n\pi(1-\pi)}}\right) \tag{4-20}$$

对于 0 到 n 间的整数 $m_1\leqslant m_2$，

$$P(m_1\leqslant X\leqslant m_2)=P\left(\frac{m_1-n\pi}{\sqrt{n\pi(1-\pi)}}\leqslant\frac{X-n\pi}{\sqrt{n\pi(1-\pi)}}\leqslant\frac{m_2-n\pi}{\sqrt{n\pi(1-\pi)}}\right)$$

$$\approx\Phi\left(\frac{m_2-n\pi}{\sqrt{n\pi(1-\pi)}}\right)-\Phi\left(\frac{m_1-n\pi}{\sqrt{n\pi(1-\pi)}}\right) \tag{4-21}$$

因而，在例 4-6 中，保险公司赔本的概率可用正态近似方法式（4-21）计算。

$$P(X\geqslant 1500)=1-P(X<1500)=1-P\left(\frac{X-1000}{30}<\frac{1500-1000}{30}\right)\approx 1-\Phi(16.63)\approx 0$$

在例 4-6 中，如果为了扩大影响，公司在广告人员工资的支出共耗费 1000 万元，问公司赔本的概率有多大？（暂不考虑管理成本）

解 设发病者为 m 人时，保险公司赔本。则

$$20000m\geqslant 10000\times 3000-10000000$$

即 $m\geqslant 1000$，公司赔本。按式（4-21），所求概率为

$$P(X\geqslant 1000)=1-P(X<1000)=1-P\left(\frac{X-1000}{30}<\frac{1000-1000}{30}\right)\approx 1-\Phi(0)=0.5$$

例 4-7 某一年中某类保险者里面每个人死亡的概率等于 0.005，现有 10000 人参加人寿保险，在未来一年中在这些保险者里面，试求

（1）有 40 个人死亡的概率；

（2）死亡人数不超过 70 人的概率。

解 （1）所求概率为

$$P(X=40)=C_{10000}^{40}0.005^{40}0.995^{9960}$$

$$\approx\frac{1}{\sqrt{10000\times 0.005\times 0.995}}\varphi\left(\frac{40-10000\times 0.005}{\sqrt{10000\times 0.005\times 0.995}}\right)\approx 0.011$$

（2）死亡人数不超过 70 人的概率为

$$P(X\leqslant 70)=P\left(\frac{X-50}{7.04}<\frac{70-50}{7.04}\right)\approx\Phi(2.84)=0.9977$$

（三）样本率与总体率的比较

在保险业务中，保险公司常常要对某些事件的发生率进行判断，某一地区的总体率是基于以往的经验，为了确定某地区某事件发生率的大小，常需根据样本率来进行推断，这实际上是一类单个概率的假设检验问题，它的理论基础就是前面所述的正态近似理论，下面以例 4-8 具体说明这种过程。

例 4-8 在国际象棋比赛中，执白子的棋手先走子。据说先走子的棋手占有优势。因此，在比赛中，两个棋手轮流执白子以便平衡可能存在的偏差。表 4-4 显示了 20 世纪 40 年代和 50 年代国际象棋比赛的结果。我们用统计学检验证实一下用白子的棋手是否有较多机会赢棋。

解 （1）在已进行的 n 次比赛中，设 X_i 为执白子的棋手赢棋的情况，如果他赢，记 $X_i=1$，如果输则 $X_i=0$，设总和 $X=\sum_{i=1}^{n}X_i$ 为 n 次比赛中执白子棋手赢的次数。设 π 为执白子的棋手将赢棋的概率，则 X 服从二项分布 $B(n,\pi)$。

表 4-4 国际象棋比赛的结果

	执白子赢棋	执黑子赢棋	合计
棋赛次数	334	296	630
赢棋比率 π	0.53	0.47	1.00

（2）原假设为 H_0：π=0.5，即认为执白的选手没有更多机会赢棋。

备择假设为 H_1：π>0.5，即认为执白的选手有更多机会赢棋。（单侧）

检验水平 α =0.05。

（3）检验的统计量为

$$Z=\frac{p-\pi_0}{\sqrt{\pi_0(1-\pi_0)/n}}=\frac{p-0.50}{\sqrt{0.50\times(1-0.50)/n}}$$

如果 H_0：π=0.5 成立，则 $Z \sim N$（0，1）。从表 4-4 的数据，得样本率 $p=0.53$，进而得到

$$Z=\frac{0.53-0.50}{\sqrt{0.50\times(1-0.50)/630}}=1.5$$

$Z=1.5<Z_{0.05}=1.645$（单侧），则接受原假设 H_0：$\pi=0.5$。

结论：在这个样本中，没有足够的证据说明执白子的棋手有更多的机会赢棋。

第四节 泊 松 分 布

自然界中的许多随机事件，如果是稀有事件则常被看成服从泊松分布（Poisson distribution），泊松分布常被看成试验次数 n 很大时二项分布的极限情况，例如，用显微镜观察玻璃片上每一小格细菌或小球的数目，稀有的非传染性疾病在规定的人数或规定的时间内发生的病例数，高速公路上行驶的车辆在一年内发生事故的次数等。

一、泊松分布的定义

如果随机变量 X 的概率函数为

$$P(X=k)=\frac{\lambda^k}{k!}\mathrm{e}^{-\lambda},\quad k=0,1,2,\cdots \tag{4-22}$$

则称 X 服从泊松分布，记作 $X\sim P(\lambda)$。

二、泊松分布的性质及应用

（1）泊松分布的总概率等于 1，即 $\sum_{k=0}^{\infty}\frac{\lambda^k}{k!}\mathrm{e}^{-\lambda}=1$。

（2）泊松分布的期望（均数）等于方差，即 $EX=DX=\lambda$。

（3）泊松分布如图 4-10 所示。可见泊松分布的参数 λ 不大时，呈偏态分布，随着 λ 的增大，会迅速逼近正态分布。一般认为，当 $\lambda\geqslant 20$ 时，已逼近正态分布，此时可按正态分布的原理来处理。

（4）泊松分布具有可加性，即若 $X\sim P(\lambda_1)$，$Y\sim P(\lambda_2)$，X,Y 相互独立，则两者的和 $X+Y\sim P(\lambda_1+\lambda_2)$。即以较小的度量单位观察某一现象的发生数时，若它呈泊松分布，那么将若干个小单位合并，其总的发生数仍呈泊松分布。实际工作中，可利用其可加性使其近似正态，再按正态分布原理来处理，简化计算。

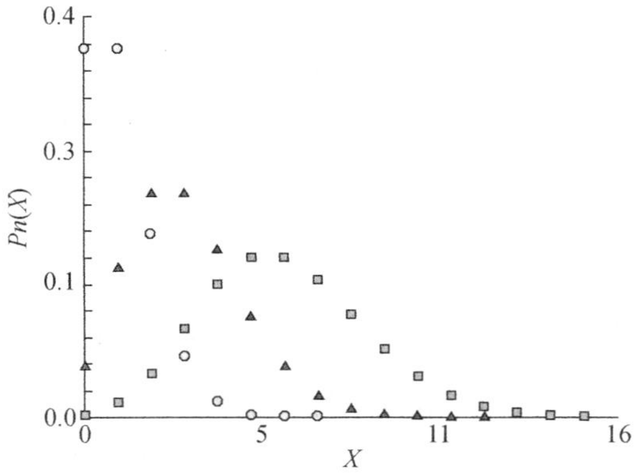

图 4-10　泊松分布示意图（$\lambda=1$圆、$\lambda=3$三角、$\lambda=6$方形）

三、泊松分布应用的条件

泊松分布应用的条件除了与二项分布的应用条件完全相同外，还有自己的特点：n 大 π 小（即用于稀有事件）；根据泊松定理知道二项分布可以用泊松分布来近似，$n\pi$ 近似等于常数 λ，均数等于方差，且均为 λ。

例 4-9　假设人生三胞胎的概率是 10^{-4}，试问在 5 万次分娩中，

（1）有 0，1，2 次三胞胎的概率是多少？

（2）不超过 5 次生三胞胎的概率是多少？

解　（1）$\lambda=n\pi=50000\times10^{-4}=5$，代入式（4-22），得

$$P(X=0)=\frac{5^0}{0!}e^{-5}=0.006738$$

$$P(X=1)=\frac{5^1}{1!}e^{-5}=0.033690$$

$$P(X=2)=\frac{5^2}{2!}e^{-5}=0.084224$$

（2）$P(X\leqslant5)=\sum_{k=0}^{5}P(X=k)=0.615961$。

四、泊松分布在保险研究中的应用

保险公司常常对稀有事件进行设保，其理论基础源于泊松分布。

例 4-10　保险公司的某项寿命保险业务共有 2500 人参加，据调查，他们中每个人在一年里死亡的概率都是 0.002。如果规定每个参加该项保险的人在元旦那天付保险费 12 元。在这一年中若某受保人死亡，则其家属向保险公司领 2000 元。试问

（1）保险公司该项业务亏本的概率是多少？

（2）该项业务获利不少于 1 万元的概率是多少？

解　（1）保险公司在该项业务中的总收入为 2500×12＝30000（元），设在这一年中有 X 名参加该项保险者死亡，则保险公司要支付 $2000X$（元）。只要 $2000X>30000$，即 $X>15$（人），保险公司的该项业务就会亏本。死亡人数 X 为随机变量，则 $X\sim B(2500,0.002)$，因为 n 大 π 小，故可近似看成泊松分布，$\lambda=n\pi=5$，所以所求亏本概率

$$p=P(X>15)=1-P(X\leqslant 15)=1-\sum_{k=0}^{15}P(X=k)=1-\sum_{k=0}^{15}\frac{5^k\mathrm{e}^{-5}}{k!}\approx 0.00069$$

（2）该项业务要获利不少于 1 万元，即 $30000-2000X\geqslant 10000$，则 $X\leqslant 10$，故所求概率

$$p_1=P(X\leqslant 10)=\sum_{k=0}^{10}P(X=k)=\sum_{k=0}^{10}\frac{5^k\mathrm{e}^{-5}}{k!}\approx 0.9863$$

由上面计算可知，保险公司亏本的概率很小，而获利 1 万元以上的概率很大，接近 99%。

五、二项分布、泊松分布与正态分布之间的关系

泊松分布是在二项分布的基础上建立起的一套具有独立特点的理论方法。由棣莫弗-拉普拉斯定理可知，当 $n\to+\infty$ 时，二项分布又趋近于正态分布。对二项分布而言，当 n 很大，p 很小时，直接计算比较困难，但通过泊松分布或正态分布的近似计算会大大简化二项分布计算中的复杂程度，所以搞清何时可用泊松分布或正态分布来近似二项分布的计算非常重要。现举一例说明三种分布之间的联系。

例 4-11 若 $X\sim B(100,0.5)$，试以

（1）二项分布概率函数；

（2）二项分布的泊松近似；

（3）二项分布的正态近似

这三种方式计算 $P(X=50)$，请说明用哪种方式计算较好。

解 （1）按二项分布公式（4-16），有

$$P(X=50)=\mathrm{C}_{100}^{50}0.5^{50}0.5^{50}=0.0796$$

（2）按泊松分布近似公式（4-22），有 $\lambda=n\pi=50$，

$$P(X=50)=\frac{50^{50}}{50!}\mathrm{e}^{-50}\approx 0.0563$$

（3）按正态分布近似公式（4-20），有

$$P(X=50)=\frac{1}{\sqrt{n\pi(1-\pi)}}\varPhi\left(\frac{k-n\pi}{\sqrt{n\pi(1-\pi)}}\right)$$

$$=\frac{1}{\sqrt{100\times 0.5\times 0.5}}\varPhi\left(\frac{50-100\times 0.5}{\sqrt{100\times 0.5\times 0.5}}\right)=0.1$$

由上述计算可知，（3）与（1）的结果较接近，而且（3）与（1）比较起来，计算过程大大简化了；而（2）的结果相对于（1）而言，相差较大，这是因为 $\pi=0.5$ 不算太小，所以针对“稀有事件”这句话而言，此例用泊松近似不太合适。

下面简要叙述一下三者间的关系。

（1）当 $\pi<0.1$ 时，若 $\lambda=n\pi<10$，用二项分布的泊松近似计算，所得结果误差较小。

（2）当 $0.1<\pi<0.9$ 时，用二项分布的正态近似计算，所得结果的误差较小。

（3）$\lambda=n\pi>20$ 时，泊松分布也接近于正态分布。

（易　颖）

第五章　抽样误差与抽样分布

内容提要

在生物医学、医疗保险等诸多研究领域，通常采用抽样研究的方法，从总体中随机抽取一个有代表性的样本来进行研究。前已述及，反映总体特征的指标称为参数，由样本信息所计算的统计指标则统称为统计量。由于总体中的个体之间存在差异（变异），在同一总体中随机抽取若干个样本含量相同的样本，每次得到的统计量（如样本均数）不一定完全相同，这些样本统计量间的差异也反映了样本（统计量）与总体（参数）间的差异。本章主要介绍抽样误差的概念与常用的抽样分布，包括 χ^2 分布、t 分布与 F 分布等。

第一节　抽 样 误 差

一、抽样误差的概念

从总体中随机抽取若干个单位作样本所计算出来的样本指标，不一定与总体指标恰好相等，总会有一定的误差。误差包括系统误差、过失误差和随机误差。而抽样误差（sampling error）是指在没有系统误差和过失误差的前提下，单纯由于遵守随机化原则抽取样本而产生的样本指标（统计量）与总体指标（参数）之间以及样本指标间的随机性误差。由于总体中个体间的差异，抽样误差是不可避免的。然而，抽样误差具有随机性，使得我们可以运用大数定律等理论和方法对其加以计算，通过抽样设计程序将其控制在可以允许的范围之内，从而对总体指标做出科学的推断。

例如，我们从服从正态分布 $N(5,1)$ 的总体中随机抽出 2 组样本，每组样本的样本含量（n）均为 3，分别是 5.1，5.2，4.9 以及 5.2，4.8，4.9。可见，两组样本的样本均数分别是 5.07 和 4.97，与总体均数（5）存在一定的差异，且这两组样本的均数也不相同，这便是抽样误差。

二、影响抽样误差的因素

控制抽样误差必须了解抽样误差受哪些因素的影响，通过有意识地调整各种影响因素来实现对抽样误差的控制。抽样误差的大小，主要受以下三个因素影响。

（一）样本含量

在其他条件不变的情况下，可以采取增加样本含量来减小抽样误差。若抽样研究的样本含量与总体单位数目相等，则无抽样误差存在。此时抽样调查成了全面调查。一般情况下抽样误差不为 0，即抽样误差不可避免。

（二）变量的变异程度

在其他条件不变的情况下，总体被研究标志（变量）的变异程度愈大，则抽样误差愈大；反之，抽样误差愈小。

（三）抽样方法

常见的抽样方法有单纯随机抽样、系统抽样、分层抽样和整群抽样等。按不同方法抽样，其抽样误差大小也不同。

三、 研究抽样误差的作用

（一）可以说明统计量的可靠性大小

抽样误差愈小，则统计量反映总体指标愈可靠；反之，则统计量反映总体指标愈不可靠。

（二）可以揭示样本指标与总体指标相差的可能范围，为统计推断提供依据

利用样本指标推断总体指标中的一项重要工作，就是测定抽样误差，它有利于提高推断的准确性。

一般来说，样本含量越大，抽样误差越小，越与总体的情况相接近，可靠性越高，换言之，越能阐明事物的规律性。但在实际工作中，由于条件限制，样本含量往往不可能太大，而只能以一个较小的样本资料来进行分析研究，计算出一系列的统计量。样本含量越小，抽样误差相应地越大，如果仅凭数字的表面值进行判断，不考虑偶然性问题，往往会导致错误的结论。但是，如果能够正确地应用概率论所导出的一些统计处理方法，我们就能辨别在科学研究中哪一些是有意义的，哪一些可能仅是由于偶然性所造成的，从而有助于得出一个正确的结论。

第二节　均数的抽样误差与标准误

从同一总体中随机抽取含量相等的样本时，由于抽样误差的存在，所得各样本均数有大有小。如果总体中各变量值是呈正态分布的，或者总体不是正态分布但样本含量比较大时，则在抽得很多个样本并把这些样本的均数列成频数分布表时，就可看出样本均数以总体均数为中心呈正态分布。见图 5-1。

如以样本均数作变量值，则可求得样本均数的变异情况（样本均数的标准差），称为均数标准误（standard error of mean，SEM），用公式（5-1）表示标准误的意义。

$$\sigma_{\overline{X}}=\sqrt{\frac{\sum_{i=1}^{n}\left(\overline{x}_i-\mu\right)^2}{n}} \tag{5-1}$$

式中，$\sigma_{\overline{X}}$ 为均数的标准误；$\overline{x}_i$ 为样本均数；μ 是总体均数；n 为抽样次数。

均数的标准误和标准差相似，都是说明离散程度的指标。但标准差是表示一组变量值的离散程度，而均数标准误是说明样本均数 $\overline{x}_i$ 这一特殊变量值离散程度的指标。

虽然均数的抽样误差可表现为样本均数与总体均数之差值，但由于总体均数常常是未知的，公式（5-1）实际上是无法计算的；再者，由于实际工作中，对同一问题很少做多次抽样研究，从这一点讲，公式（5-1）也是无法计算的。那么，究竟如何衡量均数抽样误差大小呢？概率论中的中心极限定理（central limit theorem）为我们解决了该问题。

中心极限定理认为：从均数为 μ，标准差为 σ 的总体中作独立随机抽样，当样本含量 n 增大时，样本均数的分布将趋向于均数为 μ，标准差为 $\sigma_{\overline{X}}$ 的正态分布。$\sigma_{\overline{X}}$ 可用式（5-2）计算。

$$\sigma_{\overline{X}}=\frac{\sigma}{\sqrt{n}} \tag{5-2}$$

实际工作中，研究者往往不知道总体标准差（σ），且只进行了一次抽样并计算样本标准差（s），

所以只能用样本标准差来代替总体标准差（σ），求得均数标准误的估计值$s_{\overline{X}}$，即

$$s_{\overline{X}} = \frac{s}{\sqrt{n}} \tag{5-3}$$

均数标准误越小，说明抽样误差越小。总体说来，样本均数与总体均数越接近，也就表示用样本均数来估计总体均数时的可靠程度越大；反之，均数标准误越大，则表示用样本均数来估计总体均数时越不可靠。所以均数标准误又是说明用样本均数来估计总体均数可靠程度的一个指标。为了说明样本均数的这种可靠程度，常在均数后面附上标准误的数值(往往只是标准误$\sigma_{\overline{X}}$的估计值$s_{\overline{X}}$)。

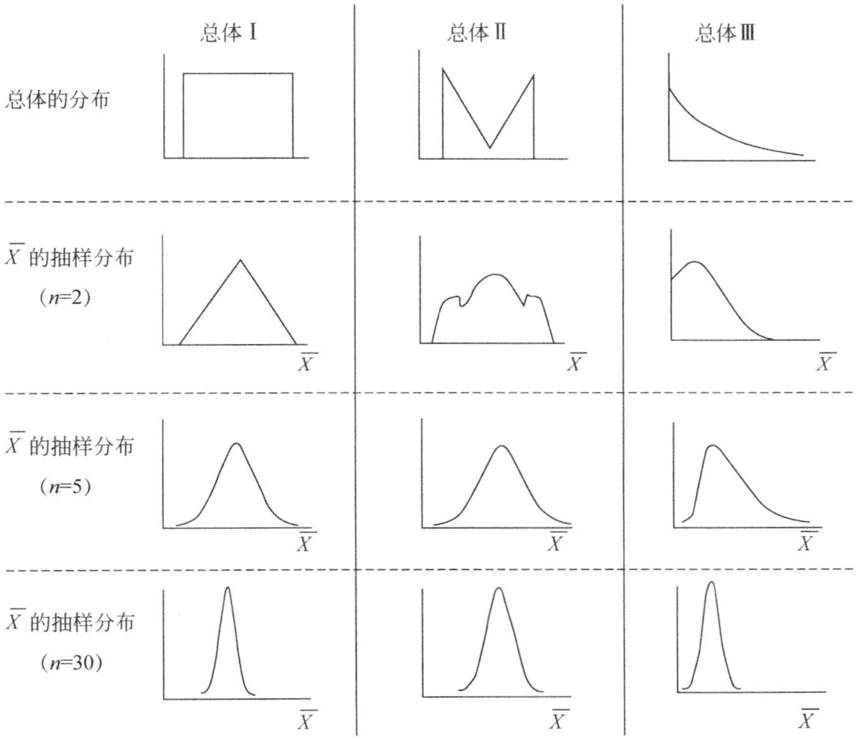

图 5-1　样本均数的分布

第三节　常用的抽样分布

前已述及，由样本的信息所计算的统计指标，称为统计量。统计量的分布称为抽样分布(sampling distribution)。它与随机变量的分布不同，后者是样本x_1，x_2，…，x_n的联合分布。对于正态总体，有三个重要的抽样分布，即χ^2分布、t分布和F分布，分述如下。

一、χ^2　分　布

χ^2分布（chi-square distribution），译为卡方分布。是从正态分布派生出来的一种分布，这一概率分布由赫尔默特（Helmert）和 K.Pearson 分别于 1875 年及 1900 年相互独立地在自己的研究工作中找到。这一分布在统计学中的应用非常广泛，在数理统计中也占有重要的地位。

（一）χ^2 分布的定义

设 $Z_1, Z_2, \cdots, Z_\upsilon$ 是相互独立且同服从 $N(0, 1)$ 的随机变量，则称随机变量 $\chi^2 = Z_1^2 + Z_2^2 + \cdots + Z_\upsilon^2$ 服从参数为 ν 的 χ^2 分布，记为 $\chi^2 \sim \chi^2(\nu)$，其密度函数公式略，其中参数 ν 称为自由度，它表示该统计量中包含的独立变量的个数。

密度函数的图形如图 5-2 所示，是一条偏向左侧的曲线。自由度越小则越偏，自由度愈大，愈接近正态分布。

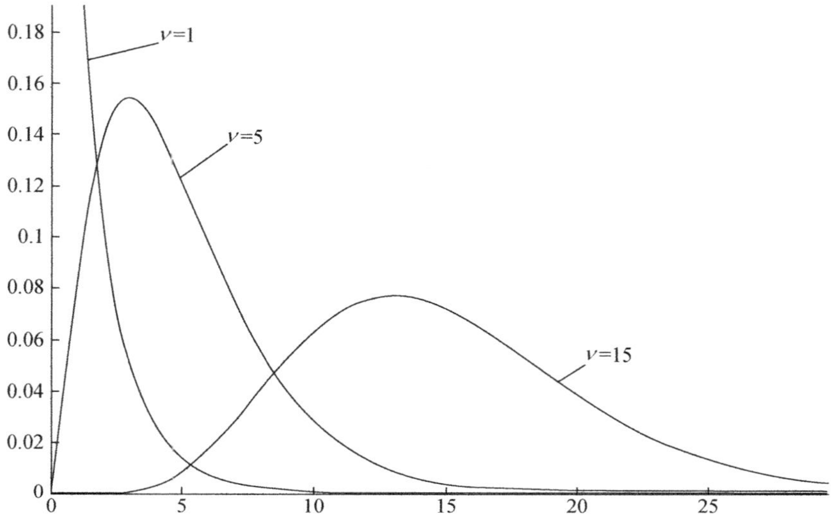

图 5-2 不同自由度时 χ^2 分布示意图

χ^2 分布具有可加性，设随机变量 $\chi_1^2 \sim \chi^2(\nu_1)$，$\chi_2^2 \sim \chi^2(\nu_2)$，且它们互相独立，则

$$\chi_1^2 + \chi_2^2 \sim \chi^2(\nu_1 + \nu_2) \tag{5-4}$$

这个性质可推广为多个独立的 χ^2 分布的变量之和也服从 χ^2 分布（自由度为各变量自由度之和）。运用这一性质，可得下列推论。

若 X_1，X_2，$\cdots$，X_n 为正态总体 $N(\mu, \sigma^2)$ 的一个随机样本，则有

$$\frac{(n-1)s^2}{\sigma^2} \sim \chi^2(\nu) \quad (\nu = n-1) \tag{5-5}$$

（二）χ^2 分布的应用

统计学家 K. Pearson 在对离散型变量进行研究时，提出了可以用 χ^2 分布去近似地描述具有某种属性的实际频数（actual frequency）与理论频数（theoretical frequency）间的抽样误差，即

$$\chi^2 = \sum \frac{(A_i - T_i)^2}{T_i} \tag{5-6}$$

而且证明了，当自由度大于 1 时，公式（5-6）较好地近似 χ^2 分布；若样本含量 n 较大（如 $n>40$）且 $T_i>5$ 时，该统计量近似 χ^2 分布甚好。当自由度为 1 时，要对公式（5-6）进行校正，使之较好地服从 χ^2 分布（详见第九章）。

该分布在实际工作中常用于检验实际频数与理论频数间的差异是否具有统计学意义。因此，它

既可用于两个或多个率（或构成比）间的比较，也常用于随机样本的总体来源，即总体是否服从某一特定的分布（称该检验为拟合优度检验）。

附表 3 是 χ^2 分布的上侧分位数（χ^2_α）表，当自由度一定时，可由显著性水平 α 查得其界值。

二、t 分 布

t 分布（t distribution）是 W. S. Gosset 于 1908 年用笔名 Student 在《生物识别》（*Biometrika*）杂志上的一篇论文中发表的。因此，许多书刊也称为学生氏 t 分布（Student's t distribution）。t 分布的发现是数理统计走向一个独立学科的里程碑之一。

（一）t 分布的定义

设随机变量 $U \sim N(0,1)$，$V \sim \chi^2(\nu)$，且 U 与 V 相互独立，则称随机变量 $T = \dfrac{U}{\sqrt{V/\nu}}$ 服从自由度为 ν 的 t 分布，记为 $T \sim t(\nu)$。

t 分布的密度函数是偶函数，它的图形关于 $t=0$ 对称，形状类似于正态曲线。当 ν 很大时 t 分布近似于 $N(0, 1)$。但对于小样本（一般认为 $\nu < 50$），两个分布相差较大。见图 5-3。

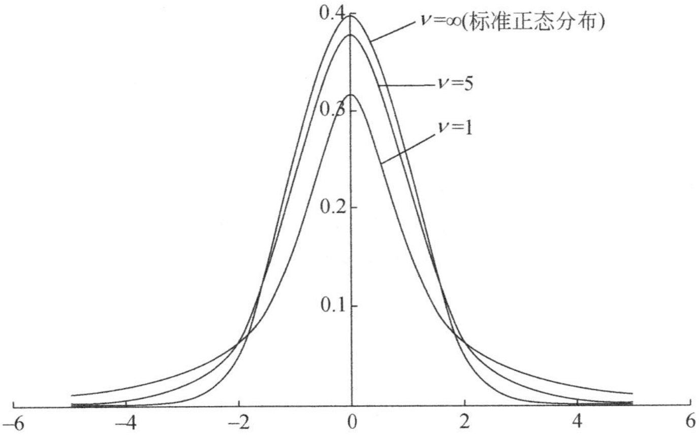

图 5-3 自由度分别为 1，5，∞时的 t 分布

t 分布是统计学中极其重要的分布，应用非常广泛。其应用的重要依据是下面的定理。

定理 5-1 设 $x_1, x_2, \cdots, x_n$ 为正态分布 $N(\mu, \sigma^2)$ 的一个随机样本，则

$$\frac{\overline{X}-\mu}{s/\sqrt{n}} \sim t(\nu) \quad (\nu = n-1) \tag{5-7}$$

定理 5-2 设 $x_1, x_2, \cdots, x_{n_1}$ 和 $y_1, y_2, \cdots, y_{n_2}$ 分别是同方差的正态总体 $N(\mu_1, \sigma^2)$ 和 $N(\mu_2, \sigma^2)$ 中所抽取的随机样本，它们相互独立，$\overline{X}, \overline{Y}$ 分别是两者的样本均数，s_1^2, s_2^2 分别是两者的样本方差，则

$$\frac{(\overline{X}-\overline{Y})-(\mu_1-\mu_2)}{s_c\sqrt{\dfrac{1}{n_1}+\dfrac{1}{n_2}}} \sim t(\nu) \quad (\nu = n_1+n_2-2) \tag{5-8}$$

其中

$$s_c^2 = \frac{(n_1-1)s_1^2+(n_2-1)s_2^2}{n_1+n_2-2}$$

（二）t 分布的性质

（1）t 分布曲线是左右完全对称的曲线；

（2）t 分布为单峰曲线，在 t=0 处，其纵高值最大（即峰所在位置）；

（3）t 分布曲线的离散程度较标准正态曲线大，尤其是自由度小的 t 分布，更为明显，表现在曲线上，t 分布比标准正态分布的峰矮，尾部略高；

（4）t 分布随自由度不同而异，当自由度增加时，t 分布接近标准正态分布，当自由度为无穷大时，t 分布就是标准正态分布。

（三）t 分布理论的应用

由定理 5-1 和定理 5-2 可知，t 分布理论常用于数值变量资料的假设检验（见第六章），也可用于相关系数和回归系数等的假设检验。

附表 2 是 t 分布的界值表，可以看出，随自由度增加，t 分布越来越接近标准正态分布。

三、F 分 布

F 分布最早是在 1924 年由 R. A. Fisher 发现，到 1934 年由 Fisher 的学生斯内德克（G. W. Snedecor）完善，并用 Fisher 的第一个字母命名。

设随机变量 $U \sim \chi^2(\nu_1)$，$V \sim \chi^2(\nu_2)$，并且 U,V 相互独立，则称随机变量 $F=\dfrac{U/\nu_1}{V/\nu_2} \sim F(\nu_1, \nu_2)$ 服从自由度为 (ν_1, ν_2) 的 F 分布，记作 $F \sim F(\nu_1, \nu_2)$。

F 分布有两个自由度，第一自由度（ν_1）是分子的自由度，第二自由度（ν_2）是分母的自由度。F 分布的概率密度函数 $f(x)$ 的图形是不对称的山状曲线，峰向左偏斜。随着 ν_1 与 ν_2 的同时增大，其均数趋于 1，且 $f(x)$ 的曲线趋于对称。图 5-4 示意了不同自由度时的 F 分布曲线。

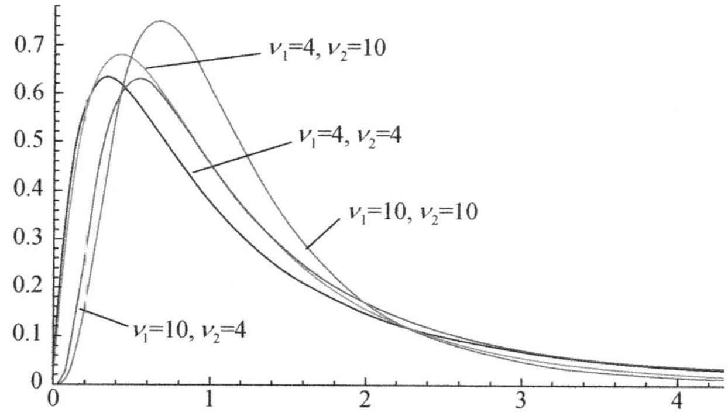

图 5-4 不同自由度时的 F 分布曲线

设 $x_1, x_2, \cdots, x_{n_1}$ 和 $y_1, y_2, \cdots, y_{n_2}$ 分别是来自正态总体 $N(\mu_1, \sigma_1^2)$ 和 $N(\mu_2, \sigma_2^2)$，且两样本相互独立，样本方差分别是 s_1^2, s_2^2，则

$$\frac{s_1^2/\sigma_1^2}{s_2^2/\sigma_2^2} \sim F(\nu_1, \nu_2) \quad (\nu_1 = n_1 - 1, \nu_2 = n_2 - 1)$$

若两总体方差相等（方差齐性）时，有

$$F = \frac{s_1^2}{s_2^2} \tag{5-9}$$

F 服从自由度为（ν_1, ν_2）的 F 分布，其中 $\nu_1 = n_1 - 1, \nu_2 = n_2 - 1$。可见 F 分布是方差比的分布，常用于方差齐性检验、方差分析等。

最后要提请注意的是，这里所介绍的三个抽样分布：χ^2 分布、t 分布、F 分布都是对正态总体而言的，也就是这些样本都是来自正态总体，在以后使用时必须注意这一前提条件。

（易　颖）

第六章　数值变量资料的统计推断

内容提要

医疗保险在面对现实问题的研究中，所获得的数据主要是样本数据。然而，研究样本不是目的，目的是用样本信息来推断总体的特征，称之为统计推断（statistical inference）。它已成为现代统计学的核心内容，也是科学研究的基本手段之一，医疗保险研究也不例外。统计推断有两个基本内容：参数估计（parameter estimate）和假设检验（hypothesis test）。参数估计对所要研究的总体参数，进行合乎数理逻辑的推断；假设检验对事前提出的某个陈述，运用反证法的思维和小概率原理进行检验并判别真伪。

第一节　参 数 估 计

一、参数估计的概念及意义

所谓参数估计就是利用样本统计量去估计总体的未知参数。在实际问题中，通常已知总体的分布函数形式，但它的一个或多个参数未知，进而得不到确切的概率密度函数。研究者通过随机抽样，根据样本数据确定统计量，然后基于此推断参数。例如，用样本均数 $\bar{x}$ 估计总体均数 μ ，用样本方差 s^2 估计总体方差 σ^2 等。

二、参数估计的方法

（一）点估计

1. 点估计的概念

点估计（point estimation）是用某一数值作为参数的近似值。在参数估计中，利用样本构造出估计总体参数 θ 的估计量称为统计量，用符号 $\hat{\theta}$ 表示。点估计就是用样本统计量的某一取值直接作为总体参数的估计值。

例如在某地糖尿病患者住院费用调查中，获知抽取的 5000 名患者（样本）的人均住院费用为 8500 元，则可以认为该地区所有糖尿病患者（总体）的人均住院费用也是 8500 元。点估计方法使用方便、直观，但是未考虑统计量抽样误差的影响，降低了估计的准确性和可靠性。同时，参数的点估计随着样本的抽取而随机变化，变异较大。

2. 统计量的选取标准

对于同一参数，用不同的样本函数构造的统计量可能不同。在研究中总是希望选定的统计量能够更好地推断未知参数，那么用何种标准来评价统计量的优劣？一般来说有三个基本的标准，满足了这三个标准就可以认为该统计量是优良的。

（1）无偏性。统计量是随机变量，它的取值会因样本的不同而不同，使其不一定恰好等于被估参数。对此，如果反复抽样，要求统计量的数学期望等于总体参数，即 $E(\hat{\theta})=\theta$ ，则称这一要求为无偏性。这一性质也说明了统计量的估计是没有系统性误差的。

（2）有效性。一个参数的无偏统计量不是唯一的，研究者希望选出更为有效的统计量。为此，有效性要求样本统计量估计和推断总体参数时，作为有效统计量的方差要比其他统计量的方差小。如果一个无偏统计量 $\hat{\theta}_1$ 在所有无偏统计量中方差最小，即

$$D(\hat{\theta}_1) < D(\hat{\theta})$$

式中，$\hat{\theta}$ 为任意一个无偏统计量，则 $\hat{\theta}_1$ 是有效统计量，或称该统计量具有有效性。显然，统计量的方差越小，估计越有效。

（3）一致性。一致性是指随着样本含量的增大，样本统计量越来越接近总体参数的真值。换言之，一个大样本确定的统计量比一个小样本确定的统计量更接近于被估参数。

（二）区间估计

所谓参数的区间估计（interval estimation）就是利用样本信息得到统计量（如 $\bar{x}$ ），按预先给定的概率（ $1-\alpha$ ）估计未知总体参数（如 μ ）所处的范围，则称该区间是参数的可信度为（ $1-\alpha$ ）的可信区间（confidence interval，CI）或置信区间。其中，该区间的较小值称为可信下限（lower limit，L），较大的值称为可信上限（upper limit，U）。可信度亦称为可信水平，简称为信度，它反映了可信区间中包含参数真值次数所占的比例。常用的信度取值为 95% 或 99%。

三、总体均数可信区间的计算

对于数值变量数据，研究总体时，通常最关心的参数就是总体均数 μ 。根据总体标准差是否已知及样本含量的大小，可信区间的计算方法可以分为以下几种情况。但无论是哪种情况，总体均数的可信区间都可以由样本均数加减估计误差（ $\bar{x}\pm\varepsilon$ ）得到，即在可信度为 $1-\alpha$ 下的总体均数的可信区间一般可表示为区间（ $\bar{x}-$ 分位数值 $\times$ $\bar{x}$ 的标准误，$\bar{x}+$ 分位数值 $\times$ $\bar{x}$ 的标准误）。

（一）总体标准差（ σ ）已知

若总体为正态分布或者总体不是正态分布但为大样本，统计量 $\bar{X}$ 均服从 $N\left(\mu,\dfrac{\sigma}{\sqrt{n}}\right)$，且 $\bar{X}$ 是总体均数 μ 的无偏估计，可作随机变量 $Z=\dfrac{\bar{X}-\mu}{\sigma/\sqrt{n}}\sim N(0,1)$，不依赖于任何未知参数。由标准正态分布的双侧 $\dfrac{\alpha}{2}$ 分位点（本书不作说明一律指双侧）的概念可知

$$P\left\{-z_{\alpha/2} < \frac{\bar{X}-\mu}{\sigma/\sqrt{n}} < z_{\alpha/2}\right\}=1-\alpha$$

即

$$P\left\{\bar{X}-z_{\alpha/2}\cdot\frac{\sigma}{\sqrt{n}} < \mu < \bar{X}+z_{\alpha/2}\cdot\frac{\sigma}{\sqrt{n}}\right\}=1-\alpha$$

根据观测到的样本数据，将理论的随机变量 $\bar{X}$ 替换为样本均数 $\bar{x}$，故得参数 μ 的信度为 $1-\alpha$ 的双侧可信区间

$$\left(\bar{x}-z_{\alpha/2}\cdot\frac{\sigma}{\sqrt{n}},\bar{x}+z_{\alpha/2}\cdot\frac{\sigma}{\sqrt{n}}\right)，简记为 \bar{x}\pm z_{\alpha/2}\cdot\frac{\sigma}{\sqrt{n}} \qquad (6\text{-}1)$$

式（6-1）中，$z_{\alpha/2}$ 是标准正态分布 $\dfrac{\alpha}{2}$ 分位点相应的分位数值，当 $\alpha=0.05$ 时，即为总体均数 μ 的 95%可信区间：$\bar{x}\pm1.96\sigma_{\bar{x}}$；当 $\alpha=0.01$ 时，即为总体均数 μ 的 99%可信区间：$\bar{x}\pm2.58\sigma_{\bar{x}}$。

例 6-1　已知某市成人一分钟脉搏次数服从正态分布，且总体标准差为 6 次/分。随机测得 25 人脉搏次数，计算得到均数为 74.5 次/分。试以 95%的信度估计该市平均脉搏的可信区间。

本例 $n=25$，$\bar{x}=74.5$，$\alpha=0.05$。由于总体服从正态分布且标准差已知 $\sigma=6$，按照式（6-1），该市平均脉搏 95%的可信区间为 $74.5\pm1.96\times\frac{6}{\sqrt{25}}$，即 $(72.2,76.9)$ 次/分。

（二）总体标准差（σ）未知

1. 样本含量 n 较小时

在总体服从正态分布的前提假设下，统计量 S^2 是总体方差 σ^2 的无偏估计，可以用 S^2 代替 σ^2，则样本均数标准化后的随机变量为

$$T=\frac{\bar{X}-\mu}{S/\sqrt{n}}$$

上式服从自由度为 $\nu=n-1$ 的 t 分布。由于 t 分布类似正态分布，是一种对称分布，根据其双侧 $\frac{\alpha}{2}$ 分位点的概念可知

$$P\left\{-t_{\alpha/2,\nu}<\frac{\bar{X}-\mu}{S/\sqrt{n}}<t_{\alpha/2,\nu}\right\}=1-\alpha$$

即

$$P\left\{\bar{X}-t_{\alpha/2,\nu}\cdot\frac{S}{\sqrt{n}}<\mu<\bar{X}+t_{\alpha/2,\nu}\cdot\frac{S}{\sqrt{n}}\right\}=1-\alpha$$

根据观测到的样本数据，将理论的随机变量 $\bar{X}$ 和 S 替换为样本均数 $\bar{x}$ 与样本标准差 s，故得参数 μ 的信度为 $1-\alpha$ 的可信区间

$$\left(\bar{x}-t_{\alpha/2,\nu}\cdot\frac{s}{\sqrt{n}},\bar{x}+t_{\alpha/2,\nu}\cdot\frac{s}{\sqrt{n}}\right)\text{，简记为 }\bar{x}\pm t_{\alpha/2,\nu}\cdot\frac{s}{\sqrt{n}} \tag{6-2}$$

式（6-2）中，$t_{\alpha/2,\nu}$ 是自由度 $\nu=n-1$ 时，t 分布中右侧面积为 $\frac{\alpha}{2}$ 时相应的 t 值，可以通过查找 t 界值表得到。

例 6-2 沿用例 6-1 的数据，但总体标准差未知，且抽取 25 人脉搏次数的标准差为 5.5 次/分，以 95%的可信度估计该市平均脉搏的可信区间。

本例 $n=25$，$\bar{x}=74.5$，$s=5.5$。由于总体服从正态分布，但总体标准差未知且样本含量较小，按照式（6-2），当 $\alpha=0.05$ 时，查 t 界值表得 $t_{0.05/2,24}=2.064$，则该市平均脉搏 95%的可信区间为 $74.5\pm2.064\times\frac{5.5}{\sqrt{25}}$，即 $(72.2,76.8)$ 次/分。

2. 样本含量 n 较大时

当 n 足够大时（一般认为 $n>60$），t 分布近似服从于标准正态分布，此时总体均数 μ 的可信度为（$1-\alpha$）的可信区间为

$$\left(\bar{x}-z_{\alpha/2}\cdot\frac{s}{\sqrt{n}},\bar{x}+z_{\alpha/2}\cdot\frac{s}{\sqrt{n}}\right)\text{，简记为 }\bar{x}\pm z_{\alpha/2}\cdot\frac{s}{\sqrt{n}} \tag{6-3}$$

例 6-3 从某地就医信息结算系统中，随机选取某年糖尿病住院患者的费用数据 5000 例，且样本人均住院费用 $\bar{x}=8500$ 元/年，$s=5200$ 元/年，试估计该地糖尿病患者人均住院费用的 95%可信区间。

已知 $n=5000$ 且为大样本，按照式（6-3），当 $\alpha=0.05$ 时，则该地糖尿病患者人均住院费用的

95%可信区间为 $8500 \pm 1.96 \times \dfrac{5200}{\sqrt{5000}}$，即 (8356, 8644) 元/年。

四、可信区间估计的注意事项

（一）可信区间的两个要素

评价一个可信区间的好坏有两个要素：一是区间的精度，即可信区间的宽度，宽度越大，精度越低；二是可信度 $1-\alpha$（也称信度、置信度），当样本含量固定时，可信水平增加意味着可信区间有更大的可能性包含参数的真值，因此可信区间的宽度随之增加，则精度降低。由此可以看出，在样本含量给定的情况下，可信区间的宽度和可信度不可能同时对区间构造起到同向作用，二者互相制约。为此，英国统计学家 Neyman 提出了对于给定的 α，可以适当增大样本容量，从而保证可信区间具有预先给定的较小的长度，以提高精度。综合考虑，以 95%可信区间用得最多。

（二）可信区间的意义

总体参数是固定的、未知的真值，而样本是随机抽取的，使得可信区间是一个随机区间。因此区间估计的本质是通过样本构造的可信区间包含参数真值的概率为 $1-\alpha$，而不是参数以 $1-\alpha$ 的概率落入可信区间。对于一次具体的抽样所得到的一个确定的区间，要么包含参数真值，要么不包含，不存在以多大的概率包含参数真值的问题。可信度只是表明在多次估计得到的区间中大概多少个区间包含了参数的真值。例如若 $\alpha = 0.05$，重复抽样 100 次，则得到的 100 个区间中约有 95 个包含参数真值，有 5 个不包含。

（三）可信区间与可信限

可信区间的上、下端点分别称为可信上限和可信下限，可信区间是一个范围，而可信限是一个点值。如例 6-2 求得的可信区间是 (72.2,76.8) 次/分。其中 72.2 次/分是总体均数的可信下限，76.8 次/分是其可信上限。

（四）双侧可信区间与单侧可信区间

多数情况下可信区间的可信限都是双侧的，但在有些实际问题中，有时人们所关心的是未知参数的可信下限或上限，这就是单侧可信区间。例如，某种药品的毒性要求愈小愈好，因此人们关心的仅是信度为（$1-\alpha$）的可信上限；与之相反，对于设备、原件的使用寿命来说，平均寿命过短是大家关心的问题，就是相应的下限。这时计算两端都有界的可信区间就失去了实际意义。

单侧可信区间的思路和求法，与双侧区间类似，只是在求单侧可信区间时不是查双侧 $\dfrac{\alpha}{2}$ 分位点，而是查单侧 α 分位点。对于总体均数 μ 单侧可信区间分为以下两种情况。

1. 总体标准差（σ）已知，基于标准正态分布

（1）信度为 $1-\alpha$ 时 μ 的单侧可信下限为

$$\left(\bar{x} - z_{\alpha} \cdot \frac{\sigma}{\sqrt{n}}\right) \tag{6-4}$$

（2）信度为 $1-\alpha$ 时 μ 的单侧可信上限为

$$\left(\bar{x} + z_{\alpha} \cdot \frac{\sigma}{\sqrt{n}}\right) \tag{6-5}$$

2. 总体标准差（σ）未知，基于 t 分布

（1）信度为$1-\alpha$ 时 μ 的单侧可信下限为

$$\left(\bar{x}-t_{\alpha,\nu}\cdot\frac{s}{\sqrt{n}}\right) \tag{6-6}$$

（2）信度为$1-\alpha$ 时 μ 的单侧可信上限为

$$\left(\bar{x}+t_{\alpha,\nu}\cdot\frac{s}{\sqrt{n}}\right) \tag{6-7}$$

例 6-4 为了解某地区家庭人均月收入水平，现由某部门开展调查，随机抽取 16 个家庭，所得的月平均收入为 3192.08 元，标准差为 1590.85 元，试以 95%的置信度估计该地区职工家庭人均月收入的最低下限。

本例样本含量较小（n=16）且总体标准差未知，查 t 界值表得，单侧$t_{0.05,15}=1.753$，按式（6-6）计算

$$3192.08-1.753\times\frac{1590.85}{\sqrt{16}}=2494.89\text{（元）}$$

故该地区家庭人均月收入的最低下限为 2494.89 元。

五、样本含量的确定

在进行参数估计之前，确定合适的样本含量是一个很重要的问题。前面的内容中提到过，样本含量的大小与可信区间的宽度和此区间对应的可信水平有一定关系。同时，样本含量过大，会增加研究的工作量，造成人力、物力、财力和时间的浪费；相反，样本含量过小，会导致样本缺乏对总体的代表性，抽样误差增大，难以保证推断结果的精密性和准确性。因此，在抽样估计中确定足够的样本含量是很有必要的。

$$n=\frac{(z_{\alpha/2})^2\sigma^2}{\varepsilon^2} \tag{6-8}$$

式中 ε 为允许的估计误差，实际工作中，若总体标准差 σ 未知，可以用样本标准差 s 代替。

例 6-5 沿用例 6-3 的数据，假定该地糖尿病患者人均住院费用的信度为 95%，希望估计误差为 500 元，应抽取多少例糖尿病患者作为样本？

解 已知$s=5200$，$z_{\alpha/2}=1.96$，$\varepsilon=500$。根据（6-8）式，且样本标准差 s 代替 σ，得

$$n=\frac{(z_{\alpha/2})^2s^2}{\varepsilon^2}=\frac{1.96^2\times5200^2}{500^2}=415.51\approx416$$

因此，应抽取样本含量为 416 例。

第二节　假设检验的基本思想与步骤

假设检验是统计推断的另一项重要内容。在已知总体信息很少的情况下，为了推断总体的某些性质，先对总体的参数或者分布形式提出某种假设，然后根据样本信息来检验这一假设是否成立的分析方法，称为假设检验（hypothesis testing）或者显著性检验（significance test）。由于现实生活中很多实例可以转化为假设检验的问题，下面将结合例子说明假设检验的基本思想和做法。

一、问题的引出

例 6-6 统计资料显示，2017 年我国某省三级医院住院患者人均医药费用约为 1.1 万元，同期

抽取该省某个三级医院1000条住院数据为样本，该样本人均医药费用约为1.4万元，标准差为0.06万元，是否能推断出该三级医院人均医药费用与全省相比不同？

如果把全省三级医院住院患者医药费用当成一个已知均数$\mu_0=1.1$的总体，而该三级医院的医药费用当成另一个未知均数μ的总体，抽取1000例样本数据来自于未知μ的总体且样本均数$\bar{x}=1.4$，样本标准差$s=0.06$。此时，问题转化为根据样本信息来判断$\mu=\mu_0$还是$\mu\neq\mu_0$。显然$\bar{x}$与μ_0不等，造成差异的原因分为两种：①全省三级医院的医药费用与该医院的医药费用为同一总体，两者相比没有什么差别，则$\mu=\mu_0$，进一步说明样本数据来自于已知的总体（全省三级医院），$\bar{x}$接近于μ_0，而其差异是抽样误差造成的；②$\bar{x}$与μ_0的偏差除了受到抽样误差的影响之外，更重要的是全省三级医院与该医院两者非同一总体，医药费用之间存在明显差异，则$\mu\neq\mu_0$。同时也说明该三级医院的样本数据不是来自已知的总体，两者本质不同，差异可能由经济、地域等因素造成。那么，如何判断以上哪个原因是成立的？为了回答这个问题，统计学上往往采取假设检验的方法。

二、假设检验的一般步骤

（一）根据研究目的建立假设，确定检验水平

在假设检验中，先提出之后待为检验的假设称为无效假设（null hypothesis）或原假设、零假设，记为H_0。对于数值变量数据，若两样本均数的差别仅仅是由于抽样误差所致（两样本总体均数无差别），则这一假设就为无效假设，即$H_0:\mu=\mu_0$。与无效假设对立的假设称为备择假设（alternative hypothesis），记为H_1。对于数值变量数据，备择假设则认为两均数的差别是由于样本来自两个不同的总体，不是由于抽样误差所致，即$H_1:\mu\neq\mu_0$。当然，上述两个假设要根据具体的研究目的和资料性质有针对性地提出。

假设检验的目的是想通过样本提供的信息在H_0和H_1中取舍一个，所以在设定假设时，应当将H_0与H_1设为相互对立、互不相容的。如上例中的H_0：$\mu=1.1$，H_1：$\mu\neq1.1$。

在科学研究中，H_1描述的往往是研究人员希望得到的结果，要正确描述H_1常常比较困难。因此，在假设检验中以H_0为中心，把内容为某一确定状态作为H_0。若检验总体均数，假设表达分为三种情况：

①$H_0:\mu=\mu_0$，$H_1:\mu\neq\mu_0$；

②$H_0:\mu\leqslant\mu_0$，$H_1:\mu>\mu_0$；

③$H_0:\mu\geqslant\mu_0$，$H_1:\mu<\mu_0$。

其中①称为双侧检验，②和③统称为单侧检验，前者称右侧检验，后者称为左侧检验。

检验水平（test level）也称显著性水平（significance level），记为α，表示当H_0成立时，拒绝H_0的最大允许概率。统计研究中一般事先人为确定α的取值，通常取0.1，0.05或0.01，其中以0.05用得最多。

（二）选定检验方法和计算检验统计量

根据研究目的、资料类型（变量类型及其分布）和研究设计类型等选用合适的检验方法。如例6-6属单样本设计，为数值变量资料，研究目的是推断样本均数代表的未知总体与已知的总体均数是否来自同一总体。

确定检验方法后，可以通过样本的信息求出检验统计量。但是，要计算该检验统计量，必须假定无效假设H_0是成立的，表达式如下：

$$检验统计量=\frac{统计量-参数（无效假设确定）}{该统计量的标准误} \tag{6-9}$$

另外，需要注意的是所有检验统计量在 H_0 成立的条件下都可以证明其抽样分布类型。如 t 检验中的 t 统计量就可以在 H_0 成立的前提下服从一定自由度的 t 分布。这是判断结果的理论基础。统计学家根据不同的问题已经推导出各种不同的检验统计量。

（三）确定 P 值，并做出统计推断

P 值是指在无效假设成立的前提下，从 H_0 规定的总体中随机抽样，获得现有检验统计量的值以及比该检验统计量的值更为极端情况下（更大或更小）的概率。它可以理解为由样本提供拒绝无效假设的证据的强度，P 值越小，拒绝无效假设的理由越强、越充分。根据计算出来的检验统计量的值查相应的抽样分布界值表，得到大于或等于检验统计量值的概率，即可得到近似 P 的范围。实际工作中，可通过统计软件进行分析，得到精确的 P 值。

如果该 P 值很小（$P\leqslant\alpha$），就有理由认为无效假设不成立，从而在 α 水平下拒绝 H_0，进而接受 H_1，称样本结果有统计学意义（significance）；反之，若该 P 值不小（$P>\alpha$），就没有理由认为无效假设不成立，从而在 α 水平下不拒绝 H_0，称样本结果无统计学意义（no significance，NS）。

三、假设检验的原理与基本思想

在假设检验过程中运用的是概率性质的反证法思想，其理论依据是“小概率事件原理”，即小概率事件（概率通常认为小于 5%）在一次试验中认为是不会发生的推断原理。因此，如果首先对所研究的命题提出无效假设 H_0，并假定其成立，然后依据 H_0 的条件正常地计算出某一结果发生的概率很小（$P\leqslant\alpha$），认为在一次试验中不至于发生，然而事实上却又发生了，即小概率事件发生，那么就有理由用反证法认为原先的假定错误，从而判断 H_0 不成立，因此拒绝 H_0 而接受 H_1；反之，如果小概率事件没有发生（$P>\alpha$），这是合理的现象，因此就没有理由拒绝 H_0 而接受 H_0。

需要注意的是，之所以拒绝无效假设，并不是因为它存在逻辑上的绝对矛盾，或实际上不可能存在这种假设，仅仅是因为它存在的可能性很小，小到让研究者认为它在一次试验中几乎是不可能出现的。

如例 6-6，由后面计算结果 $P<0.05$，则有理由拒绝 H_0，接受 H_1。习惯上人们常用“接受 H_1”来代替“拒绝”的说法，这在逻辑上似乎有点欠妥，一切概率运算都是在无效假设的基础上进行的，“拒绝无效假设”只是说明根据无效假设成立计算的概率不能充分合理地解释已经得到的样本数据。如果 $P>\alpha$，表明在无效假设成立的前提下计算的概率能适当地解释当前的数据，并非表示无效假设是完全正确的，确切的说法应该是尚无证据认为 H_0 是不正确的，所以只好接受它。

第三节　不同设计类型的 t 检验与 z 检验

一、单样本 t 检验

单样本 t 检验（one sample t test），亦称样本均数与总体均数的比较，目的是推断某一样本均数（横断面调查）代表的未知总体均数 μ 是否与一已知的总体均数 μ_0 相同。μ_0 通常为某一理论值、标准值或经过大量观察所得的稳定值等。检验统计量为

$$t=\frac{\bar{x}-\mu_0}{s/\sqrt{n}} \tag{6-10}$$

在无效假设成立的前提下，式（6-10）服从于自由度$\nu = n-1$的t分布。

例 6-7　某地区医疗卫生机构为了解当地家庭医生每周入户工作时间，在本地家庭医生中随机抽取 36 人调查，结果显示 36 人每周入户工作的平均时间为 25 小时，标准差为 2.93 小时。而五年前该地区官方公布的家庭医生每周入户工作的平均时间是 24 小时，上述调查能否说明如今家庭医生每周入户工作的平均时间与五年前相比有所不同（$\alpha = 0.05$）。

根据题意，要分析该研究的设计类型，这里显然属于单样本设计（观察性研究），目的是推断如今家庭医生每周入户工作的平均时间（未知总体μ）与五年前（已知总体μ_0）是否相同，所以采用单样本t检验。先建立检验假设为

H_0：$\mu = 24$，即家庭医生每周入户工作的平均时间与五年前相同；

H_1：$\mu \neq 24$，即家庭医生每周入户工作的平均时间与五年前不同。

若H_0成立时，检验统计量为式（6-10），将$\mu_0 = 24$，$\bar{x} = 25$，$s = 2.93$，$n = 36$代入，可得

$$t = \frac{\bar{x} - \mu_0}{s/\sqrt{n}} = \frac{25-24}{2.93/\sqrt{36}} = 2.05$$

当$\alpha = 0.05$时，自由度$\nu = n-1 = 35$，$t_{0.05/2,35} = 2.03$。显然$t > t_{\alpha/2,\nu}$，$P < 0.05$，故拒绝H_0，接受H_1。即说明如今家庭医生每周入户工作的平均时间与五年前相比有所不同。

单样本t检验要求资料近似正态分布，在分析时应加以考虑。如果样本含量较大，t分布趋近于标准正态分布，检验统计量式（6-10）也可以按照z界值来判断P的范围。

针对例 6-6 题意，样本含量n较大，所以本例可以参照标准正态分布来判断。已知$\mu_0 = 1.1$，$n = 1000$，$\bar{x} = 1.4$，$s = 0.06$。按照假设检验的一般步骤进行分析。

H_0：$\mu = 1.1$，即该三级医院人均医药费用与全省相同；

H_1：$\mu \neq 1.1$，即该三级医院人均医药费用与全省不同。

$$z = \frac{\bar{x} - \mu_0}{s/\sqrt{n}} = \frac{1.4-1.1}{0.06/\sqrt{1000}} = 158.11$$

查t界值表最后一行标准正态分布，得$z_{0.001/2} = 3.2905$，显然$z > z_{\alpha/2}$，$P < 0.001$，故有非常充足的理由拒绝H_0，可认为该三级医院人均医药费用与全省不同。

二、配对设计 t 检验

配对设计的样本是将受试对象按某些特征或条件先配成对子，然后分别把每对中的两个受试对象随机分配为试验组或对照组，再给予每对中的个体以不同处理，观察对子间的差别有无统计学意义。配对设计一般以非处理因素（混杂因素）作为配比条件。比如，动物实验中，可将同性别、同窝别、体重相近的两只动物配成一对；人群试验中，常将性别和年龄、生活条件、工作条件相同或相近的两个人配成对子。

配对设计t检验（paired sample t test）可以推断配对样本差值d的总体均数μ_d与 0 是否有差异。建立假设为H_0：$\mu_d = 0$，其检验统计量为

$$t = \frac{\bar{d}}{s_d/\sqrt{n}} \tag{6-11}$$

式中$\bar{d}$，s_d分别是配对样本差值的均数与标准差，n是对子数。在H_0成立的前提下，式（6-11）服从自由度为$\nu = n-1$的t分布。

配对设计主要有以下三种类型。①自身配对：同一受试对象处理前后的比较，推断该处理有无作用。②同源配对：同一受试对象两个部位，接受相同处理，推断该处理在两个部位有无差别，或者同一受试对象接受两种处理，推断两种处理效果有无差别。③异源配对：两个受试对象配成对子，

接受不同处理，以此推断两种处理效果有无差别。

例 6-8 为了解某一降血压药物的效果，随机选取 14 名高血压患者，分别测得治疗前与治疗后的舒张压（mmHg），如表 6-1，试分析此药对降血压是否有效？（$\alpha = 0.05$）

表 6-1 该药物治疗前后的舒张压（mmHg）

病例号	1	2	3	4	5	6	7	8	9	10	11	12	13	14
治疗前	102	100	92	98	118	100	102	116	109	116	92	108	102	100
治疗后	90	90	85	90	114	95	86	84	98	103	88	100	88	86
差值（d）	12	10	7	8	4	5	16	32	11	13	4	8	14	14

首先要分析该研究的设计类型，该例属于自身配对，因此，先计算治疗前后舒张压差值 d。要进行差值的总体均数（μ_d，未知）与一已知的总体均数“0”比较，比较其是否来自同一总体。建立检验假设为

H_0：$\mu_d = 0$，即该药治疗前后效果相同，该药无效；

H_1：$\mu_d \neq 0$，即该药治疗前后效果不同。

假定 H_0 成立，计算描述性统计量：$n = 14$，$\bar{d} = 11.3$，$s_d = 7.11$，依据式（6-11）计算，得

$$t = \frac{\bar{d}}{s_d / \sqrt{n}} = \frac{11.3}{7.11/\sqrt{14}} = 5.941$$

由于该检验统计量 t 服从于自由度为 13 的 t 分布，因此查 t 界值表，双侧 $t_{0.001/2,13} = 4.221$，$t > t_{\alpha/2,\nu}$，故 $P < 0.001$，按 $\alpha = 0.05$ 水平拒绝 H_0，接受 H_1，可以认为该药对降血压有效。

例 6-9 某研究者为比较耳垂血和手指血的白细胞数，调查 12 名成年人，同时采取耳垂血和手指血见表 6-2，试比较两者的白细胞数有无不同。（$\alpha = 0.05$）

表 6-2 成人耳垂血和手指血白细胞数（10g/L）

编号	1	2	3	4	5	6	7	8	9	10	11	12
耳垂血	9.7	6.2	7.0	5.3	8.1	9.9	4.7	5.8	7.8	8.6	6.1	9.9
手指血	6.7	5.4	5.7	5.0	7.5	8.3	4.6	4.2	7.5	7.0	5.3	10.3
差值（d）	3.0	0.8	1.3	0.3	0.6	1.6	0.1	1.6	0.3	1.6	0.8	−0.4

首先该例为同源配对。因此，先计算两实验室测定结果的差值（d）。进行差值的总体均数（μ_d，未知）与已知的总体均数“0”比较，比较其是否来自同一总体。建立检验假设为

H_0：$\mu_d = 0$，即耳垂血和手指血的白细胞数相同；

H_1：$\mu_d \neq 0$，即耳垂血和手指血的白细胞数不相同。

假定 H_0 成立，计算描述性统计量：$n = 12$，$\bar{d} = 0.967$，$s_d = 0.912$，根据式（6-11），可得

$$t = \frac{0.967}{0.912/\sqrt{12}} = 3.673$$

当 $\alpha = 0.05$，查 t 界值表，双侧 $t_{0.05/2,11} = 2.201$，显然 $t > t_{\alpha/2,\nu}$，故 $P < 0.05$，按 $\alpha = 0.05$ 水平拒绝 H_0，即认为成年人的耳垂血和手指血的白细胞数不相同，且耳垂血的白细胞数比手指血的白细胞数要高。

配对样本 t 检验要求变量的差值近似正态分布，在分析时应加以考虑。

三、独立样本 t 检验

独立样本 t 检验（independent sample t test）主要用于两种设计情景，一是实验性研究的完全随机设计（成组设计）的两组比较，二是观察性研究的两个独立样本的比较，因此统称为两样本均数比较的 t 检验。

独立样本 t 检验，两组样本含量可以相等也可以不等，以样本含量相等为好，检验效能最高。比较的目的是推断两组样本均数代表各自的总体均数 μ_1 和 μ_2 是否相同。检验统计量为

$$t=\frac{(\bar{x}_1-\bar{x}_2)-(\mu_1-\mu_2)}{\sqrt{\frac{\sum X_1^2-\left(\sum X_1\right)^2/n_1+\sum X_2^2-\left(\sum X_2\right)^2/n_2}{n_1+n_2-2}\left(\frac{1}{n_1}+\frac{1}{n_2}\right)}}$$

$$=\frac{(\bar{x}_1-\bar{x}_2)-(\mu_1-\mu_2)}{\sqrt{\frac{(n_1-1)s_1^2+(n_2-1)s_2^2}{n_1+n_2-2}\left(\frac{1}{n_1}+\frac{1}{n_2}\right)}},\quad \nu=n_1+n_2-2 \tag{6-12}$$

若样本含量足够大，则 t 分布近似于标准正态分布。因此，t 检验也可用 z 检验近似。

$$z=\frac{\bar{x}_1-\bar{x}_2}{\sqrt{\frac{s_1^2}{n_1}+\frac{s_2^2}{n_2}}} \tag{6-13}$$

其中 n_1, n_2 是两组样本例数，$\bar{x}_1, \bar{x}_2$ 分别是两样本的均数，s_1^2, s_2^2 是两样本的方差。该方法要求两样本均来自于正态分布总体，且要求两组总体方差相等，即 $\sigma_1^2=\sigma_2^2$（方差齐同）。式（6-13）适用于两样本含量较大（如 n_1>50 且 n_2>50）。

例 6-10　某医院内分泌科为了观察某进口新药治疗Ⅱ型糖尿病患者的效果，将 20 名Ⅱ型糖尿病患者随机均分成 2 组，一组患者接受该新药物治疗，另一组接受传统的Ⅱ型糖尿病药物二甲双胍治疗，测得空腹血糖（mmol/L）降低值如下，问两药的疗效有无差别？

二甲双胍组：	1.2	1.8	1.3	0.7	1.3	1.7	1.2	1.0	0.8	1.0
进口新药组：	0.7	0.9	1.0	0.8	1.1	1.2	2.1	1.3	1.9	2.3

首先要分析该研究的设计类型，该研究属于实验性研究，其研究对象为糖尿病患者，处理因素是药物（两水平，一水平是进口新药，另一水平是传统药物），效应指标是空腹血糖，这里没有考虑干扰因素的影响，只是单纯地将研究对象用随机化的办法分为两组，显然属完全随机设计。比较两种药物的疗效，实质上是两组资料空腹血糖下降值的总体均数比较。

统计分析先进行统计描述，计算描述性统计量，本例：$n_1=10$，$\bar{x}_1=1.20$，$s_1=0.35$；$n_2=10$，$\bar{x}_2=1.33$，$s_2=0.57$。按照假设检验的一般步骤进行分析。

H_0：$\mu_1=\mu_2$，即两组患者空腹血糖下降值的总体均数相等；

H_1：$\mu_1\neq\mu_2$，即两组患者空腹血糖下降值的总体均数不等。

按照反证法的思维，假定无效假设成立，根据式（6-12）可得

$$t=\frac{1.20-1.33}{\sqrt{\frac{9\times0.35^2+9\times0.57^2}{18}\left(\frac{1}{10}+\frac{1}{10}\right)}}=-0.615,\quad \nu=n_1+n_2-2=18$$

当 $\alpha=0.05$，查 t 界值表，双侧 $t_{0.05/2,18}=2.101$。故 P>0.05，不能拒绝 H_0，因此，尚无证据表明两药疗效有差别。

例 6-11　某地抽样调查了部分健康成人的血红蛋白含量，其中男性 360 人，平均数为 134.5 g/L，

标准差为 7.1 g/L，女性 250 人，平均数为 117.6 g/L，标准差为 8.3 g/L，问该地健康成人的血红蛋白含量男、女之间有无差异？

H_0： $\mu_1=\mu_2$，即该地健康成人男、女血红蛋白含量相同；

H_1： $\mu_1\neq\mu_2$，即该地健康成人男、女血红蛋白含量不相同。

由于样本含量足够大，可用 z 检验进行。根据式（6-13）可得

$$z=\frac{134.5-117.6}{\sqrt{\frac{7.1^2}{360}+\frac{8.3^2}{250}}}=26.22$$

查 z 界值表（t 界值表最后一行，即自由度为无穷大时），得 $P<0.001$，按 $\alpha=0.05$ 水平拒绝 H_0，接受 H_1，认为该地健康成人的血红蛋白含量男女之间有差别，男性高于女性。

独立样本 t 检验要求资料近似正态分布，同时还要求资料满足方差齐性，在分析时应加以考虑。

第四节　正态性检验与方差齐性检验

t 检验以及方差分析（后述）都要求样本来自于正态分布总体，但一般实际获得的数据，其分布往往未知。因此，可以通过正态性检验（test of normality）来判断一组数据是否来自正态分布。

一、正态性检验

正态性检验的方法有图示法和计算法两大类。图示法常用的有概率图（probability-probability plot，P-P plot）和分位数图（quantile-quantile plot，Q-Q plot）。P-P 图反映了变量的实际累积概率与理论累积概率（正态分布）的符合程度；Q-Q 图反映了变量的实际分位数与理论分布（正态分布）的分位数的符合程度。若 P-P 图和 Q-Q 图上的散点近似地在一条直线上，可以认为样本数据来自正态分布总体。以上两种方法 Q-Q 图为佳，效率较高。除此之外，图示法还有直方图法、箱式图法和茎叶图法。图示法相对于其他方法而言，比较直观，方法简单，无需计算，但效率不高，主观性较强。

计算法有两种。一种是对偏度（skewness）和峰度（kurtosis）分别测量并检验，以矩法（method of moment，又称动差法）较常用，效率最高。矩法是利用数学上的矩原理来检验偏度和峰度。偏度是指分布不对称的程度和方向，而峰度是指分布与正态曲线相比的冒尖程度或扁平程度，分别用偏度系数（coefficient of skewness，g_1）和峰度系数（coefficient of kurtosis，g_2）来反映偏度和峰度，故又称偏度、峰度检验法。在正态性检验中，偏度峰度正态性检验统计量原理清晰、计算简单，通常被首选用来作为正态性检验统计量。另一种计算法是只用一个指标来综合评判资料的分布。Shapiro-Wilk 检验（W 法）是一种基于相关性的算法，效率最高，W 法只适用于小样本（$3\leqslant n<50$）场合；Kolmogorov-Smirnov 检验（D 法）基于经验分布函数，效率也高，适用于样本含量为 10～2000 的资料。

下面介绍应用较多的矩法。

$$g_1=\frac{n}{(n-1)(n-2)}\sum\left(\frac{X-\bar{x}}{s}\right)^3$$

$$=\frac{n\sum X^3-3\left(\sum X\right)\left(\sum X^2\right)+2\left(\sum X\right)^3/n}{(n-1)(n-2)\left\{\left[\left(\sum X^2\right)-\left(\sum X\right)/n\right]/(n-1)\right\}^{3/2}}$$

偏度系数反映单峰分布资料的偏斜程度和方向，与 $g_1>0$，$g_1=0$，$g_1<0$ 对应的分布分别称作正偏态、正态和负偏态。当总体偏度系数 $\gamma_1=0$ 时，由于存在抽样误差，样本 $g_1\neq 0$，所以需对样本 g_1 做假设检验。

H_0：$\gamma_1=0$；

H_1：$\gamma_1\neq 0$（$\alpha=0.1$）。

检验统计量为

$$z=\frac{|g_1|}{\sigma_{g_1}} \tag{6-14}$$

其中

$$\sigma_{g_1}=\sqrt{\frac{6n(n-1)}{(n-2)(n+1)(n+3)}} \tag{6-15}$$

$$\begin{aligned} g_2 &= \frac{n(n+1)}{(n-1)(n-2)(n-3)}\sum\left(\frac{X-\bar{x}}{s}\right)^4-\frac{3(n-1)^2}{(n-2)(n-3)} \\ &= \frac{(n+1)\left[n\sum X^4-4\left(\sum X\right)\left(\sum X^3\right)+6\left(\sum X\right)^2\left(\sum X^2\right)/n-3\left(\sum X\right)^4/n^2\right]}{(n-1)(n-2)(n-3)\left\{\left[\sum X^2-\left(\sum X\right)^2/n\right]/(n-1)\right\}^2}-\frac{3(n-1)^2}{(n-2)(n-3)} \end{aligned}$$

峰度系数 g_2 反映单峰分布资料的峰态情况，$g_2>0$，$g_2=0$，$g_2<0$ 所对应的峰分别称作尖峭峰（leptokurtosis）、正态峰、平阔峰（plat kurtosis）。可检验总体峰度系数 γ_2 是否为 0 来推断是否为正态峰。

H_0：$\gamma_2=0$；

H_1：$\gamma_2\neq 0$（$\alpha=0.1$）。

检验统计量为

$$z=\frac{|g_2|}{\sigma_{g_2}} \tag{6-16}$$

其中

$$\sigma_{g2}=\sqrt{\frac{24n(n-1)^2}{(n-3)(n-2)(n+3)(n+5)}} \tag{6-17}$$

正态分布的偏度系数和峰度系数均为 0，故正态性检验须对偏度系数和峰度系数都进行检验。

H_0：数据来自于正态分布，即 $\gamma_1=0$ 且 $\gamma_2=0$；

H_1：数据不是来自于正态分布，即 $\gamma_1\neq 0$ 或 $\gamma_2\neq 0$。

例 6-12　下面列出了 114 名 12 岁男童的身高值（cm），试检验这些数据是否来自正态总体。

141 148 132 138 154 142 150 147 148 144 150 149 145 158 146 155 158 150 140
143 141 144 144 126 140 144 142 141 140 145 135 147 146 141 136 140 146 142
137 139 143 140 131 143 141 149 148 135 147 152 143 144 141 143 147 146 150
132 142 142 143 153 149 146 149 138 142 149 142 137 136 144 146 147 140 142
140 137 152 145 140 131 143 141 149 143 141 144 146 155 158 150 140 146 149
142 141 148 144 146 140 144 142 141 144 145 135 146 146 141 135 140 143 142

H_0：数据来自于正态分布，即 $\gamma_1=0$ 且 $\gamma_2=0$；

H_1：数据不是来自于正态分布，即 $\gamma_1\neq 0$ 或 $\gamma_2\neq 0$（$\alpha=0.1$）。

$$g_1=0.002884，\quad \sigma_{g_1}=0.2265，\quad z_1=0.0127，\quad P=0.992$$

$$g_2 = 0.864\text{，}\quad \sigma_{g_2} = 0.449\text{，}\quad z_2 = 1.924\text{，}\quad P = 0.0552$$

查 z 界值表（t 界值表最后一行）峰度系数和偏度系数的 P 均大于 α，没有理由拒绝 H_0，可以认为本组数据服从正态分布。注意：矩法进行正态性检验以样本含量大于 100 为宜。

常用的统计分析软件 SPSS 和 SAS 均有进行正态性检验的模块。

二、方差齐性检验

决定正态分布的参数有两个即均数和标准差，在两组均数比较时要求样本来自正态总体且方差齐同。当方差齐同时，只比较两个总体的均数是否相同，即可做出统计推断。

方差齐性检验的方法依组数多少、各组样本含量是否相同而有所不同。样本数据为非正态分布的多样本方差齐性检验最常运用的方法是 Levene 检验（Levene test）（具体方法见第七章），而样本数据为正态分布的多样本方差齐性检验常运用 Bartlett 法。两组样本数据比较的方差齐性检验可用 F 检验。

第五节 假设检验的注意事项

一、第Ⅰ类错误与第Ⅱ类错误

假设检验利用小概率事件原理和反证法，根据总体中的一部分即样本信息来推断总体特征，实现了由部分归纳到全体的过程。这一归纳结论具有概率性，有时可能出现判断错误，一般地，将发生的错误归结为以下两类。

第Ⅰ类错误（type I error）又称拒真错误，是指 H_0 实际上是成立的，而检验结果为拒绝 H_0 所犯的错误。犯第Ⅰ类错误的概率就是检验水平 α，表达式为（6-18）。α 可取单尾，也可取双尾。

$$P\{\text{拒绝}H_0|H_0\text{为真}\} = \alpha \tag{6-18}$$

第Ⅱ类错误（type Ⅱ error）又称存伪错误，是指 H_0 不符合实际，而检验结果为接受 H_0 所犯的错误。犯第Ⅱ类错误的概率用 β 表示，表达式为（6-19）。β 只取单尾。

$$P\{\text{接受}H_0|H_0\text{为假}\} = \beta \tag{6-19}$$

由于抽样的随机性，通过利用样本对无效假设进行判断的结果，要么拒绝 H_0，要么不拒绝 H_0，所以两类错误在同一个具体问题中不会同时发生，根据客观实际与检验结果可以归纳为表 6-3。

表 6-3 假设检验各种可能结果的概率

假设检验结果	客观实际	
	H_0 成立	H_0 不成立
拒绝 H_0	第Ⅰ类错误（α）	推断正确（$1-\beta$）
接受 H_0	推断正确（$1-\alpha$）	第Ⅱ类错误（β）

显然，实际研究中希望犯两类错误的概率越小越好，但样本容量一定的前提下，犯两类错误的概率是此消彼长的关系，即减少 α，就会增大 β；反之亦然。图 6-1 说明了 α 与 β 之间的关系，设 H_0：$\mu = \mu_0$，H_1：$\mu > \mu_0$，若取 $\alpha = 0.05$，在 H_0 成立即样本代表的总体是左边的正态分布曲线时，若计算出来的统计量 $t \geqslant t_{\alpha,\nu}$，则犯第Ⅰ类错误，即右边阴影面积为 α；在 H_0 不正确时，即 $\mu > \mu_0$，若计算出来的统计量 $t < t_{\alpha,\nu}$，则犯第Ⅱ类错误，左边阴影面积为 β。α 减小时，如图 6-1 所示，$\alpha' < \alpha$，则必然有 $\beta' > \beta$。因此，在检验过程中不可能同时降低 α 和 β。

一般来说，发生哪一类错误的后果更为严重，就应该首要控制哪类错误发生的概率。但由于α是可以由研究者控制的，因此在假设检验中，人们往往先控制α的大小。通常，α的选择取决于犯两类错误所付出的代价和承担的风险。如果犯第Ⅰ类错误的代价比犯第Ⅱ类错误的代价相对较高，则宁可犯第Ⅱ类错误，即规定一个较小的α值而使β增加，反之则选择一个较大的α值。

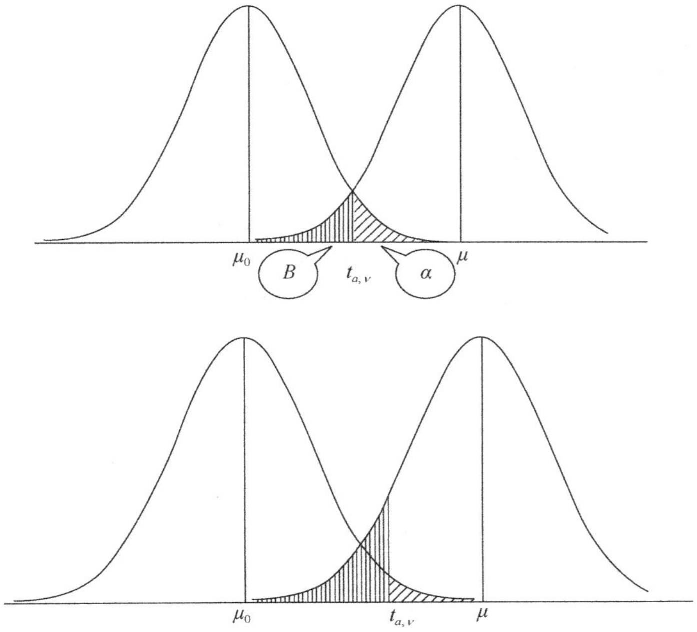

图 6-1　假设检验两类错误间的关系

$1-\beta$称为检验功效（power of a test）或把握度，它可解释为若H_0不成立（总体有差异），假设检验方法能够发现该差异的能力。

二、假设检验的注意事项

（一）要有严密的研究设计

做假设检验之前，应注意样本资料的代表性和可比性，样本必须随机抽取于同质总体，组间对比的问题应保证影响结果的非处理因素尽可能相同或相近。

（二）选择合适的检验方法

不同的研究目的、不同的资料类型、不同的设计类型以及样本含量的大小，所用的假设检验方法都不一样。选择检验方法时，还要特别注意检验方法的适用条件。

（三）正确理解统计学意义的含义

当$P \leqslant \alpha$时，拒绝H_0，接受H_1，认为两总体有差别，或称样本差别有统计学意义（significance），但不能理解为差别大；P值越小说明越有理由拒绝H_0，同样也不能说明总体之间差别越大。一般认为，当$P<0.01$时，习惯称样本间的差别有“高度统计学意义”，不能理解为两总体差别很大。假设检验只能回答样本间差异有无统计学意义（或者说总体间有无差异），相应差异的大小需要依

据专业知识予以确定。当$P>\alpha$时，假设检验的结论是不拒绝H_0，正确表述是尚无证据表明两总体存在差别，而不应理解为差别不大或一定相等，它包含了两种可能：一是H_0确实正确即差异是由抽样误差造成的；二是由于样本例数较少，抽样误差较大，而检验不出差别。

（四）结论不能绝对化

由于假设检验是根据样本资料对总体的某种特征做出判断，而样本只反映总体的部分特征，因此假设检验做出的判断有可能是错误的（见上述两类错误）。在报告结论时，应列出检验统计量值和尽可能确切的P值范围。

（五）注意统计学意义与实际意义的区别

在进行决策时，只能说P值越小，拒绝无效假设的证据就越强，并不一定意味着检验的结果就有实际意义。比如若样本含量较小，造成抽样误差较大，P值较大，结果无统计学意义，但是可能实际差异较大。反之，样本含量较大，抽样误差较小，P值较小，具有统计学意义，但可能无实际意义。

（六）单侧检验与双侧检验

在双侧检验中，检验统计量的观测值和临界值比较，无论是偏大还是偏小，都应拒绝无效假设。但在某些实际问题中，统计人员希望假设问题是具有方向性的，常见两种情况：一种是希望考察的数值越大越好，如设备、元件的寿命，此时适用左侧检验；另一种是数值越小越好，如废品率、药品毒性等，此时适用右侧检验。因此，在实际应用中应根据研究目的的不同，选择是双侧检验还是单侧检验（本书若不作交待，默认都是双侧检验）。

（刘思佳）

第七章 方差分析

内容提要

第六章介绍了两组数值变量资料比较的 t 检验，但在实际工作中常常遇到两组以上数值变量资料的比较。多组数值变量资料的比较不可用 t 检验，常需要用方差分析。本章将介绍方差分析的基本思想、完全随机设计与随机区组设计资料的方差分析，多重比较及方差分析的应用条件。

第一节 方差分析的基本思想

方差分析（analysis of variance，ANOVA）是一种检验两个或两个以上样本均数间差别有无统计学意义的方法，由英国著名统计学家 R.A. Fisher 提出，又称 F 检验。其基本思想是把全部观察值之间的变异——总变异，按设计和需要分为两个或多个组成部分，寻找各部分变异产生的原因，然后将其与随机误差进行比较，构建 F 统计量，借助 F 分布推论处理因素对实验结果有无影响。下面结合例 7-1 资料具体说明方差分析的基本思想。

例 7-1 某医生研究北京市机关工作人员血脂水平，随机抽取了不同年龄男性各 10 名，检测他们的总胆固醇（TC）含量（mmol/L），其结果如表 7-1。问三个年龄组的总胆固醇平均含量之间是否有差别？

表 7-1 北京市机关工作人员三组不同年龄 TC 检测结果（mmol/L）

	青年组	中年组	老年组	合计
	5.00	5.12	5.24	
	4.85	5.13	5.26	
	4.93	4.89	5.23	
	5.18	5.20	5.10	
	4.95	4.99	5.31	
	4.78	5.14	5.23	
	5.18	5.16	5.21	
	4.89	4.98	4.98	
	5.07	5.16	5.15	
	5.21	5.25	5.19	
n_i	10	10	10	30（n）
$\bar{x}_i$	5.00	5.10	5.19	5.10（$\bar{x}$）
s_i^2	0.02	0.01	0.01	0.02（s^2）

在研究设计类型上，例 7-1 为观察性研究，是从三个不同年龄组人群中分别随机抽取一定数量的观察资料，测量某项指标进行比较，欲推断它们的总体均数是否相等，属于三个独立样本的比较。

对于类似例 7-1 多组数值变量资料的比较能否用第六章两组资料 t 检验进行两两比较（即对例 7-1 分别用青年组和中年组、青年组和老年组、中年组和老年组作 3 次两样本 t 检验）得出结论？不能！因为 t 检验每次只能比较 2 个均数，每次比较时犯第 I 类错误的概率被控制在规定的水平上（即事先给定的 α 值，例如，$\alpha=0.05$），而多次 t 检验（如 3 组需要 $C_3^2=3$ 次）比较，每次不犯第 I 类错误的概率为（1- 0.05）= 0.95，当这些检验独立进行时，则每次比较均不犯错误的概率为 $0.95^3=0.8574$，相应犯第 I 类错误的概率为 1−0.8574 = 0.1426，远大于设定的 0.05，并且随着比较次数的增多，犯第 I 类错误的总概率将不断增大并趋向于 1。因此，多个均数比较不宜用 t 检验。

设完全随机设计中将全部试验对象随机分成 g 组，第 i 组的试验对象给予第 i 种处理（$i=1$，2，…，g），第 i 个处理组的样本含量为 n_i，各处理组的样本含量之和记为 n（$n=\sum n_i$）。X_{ij} 表示第 i 个处理组（i=1，2，…，g）的第 j 个观察值（$j=1$，2，…，n_i）。$\bar{x}_i$ 表示第 i 个处理组的均数，$\bar{x}$ 表示所有观察资料总均数，将表 7-1 泛化，试验结果表达方式如表 7-2。

表 7-2　方差分析的数据格式

	组别（i）			
	1	2	…	g
X_{ij}	X_{11}	X_{21}	…	X_{g1}
	X_{12}	X_{22}	…	X_{g2}
	⋮	⋮		⋮
	X_{1n_1}	X_{2n_2}	…	X_{gn_g}
n_i	n_1	n_2	…	n_g
$\bar{x}_i$	$\bar{x}_1$	$\bar{x}_2$	…	$\bar{x}_g$
s_i^2	s_1^2	s_2^2	…	s_g^2

一、数据基本特征的描述

比较不同年龄组总胆固醇（TC）含量有无不同时最好是先通过绘制箱式图或散点图直观地了解一下各组数据的分布特征，特别是当处理组为不同剂量时可以直观展示随着剂量的增加反应值的变化规律。图 7-1 为不同年龄组总胆固醇（TC）含量的箱式图，图 7-2 为不同年龄组总胆固醇（TC）

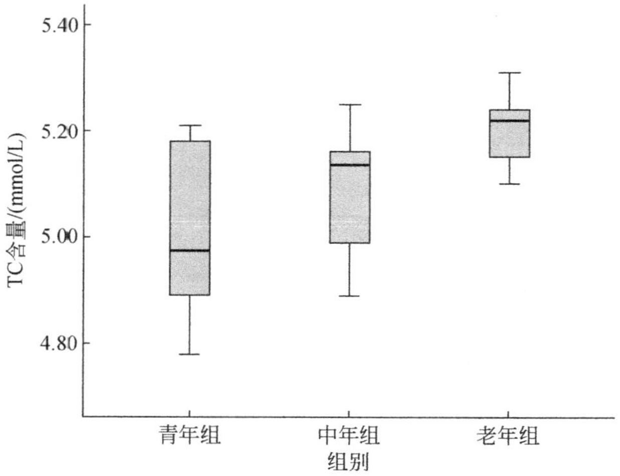

图 7-1　不同年龄组总胆固醇（TC）含量的箱式图

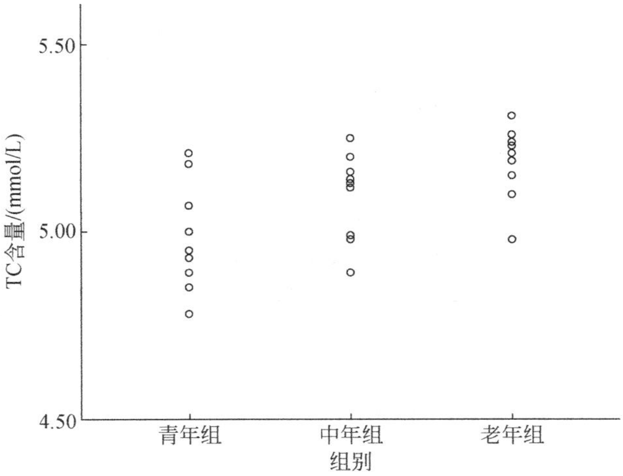

图 7-2 不同年龄组总胆固醇（TC）含量的分布情况

含量分布情况，由图可以直观地展示三组数据的分布情况，因青年组与中年组总胆固醇（TC）含量重叠比较多，可能没有差异，而青年组和老年组之间重叠比较少，可能有差异。但因是以样本数据代表三个总体数据情况，存在抽样误差，所以要进行统计推断。

二、变异的分解

结合表 7-1 及表 7-2 中的数据 X_{ij}，可以看到有以下三种变异。

1. 总变异

30 名北京市机关工作人员血脂水平各不相同，这种变异称为总变异（total variation）。该变异既包含了随机误差（即个体差异和随机测量误差），又包含了处理不同（即年龄组不同）对工作人员血脂水平的影响，反映了全部个体观察值之间总的变异情况，其大小用总离均差平方和（$SS_{总}$）表示，计算公式为

$$SS_{总}=\sum_{i=1}^{g}\sum_{j=1}^{n_i}(X_{ij}-\overline{x})^2 \tag{7-1}$$

由式（7-1）可以看出，$SS_{总}$ 的大小与数据的离散程度有关，数据离散程度越大，$SS_{总}$ 越大；同时，$SS_{总}$ 还与样本例数有关，确切地说，与样本的自由度有关，自由度增大，$SS_{总}$ 增大。总变异的自由度 $\nu_{总}=n-1$。

2. 组间变异

由于年龄组不同，三组机关工作人员血脂水平之间可能不同（各组的样本均数 $\overline{x}_i$ 各不相同），这种变异称为组间变异（variation among groups）。它反映了三组处理的不同（若处理确实有作用），同时也包括了随机误差（含个体差异和随机测量误差）。其大小可用各组样本均数 $\overline{x}_i$ 与总均数 $\overline{x}$ 的离均差平方和（$SS_{组间}$）表示，计算公式为

$$SS_{组间}=\sum_{i=1}^{g}n_i(\overline{x}_i-\overline{x})^2 \tag{7-2}$$

组间自由度 $\nu_{组间}=g-1$。

由式（7-2）可以看出，当三组对应的总体均数相同时，三组资料来自同一总体，总体均数相同，各组样本均数和总均数 $\overline{X}$ 都是同一总体均数的点估计，彼此之间的差异较小并且仅属于抽样误

差，故组间变异$SS_{组间}$较小；当三组对应的总体均数不全相同时，各组样本均数分别是各自总体均数的估计值，而总均数$\bar{X}$是三组样本均数的加权平均数，因此各组的样本均数与总均数$\bar{X}$之差不仅含有抽样误差，而且可能含处理效应，所以当三组总体均数不同时，组间变异$SS_{组间}$会较大，且越大越有可能存在处理效应。

3. 组内变异

各年龄组内机关工作人员血脂水平各不相同，与本组的样本均数$\bar{X}_i$也不相同，这种变异称为组内变异（variation within group）。组内变异仅反映随机误差（含个体差异和随机测量误差），故又称误差变异。组内变异可用组内各测量值X_{ij}与所在组的均数$\bar{X}_i$的差值的平方和$SS_{组内}$表示，计算公式为

$$SS_{组内}=\sum_{i=1}^{g}\sum_{j=1}^{n_i}(X_{ij}-\bar{x}_i)^2=\sum_{i=1}^{g}(n_i-1)s_i^2 \tag{7-3}$$

组内自由度$\nu_{组内}=n-g$。

可以证明，总离均差平方和分解为组间离均差平方和及组内离均差平方和，

$$SS_{总}=SS_{组间}+SS_{组内} \tag{7-4}$$

相应总自由度分解为组间自由度和组内自由度，即

$$\nu_{总}=\nu_{组间}+\nu_{组内} \tag{7-5}$$

三、变异的比较

组间变异和组内变异与自由度有关，所以不能直接比较离均差平方和。为减小自由度的影响，将各部分的离均差平方和除以各自的自由度，得到相应的平均变异指标——均方（mean square, MS）。组间均方（mean square among groups）和组内均方（mean square within group）的计算公式分别为

$$MS_{组间}=\frac{SS_{组间}}{\nu_{组间}} \tag{7-6}$$

$$MS_{组内}=\frac{SS_{组内}}{\nu_{组内}} \tag{7-7}$$

由式（7-3）和式（7-7）可知：当只有两组时，组内均方$MS_{组内}$恰好是成组 t 检验中的合并方差，因此可以理解为组内均方是各个样本的合并方差，故组内均方与 H_0 是否成立无关。将组间均方除以组内均方即得方差分析的统计量 F，

$$F=\frac{MS_{组间}}{MS_{组内}} \tag{7-8}$$

当$H_0:\mu_1=\mu_2=\cdots=\mu_g$成立时，可以证明 F 统计量服从于 F 分布，且各处理组的样本来自同一总体，处理不起作用，则组间变异和组内变异一样，仅反映随机误差的作用，$MS_{组间}$与$MS_{组内}$比较接近，故在大多数情况下 F 值在 1 附近随机波动。相反，若处理起作用，g 个总体均数不全相同时，在大多数情况下$MS_{组间}$会较大或很大，$MS_{组内}$与H_0是否为真无关而不会有明显变化，故对应的 F 值会较大或很大。那么 F 值要大到多少才有统计学意义？这需要查附表 4（F 界值表）得到相应的 P 值，然后根据所取的检验水准α做出推断结论。在 F 分布界值表中，纵标目为分子自由度ν_1，横标目为分母自由度ν_2，表中分别给出了$\alpha=0.01$和$\alpha=0.05$时供方差分析用的单尾 F 界值（F 分位数），用$F_{\alpha(\nu_1,\nu_2)}$表示。若计算的 F 值$\geqslant F_{\alpha(\nu_1,\nu_2)}$，则$P\leqslant\alpha$，在$H_0$成立时，这是一个小概率事件，

一次随机抽样一般是不会发生的，因此可以拒绝 H_0，接受 H_1：$\mu_1,\mu_2,\cdots,\mu_k$ 不全相等；相反，若计算的 F 值 $< F_{\alpha(\nu_1,\nu_2)}$，则 $P>\alpha$，不拒绝 H_0。

第二节 不同设计类型的方差分析

一、单向方差分析

单向方差分析（one-way ANOVA）主要用于两种情景。对于实验性研究，完全随机设计（completely random design），研究人员不考虑干扰因素（混杂因素）的影响，只安排一个处理因素，处理因素有 g 个水平，将研究对象随机地分配到不同的处理组（g 个），推断 g 个组的总体均数是否相等；对于观察性研究，研究人员分别从 g 个不同的总体中随机抽取一定样本含量的样本，观察某项定量指标进行比较，欲推断它们的总体均数是否相等，形成 g 个独立样本均数的比较。这两种情景，统称为多个样本均数比较。

例 7-1 即为观察性研究，g=3，为 3 个独立样本均数的比较。现用该例介绍单向方差分析的基本步骤。

（1）建立检验假设，确定检验水准。

H_0：三个总体均数相等，$\mu_1=\mu_2=\mu_3$；

H_1：三个总体均数不全相等。

（$\alpha=0.05$）

（2）计算检验统计量。

根据式（7-1）～（7-8）即表 7-3 中的公式和表 7-1 下部数据计算，也可用统计软件 SPSS 等直接获得表 7-4 的方差分析表。注意，当 g=2 时，亦可用方差分析，与两个均数间的双侧 t 检验等价，且 t^2=F。

表 7-3 单向方差分析的计算公式

变异来源	离均差平方和 SS	自由度 ν	均方 MS	F 值
组间变异	$\sum_{i=1}^{g} n_i(\bar{x}_i-\bar{x})^2$	$g-1$	$\frac{SS_{组间}}{\nu_{组间}}$	$\frac{MS_{组间}}{MS_{组内}}$
组内变异	$\sum_{i=1}^{g}\sum_{j=1}^{n_i}(X_{ij}-\bar{x}_i)^2$	$n-g$	$\frac{SS_{组内}}{\nu_{组内}}$	
总变异	$\sum_{i=1}^{g}\sum_{j=1}^{n_i}(X_{ij}-\bar{x})^2$	$n-1$		

$$SS_{总}=(5.00-5.10)^2+(4.85-5.10)^2+\cdots+(5.19-5.10)^2=0.57，\quad \nu_{总}=30-1=29$$

$$SS_{组间}=10\times(5.00-5.10)^2+10\times(5.10-5.10)^2+10\times(5.19-5.10)^2=0.17，\quad \nu_{组间}=3-1=2$$

$$SS_{组内}=SS_{总}-SS_{组间}=0.57-0.17=0.40，\quad \nu_{组内}=30-3=27$$

列出方差分析结果，见表 7-4。

（3）确定 P 值，做出推断结论。

以 ν_1=2，ν_2=27，查 F 界值表（附表 4.3），$F_{0.01(2,27)}$=5.49，$P<0.01$。按 α=0.05 水准，拒绝 H_0，接受 H_1，可以认为北京市机关三个年龄组工作人员的总胆固醇平均含量之间的差别有统计学意义。

表 7-4 例 7-1 资料的单向方差分析表

变异来源	SS	ν	MS	F	P
组间	0.17	2	0.087	5.90	<0.01
组内	0.40	27	0.015		
总变异	0.57	29			

二、双向方差分析

双向方差分析（two-way ANOVA）主要用于随机区组设计（randomized block design），该设计是配对设计的扩展，故又称为配伍组设计。具体做法分为两步：首先按影响试验结果的主要混杂因素（如性别、体重、年龄、职业、病情、病程等）相同或相近的原则，将受试对象配成若干区组（block），每个区组含有 g 个受试对象；再分别将各区组内的受试对象随机分配到各处理组（g 组）。这样可以使同一区组内的个体特征比较一致，减少了个体间差异对研究结果的影响；使各处理组受试对象数量相同，生物学特性比较平衡，增加了处理组间的均衡性；一般而言，随机区组设计较完全随机设计的效率要高。

例 7-2 将 18 名原发性血小板减少症患者按年龄相近的原则配为 6 个年龄组（区组），每个年龄组中的 3 名患者随机分配到 A、B、C 三个治疗组中，其中 A 疗法为安慰剂组。治疗后的血小板升高值见表 7-5，问 3 种治疗方法的疗效有无差别？

表 7-5 不同治疗方案治疗后血小板的升高值（$10^4/mm^3$）

年龄组	A	B	C	$\bar{X}_j$
1	3.8	6.3	8.0	6.0
2	4.6	6.3	11.9	7.6
3	7.6	10.2	14.1	10.6
4	8.6	9.2	14.7	10.8
5	6.4	8.1	13.0	9.2
6	6.2	6.9	13.4	8.8
$\bar{X}_i$	6.2	7.8	12.5	8.8（$\bar{X}$）

为了便于说明计算过程中所用公式及各符号的意义，将随机区组设计资料的试验结果用表 7-6 表示，第 i 个处理组第 j 个区组受试对象的观察值为 X_{ij}（i=1，2，…，g；j=1，2，…，b）。

表 7-6 随机区组设计的测量结果

区组编号	处理组					
	1	2	…	i	…	g
1	X_{11}	X_{21}	…	X_{i1}	…	X_{g1}
2	X_{12}	X_{22}	…	X_{i2}	…	X_{g2}
⋮	⋮	⋮		⋮		⋮
j	X_{1j}	X_{2j}	…	X_{ij}	…	X_{gj}
⋮	⋮	⋮		⋮		⋮
b	X_{1b}	X_{2b}	…	X_{ib}	…	X_{gb}

总均数记为 $\bar{X}=\dfrac{\sum_{i=1}^{g}\sum_{j=1}^{b}X_{ij}}{n}$，各处理组和各区组的均数分别记为 $\bar{X}_i=\dfrac{\sum_{j=1}^{b}X_{ij}}{b}$ 和 $\bar{X}_j=\dfrac{\sum_{i=1}^{g}X_{ij}}{g}$，$g$ 和 b 分别为处理组数和区组组数，总例数 $n=bg$。

所有个体间的总离均差平方和为

$$SS_{总}=\sum_{i=1}^{g}\sum_{j=1}^{b}(X_{ij}-\bar{x})^2,\quad 自由度\ \nu_{总}=bg-1 \tag{7-9}$$

将总离均差平方和分解为处理组间（即治疗组间）、区组间和误差三部分，总自由度也相应地分解为三部分，各部分的离均差平方和表达式和自由度分别为

$$SS_{处理}=b\sum_{i=1}^{g}(\bar{x}_i-\bar{x})^2,\quad 自由度\ \nu_{处理}=g-1 \tag{7-10}$$

$$SS_{区组}=g\sum_{j=1}^{b}(\bar{x}_j-\bar{x})^2,\quad 自由度\ \nu_{区组}=b-1 \tag{7-11}$$

$$SS_{误差}=\sum_{i=1}^{g}\sum_{j=1}^{b}(X_{ij}+\bar{x}-\bar{x}_i-\bar{x}_j)^2=SS_{总}-SS_{处理}-SS_{区组},\quad 自由度\ \nu_{误差}=(n-1)(g-1) \tag{7-12}$$

为了消除样本量、区组数和处理数的影响，将上述离均差平方和除以相应的自由度，得到下列均方

$$MS_{处理}=\frac{SS_{处理}}{g-1},\quad MS_{区组}=\frac{SS_{区组}}{b-1},\quad MS_{误差}=\frac{SS_{误差}}{(g-1)(b-1)}$$

双向方差分析的相关表达式整理如表 7-7 所示。

表 7-7 双向方差分析的计算公式

变异来源	SS	ν	MS	F
总变异	$SS_{总}=\sum_{i=1}^{g}\sum_{j=1}^{b}(X_{ij}-\bar{x})^2$	$n-1$		
处理间	$SS_{处理}=b\sum_{i=1}^{g}(\bar{x}_i-\bar{x})^2$	$g-1$	$SS_{处理}/\nu_{处理}$	$MS_{处理}/MS_{误差}$
区组间	$SS_{区组}=g\sum_{j=1}^{b}(\bar{x}_j-\bar{x})^2$	$b-1$	$SS_{区组}/\nu_{区组}$	$MS_{区组}/MS_{误差}$
误差	$SS_{误差}=SS_{总}-SS_{处理}-SS_{区组}$	$(g-1)(b-1)$	$SS_{误差}/\nu_{误差}$	

当各种处理效应相同的情况下，$MS_{处理}$ 一般比较小或很小并且在抽样随机误差的总体方差附近；但当各种处理效应不相同时，$MS_{处理}$ 一般会比较大。$MS_{误差}$ 是抽样误差的总体方差估计统计量，在大多数情况下，$MS_{误差}$ 在抽样误差的总体方差附近。区组效应检验统计量也是类似原理，故不再赘述。当处理组 g=2，配对 t 检验的 t 值与 $F_{处理}$ 的关系为 $t^2=F$。

应用随机区组设计时，区组内各试验对象应均衡，区组之间试验对象具有较大的差异为好，这样利用区组控制非处理因素的影响，并在方差分析时将区组间的变异从组内变异中分解出来。因此，当区组间差别有统计学意义时，这种设计的误差比完全随机设计小，试验效率得以提高。

随机区组设计资料的方差分析属无重复数据的双向方差分析，下面以例 7-2 说明随机区组设计资料方差分析的步骤。

（1）建立检验假设，确定检验水准。

①处理组间比较。

H_0：不同治疗组血小板升高值相同；

H_1：不同治疗组血小板升高值不全相同。

（α=0.05）

②区组间比较。

H_0：不同区组（年龄组）血小板升高值相同；

H_1：不同区组（年龄组）血小板升高值不全相同。

（α=0.05）

（2）计算检验统计量（F 值），见方差分析表（表 7-8）。

表 7-8 例 7-2 双向方差分析表

变异来源	SS	ν	MS	F	P
处理	129.00	2	64.50	79.34	<0.01
区组	50.13	5	10.03	12.33	<0.01
误差	8.13	10	0.81		
总变异	187.26	17			

（3）确定 P 值，做出推断结论。

查附表 4.1（F 界值表），$F_{0.05(2,10)}=4.10$, $F_{0.05(5,10)}=3.33$, 因此，组间及区组间均为 $P<0.01$。按 α=0.05 水准，拒绝 H_0，接受 H_1，可认为不同治疗组间血小板升高值不相同，不同年龄组患者血小板升高值也不相同。

第三节 多个均数的多重比较

若方差分析的结论是拒绝无效假设 H_0，接受 H_1，只能认为在 α 检验水准上多个总体均数不全相等，但并不表明任意两组对应的总体均数有差异。如果想了解究竟哪几个均数间存在差异，还需要进行多个样本均数间的两两比较，称多重比较（multiple comparison），更多文献及统计软件称为 post-hoc test。多重比较的方法很多，一般分为两种情况。一种情况是，在设计阶段就根据研究目的或专业知识而计划好（planned comparisons）某些均数间的两两比较，用于证实性研究（confirmatory research），如多个实验组与一个对照组比较，可选用 Dunnett-t 法；另一种是，在研究设计阶段未预先考虑或预料到，经假设检验得出多个均数不等的提示后，才决定多个均数两两比较的探索性研究（exploratory research），为多个均数两两比较，可选用 SNK 检验。要根据研究的目的选择两两比较的方法。下面介绍两种常用的多重比较方法。

一、多个均数两两比较

SNK（Student-Newman-Keuls）检验，亦称 q 检验，适用于多个样本均数两两之间的全面比较。检验统计量 q 有专门的界值表（附表 8），计算公式为

$$q=\frac{\overline{x}_i-\overline{x}_j}{S_{\overline{x}_i-\overline{x}_j}},\quad \nu=\nu_{误差} \tag{7-13}$$

式中

$$S_{\bar{x}_i-\bar{x}_j}=\sqrt{\frac{\text{MS}_{误差}}{2}\left(\frac{1}{n_i}+\frac{1}{n_j}\right)} \tag{7-14}$$

$\bar{x}_i$，n_i 和 $\bar{x}_j$，n_j 为两对比组的样本均数和样本例数。

例 7-3 续例 7-1 资料，问青年组、中年组、老年组总胆固醇（TC）的含量两两之间是否有差别？

解 （1）建立检验假设，确定检验水准。

H_0：$\mu_A=\mu_B$，即任两对比较组的总体均数相等；

H_1：$\mu_A\neq\mu_B$，即任两对比较组的总体均数不等。

（α=0.05）

（2）计算检验统计量（q 值）。

首先将 3 个样本均数（表 7-1）由小到大排列，并编组次：

均数	5.00	5.10	5.19
组别	青年组	中年组	老年组
组次	1	2	3

列出对比组［表 7-9 第（1）栏］，并计算两对比组的均数之差［表 7-9 第（2）栏］。写出两对比组包含的组数 a［表 7-9 第（3）栏］。

计算检验统计量 q 值。例 7-1 已求得 $\text{MS}_{误差}=0.015$，$\nu_{误差}=27$。各组例数均为 10，按公式（7-16）计算 q 值，其中

$$S_{\bar{x}_i-\bar{x}_j}=\sqrt{\frac{0.015}{2}\left(\frac{1}{10}+\frac{1}{10}\right)}=0.0387$$

结果见表 7-9 第（4）栏。

表 7-9 例 7-1 的多个均数两两比较的 q 值及 P 值

对比组次 （1）	$\bar{x}_i-\bar{x}_j$ （2）	a （3）	q （4）	$q_{0.05}$ （5）	$q_{0.01}$ （6）	P （7）
1，2	0.10	2	2.53	2.91	3.93	$>$0.05
1，3	0.19	3	4.81	3.51	4.50	$<$0.01
2，3	0.09	2	2.27	2.91	3.93	$>$0.05

（3）确定 P 值，做出推断结论。

已知 ν=27，查附表 8 的 q 界值，得出相应的 q 界值［表 7-9 第（5）、（6）栏］。以实际的 q 值和相应的 q 界值作比较，确定对应的 P 值［表 7-9 第（7）栏］。

按 α=0.05 水准，3 个对比组中的 1 与 3 组拒绝 H_0，接受 H_1，差异有统计学意义，可认为青年和老年总胆固醇（TC）的含量有差别。但 1 与 2 组、2 与 3 组不拒绝 H_0，还不能认为青年与中年、中年与老年总胆固醇含量有差别。

二、多个实验组与一个对照组比较

当根据研究工作需要，了解各实验组与对照组样本均数间的差别是否有统计学意义，寻找出哪些组与标准组（对照组）不同或比标准组好，而对实验组相互之间的差别不感兴趣时，可选用 Dunnett 检验。Dunnett 检验，主要用于事先有明确假设的证实性研究，适用于 k-1 个实验组与一个对照组均数差别的多重检验。

检验统计量 Dunnett-t 有专门的界值表（附表 9），计算公式为

$$\text{Dunnett-}t=\frac{\bar{x}_i-\bar{x}_0}{S_{\bar{x}_i-\bar{x}_0}},\quad \nu=\nu_{误差} \tag{7-15}$$

式中

$$S_{\bar{x}_i-\bar{x}_0}=\sqrt{\mathrm{MS}_{误差}\left(\frac{1}{n_i}+\frac{1}{n_0}\right)} \tag{7-16}$$

$\bar{x}_i$，n_i 为第 i 个实验组的样本均数和样本例数，$\bar{x}_0$，n_0 为对照组的样本均数和样本例数。

例 7-4 续例 7-2 资料，问 B、C 两种治疗方法与 A 疗法（安慰剂组）组间血小板升高值总体均数是否有差别？

本例用 Dunnett-t 检验。

解 （1）建立检验假设，确定检验水准。

H_0：$\mu_i=\mu_0$，即各实验组与安慰剂组治疗组间血小板升高值总体均数相等；

H_1：$\mu_i\neq\mu_0$，即各实验组与安慰剂组治疗组间血小板升高值总体均数不等。

（α=0.05）

（2）计算检验统计量。

根据例 7-2，$\bar{x}_0$=6.2，$\bar{x}_B$=7.8，$\bar{x}_C$=12.5，$n_i=n_0$=6，$\mathrm{MS}_{误差}$=0.81，$\nu_{误差}$=10。按式（7-15）和式（7-16）

$$\text{Dunnett-}t_B=\frac{7.8-6.2}{\sqrt{0.81\times\left(\frac{1}{6}+\frac{1}{6}\right)}}=3.08$$

$$\text{Dunnett-}t_C=\frac{12.5-6.2}{\sqrt{0.81\times\left(\frac{1}{6}+\frac{1}{6}\right)}}=12.12$$

（3）确定 P 值，做出推断结论。

以 10、处理组数 $T=g-1=3-1=2$ 查附表 9 的 Dunnett-检验临界值表（双侧），得 $t_{0.05/2,10}$=2.57，$t_{0.01/2,10}$=3.53。$t_B>t_{0.05/2,10}$，$t_C>t_{0.01/2,10}$，都得 $P<0.05$。按 $\alpha=0.05$ 水准，拒绝 H_0，接受 H_1，差异有统计学意义。可认为 B、C 两种治疗方法与 A 疗法间血小板升高值总体均数有差别，B、C 两种治疗方法均优于 A 疗法治疗组。

以上介绍了多个样本均数间的多重比较的两种常用方法，还有一些其他方法，如 Bonferroni 法、Sidak 法、Tukey 法、Scheffe 法等，可参考其他有关书籍。

第四节　方差分析的使用条件

从理论上讲，进行方差分析的数据应满足如下两个基本假设：

（1）各样本是相互独立的随机样本，均服从正态分布；

（2）各样本的总体方差相等，即方差齐性（homogeneity of variance）。

检验各样本是否均服从正态分布，要分别对各组试验结果进行正态性检验（检验方法见第六章）。当样本含量较大时，无论资料是否来自正态分布总体，样本均数的抽样分布仍然服从或接近服从正态分布。但如果总体极度偏离正态，则需做数据转换，使其接近正态分布。对方差齐性的判断通常采用方差齐性检验（homogeneity of variance test）的方法。

一、方差齐性检验

当两个或多个总体方差齐性检验时可用 Bartlett 检验或 Levene 检验，前者要求资料服从正态分布，否则偏差较大；故近年来采用更多的是 Levene 检验，该法不依赖于总体分布的具体形式。在此仅介绍 Levene 检验方法。

Levene 检验法既可用于两总体方差齐性检验，也可用于多个总体方差齐性检验，所分析的资料可不具正态性。该法是将原始观测值 X_{ij} 转换为相应离差 Z_{ij}，然后按式（7-17）计算检验统计量 F，根据相应的检验水准和自由度查 F 分布界值表（附表 5.1 或附表 5.2）得到结论。

设从 g 个总体独立随机抽取 g 个样本，记第 i 组第 j 个观察值为 X_{ij}，第 i 组样本含量为 n_i，均数为 $\bar{X}_i$（i=1，2，…，g）。

Levene 检验法的 F 统计量为式（7-17）：

$$F=\frac{(n-g)\sum_{i=1}^{g}n_i(\bar{z}_i-\bar{z})^2}{(g-1)\sum_{i=1}^{g}\sum_{j=1}^{n_i}(z_{ij}-\bar{z}_i)^2},\quad \nu_1=g-1,\quad \nu_2=n-g \tag{7-17}$$

式中 $n=\sum n_i$，g 为样本数。

Z_{ij} 可根据资料选择下列三种计算方法：

（1）$Z_{ij}=\left|X_{ij}-\bar{X}_i\right|$，$\bar{X}_i$ 为第 i 组的算术均数；（7-18）

（2）$Z_{ij}=\left|X_{ij}-M_{d_i}\right|$，其中 M_{d_i} 为第 i 个样本的中位数（i=1，2，…，g；j=1，2，…，n_i）；（7-19）

（3）$Z_{ij}=\left|X_{ij}-\bar{X}_i'\right|$，其中 $\bar{X}_i'$ 为第 i 个样本截除样本含量 10%后的均数（i=1，2，…，g，j=1，2，…，n_i）。（7-20）

按 $\alpha=0.10$ 水准，查 F 界值表（附表 5.2）得 $F_{\alpha,(g-1,N-g)}$，若 $F<F_{\alpha,(g-1,n-g)}$，则 $P>0.10$，按 $\alpha=0.10$ 水准，不拒绝 H_0，可认为总体方差齐；反之，若 $F\geqslant F_{\alpha,(g-1,n-g)}$，则 $P\leqslant0.10$，拒绝 H_0，接受 H_1，总体方差不齐。

例 7-5 请对例 7-1 资料作方差齐性的 Levene 检验。

（1）建立检验假设，确定检验水准。

H_0：$\sigma_1^2=\sigma_2^2=\sigma_3^2$，即三个总体方差全相等；

H_1：三个总体方差不全相等。

（α=0.10）

（2）计算检验统计量。

首先将例 7-1 原始观测值 X_{ij} 用式（7-17）转换为相应的离差 Z_{ij}，然后再作方差分析。具体计算步骤在此省略，仅列出最终计算结果如表 7-10。

表 7-10 例 7-1 的 Levene 方差齐性检验结果

离差 Z_{ij} 的计算方法	F	P
$\left|X_{ij}-\bar{x}_i\right|$	1.937	0.164

（3）做出推断结论。

F=1.937，P=0.164，按 α=0.10 水准，不拒绝 H_0，可以认为三个总体方差齐。

二、变 量 变 换

对于一些明显偏离正态性和方差齐性条件的资料，可以通过某种形式的数据变换使之满足方差分析、t 检验或其他统计方法对资料的要求。所谓数据变换（data transformations），即对原始数据作某种函数变换，它虽然改变了资料分布的形式，但未改变各组资料间的关系，其缺点是分析结果的解释欠直观。常用的变量变换方法有以下三种。

1. 对数变换

对数变换（logarithmic transformation），就是将原始数据取自然对数或常用对数。其变换公式为

$$X' = \ln(X + a) \tag{7-21}$$

a 为零或正数。该变换适用于：

（1）对数正态分布资料。如抗体滴度资料，疾病潜伏期，食品、蔬菜、水果中农药的残留量等。

（2）标准差与均数成比例，或变异系数接近甚至等于某一常数的资料。

2. 平方根变换

平方根变换（square root transformation），就是将原始数据开算术平方根。其变换公式为

$$X' = \sqrt{X} \quad 或 \quad X' = \sqrt{X + 0.5} \tag{7-22}$$

该变换适用于方差与均数成比例的资料，如服从泊松分布的资料。

3. 平方根反正弦变换

平方根反正弦变换（arcsine square root transformation）又称角度变换（angular transformation），就是将原始数据开平方根再取反正弦。其变换公式为

$$X' = \arcsin\sqrt{X} \tag{7-23}$$

该变换适用于率及百分比的数据资料。

（王　玖）

第八章　分类变量资料的统计描述

内容提要

前已述及分类变量包括无序分类变量和有序分类变量，无序分类变量构成计数资料，有序分类变量构成等级资料。如何对分类变量进行统计描述？其方法是不同于定量资料的。较为常用的是率、构成比、相对比等统计指标，这些指标都是通过两个指标之比来构造的，故统称为相对数（relative number）。

第一节　相对数概述

一、绝对数与相对数

社会经济总量指标是反映社会经济现象在一定的时间、地点、条件下的总规模或总水平的统计指标。总量指标也称为绝对指标或绝对数。其表现形式是绝对数，但与数学中的绝对数不同，它不是抽象的绝对数，而是一个有名数。例如，2020 年全国一般公共预算收入为 182895 亿元。有时，总量指标还可以表现为总量之间的绝对差数。例如，2019年我国第一产业生产总值比上年增加了 70467 亿元。

社会经济现象是相互联系的。为了分析总体的数量关系，就要将有关的指标加以比较，需运用相对指标。相对指标又称相对数，它是两个有联系的指标数值对比的结果。用来对比的两个数，既可以是绝对数，也可以是平均数和相对数。例如，人口密度是人口数与土地面积两个绝对数之比。相对指标的特点是把两个对比的具体数值概括化或抽象化了，使人们对事物有一个清晰的概念。

二、相对数的用途

相对数是应用很广的有关分类变量资料的统计描述指标。在实际工作中绝对指标、总量指标是制订工作计划和统计分析的基础，若仅仅用这类指标是不能进行深入比较的。例如，要考核甲乙两地医疗改革的推进情况，甲地有 50000 名在职职工参加了医疗保险，乙地有 70000 名在职职工参加了医疗保险，乙地比甲地多了 20000 人，但不能据此认为乙地医改推进得更快些。因为要比较两地的医疗保险推进情况，需要考虑两地的在职职工基数。如甲地有在职职工 60000 名，乙地有在职职工 100000 名，则

$$\text{甲地在职职工参保率} = \frac{50000}{60000} \times 100\% = 83.33\%$$

$$\text{乙地在职职工参保率} = \frac{70000}{100000} \times 100\% = 70.00\%$$

可见，甲地在职职工参保情况好于乙地，两地职工参保率的比较使我们对问题有了更深入的了解。这里用到了相对数（率）的概念。由此可见，计算相对数的目的是进一步分析比较。

相对数的表现形式有两种：一种是有名数，另一种是无名数。有名数是将对比的分子指标和分母指标的计量单位结合使用。以表明事物的密度、普遍程度和强度等。如人口密度用人/公里^2。平均每人分摊的粮食产量用千克/人等。无名数是一种抽象化的数值，一般分为系数、倍数、成数、百分数、千分数等。

系数或倍数是将对比的基数作为 1。两个数对比，其分子与分母数值相差不多时，可用系数形式表示，如固定资产磨损系数、工资等级系数、结构比例系数等。反之，分子数值与分母数值相差很大时，则常用倍数，例如，我国 2020 年家用电冰箱产量是 9014.7 万台，约为 1990 年产量的 19.47 倍。

成数是将对比的基数作为10。例如，粮食产量增加一成，即增长 $\frac{1}{10}$。这里的成数是对十分数的一种习惯叫法。

百分数是将对比的基数作为 100。它是相对指标中最常用的一种表现形式。当相对指标中的分子数值和分母数值较为接近时，采用百分数较合适。$\frac{1}{100}$ 用“1%”表示。千分数是将对比的基数作为 1000。它适用于对比的分子数值比分母数值小得多的情况。如人口出生率、人口自然增长率等多用千分数表示，$\frac{1}{1000}$ 用“1‰”表示。

第二节　常用相对数的种类

常用的相对数指标有率、构成比、相对比和动态数列等。

一、相　对　比

相对比（relative ratio）又称比（ratio），是 A，B 两个有关联指标之比，说明两者的对比水平，常用倍数或百分数来表示。其计算公式为

$$相对比=\frac{A指标}{B指标} \tag{8-1}$$

相对比中 A，B 两指标可以是性质相同的，也可以是性质不同的。可以是绝对数，也可以是相对数或平均数。医疗保险专业常用的相对比有：人口密度、医生密度、保险深度、偿付率、偿付频率等。

（1）用于性质相同的两指标之比，相对比说明 A 是 B 的多少倍或百分之几。

如表 8-1 中第（6）栏“40～”岁组高血压患病率为 12%，“20～”岁组高血压患病率为 7%，两组患病率之比为 0.12/0.07＝1.71，表示“40～”岁组患病率为“20～”岁组患病率的 1.71 倍。

表 8-1　某单位高血压患病情况

年龄（岁）（1）	检查人数（2）	患病人数（3）	构成比（%）（4）	患病率（%）（5）	各年龄组患病率与 20～岁组患病率之比（6）
20～	2000	140	33.3	7.0	1.00
40～	1500	180	42.9	12.0	1.71
50～60	500	100	23.8	20.0	2.86
合计	4000	420	100.0	10.5	

例 8-1　某单位医疗制度改革前一年支付医疗费 53.8 万元，改革后一年支付医疗费 41.1 万元。问改革后医疗费是改革前的百分之几？减少了百分之几？

$$\frac{41.1}{53.8}\times 100\%=76.4\%$$

$$\frac{53.8-41.1}{53.8}\times 100\%=23.6\%$$

改革后医疗费仅为改革前的 76.4%，减少了 23.6%。

例 8-2　某县 1996 年有专业医保人员 412 人，2012 年增至 1036 人。问 2012 年医保人员是 1996 年的多少倍?增加了多少倍?

$$\frac{1036}{412}=2.51\ （251\%）（倍）$$

$$\frac{1036-412}{412}=1.51\ （151\%）（倍）$$

2012 年医保人员是 1996 年的 2.51 倍，增加了 1.51 倍。

（2）用于性质不同的两个有联系指标之比，表示相对于指标 B 时，A 的情况。

例 8-3　某医院某年平均每日门诊人次（A）为 1782 人，病床数（B）450 张，求平均每日门诊人次与病床数之比。

$$\frac{1782}{450}=3.96$$

平均每日门诊人次与病床数之比为 3.96∶1。

二、构　成　比

构成比（proportion，constituent ratio）又称构成指标，它表示事物内部各组成部分所占的比重或分布。其计算公式为

$$构成比=\frac{事物内部某一组成部分的观察单位数}{事物内部各组成部分的观察单位总数}\times 100\% \tag{8-2}$$

由于其比例基数一律用 100%，故构成比亦称为百分比。如表 8-1 中第（4）栏患病人数构成比，其中“20～”岁年龄组患病人数占全部患病总数的比重为 $\frac{140}{420}\times 100\%=33.3\%$。依此可求出“40～”和“50～60”岁各级患病人数占全部患病人数的比重分别为 42.9%和 23.8%。可见，在全部患病人数中“40～”岁组患者所占比重最大。

构成比有两个特点：

（1）各部分构成比之和为 100% 或 1。如表 8-1 中第（4）栏各年龄组患病人数构成比之和为 100%。

（2）事物内部某一部分构成比发生变化，其他部分的构成比也相应地发生变化。全部患病人数之和为 100%，假如“20～”岁组患病人数增多，所占比重增大，其余各年龄组所占比重会相应减少。

三、率

率（rate）又称频率指标，说明某现象的发生频率或强度。其计算公式为

$$率=\frac{实际发生某现象的观察单位数}{可能发生某现象的观察单位总数}\times K \tag{8-3}$$

其中 K 为比例基数，比例基数可为 100%，1000‰，…，10 万/10 万等。比例基数的选择，主要依据习惯，如治愈率、有效率习惯上用百分率；出生率、死亡率习惯上用千分率；某病死亡率，如恶性肿瘤死亡率习惯上用十万分率。对于不常用的频率指标，选择比例基数时，原则上乘以比例基数后使结果保留一至二位整数为宜。医疗保险专业常用的率指标有：参保率、两周就诊率、退保率、退保后“医疗保险卡”的注销率等。

如表 8-1 中第（5）栏，“20～”岁组高血压患病率为该年龄组患病人数乘以该年龄组检查人数，即 $\frac{140}{2000}\times 100\%=7\%$。表示“20～”岁组高血压的患病的频率。依此可求出其余各年龄组的高

血压患病率。

例 8-4 某市对所辖范围内企业参保情况进行研究，结果如表 8-2，现计算不同企业类型的参保率。

表 8-2 不同企业参保情况比较

企业类型	应参保企业数	参保数	参保率（%）
国有企业	384	322	83.85
股份制企业	582	468	80.41
合计	966	790	81.78

常用的率有治愈率、缓解率、复发率等。它们也是频率的估计值，符合数理统计中的二项分布或多项分布，也可以简单地进行可信区间的计算和统计推断。

医学中有很多率的指标，但其中有许多并不符合上述率的定义。下面我们将对医学中称为率的一些指标进行说明，并进行分类以明确其性质。

（1）真正意义上的率。一些指标是完全符合上述率的定义的。例如，对脑出血患者进行手术治疗，随访观察一定时期（如 1 年），计算其死亡人数，由此计算的死亡率；中草药治疗一批乙型肝炎患者，其表面抗原转阴率；肝癌患者的 5 年生存率以及白血病患者的 1 年缓解率等。

上述率指标均需观察一段时间后才能得出，在该段时间内，一部分观察对象的特征可能发生改变，是一动态过程，如患者从患病至被治愈率就是相应概率的估计值，其分子是分母的一部分，数值在 0～1 之间变动。实际上它们也符合比例的定义，因而可以用后面介绍的方法计算其可信区间和进行差别的统计学检验。

（2）名称为率，实质为构成比的指标。在横断面调查中常可得出某人群罹患某病的患病率，是对该人群中该病患者所占比例的描述，是静态的。研究者只关心在调查时研究对象是否患病，而对于其调查前、调查后的状态并不关心。

其他类似的还有入院诊断符合率、艾滋病知识知晓率、低体重儿发生率等。这些指标的特点也是分子是分母的一部分，数值也在 0～1 之间变动。它们也是相应概率的估计值。因而也可以用以后介绍的方法计算其可信区间和进行差别的统计学检验。

（3）名称为率，实质为相对比的指标。常见有下面两种情况：①分子与分母不是同一范畴的“率”，如婴儿死亡率，等于当年死亡婴儿数与当年活产婴儿数之比。当年死亡的婴儿不一定是当年出生，而当年出生的活产婴儿如果在 1 岁以内死亡也不一定在当年死亡。②分子可重复计数的“率”，如计算某村某年内腹泻的发病率（新发病例数与年平均人口数之比），每个人在一段时间内可以是多个新病例。这也不符合率的定义。虽然可以说分子是分母的一部分，但一个人在 1 年中可能发生多次腹泻，其年发病率可能大于 1，因而也不符合上述率的定义。

对于（3）中所列举的“率”则不能直接用后面介绍的有关率的统计推断方法作差别的统计意义检验，也不能简单地进行可信区间的计算。

相对数的意义不同、算法也不同，表 8-3 对常用相对数及其算法和用途进行了归纳。

表 8-3 常用相对数的算法和用途

相对数	公式	说明问题
率	$\frac{\text{实际发生某现象的观察单位数}}{\text{可能发生某现象的观察单位总数}} \times K$	某现象的发生概率或强度
构成比	$A \div (A+B+\cdots)$	事物内部各组成部分所占比重或分布
相对比	$A \div B$	A 为 B 的若干倍或百分之几

第三节　应用相对数应注意的问题

一、应用相对数常见错误

（1）构成比与率是意义不同的两个统计指标，应用时不能相互混淆。

构成比说明事物内部各组成部分所占的比重，而率则说明某事物或现象的发生频率或强度。常见的错误之一是以构成比代替率来说明问题。如表 8-1 中“40～”岁组患病人数占全部患病人数的构成比最大（42.9%），而“50～60”岁组占患病总数的比重最轻（23.8%），并不能说明“40～”岁组最容易患高血压，而“50～60”岁组员不易患高血压，欲知患高血压的频率，应该计算患病率。表 8-1 所示，高血压患病率随年龄升高而升高，“50～60”岁组高血压患病率最高。但由于该年龄组检查人数最少，所以患病人数低于其他两组，使其构成比最低。

（2）计算相对数时，样本含量即分母不能太小。

一般来说观察单位足够多时，计算的相对数比较稳定，能够正确反映实际情况。观察单位少时，偶然性大。如某医师用策疗法治疗 3 例患者，治愈 2 例，便报告治愈率达 66.7%，但以后其他医师用该疗法治疗多例患者，治愈率均未达到 66.7%。由此可见，观察例数少，结果不稳定，不能反映事物的客观规律性，有时甚至造成错觉。观察例数少，最好用绝对数来表示。如果必须用率表示，要同时列出率的可信区间。但在严格设计，严格控制实验条件的动物实验中，每组用 10 只动物，也可求出反应率或死亡率。

（3）对各组观察例数不等的几个率，不能直接相加求其总率。

如表 8-1 中计算某单位高血压总患病率，不应为各年龄组患病率直接相加：

$$总患病率=\frac{7.0+12.0+20.0}{3}\%=13.0\%$$

正确计算应该是分子的合计除以分母的合计：

$$总患病率=\frac{各年龄组患病人数之和}{各年龄组检查人数之和}=\frac{140+180+100}{2000+1500+500}=10.5\%$$

二、应用相对数的注意事项

1. 在进行相对数的比较时应注意资料的可比性

可比性是指对研究结果有影响的非处理因素在各处理组之间应尽可能相同或相近。因为影响率（或构成比）的因素往往是多方面的，只有控制了其他方面因素的影响即保证各组之间的可比性，才能正确反映处理因素的效应。在实验性研究中（如评价某种新药或新疗法效果的研究），不论研究结果为计数资料还是计量资料都要保证不同处理组间的可比性。可比性主要包括；

（1）研究对象应同质。他们在年龄、性别、种族及其他主要影响因素方面尽可能相同。随机分组（实验对象被随机分配到不同处理组）是保证可比性的重要手段。

（2）除处理因素外，其他实验条件尽可能相同。例如，某医药管理部门预确定一种新的降血脂药是否比市场售的药更有效，若更有效将用新药取代市售药。在该研究中，分配在新药组和市售药组的受试者应在年龄、性别、体重等方面尽可能相同，可采用随机分配的方法以保证两组的可比性。两组用药时间应一致，同时研究期间还要保证两组受试者在饮食、体育活动等方面尽可能相同，只有这样才能正确反映两种降血脂药物的效果。

（3）观察对象结构是否相同。在观察性研究中，研究者不能采取随机分配的方法来平衡或消除非研究因素对研究结果的影响，同时也不能控制实验条件。因此，在比较研究结果时（如比较不同组的率时），应考虑影响率的其他因素在各组间的构成是否相同。若两组对象的年龄、性别构成不同，可以对其构成进行调整和控制后再作比较，即率的标准化。

2. 对样本率（或构成比）比较时应随机抽样并做假设检验

进行样本率（或构成比）的比较，与均数的抽样研究一样，应遵循随机化抽样原则。由于样本率（或构成比）也有抽样误差，因此不能凭数值的表面大小作结论，而应作差别的假设检验。

三、率的标准化

当两组人群的总率进行比较时，若这两组人群的内部构成（如年龄、性别、病情轻重等）存在差异，而年龄、性别等因素对率有影响（即不同性别、年龄、病情轻重的率不等），此时内部构成的差异会影响到人群总率的高低，为消除构成的影响，需对总率进行标准化（standardization）。

例如，由表 8-4 可见，甲、乙两厂同工种工人某病患病率均随工龄的增加而增高，而且甲厂各工龄组某病患病率均高于乙厂，显然甲厂某病患病情况比乙厂严重。但是在比较两厂患病情况时，使用分工龄组患病率不够综合，为了给人以概括的印象，常是比较两厂某病总患病率。而这里甲厂某病总患病率为 6.0%，乙厂为 8.4%，似乎乙厂患病情况比甲厂严重，这和分工龄组患病率比较结果截然相反。原因何在？试看表 8-4，甲乙两厂各工龄组工人构成不同，乙厂工龄≥3 年的工人所占比重大于甲厂，就使乙厂某病患病人数相对增多。因此造成了乙厂某病总患病率高于甲厂。显然，上述矛盾是由于甲乙两厂工人工龄构成不同造成的。要正确比较两厂总患病率，必须消除这种构成影响，将两厂工人工龄按照统一标准构成进行校正，使两厂工人工龄长短构成一致。这种选择统一构成，然后计算标准化率的方法称为率的标准化法。

表 8-4 甲乙两厂同种工人某病的患病率

工龄（年）	甲厂			乙厂		
	人数	患病人数	患病率（%）	人数	患病人数	患病率（%）
<3	400	12	3.0	100	2	2.0
≥3	100	18	18.0	400	40	10.0
合计	500	30	6.0	500	42	8.4

综上所述，标准化法的基本思想就是采用统一的标准人口构成，以消除人口构成不同对人群总率的影响，使计算的标准化率具有可比性。推而广之，两人群发病率、死亡率、出生率、病死率等的比较，亦常考虑人群性别、年龄等构成的影响，需对率进行标准化。率的标准化方法分直接法和间接法，本书只介绍直接法标准化率。

（一）直接法计算标准化率所需的条件

1. 资料条件

已知实际人群的年龄组（别）率，且各年龄组率无明显交叉。年龄组率的交叉是指低年龄组率甲人群高于乙人群，而高年龄组则乙人群高于甲人群。

2. 选择标准

可选择标准人群的年龄组人口数或构成比。理论上用同一标准人群的年龄组人口数和用其构成比算得的标化率结果应相同，但由于运算中四舍五入的影响可能结果稍有出入。

（1）标准人群的选择，可根据研究目的选择有代表性的、较稳定的、数量较大的人群，例如世界性的、全国的、全省的、本地区或本单位历年累计的数据；

（2）选择相互比较的人群合并数据作标准；

（3）选择相互比较的人群之一作标准。

国际比较需采用世界通用的标准，如世界卫生组织常用下列人口年龄构成作肿瘤死亡率的标准化。

年龄组（岁）	0～	1～	5～	10～	15～	20～	25～	30～	35～	40～
构成比（%）	2.4	9.6	10.0	9.0	9.0	8.0	8.0	6.0	6.0	6.0
年龄组（岁）	45～	50～	55～	60～	65～	70～	75～	80～	85～	
构成比（%）	6.0	5.0	4.0	4.0	3.0	2.0	1.0	0.5	0.5	

（二）直接法标准化率的计算

$$p' = \sum\left(\frac{N_i}{N}\right)p_i \tag{8-4}$$

即

$$标准化率(p) = \frac{N_1p_1 + N_2p_2 + N_3p_3 + \cdots + N_ip_i}{N}$$

式中 $\frac{N_i}{N}$ 为标准人口的各年龄人口数除以标准人口的总人口数，即年龄构成比。

直接法的基本思想　以标准人口的各年龄人口构成比 $\left(\frac{N_i}{N}\right)$ 为权重，计算各地区的死亡率 (p_i) 的加权算术平均数。这样计算出来的标准化率应用了相同的人口年龄构成比，消除了年龄这个混杂因素的影响。

（1）以相互比较的人群合并数据作标准即以合并各组人口数为标准，计算标准化率。

例 8-5　以甲乙两厂各工龄组合计人口数为标准，对表 8-4 资料进行标准化，见表 8-5。

表 8-5　标准化患病率计算表（一）

工龄（年）(1)	标准人口数 (2)	甲厂		乙厂	
		原患病率（%）(3)	预期患病人数 (4)＝(2)×(3)	原患病率（%）(5)	预期患病人数 (6)＝(2)×(5)
<3	500	3.0	15	2.0	10
≥3	500	18.0	90	10.0	50
合计	1000	6.0	105	8.4	60

以甲乙两厂各工龄组合计人口数为标准，即假设两厂均有 1000 人，其中工龄<3 年的 500 人，工龄≥3 年的 500 人。以此假设为共同的标准，分别乘以甲、乙两厂不同工龄组原患病率，得出甲、乙两厂预期的患病人数，见表 8-5 第（4）栏和（6）栏。

$$甲厂标化患病率 = (15+90)/(500+500)\times 100\% = 10.5\%$$

$$乙厂标化患病率 = (10+50)/(500+500)\times 100\% = 6.0\%$$

可见乙厂标化患病率低于甲厂，与分工龄组比较的结论一致，消除了工龄构成不同的影响。

（2）以相互比较的人群中任一人群的年龄组人口数为标准，计算标准化率。

例 8-6　以表 8-4 资料为例，用甲厂工人人口数为标准，计算标准化率，见表 8-6。

以甲厂各工龄组人口数为标准，即假设两厂均有 500 人，其中工龄<3 年的 400 人，工龄≥3 年的 100 人。以此假设为共同的标准，乘以乙厂不同工龄组原患病率，得出乙厂预期的患病人数，

见表 8-6 第（7）栏。因为是以甲厂为标准，则甲厂的原患病率即可表示为标化患病率。

表 8-6 标准化患病率计算表（二）

工龄（年）(1)	甲厂			乙厂		
	人数 (2)	患病人数 (3)	患病率（%）(4)	人数 (5)	原患病率（%）(6)	预期患病人数 (7) = (5) × (6)
<3	400	12	3.0	400	2.0	8
≥3	100	18	18.0	100	10.0	10
合计	500	30	6.0	500	8.4	18

$$乙厂标化患病率 = (8+10)/(400+100) \times 100\% = 3.6\%$$

甲厂标化患病率为 6.0%，高于乙厂标化患病率 3.6%。

（3）另选一较大人群的人口数为标准，计算标准化率。

某年甲乙两县居民食管癌死亡率见表 8-7。甲乙两县居民的食管癌死亡率均随年龄的增高而增高，且乙县各年龄组食管癌死亡率均高于甲县，显然乙县食管癌死亡情况比甲县严重。但是在比较两县食管癌的总死亡率时，却发现甲县食管癌死亡率为 $\frac{43.12}{10万}$，乙县为 $\frac{39.46}{10万}$，甲县高于乙县，这和各年龄组死亡率比较结果截然相反。进一步观察发现甲乙两县各年龄组人口构成不同，甲县 50 岁以上三个年龄组人口构成比均大于乙县，就使甲县食管癌死亡人数相对增多，因此造成了甲县食管癌总死亡率高于乙县。为了消除年龄构成不同造成的影响，须进行率的标准化。

表 8-7 计算甲乙两县各年龄组人口数及食管癌死亡率（1/10 万）

年龄组（岁）(1)	甲县				乙县			
	人口数 (2)	人口构成 (3)	死亡数 (4)	死亡率 (5)	人口数 (6)	人口构成 (7)	死亡数 (8)	死亡率 (9)
0～	1756897	0.6520	0	0.0	1725819	0.6580	0	0.0
30～	244942	0.0909	12	4.9	289298	0.1103	25	8.6
40～	251678	0.0934	91	36.2	250480	0.0955	125	49.9
50～	206947	0.0768	307	148.3	191204	0.0729	344	179.9
60～	143893	0.0534	460	319.7	114355	0.0436	371	324.4
70～	90270	0.0335	292	323.5	51670	0.0197	170	329.0
合计	2694627	1.0000	1162	43.12	2622826	1.0000	1035	39.46

选择当地另一较大人群为标准，该人群各年龄组人口数及构成比见表 8-8。

表 8-8 某地较大人群的各年龄组人口数及构成比

年龄组（岁）(1)	标准人口数 (2)	标准人口构成比 (3)
0～	3860241	0.6417
30～	553681	0.0920
40～	566717	0.0942
50～	482455	0.0802

续表

年龄组（岁） （1）	标准人口数 （2）	标准人口构成比 （3）
60～	344998	0.0574
70～	207377	0.0345
合计	6015469	1.0000

分别以该人群年龄组人口数及构成比为标准对甲、乙两县食管癌进行标准化，见例 8-7 及例 8-8。

例 8-7　对表 8-7 资料，另选取一较大人群的年龄组人口数为标准（表 8-8 第（2）栏），求甲、乙两县食管癌的标化死亡率，计算见表 8-9。

表 8-9　计算甲乙两县食管癌标准化死亡率（1/10 万）

年龄组（岁） （1）	标准人口数 N_i （2）	甲县		乙县	
		原食管癌死亡率 p_i （3）	分配食管癌死亡数 N_ip_i （4）=（2）×（3）	原食管癌死亡率 p_i （5）	分配食管癌死亡数 N_ip_i （6）=（2）×（5）
0～	3860241	0.0	0	0.0	0
30～	553681	4.9	27	8.6	48
40～	566717	36.2	205	49.9	283
50～	482455	148.3	715	179.9	868
60～	344998	319.7	1103	324.4	1119
70～	207377	323.5	671	329.0	682
合计	6015469 （N）	43.12	2721 $(\sum N_ip_i)$	39.46	3000 $(\sum N_ip_i)$

$$\text{甲县食管癌标准化死亡率 } p' = \frac{2721}{6015469} \times 100000/10\text{万} = 45.23/10\text{万}$$

$$\text{乙县食管癌标准化死亡率 } p' = \frac{3000}{6015469} \times 100000/10\text{万} = 49.87/10\text{万}$$

可见甲县食管癌标化死亡率低于乙县，与分年龄组比较食管癌死亡率结论一致。

例 8-8　对表 8-7 资料，另选取一较大人群的年龄组人口构成比（表 8-8 第（3）栏）为标准，求甲乙两县食管癌的标化死亡率，计算见表 8-10。

甲县食管癌标化死亡率 $p' = \sum$ 各年龄组分配食管癌死亡率＝45.26（1/10 万）

乙县食管癌标化死亡率 $p' = \sum$ 各年龄组分配食管癌死亡率＝49.89（1/10 万）

例 8-7 中甲县用标准人口的年龄组人口数进行标化，标化率为 $\frac{45.23}{10\text{万}}$ 万；例 8-8 中甲县用该标准人口的年龄组人口构成比进行标化，标化率为 $\frac{45.26}{10\text{万}}$，两者的差异是由于计算误差引起的。

标准化法的目的是消除内部构成因素对总率的影响，选择统一构成的人群作为标准人口，对资料进行校正。已知不同人群各年龄组率（且无明显交叉），选择标准人群各年龄组人数或构成比，即可用直接法进行标化。

已知标准人群年龄组人口数时，

$$\text{标准化率} = \frac{\sum \text{标准人群各年龄组人口数} \times \text{被标化人群各年龄组率}}{\sum \text{标准人群各年龄组人口数}}$$

表 8-10 计算甲乙两县食管癌的标化死亡率（1/10 万）

年龄组（岁）（1）	标准人口构成比 $\frac{N_i}{N}$（2）	甲县		乙县	
		原食管癌死亡率 p_i（3）	分配食管癌死亡率 $\frac{N_i}{N}p_i$（4）=（2）×（3）	原食管癌死亡率 p_i（5）	分配食管癌死亡率 $\frac{N_i}{N}p_i$（6）=（2）×（5）
0～	0.6417	0.0	0.0	0.0	0.00
30～	0.0920	4.9	0.45	8.6	0.79
40～	0.0942	36.2	3.41	49.9	4.70
50～	0.0802	148.3	11.89	179.9	14.43
60～	0.0574	319.7	18.35	324.4	18.62
70～	0.0345	323.5	11.16	329.0	11.35
合计	1.0000	43.12	45.26（p'）	39.46	49.89（p'）

已知标准人群年龄组人口构成比时，

$$\text{标准化率} = \sum \text{标准人群各年龄组人口构成} \times \text{被标化人群各年龄组实际率}$$

（三）应用标准化率要注意的问题

（1）标准化只能解决不同人群内部构成不同对其总率有影响的情况，标准化法不能解决所有可比性问题。

（2）标准化后的标准化率，已经不再反映当时当地的实际水平，它只表示相互比较的几组资料间的相对水平。例如，比较两县食管癌死亡率，经过标化的食管癌标准化死亡率已不是两县当时实际食管癌死亡水平，它只说明在相同的标准下，两县食管癌死亡相对水平，谁高谁低。

（3）由于选择的共同标准不同，计算出来的标准化率会有所不同，但相互比较资料间的相对水平不变，即不论采用何种标准，高者总高，低者总低：标准化率仅限于采用共同标准进行标准化的组间比较。如例 8-5 和例 8-6 由于选择的标准人口不同，计算出的标准化率不同，但均是甲厂高于乙厂，即它们之间的相对水平不变。

（4）各年龄组率间若出现明显交叉，如低年龄组死亡率，甲地高于乙地，而高年龄组则乙地高于甲地，此时宜比较各年龄组死亡率，而不用标准化法。

第四节　医疗保险动态数列

一、动态数列的概念

（一）动态数列的意义和作用

世界上的一切事物都是经常处于不断的运动之中，人类社会也在不断发展变化，而社会经济现象的运动、发展、变化更为显著。统计在研究保险经营活动的数量变化时，既要从静态上研究，还要对其运动与发展的过程进行动态分析，以掌握研究现象的发展规律及变动状况。

所谓动态，是指客观事物在时间上的发展变化。为了进行动态分析，需要编制动态数列（dynamic series）。动态数列是指一系列按时间顺序排列起来的统计指标（包括绝对数、相对数和平均数），用以说明事物在时间上的变化和发展趋势，又称时间序列。

研究动态数列具有重要的作用。通过动态数列的编制和分析，首先可以描述社会经济现象的发展状况和结果；其次可以研究社会经济现象的发展速度、发展趋势，探索现象发展与变化的规律，并据以进行统计预测；最后可以利用不同的但有联系的数列进行对比分析或相关分析。例如，表 8-11 是某地区保险业务收入发展情况的动态数列。

表 8-11　某地区 2015～2020 年保险业务收入

年份	2015	2016	2017	2018	2019	2020
保费收入（万元）	4050	6200	7340	9400	12800	20080

动态数列由两个基本要素所构成：一个要素是研究现象发展水平所属的时间，如表 8-11 中每年保费收入所属年份；另一个要素是反映现象发展水平的统计指标数值，即表中各年实际达到的收入总额。

动态数列是一种特殊的变量数列，其特殊性主要表现为：数列是以统计指标本身的时间限制要素作为排序标志，它反映了时间变异和指标变异的相互对应关系。例如，我国 2016～2020 年国民经济某些主要指标的动态数列如表 8-12 所示。

表 8-12　我国 2016～2020 年国民经济主要指标

年份	2016	2017	2018	2019	2020
国内生产总值（亿元）	746395	832036	919281	986515	1013567
第三产业产值占国内生产总值的比重（%）	52.4	52.7	53.3	54.3	54.5
全国人口年末数（万人）	139232	140011	140541	141008	141212
全国城镇非私营单位就业人员平均工资（元）	67569	74318	82461	90501	97379

注：数据引用源自国家统计局网站（https://data.stats.gov.cn/）

（二）动态数列的种类

动态数列按其所排列指标的性质不同，可分为绝对数动态数列、相对数动态数列和平均数动态数列三种。其中绝对数动态数列是基本的动态数列，其他数列是根据绝对数动态数列计算而得的派生数列。如表 8-12 中的国内生产总值以及全国年末卫生技术人员人数就是绝对数动态数列。

1. 绝对数动态数列

如果动态数列中的各项指标数值都是绝对数，这种动态数列称为绝对数动态数列，如表 8-11 中保费收入数列。它反映研究现象的规模或水平的变动情况。绝对数动态数列按指标反映的时态不同，可分为时期数列和时点数列两种。

（1）时期数列：每个指标都是反映某种现象在一段时间内发展过程的总量。如表 8-11 中保费收入，以及表 8-12 中的国内生产总值就是时期数列。时期数列的特点是：数列中各个指标的数值是可以相加的，数列中每一个指标数值的大小与所属的时期长短有直接的联系，数列中每个指标的数值通常是通过连续不断的登记而取得的。

（2）时点数列：各指标为间断的若干时间点上的数据，如一段时期内每年年中人口数、年末人口数、年末人口性别比例等。如表 8-12 中的全国年末卫生技术人员人数就是时点数列。时点数列有如下特点：数列中各个指标的数值是不能相加的，数列中每一个指标数值的大小与其时间间隔长短没有直接联系，数列中每个指标的数值通常是通过一定时期登记一次而取得的。

2. 相对数动态数列

如果动态数列中的每项指标数值都是相对数，则称为相对数动态数列，它反映研究现象数量之间相互联系的发展变化过程。在相对数动态数列中，各项指标数值是不能相加的。如表 8-12 中的第三产业产值占国内生产总值的比重就是相对数动态数列。

3. 平均数动态数列

如果动态数列中的每项指标数值都是平均数，则称为平均数动态数列。它反映研究现象总体某标志一般水平的发展变化趋势。在平均数动态数列中，各项指标数值也不能相加。如表 8-12 中的全国城镇非私营单位就业人员平均工资就是平均数动态数列。

（三）编制动态数列的原则

编制动态数列是为了进行对比分析，为保证数列中各个指标的可比性，在编制时应注意遵循以下几个基本原则。

1. 指标值所属的时期长短应该相等

动态数列中各项指标数值的大小与时期长短直接有关，因此在时期数列中，各指标值所属时期长短应相等，以便于对比。但在特殊研究目的下，可把时期不同的指标值编为时期数列。

例 8-9 我国几个重要时期钢产量资料（见表 8-13）。

表 8-13 我国各时期的钢产量资料

年份	1900～1949	1953～1957	1981～1985	1991～1995	2001～2005	2006～2010
钢产量/万吨	776	1667	20304	42947	119235	280791

上表资料说明解放前后几个“五年计划”时期我国钢产量的发展变化。

2. 指标的内容必须相同

动态数列中的指标名称与内容或含义要完全一致。如果把内容不相同的一些指标数值编成数列反映现象的变动就会产生错误的结论。如将商业性医疗保险的保费收入与社会医疗保险的保费收入混同起来编制一个动态数列进行比较分析，考虑我国医疗保险业处在变革时期这一点更要注意。

3. 指标值所属的总体范围应该一致

研究现象的指标所包括的总体范围前后应该一致，若前后包括的范围有所变动就会直接影响到时期数列指标值的变化，使得前后不能对比。如果某个地区行政区划分有了变动，则前后期的保险指标就不能直接比较，必须将资料进行适当的调整，使总体范围前后一致，再作动态分析，才能正确地说明所研究的问题。

4. 指标的计算方法必须统一

动态数列中每项指标的计算口径、计量单位、计算方法等必须统一，如果前后不相同，其各项指标值的大小也将随着变动，而失去可比性。例如，研究某企业劳动生产率的增长情况，若各时期指标的计算方法不一致，有的按生产工人计算，有的按全部职工计算；或者有的按产品的实物量计算，有的则按价值计算，这样，各指标之间显然是没有可比性的，也不能用动态数列来正确说明该企业劳动生产率的变动情况。

为研究保险现象的发展水平和速度，认识其发展的趋势和规律性，需要计算分析一系列动态分析指标。动态数列常用的分析指标见表 8-14 第（3）～（8）栏。

表 8-14　某地区 2014～2019 年保险业务收入的动态分析指标

年份（1）	保险业务收入（万元）（2）	绝对增长量（万元）		发展速度（%）		增长速度（%）	
		累计（3）	逐年（4）	定基（5）	环比（6）	定基（7）	环比（8）
2014	4050	—	—	—	—	—	—
2015	6200	2150	2150	153.09	153.09	53.09	53.09
2016	7340	3290	1140	181.23	118.39	81.23	18.39
2017	9400	5350	2060	232.10	128.07	132.10	28.07
2018	12800	8750	3400	316.05	136.17	216.05	36.17
2019	20080	16030	7280	495.80	156.87	395.80	56.87

二、动态分析的水平指标

（一）发展水平与平均发展水平

1. 发展水平

在动态数列中，各项具体的指标数值叫做发展水平或动态数列水平。它反映社会经济现象在不同时期所达到的水平，是计算其他动态分析指标的基础。发展水平一般是指总量指标，如国内生产总值、年末人口数等；也可用相对指标来表示，如第三产业产值占国内生产总值比重；或用平均指标来表示，如全国职工年平均工资等。

在动态数列中，由于发展水平所处的位置不同，有最初水平、最末水平、中间各项水平、基期水平和报告期水平之分。

在动态数列中，第一个指标数值叫最初水平，最后一个指标数值叫最末水平，其余各指标数值叫中间各项水平。在对两个时间的发展水平作动态对比时，作为对比基础时期的水平称为基期水平，作为研究时期的指标水平称为报告期水平或计算期水平。如果用符号 $a_0, a_1, a_2, \cdots, a_{n-1}, a_n$ 代表数列中各个发展水平，则 a_0 就是最初水平，a_n 就是最末水平，其余就是中间各项水平。如表 8-14 中，2014 年的 4050 万元，就是最初水平，2019 年的 20080 万元，就是最末水平。最初水平和最末水平不是固定不变的，而是随着统计研究的目的而改变。如表 8-14 若是要研究从恢复国内业务以来到 2019 年业务收入的情况，所以以 2014 年为基础。如果要研究“十三五”时期的业务收入水平，那么 2016 年的收入就是最初水平了。

根据发展水平在动态分析中的作用不同，把被研究时期的发展水平叫做报告期水平或计算期水平。把用于作为比较基础的时期的发展水平称为基期水平。如表 8-14 中对比 2015 年与 2016 年的保费收入，则 2015 年的收入就是基期水平，2016 年的收入就是报告期水平。基期和报告期水平不是固定不变的，它们随对比的时间而确定，今年的报告期水平，可能就是将来的基期水平。

2. 平均发展水平

将不同时期的发展水平加以平均而得的平均数叫平均发展水平，在统计上又称为序时平均数或动态平均数。它与前面讲的一般平均数有相同的一面，又有明显的区别。相同的是，两者都是将现象的个别数据差异抽象化，概括地反映现象的一般水平。区别是：①平均发展水平是同一现象在不同时期上发展水平的平均，从动态上说明其在某一段时间内发展的一般水平，它是根据动态数列来计算的；而一般平均数是同质总体内各单位标志值的平均，从静态上说明其在具体历史条件下的一般水平，它是根据变量数列来计算的。②平均发展水平是对同一现象不同时间上的数值差异的抽象化，而一般平均数是对同一时间总体某一数量标志值差异的抽象化。此外，平均发展水平还可解决动态数列中某些可比性问题，例如，由于各月的日历天数不同，会影响到企业总产值的大小，如果以计算出各月的每日平均总产值指标来进行对比就具有可比性，更能反映总产值的发展变化情况。

动态数列分时期数列和时点数列，它们各具有不同性质，因而计算序时平均数的方法也就不一样。

（1）由时期数列计算序时平均数。

由于数列中各项指标数值相加等于全部时期的总量，因此可直接用数列中各时期指标值之和除以时期项数即得序时平均数。其计算公式如下：

$$\bar{a}=\frac{a_1+a_2+\cdots+a_{n-1}+a_n}{n}=\frac{\sum_{i=1}^{n}a_i}{n} \tag{8-5}$$

式中，$\bar{a}$ 为序时平均数；$a_1,a_2,\cdots,a_{n-1},a_n$ 为各期发展水平；n 为时期项数。

例 8-10 某保险公司 2019 年上半年的业务收入资料如下（表 8-15）。

表 8-15 某保险公司 2019 年上半年的业务收入（万元）

月份	1 月	2 月	3 月	4 月	5 月	6 月
业务收入	214	186	235	392	357	282

$$月均业务收入=\frac{214+186+235+392+357+282}{6}=\frac{1666}{6}=278(万元)$$

（2）由时点数列计算序时平均数。

由于不可能掌握现象发展过程中每一时点上的数字，只能间隔一段时间后统计其余额。所以时点数列的序时平均数是假定某一时间间隔内现象的增减变动比较均匀或波动不大的前提下推算出来的近似值。现分别就几种不同情况加以叙述。

A. 根据连续时点数列计算序时平均数。在连续时点数列中有连续变动和非连续变动两种情况：对连续变动的连续时点数列求序时平均数，可用简单算术平均法求序时平均数其计算公式为（8-6）；对非连续变动的连续时点数列求序时平均数，可用加权算术平均法计算序时平均数，其计算公式为（8-7）。

$$\bar{a}=\frac{\sum a}{n} \tag{8-6}$$

$$\bar{a}=\frac{\sum af}{\sum f} \tag{8-7}$$

例 8-11 某企业 4 月 1 日参保职工有 300 人，4 月 11 日新增参保人数 9 人，4 月 16 日减少参保人数 4 人，则该企业 4 月份平均参保职工人数为

$$\bar{a}=\frac{300\times10+309\times5+305\times15}{10+5+15}=304(人)$$

B. 根据间断时点数列计算序时平均数。在间断时点数列中有间隔相等和间隔不等两种情况：对间隔相等的间断时点数列求序时平均数，可采用简单算术平均法计算序时平均数，其计算公式为（8-8）；对间隔不等的间断时点数列求序时平均数，需首末折半后用相应的时点间隔数加权计算，其计算公式为（8-9）。

$$\bar{a}=\frac{\frac{a_1+a_2}{2}+\frac{a_2+a_3}{2}+\cdots+\frac{a_{n-1}+a_n}{2}}{n-1}=\frac{\frac{a_1}{2}+a_2+a_3+\cdots+a_{n-1}+\frac{a_n}{2}}{n-1} \tag{8-8}$$

式中，$\bar{a}$ 为序时平均数；a_i（i=1,2,…,n）为各项时点指标数值；n 为时点个数。

这种计算方法称为“首末折半法”。

$$\bar{a}=\frac{\frac{a_1+a_2}{2}f_1+\frac{a_2+a_3}{2}f_2+\cdots+\frac{a_{n-1}+a_n}{2}f_{n-1}}{\sum_{j=1}^{n-1}f_j} \tag{8-9}$$

式中，$\bar{a}$ 为序时平均数；a 为各时点值；f_j（j=1,2,⋯,n−1）为各时点间隔的距离。

例 8-12　如表 8-16 所示：

表 8-16　某企业 2019 年第二季度商品库存额（万元）

月份	3 月	4 月	5 月	6 月
月末库存额	100	86	104	114

根据表 8-16 资料，可计算各月和第二季度的平均商品库存额：

$$4\text{月份平均库存额}=\frac{100+86}{2}=93(\text{万元})$$

$$5\text{月份平均库存额}=\frac{86+104}{2}=95(\text{万元})$$

$$6\text{月份平均库存额}=\frac{104+114}{2}=109(\text{万元})$$

$$\text{第二季度平均库存额}=\frac{93+95+109}{3}=99(\text{万元})$$

上述计算第二季度平均库存额的两个步骤，可以合并简化为

$$\text{第二季度平均库存额}=\frac{\frac{100+86}{2}+\frac{104+86}{2}+\frac{104+114}{2}}{3}=\frac{93+95+109}{3}=99(\text{万元})$$

例 8-13　某公司一险种历年费率调整情况如表 8-17，试计算平均费率。

表 8-17　某公司某险种历年费率情况

时点（i）	时间	费率（‰）	间隔时间（年）
1	2011 年 1 月 1 日	6.0	—
2	2012 年 7 月 1 日	7.1	1.50
3	2013 年 5 月 1 日	8.0	0.83
4	2015 年 1 月 1 日	7.0	1.67
5	2016 年 1 月 1 日	5.5	1.00

$$\bar{a}=\frac{\frac{6.0+7.1}{2}\times1.5+\frac{7.1+8.0}{2}\times0.83+\frac{8.0+7.0}{2}\times1.67+\frac{7.0+5.5}{2}\times1.00}{1.5+0.83+1.67+1.00}=6.973$$

故该公司平均费率为 6.973‰。

（二）增长量与平均增长量

1. 增长量

增长量是说明社会经济现象在一定时期内所增长的绝对数量，它是报告期水平与基期水平之差，反映报告期比基期增长的水平，即

$$增长量=报告期水平-基期水平$$

由于采用的基期不同，增长量可以分为逐期增长量和累计增长量。

$$逐期增长量=报告期水平-前一期水平 \tag{8-10}$$

用符号可表示为

$$a_1-a_0, a_2-a_1, \cdots, a_n-a_{n-1}$$

$$累计增长量=报告期水平-最初水平 \tag{8-11}$$

用符号可表示为

$$a_1-a_0, a_2-a_0, \cdots, a_n-a_0$$

（1）累计增长量：以最初始数为基础，各年数值与其相减即得。如表 8-14 第（3）栏。

$$2015\text{年累计增长量}=6200-4050=2150$$

$$2016\text{年累计增长量}=7340-4050=3290$$

说明事物在一定时期的绝对增长量。

（2）逐期增长量：下一期数减上一期数。如表 8-14 第（4）栏。

$$2015\text{年逐期增长量}=6200-4050=2150$$

$$2016\text{年逐期增长量}=7340-6200=1140$$

说明相邻两期的绝对增长量。

逐期增长量与累计增长量的关系是

A. 逐期增长量之和等于累计增长量，即

$$(a_1-a_0)+(a_2-a_1)+\cdots+(a_n-a_{n-1})=a_n-a_0$$

B. 相邻两个累计增长量之差，等于相应时期的逐期增长量，即

$$a_n-a_{n-1}=(a_n-a_0)-(a_{n-1}-a_0)$$

2. 平均增长量

平均增长量是说明社会经济现象在一定时期内平均每期增长的数量，从广义来说，它也是一种序时平均数，即逐期增长量动态数列的序时平均数，反映现象平均增长水平。其计算公式为

$$平均增长量=\frac{逐期增长量之和}{逐期增长量个数}=\frac{累计增长量}{动态数列项数-1} \tag{8-12}$$

例 8-14 “十三五”时期我国某地水泥产量资料如表 8-18 所示，现具体计算该地水泥产量的增长量和年平均增长量指标。

表 8-18 “十三五”时期我国某地水泥产量（万吨）

年份		2016	2017	2018	2019	2020
水泥产量		66104	72500	86208	96682	106400
增长量	逐期	—	6396	13708	10474	9718
	累计	—	6396	20104	30578	40296

$$“十三五”时期某地水泥年平均增长量=\frac{6396+13708+10474+9718}{4}$$

$$=\frac{40296}{4}=10074(万吨)$$

$$或=\frac{40296}{5-1}=10074(万吨)$$

三、动态分析的速度指标

（一）发展速度与增长速度

1. 发展速度

发展速度是反映社会经济现象发展程度的相对指标。它根据两个不同时期发展水平相对比而求得，一般用百分数或倍数表示。计算公式为

$$发展速度=\frac{报告期水平}{基期水平} \tag{8-13}$$

由于采用的基期不同，发展速度可分为定基发展速度和环比发展速度。定基发展速度是指以报告期水平与某一固定时期水平之比计算的发展速度，它用来说明报告期水平已经发展到了固定时期水平的百分之几（或多少倍），表明这种现象在较长时期内总的发展程度，因此有时也叫做“总速度”。环比发展速度是以报告期水平与前一时期水平之比计算的发展速度，它用来说明报告期水平已经发展到了前一期水平的百分之几（或多少倍），表明这种现象逐期的发展程度。如果计算的单位时期为一年，这个指标也可叫做“年速度”。这两种发展速度可用公式表示如下：

$$定基发展速度=\frac{报告期水平}{某固定初期水平} \tag{8-14}$$

用符号可表示为：$\frac{a_1}{a_0},\frac{a_2}{a_0},\cdots,\frac{a_n}{a_0}$。

$$环比发展速度=\frac{报告期水平}{前一期水平} \tag{8-15}$$

用符号可表示为$\frac{a_1}{a_0},\frac{a_2}{a_1},\cdots,\frac{a_n}{a_{n-1}}$。

（1）定基发展速度　即统一用某个时间（年）的数据作基数（一般以初始数据作基数），以各时间数据与之相比（或×100%）。表 8-14 第（5）列为各年保险业务收入与 2014 年保险业务收入之比。

$$2015\ 年定基发展速度=\frac{6200}{4050}=153.09\%$$

$$2016\ 年定基发展速度=\frac{7340}{4050}=181.23\%$$

定基发展速度可以反映事物在一定时期的发展速度。

（2）环比发展速度　以前一个时间（年）数据作为基数，以相邻的后一年时间数据与之相比。如表 8-14 第（6）栏。

$$2015\ 年环比发展速度=\frac{6200}{4050}=153.09\%$$

$$2016\ 年环比发展速度=\frac{7340}{6200}=118.39\%$$

环比发展速度表示年度之间的波动或发展速度。

定基发展速度和环比发展速度之间的关系表现为以下几点。

A. 定基发展速度等于环比发展速度的连乘积，即

$$\frac{a_n}{a_0}=\frac{a_1}{a_0}\times\frac{a_2}{a_1}\times\frac{a_3}{a_2}\times\cdots\times\frac{a_n}{a_{n-1}}$$

B. 两个相邻时期的定基发展速度之比，等于它们的环比发展速度，即

$$\frac{a_n}{a_0} \div \frac{a_{n-1}}{a_0} = \frac{a_n}{a_{n-1}}$$

在保险业务统计分析过程中，可以利用上述关系进行推算，即根据已知的环比发展速度，推算相应的定基发展速度，或者根据已知定基发展速度，推算相应的环比发展。

2. 增长速度

增长速度是表明社会经济现象增长程度的相对指标。它可以根据增长量与基期发展水平对比求得。通常用百分比或倍数表示。其计算公式为

$$增长速度 = \frac{增长量}{基期水平} = \frac{报告期水平 - 基期水平}{基期水平} = 发展速度 - 1(或100\%) \tag{8-16}$$

由上式可知，增长速度和发展速度既有区别又有联系。两者的区别在于概念的不同：增长速度表示社会经济现象报告期比基期增长的程度，而发展速度则表示报告期与基期相比发展到了什么程度，二者不能混淆。增长速度为正值，说明研究现象增长的程度和发展方向是上升的；若为负值，说明研究现象降低的程度和发展方向是下降的。

由于采用的基期不同，增长速度也有定基增长速度和环比增长速度之分。定基增长速度是累计增长量与某一固定时期水平之比的相对数，它反映社会经济现象在较长时期内总的增长程度。环比增长速度是逐期增长量与前一期发展水平之比的相对数，它表示社会经济现象逐期的增长程度。但这两个指标是不能直接进行互相换算的。

（1）定基增长速度　定基增长速度是报告期累计增长量与某一固定基期水平之比，表明所研究现象在较长时期内总的增减程度。

$$定基增长速度 = \frac{累计增长量}{固定基期水平} = 定基发展速度 - 1(或100\%) \tag{8-17}$$

如表 8-14 第（7）栏。

$$2015年定基增长速度 = 153.09\% - 1 = 53.09\%$$
$$2016年定基增长速度 = 181.23\% - 1 = 81.23\%$$

表示与初始年相比，一定时期的增长速度。

（2）环比增长速度　环比增长速度是逐期增长量与前期水平之比，表明所研究现象逐期增长的相对程度。

$$环比增长速度 = \frac{逐期增长量}{前期水平} = \frac{环比发展水平 - 前期水平}{前期水平} = 环比发展速度 - 1 \tag{8-18}$$

如表 8-14 第（8）栏。

$$2015年环比增长速度 = 153.09\% - 1 = 53.09\%$$
$$2016年环比增长速度 = 118.39\% - 1 = 18.39\%$$

表示与前一个时间相比的增长速度，即年度之间的增长速度。

（二）平均发展速度与平均增长速度

为了观察社会经济现象在一个较长时期内逐期平均发展变化的程度和逐期平均增长变化的程度，就须计算平均发展速度和平均增长速度指标，这是动态研究中很重要的两个分析指标。

1. 平均发展速度

平均发展速度是各期环比发展速度的序时平均数。由于环比发展速度是根据同一现象在不同时间发展水平对比而得的动态相对数，因此，它不能应用上述所讲的计算序时平均数的方法来计算。在实际工作中，计算平均发展速度的方法主要有两种，即几何平均法和方程法。本书只介绍几何平

均法。几何平均法的公式：

$$平均发展速度=\sqrt[n]{\frac{第n年数据}{基期数据}} \tag{8-19}$$

用字母表示即为

$$平均发展速度=\sqrt[n]{\frac{a_1}{a_0}\times\frac{a_2}{a_1}\times\cdots\times\frac{a_{n-1}}{a_{n-2}}\times\frac{a_n}{a_{n-1}}}=\sqrt[n]{\frac{a_n}{a_0}}$$

式中，a_0 为基期指标；a_n 为第 n 年指标。

说明一定时期的平均发展速度。平均发展速度＞1，平均增长速度就为正值，表明某种现象在一个较长时期内逐年平均递增的程度，此时该指标又称为“平均递增速度”或“平均递增率”；反之，称为“平均递减速度”或“平均递减率”。

平均速度指标在医疗保险工作中有很广泛的应用：①反映医改成就；②用于编制和分析长期计划；③用于不同国家或地区比较。

对于表 8-14 计算该地区保险业务 5 年平均发展速度：

$$五年平均发展速度=\sqrt[5]{\frac{20080}{4050}}=1.3774=137.74\%$$

平均发展速度是环比发展速度的平均数，故前面所述有关相对数和平均数的原则，均应遵守。计算和应用平均发展速度时的注意事项如下：①要结合具体研究目的适当选择基期，并注意其所依据的基本指标在整个研究时期的同质性；②在分析较长历史时期资料时，应计算分段平均速度来补充总平均速度，或用突出的速度来补充平均速度；③平均速度指标应依据各个基本指标（如各发展水平、增长量、环比速度、定基速度等），并结合具体情况进行分析研究和补充说明；④可以与有关的其他经济现象结合使用，进行比较研究，如医疗费用增长与 GDP 增长的关系等。

2. 平均增长速度

平均增长速度是各期环比增长速度的序时平均数，它表明现象在一定时期内逐期平均增长变化的程度。根据增长速度与发展速度之间的运算关系，要计算平均增长速度，首先要计算出平均发展速度指标，然后将其减 1（或 100%）求得。即

$$平均增长速度=平均发展速度-1 \tag{8-20}$$

说明一定时期的平均增长速度。对于表 8-14 计算该地区保险业务 5 年平均增长速度：

$$五年平均增长速度=1.3774-1=0.3774=37.74\%$$

动态数列分析是借助于一系列按顺序排列的统计指标如绝对增长量、发展速度、增长速度及平均发展速度等说明事物在时间上的变化和发展趋势。对历史资料进行动态分析，除了研究发展水平与速度之外，有时还经常分析现象的长期趋势和季节变动的影响，详见本书第十七章。动态数列常用公式可总结如表 8-19。

表 8-19　常用动态数列指标

指标	分指标	计算公式	意义
增长量	累计	各年数据-初始年数据	一定时期的增长量
	逐期	（后一期数据）-（相邻前一期数据）	相邻两期的增长量
发展速度	定基	各年数据/初始年数据	一定时期的发展速度
	环比	（后一期数据）/（相邻前一期数据）	两期之间发展速度
增长速度	定基	定基发展速度-1	一定时期的增长速度
	环比	环比发展速度-1	两期之间增长速度

续表

指标	分指标	计算公式	意义
平均发展速度		$\sqrt[n]{\frac{\text{第}\,n\,\text{年数据}}{\text{基期数据}}}$	一定时期的平均发展速度
平均增长速度		平均发展速度-1	一定时期的平均增长速度

（陈　丹）

第九章　分类变量资料的统计推断

内容提要

本章主要介绍由英国统计学家K. Pearson于1900年提出的两个无序分类变量之间的χ^2检验(chi-square-test)。两个变量分别为分组变量和结果变量，两者按照行列分类，形成行×列表，也称列联表（contingency table）或交叉表（cross tabulations table）。本章利用χ^2检验介绍了样本率（或构成比）资料比较，推断它们对应的总体率（或构成比）之间有无差别。此外，本章还介绍了配对分类资料的比较以及为了判断某变量是否服从特定统计分布类型的统计方法、频数分布的拟合优度检验（goodness of fit test）等。

第一节　两独立样本的比较

一、四格表资料

例 9-1　某研究者欲了解居民对某项医保改革措施的满意情况，随机抽取甲、乙两个社区进行调查，调查结果见表9-1。问两社区居民对医保改革措施的满意率有无差异？

表 9-1　两社区居民对医保改革措施满意率比较

社区	满意	不满意	合计	满意率（%）
甲	64（a）	21（b）	85（a+b）	75.29
乙	51（c）	33（d）	84（c+d）	60.71
合计	115（a+c）	54（b+d）	169（n）	68.08

由表9-1可见，“社区”为行变量，分为“甲”和“乙”两分类；而另外一个列变量为“满意情况”，也分为“满意”和“不满意”两分类。两者组成了一个2×2的行列表，表格中的四个格子

64	21
51	33

为基本数据，其他数据都是由这些基本数据得到的。所以这种资料又称四格表（fourfold table）资料。常用于两样本率（或构成比）资料比较。

二、χ^2检验的基本思想

1900年英国统计学家K. Pearson提出了χ^2检验，故此方法也称作Pearson’s chi-square-test。其主要思想是：假定$H_0:\pi_1=\pi_2$成立，即甲与乙两个社区居民的满意度一样，那么表格中的实际频数（actual frequency）简称实际频数（A）与理论频数（theoretical frequency）简称理论频数（T）的差别主要由随机误差导致，一般情况下差异很小，其基本公式为

$$\chi^2=\sum\frac{(A-T)^2}{T} \tag{9-1}$$

那么，在此假设下统计量χ^2的值不会太大，就不会拒绝H_0；反之若统计量χ^2的值比较大，且超出了事先确定的某个水准α对应的χ^2临界值$\chi^2_{\alpha,\ \nu}$，其中ν是自由度，此时将拒绝H_0，接受$H_1:\pi_1\neq\pi_2$。χ^2统计量在无效假设成立的前提下近似服从自由度为ν的χ^2分布。

关于 χ^2 分布（chi-square distribution）相关理论与概念详见第五章。χ^2 分布具有唯一参数自由度，当自由度 ν 确定后，其曲线也就确定了（见图 9-1）。在此曲线中，通过比较计算检验统计量的值与曲线尾部对应面积的 P 值的大小来判断，若 $P \leqslant \alpha$，则拒绝 H_0，差异有统计学意义；若 $P > \alpha$，则接受 H_0。χ^2 值与 P 值的关系详见图 9-2。

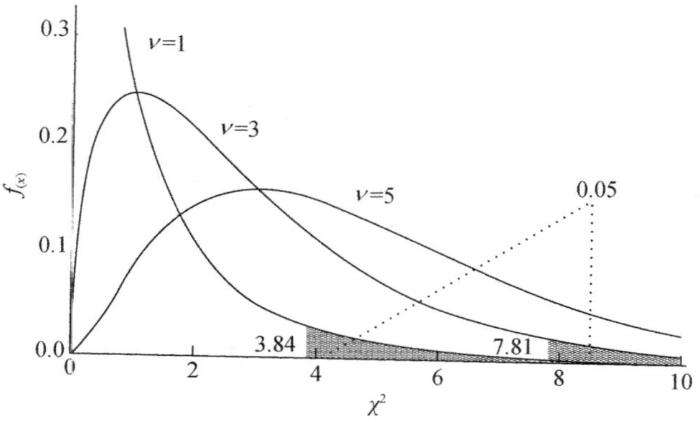

图 9-1　χ^2 分布曲线

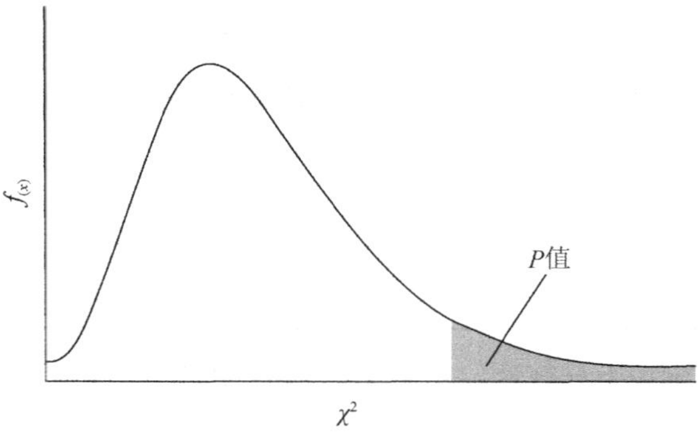

图 9-2　χ^2 值与 P 值的关系

在例 9-1 中，无效假设为两个社区的总体满意率相等，为合计满意率 68.05%（115/169）。在此假设下，甲社区满意的人数为 85×（115/169）=57.84，不满意的人数为 85−57.84=27.16；乙社区满意的人数为 84×（115/169）=57.16，不满意的人数为 84−57.16=26.84。理论频数 T 亦可以由下列公式得到

$$T_{RC} = \frac{n_R n_C}{n} \tag{9-2}$$

其中 T_{RC} 表示第 R 行、第 C 列格子对应的理论频数，n_R 表示第 R 行的合计数，n_C 表示第 C 列的合计数，n 为总例数。比如，例 9-1 中第 2 行第 1 列的理论频数 T_{21}= 84×（115/169）=57.16，其他的三个格子的理论频数可用类似方法得到。对于四格表资料，可以通过计算一个格子的理论数，再由格子周边的合计数计算出其他格子的理论频数。最后由式（9-1）将每个格子的理论频数及实际频数代入，即可得到检验统计量 χ^2 值。那么 χ^2 值反映了实际频数与理论频数的吻合程度。

χ^2 值的大小不仅与 $A-T$ 的值有关，还与其自由度有关，而自由度取决于格子数的多少，对于

每个格子的 $\dfrac{(A-T)^2}{T}$ 非负，故检验统计量 χ^2 的值会随着格子数的增加而增大，严格地讲是随着自由度 ν 的增大而增大。需要考虑自由度对 χ^2 值的影响，这样才能够通过 χ^2 值来反映实际频数 A 与理论频数 T 的吻合程度。对于 $R\times C$ 的行列表，则自由度 ν 可由下列公式给出：

$$\nu=(R-1)\times(C-1) \tag{9-3}$$

当自由度 ν 确定时，χ^2 分布的曲线也就确定了，对于四格表，对应的自由度为 $\nu=(2\text{-}1)(2\text{-}1)=1$，在做 χ^2 检验时，由自由度 ν 及给定的检验水准 α，再通过查表可得 χ^2 的临界值 $\chi^2_{\alpha,\nu}$，比如取 $\alpha=0.05$，对应的临界值为 $\chi^2_{0.05,\nu}$，当 $\chi^2\geqslant\chi^2_{0.05,\nu}$ 时，则 $P\leqslant 0.05$，那么按 $\alpha=0.05$ 的检验水准拒绝 H_0；当 $\chi^2<\chi^2_{0.05,\nu}$ 时，则 $P>0.05$，不能拒绝 H_0，只好接受 H_0。

三、四格表资料的 χ^2 检验

对于四格表资料，假设四个格子的频数为 $\begin{array}{|c|c|}\hline a & b \\ \hline c & d \\ \hline\end{array}$，两个组别及总体平均的满意率分别记为 π_1、π_2、π，下面通过例 9-1 来说明 χ^2 检验的基本步骤。

（一）χ^2 检验的基本步骤

1. 建立检验假设，确定检验标准

$H_0:\pi_1=\pi_2$，即两个社区的总体满意率无差别；

$H_1:\pi_1\neq\pi_2$，即两个社区的总体满意率有差别。

（$\alpha=0.05$）

2. 计算理论频数及检验统计量的值：首先由式（9-2）可得每个格子的理论频数

$$T_{11}=\frac{85\times115}{169}=57.84,\quad T_{12}=\frac{85\times54}{169}=27.16$$

$$T_{21}=\frac{84\times115}{169}=57.16,\quad T_{22}=\frac{84\times54}{169}=26.84$$

再将每个格子的实际频数与理论频数代入式（9-1）可得

$$\chi^2=\frac{(64-57.84)^2}{57.84}+\frac{(21-27.16)^2}{27.16}+\frac{(51-57.16)^2}{57.16}+\frac{(33-26.84)^2}{26.84}=4.13$$

3. 确定 P 值，做出判断

由上面的分析可知自由度 $\nu=1$，查附表 3 得 $\chi^2_{0.05,1}=3.84$，故 $\chi^2>\chi^2_{0.05,1}$，可知 $P<0.05$。所以在水平 $\alpha=0.05$ 上拒绝 H_0，两个样本的频率的差异具有统计学意义。

根据表 9-1 可知，甲社区的满意率为 75.29%，而乙社区的满意率只有 60.71%，可以认为甲社区的满意率要高于乙社区的满意率。

（二）四格表资料 χ^2 检验的专用公式

对于一般情形下的四格表资料，先根据式（9-3）计算每个格子的理论频数

$$T_{11}=\frac{(a+b)(a+c)}{n},\quad T_{12}=\frac{(a+b)(b+d)}{n},\quad T_{21}=\frac{(a+c)(c+d)}{n},\quad T_{22}=\frac{(b+d)(c+d)}{n}$$

则由公式（9-1），整理可得 χ^2 检验的专用式（9-4）：

$$\chi^2=\frac{n(ad-bc)^2}{(a+b)(c+d)(a+c)(b+d)} \tag{9-4}$$

其中式（9-4）中的 a,b,c,d 为四格表中的实际频数，n 为总例数。

将例 9-1 中的数据代入式（9-4）可得

$$\chi^2 = \frac{169\times(64\times33-21\times51)^2}{(64+21)(51+33)(64+51)(21+33)} = 4.13$$

可见两种方法计算的结果是完全相同的。但是其他情况需要对公式（9-1）及（9-4）进行校正。

（三）四格表资料 χ^2 检验的校正

第五章已述及 χ^2 分布是一个连续型分布，而实际频数 A 为分类资料是离散型的。因此，χ^2 检验只能是近似的方法，上述方法在 $n \geqslant 40$ 且所有格子 $T \geqslant 5$ 的情形下近似得较好，否则由公式（9-1）计算所得的 χ^2 值与查表得到的概率 P 偏小，而且在 $\nu=1$ 时更偏小。为此，英国统计学家耶茨（F. Yates）于 1934 年提出了连续性校正法，也称 Yates 校正（Yates' correction），校正后的公式如下：

$$\chi_c^2 = \sum\frac{(|A-T|-0.5)^2}{T} \tag{9-5}$$

及其等价形式

$$\chi_c^2 = \frac{n(|ad-bc|-n/2)^2}{(a+b)(c+d)(a+c)(b+d)} \tag{9-6}$$

实际工作中，仅在 $n \geqslant 40$，存在格子 $1 \leqslant T < 5$ 时，需要进行 Yates 校正。若 $n<40$ 或者存在任一格子 $T<1$ 时，Yates 校正是无效的。因此，就不能进行卡方检验，只能用直接概率法。

例 9-2 某研究人员欲比较甲与乙两种药物治疗脑血管疾病的疗效，将 78 例病情相似脑血管疾病患者随机分为两组，分别给予甲、乙两种药物治疗。结果见表 9-2，试问甲、乙两种药物治疗脑血管疾病的有效率是否相等？

表 9-2　两种药物治疗脑血管疾病的效果

组别	有效	无效	合计	有效率（%）
甲组	46（42.67）(*a*)	6（9.33）(*b*)	52（*a*+*b*）	88.46
乙组	18（21.33）(*c*)	8（4.67）(*d*)	26（*c*+*d*）	69.23
合计	64（*a*+*c*）	14（*b*+*d*）	78（*n*）	82.05

（1）建立检验假设，确定检验标准。

$H_0:\pi_1=\pi_2$，即甲、乙两种药物治疗脑血管疾病总体有效率无差别；

$H_1:\pi_1\neq\pi_2$，即甲、乙两种药物治疗脑血管疾病总体有效率有差别。

（$\alpha=0.05$）

（2）计算检验统计量 χ^2 值。

利用前面计算理论频数的方法可得 $1<T_{22}=\frac{26\times14}{78}=4.67<5$，$n>40$，故需要用校正过的公式来计算 χ^2 值，可将数据代入式（9-6）有

$$\chi_c^2 = \frac{78\times(|46\times8-6\times18|-78/2)^2}{(46+6)(18+8)(46+18)(6+8)} = 3.14$$

（3）确定 P 值，做出判断。

自由度 $\nu=1$，查附表 3 得 $\chi^2_{0.05,1}=3.84$，故 $\chi^2<\chi^2_{0.05,1}$，再由 χ^2 界值表知 $0.05<P<0.1$。所以按照 $\alpha=0.05$ 的检验水准不拒绝 H_0，还不能认为甲、乙两种药物的有效率不等。但是如果本资料用未

校正过的式（9-1）来计算，$\chi^2 = 4.35 > \chi^2_{0.05,1}$，从而$P<0.05$，结论与之相反。

注意，在判断是用校正过的公式还是未校正过的公式，主要是找出最小的理论频数T_{RC}来判断其范围是否在对应的适合范围。对于最小的理论频数T_{RC}的判断，需要寻找R行与C列中对应的行合计数中的最小值与列合计数中最小值所对应格子必为最小理论频数。那么例 9-2 中的第 2 行第 2 列格子对应的理论频数就是最小的。

四、直接概率法

根据不同的T,n的取值范围，除了前面介绍的两种情形外，还有一种情形就是$T<1$或$n<40$，此时利用公式（9-1）或（9-6）计算出χ^2值后所得到的概率P接近于检验水准α，故只要用直接计算概率的方法即 Fisher 确切概率法（Fisher's exact probabilities）。该方法由 Fisher 于 1934 年提出，其理论基础为超几何分布，本质上并不是χ^2检验，只是一种直接计算概率的假设检验方法，但是常被用于四格表资料的假设检验。

例 9-3 某医师为观察中西药结合治疗病情相似慢性荨麻疹的疗效，将 27 例慢性荨麻疹患者随机分成两组，分别给予中西药结合治疗和西药治疗，结果见表 9-3。试问两种治疗法的治疗效果是否不同？

表 9-3 两种药物治疗慢性荨麻疹的比较

药物	有效	无效	合计	有效率（%）
中西药结合组	12（9.33）	2（4.67）	14	85.7
西药组	6（8.67）	7（4.33）	13	46.2
合计	18	9	27	66.7

本例中$n<40$，不符合前面的要求，适合利用 Fisher 确切概率法。

（一）Fisher 确切概率法的基本思想

（1）在四格表周边的合计固定不变的情形下，通过超几何分布计算四格表内四个实际频数变动时的各组合的概率P_i，各种组合下的概率由下列公式给出

$$P_i = \frac{(a+b)!(c+d)!(a+c)!(b+d)!}{a!b!c!d!n!} \tag{9-7}$$

其中a,b,c,d为四格表中的四个频数，n为总例数。在四格表周边合计不变的情况下四格表中的四个频数的组合数等于周边合计最小值+1，P_i服从超几何分布，由概率分布的规范性有$\sum P_i = 1$。

比如例 9-3 中周边的合计最小数为 9，故所有可能的组合数为 9+1=10。当$b=0$时，可得$a=14, c=4, d=9$，对应的组合概率为P_1：

$$P_1 = \frac{14!13!18!9!}{14!0!4!9!27!} = 0.0002$$

（2）根据假设检验计算单侧或双侧的累计概率P，上面计算的$P_1 = 0.0002$是实际观察到的四格表资料的概率，而用于拒绝H_0的P值是所有利于拒绝的所有概率之和。故想要拒绝假设H_0，那么需要使得b,d其中一个值尽可能大，另一个值尽可能小。计算 10 种不同组合下两种治疗法的有效率的绝对差$|p_1 - p_2|$，本例中$|p_1 - p_2| = 0.856 - 0.461 = 0.395$。为了拒绝$H_0$，对于双侧检验，$P$值应该包含所有使得$|p_1 - p_2| \geqslant 0.395$的四格表对应的确切概率相加的累计概率（注意，当两组样本量相等时，可以只计算当前四格表某一侧的累计概率，在此累计概率上乘以 2 即为对应P值）；对于单侧检验，只需取$p_1 - p_2 \geqslant 0.395$或者$p_1 - p_2 \leqslant -0.395$一侧的累计概率即可。

（3）将计算出来的P值与检验水准α进行比较，做出判断。

（二）直接计算概率法的具体步骤

（1）建立检验假设，确定检验标准。

H_0：$\pi_1 = \pi_2$，即两种治疗荨麻疹的方法总体有效率无差别；

H_1：$\pi_1 \neq \pi_2$，即两种治疗荨麻疹的方法总体有效率有差别。

（$\alpha = 0.05$）

（2）计算各组合下的确切概率。

在周边各合计固定的情形下，计算所有组合下四格表的概率 P_i（表 9-4）。

表 9-4 各组合下四格表对应的确切概率

四格表序号 i	组别	有效	无效	$\lvert p_1 - p_2 \rvert$	P_i
1	中西药结合组	14	0	0.692	0.0002
	西药组	4	9		
2	中西药结合组	13	1	0.544	0.0038
	西药组	5	8		
3	中西药结合组	12	2	0.395	0.1333
	西药组	6	7		
4	中西药结合组	11	3	0.248	0.1333
	西药组	7	6		
5	中西药结合组	10	4	0.099	0.2749
	西药组	8	5		
6	中西药结合组	9	5	0.049	0.3054
	西药组	9	4		
7	中西药结合组	8	6	0.198	0.1832
	西药组	10	3		
8	中西药结合组	7	7	0.346	0.0571
	西药组	11	2		
9	中西药结合组	6	8	0.494	0.0083
	西药组	12	1		
10	中西药结合组	5	9	0.643	0.0004
	西药组	13	0		

（3）确定 P 值，做出判断。

例 9-3 的目的是来判断中西药结合与西药两种治疗方法的治疗效果是否相同，故应该采用双侧检验。将表 9-4 中所有满足 $\lvert p_1 - p_2 \rvert \geqslant 0.395$ 的四格表对应概率累计相加可得 P 值为 $P=P_1+P_2+P_3+P_9+P_{10}=0.046$，在检验水准 $\alpha = 0.05$ 下，$P<0.05$，故拒绝 H_0，接受 H_1，认为两种治疗法的有效率有差异，中西医结合组的疗效更高。若研究的目的是为了说明是否中西药结合优于西药，且有证据说明中西药结合不会差于西药，则可用单侧检验，将表 9-4 中满足 $p_1 - p_2 \geqslant 0.3956$ 的对应四格表概率相加得 $P = P_1 + P_2 + P_3 = 0.037$，在 $\alpha = 0.05$ 的检验水准下，仍然拒绝 H_0。

通过上述的讨论可以发现，确切概率法的计算量比较大，对于小样本的情况还是比较适用的。一旦遇到样本量比较大的情形时，借助于计算机或统计软件也是可以利用该方法进行推断的。

五、四格表资料分析的注意事项

两独立样本比较形成的四格表资料实际是由两种研究设计类型获得的，一是实验性研究，完全随机设计两组的比较，效应指标是二分类变量；另一是观察性研究，两个独立样本的比较，分析的指标也是二分类变量。对于四格表资料的分析，Fisher 确切概率法是精确的检验方法，而 χ^2 检验只是一种近似检验，通常认为：

（1）当 $n \geqslant 40$ 且 $T \geqslant 5$ 时，χ^2 检验用公式（9-1）或专用公式（9-4）；

（2）当 $n \geqslant 40$ 且 $1 \leqslant T < 5$ 时，χ^2 检验用校正公式（9-5）或（9-6）；

（3）当 $n < 40$ 或 $T < 1$ 时，或者 χ^2 检验所得 P 值接近检验水准 α 时，只能用 Fisher 确切概率法。

第二节　多个独立样本的比较

一、行×列表资料

前面主要介绍了四格表资料的情形，它只能对两个率或构成比进行比较，此时对应为 2×2 行列表。当基本数据超过 2 行或 2 列的资料时，对应的表格资料称为行×列表或 $R \times C$ 表。

这边我们假设有一个定性变量，它具有 C 种可能的“取值”，又有 R 个独立的样本的分布，在 $R \times C$ 表对应表的行和列，行×列表的具体形式见表 9-5。这样的行×列表资料的 χ^2 检验适用于多个样本率或构成比资料的比较。特别地，当 $R = C = 2$ 时，即为前面介绍的四格表。

表 9-5　独立样本 $R \times C$ 列联表

组别（i）	1	2	j	C	合计
1	$A_{11}(T_{11})$	$A_{12}(T_{12})$	$\cdots$	$A_{1C}(T_{1C})$	n_1
2	$A_{21}(T_{21})$	$A_{22}(T_{22})$	$\cdots$	$A_{2C}(T_{2C})$	n_2
$\vdots$	$\vdots$	$\vdots$	$A_{ij}(T_{ij})$	$\vdots$	$\vdots$
R	$A_{R1}(T_{R1})$	$A_{R2}(T_{R2})$	$\cdots$	$A_{RC}(T_{RC})$	n_R
合计	m_1	m_2	$\cdots$	m_C	n

对于行×列表资料的 χ^2 检验，它与四格表的 χ^2 检验的原理相同，所以其检验时的统计量 χ^2 也是类似的，

$$\chi^2 = \sum_{i=1}^{R}\sum_{j=1}^{C}\frac{(A_{ij} - T_{ij})^2}{T_{ij}} \tag{9-8}$$

每个格子的理论频数 $T_{ij} = \dfrac{n_i m_j}{n}, i = 1,2,\cdots,R, j = 1,2,\cdots,C$，代入公式（9-9）可得行×列表资料的专用公式

$$\chi^2 = n\left(\sum_{i=1}^{R}\sum_{j=1}^{C}\frac{A_{ij}^2}{n_i m_j} - 1\right) \tag{9-9}$$

其中 $A_{ij}(i = 1,2,\cdots,R, j = 1,2,\cdots,C)$ 为对应格子的实际频数，n_i, m_j 分别为第 i 行与第 j 列的合计数。此时 χ^2 分布的自由度为 $v = (R-1)\times(C-1)$。

二、行×列表的χ^2检验步骤

行×列表资料的χ^2检验的步骤与四格表资料的χ^2检验的步骤一样，不再重复。下面通过几个例子说明一下不同情形下的行×列表的χ^2检验。

（一）多个独立样本率的比较

例 9-4 某医院研究某失眠药物使用剂量，将 155 名病情相似的患者随机分为三个组，分别服用三种不同剂量的试验药，观察这三组患者的治疗情况，结果见表 9-6。试问三组的总体有效率是否有差别？

表 9-6 三种不同剂量失眠药物治疗失眠有效率比较

组别	有效	无效	合计	有效率（%）
高剂量	32（23.2）	18（26.8）	50	64.0
中剂量	20（23.2）	30（26.8）	50	40.0
低剂量	20（25.5）	35（29.5）	55	36.4
合计	72	83	155	46.5

注：表 9-6 中的括号里的数字表示该格子的理论频数。

上述的表资料为三组有效率进行比较，对应为双向无序的行×列表，它是一个3×2联列表。χ^2检验的步骤如下。

（1）建立检验假设，确定检验水准。

H_0：$\pi_1=\pi_2=\pi_3$，即三组治疗失眠的总体有效率相等；

H_1：π_1,π_2,π_3不同或不全相同，即三种治疗失眠的总体有效率至少两种存在差别。

（$\alpha=0.05$）

（2）计算检验统计量χ^2值。

将表 9-6 的数据代入公式（9-9）得

$$\chi^2=\frac{(32-23.2)^2}{23.2}+\frac{(18-26.8)^2}{26.8}+\frac{(20-23.2)^2}{23.2}+\frac{(30-26.8)^2}{26.8}+\frac{(20-25.5)^2}{25.5}+\frac{(35-29.5)^2}{29.5}$$
$$=9.277$$

也可以将数据代入到专用公式（9-10）得

$$\chi^2=155\times\left(\frac{32^2}{50\times72}+\frac{18^2}{50\times83}+\frac{20^2}{50\times72}+\frac{30^2}{50\times83}+\frac{20^2}{55\times72}+\frac{35^2}{55\times83}-1\right)=9.277$$

（3）确定P值，做出判断。

自由度$\nu=(3-1)(2-1)=2$，通过查附表 3 有$\chi^2_{0.05,2}=5.99$，则$\chi^2>\chi^2_{0.05,2}$，从而$P<0.05(P=0.10)$，所以按检验水准$\alpha=0.05$拒绝H_0，故可以认为三种治疗失眠的总体有效率不同或者不全相同。

（二）样本构成比的比较

两组构成比的比较或者多组构成比的比较，形成行×列表。分析思路和计算方法完全类似。

例 9-5 某研究者为了比较维吾尔族和回族居民的血型分布状况，根据 2868 例居民的血型情况，结果见表 9-7，试比较两个民族的血型构成是否有差别。

表 9-7　两个民族的血型构成情况表

民族	A 型	B 型	O 型	AB 型	合计
维吾尔族	442	483	416	172	1513
回族	369	384	487	115	1355
合计	811	867	903	287	2868

上述表资料为两组构成比比较，χ^2 检验的步骤如下：

（1）建立检验假设，确定检验水准。

H_0：两个民族血型的总体构成比相同；

H_1：两个民族血型的总体构成比不同或不全相同。

（$\alpha = 0.05$）

（2）计算检验统计量 χ^2 值。

将表 9-6 的数据代入公式（9-10）得

$$\chi^2 = 2868\times\left(\frac{442^2}{811\times1513}+\frac{483^2}{867\times1513}+\frac{416^2}{903\times1513}+\frac{172^2}{287\times1513}+\frac{369^2}{811\times1355}\right.$$
$$\left.+\frac{384^2}{867\times1355}+\frac{487^2}{903\times1355}+\frac{115^2}{287\times1355}-1\right)$$
$$=26.15$$

（3）确定 P 值，做出判断。

自由度 $\nu=(4-1)(2-1)=3$，通过查附表 3 有 $\chi^2_{0.05,3}=7.81$，则 $\chi^2>\chi^2_{0.05,3}$，从而 $P<0.05$，所以按检验水准 $\alpha=0.05$ 拒绝 H_0，故可以认为两个民族血型的构成比不同或者不全相同。

三、注 意 事 项

由于行×列表资料是四格表资料的扩展，其对应的研究设计类型同上，只是组别为两组以上或者观察指标为无序多分类资料。其 χ^2 检验对理论数也有同样要求，应注意如下几点。

（1）作行×列表资料 χ^2 检验时，理论频数不宜太小，否则会导致结论偏性。若有 $\frac{1}{5}$ 以上格子的理论频数小于 5，或有任意一个格子的理论频数小于 1 时，均不宜直接进行 χ^2 检验。如果出现上述情形，则可以通过下面的方法解决：①通过增加样本含量使得实际频数增加，从而增加理论频数；②根据专业知识，合并相邻的行或者列的实际频数，减少行数或者列数，从而达到增加理论频数的目的，注意此法会损失部分信息；③ Fisher 确切概率法（可通过统计软件实现）；④似然比 χ^2 检验。

（2）遇到多个样本率进行比较时，若拒绝检验假设 H_0 时，只能说明各总体率之间总的来说是有差别的，无法说明任意两个总体率之间都是有差别的。要想更进一步推断哪两个（或哪几个）总体率间有差别，还需要做多个样本率的多重比较（详见本节第四部分内容）。

（3）当效应指标为有序多分类变量时，称为单向有序行×列表资料，不宜用 χ^2 检验比较组间差别，应选用秩和检验或 Ridit[①]分析。

（4）双向有序多分类资料，应根据行×列表资料中两个变量的性质、分析目的，选用相应的统计分析方法。如仅仅分析组间的差别有无统计学意义，可看成单向有序 R×C 列表的资料行秩和检验或 Ridit 分析；若分析行列变量间的关系可用斯皮尔曼（Spearman）等级相关、肯德尔（Kendall）相关分析；若要分析两个有序分类变量是否存在线性变化趋势，可用线性趋势检验等统计方法分析

① Ridit 是 relative to an indentified distribution unit 的缩写，意为“与特定分布相对的单位”。

（见有关统计专著）。

四、多个样本率的多重比较

当进行多个样本率比较时，如果拒绝H_0，接受H_1，多个总体率之间的差异有统计学意义，但是无法说明任意两个总体率之间有差别。要进一步推断哪两个总体间有差别，若只是通过四格表资料进行多重的χ^2检验，将会增大犯Ⅰ型错误的可能。故样本率之间的多重比较不能直接通过四格表资料的χ^2检验进行。多个样本率或构成比之间的多重比较的方法有：χ^2分割法（partitions of χ^2 method）、沙菲（Scheffe）可信区间法和邦费罗尼（Bonferroni）法等。应用这些方法能够保证犯Ⅰ型错误的概率保持不变。下面主要介绍基于χ^2分割法的多个样本率间多重比较的方法：Bonferroni法，这种方法比较保守，比较的组数不宜过多，另外两种方法参阅相关资料。

采用 Bonferroni 法进行多个样本率间的两两比较，具体的检验步骤为：①对需要比较的行×列资料进行χ^2分割，变成多个四格表，并且对每个四格表进行χ^2检验；②采用$\alpha' = \dfrac{\alpha}{\text{比较次数}}$进行计算调整检验水准，其中的$\alpha$为事先确定的检验水准（通常为 0.05）；③以调整过的α'作为检验水准，给出推断。由于分析目的的不同，k个样本率两两比较次数不同，从而导致重新规定的检验水准的估计方法亦不同，通常有以下两种情形出现。

1. 多个实验组之间的两两比较

k个实验组之间两两进行比较时，需要进行$\binom{k}{2}$次独立的四格表χ^2检验，检验水准α'用下式来估计：

$$\alpha' = \frac{\alpha}{\binom{k}{2}} = \frac{2\alpha}{k(k-1)} \tag{9-10}$$

2. 实验组与同一个对照组的比较

各个实验组要和同一个试验组进行比较，而各实验组之间不需要比较，故只要比较$k-1$次，检验水准α'用下式估计：

$$\alpha' = \frac{\alpha}{k-1} \tag{9-11}$$

其中k为样本率的个数。但是由该式给出的估计比较保守。

根据估计公式可知新的检验水准α'通常比较小，没有办法从χ^2的界值表中得到P值进行比较，所以下面将常用到的χ^2值及对应的概率P值整理在表 9-8 中，便于读者查阅。

表 9-8　$\nu = 1$时的χ^2界值表（供多个样本率间多重比较用）

χ^2	P	χ^2	P	χ^2	P
5.73	0.01666	7.24	0.00714	8.05	0.00455
6.24	0.01250	7.48	0.00625	8.21	0.00417
6.96	0.00833	7.88	0.00500	8.49	0.00358

（一）多个实验组间的两两比较

例 9-6　对例 9-4 中的表 9-6 的资料进行两两比较，推断是否任意两种剂量的失眠药物对失眠患者的有效率均有差别？

（1）建立检验假设，确定检验水准。

H_0：$\pi_A = \pi_B$，即任意两种剂量的失眠药物的总体有效率相等；

H_1：$\pi_A \neq \pi_B$，即任意两种剂量的失眠药物的总体有效率不等。

（$\alpha = 0.05$）

本例中需要在 3 个实验组之间两两比较，利用式（9-10）的估计得新的检验水准

$$\alpha' = \frac{2\alpha}{k(k-1)} = \frac{2 \times 0.05}{3 \times 2} = 0.01667$$

（2）计算检验统计量。

用四格表资料的专用式（9-4）分别计算任意两个对比组的检验统计量 χ^2 的值，再通过查表 9-8 可得相应结果为表 9-9。

表 9-9　三种剂量的失眠药物的两两比较

对比组	有效	无效	合计	χ^2	P
高剂量	32	18	50		
中剂量	20	30	50	5.77＞5.73	＜0.01667
合计	52	48	100		
对比组	有效	无效	合计	χ^2	P
高剂量	32	18	50		
低剂量	20	35	55	8.00＞5.73	＜0.01667
合计	52	53	105		
对比组	有效	无效	合计	χ^2	P
中剂量	20	30	50		
低剂量	20	35	55	0.15＜5.73	＞0.01667
合计	40	65	105		

（3）确定 P 值，做出推断。

按照 $\alpha' = 0.01667$ 的检验水准，高剂量组与中剂量组拒绝 H_0，接受 H_1；高剂量组与低剂量组也是拒绝 H_0，接受 H_1；中剂量组与低剂量组不拒绝 H_0。故可以认为高剂量组与中剂量组、高剂量组与低剂量组的有效率均有差别，但是不能认为中剂量组与低剂量有差别。再结合表 9-6 的资料可以认为高剂量组的总体有效率高于中剂量组和低剂量组，但是无法认为中剂量组与低剂量组的总体有效率是不等的。

（二）各实验组与同一个对照组的比较

例 9-7　对例 9-4 中的表 9-6 的资料以高剂量组为对照组，中剂量组与低剂量组为实验组，试分析实验组与对照组的总体效率有无差别？

（1）建立检验假设，确定检验水准。

H_0：$\pi_T = \pi_C$，即各实验组与对照组的总体有效率相等；

H_1：$\pi_A \neq \pi_B$，即各实验组与对照组的总体有效率不等。

（$\alpha = 0.05$）

本例中需要用 2 个实验组与对照组间进行比较，利用式（9-11）的估计得新的检验水准 $\alpha' = \frac{\alpha}{k-1} = \frac{0.05}{3-1} = 0.025$。

（2）计算检验统计量。

用四格表资料的专用式（9-4）分别计算两个实验组与对照组检验统计量 χ^2 的值，再通过查表 9-8 可得相应结果为表 9-10。

（3）确定 P 值，做出推断。

按照 $\alpha'=0.025$ 的检验水准，高剂量组与中剂量组拒绝 H_0，接受 H_1；高剂量组与低剂量组也是拒绝 H_0，接受 H_1。所以可以认为高剂量组与中剂量组和低剂量组的有效率均有差别。再结合表 9-6 的资料可以认为高剂量组的总体有效率高于中剂量组和低剂量组。

表 9-10　两个实验组与对照组的比较

对比组	有效	无效	合计	χ^2	P
高剂量	32	18	50		
中剂量	20	30	50	5.77>5.02	<0.025
合计	52	48	100		
对比组	有效	无效	合计	χ^2	P
高剂量	32	18	50		
低剂量	20	35	55	8.00>5.02	<0.025
合计	52	53	105		

第三节　配对设计分类变量资料的比较

在前面两节中主要学习了独立的四格表和行×列表的 χ^2 检验，但是在实际问题中，未必所有的样本资料都具备了相互独立的条件，比如配对设计下两样本的频率分布比较问题，此时的两样本就未必满足独立性，无法利用之前介绍的方法检验。下面介绍配对设计资料的 χ^2 检验。

一、配对两分类资料（配对四格表）

例 9-8　某研究者用两种不同方法对 198 份肺癌患者血清样品进行检测，结果如下：甲乙两种方法检验均为阳性的有 48 份样品，甲法阳性乙法阴性的有 24 份样品，甲法阴性而乙法阳性的有 106 份样品，两法测得结果均为阴性的有 20 份样品。结果整理如表 9-11，问两种方法的检测结果有无差别？

表 9-11　两种检验方法的检测结果比较

甲法	乙法		合计
	+	−	
+	48（a）	24（b）	72（a+b）
−	106（c）	20（d）	126（c+d）
合计	154（a+c）	44（b+d）	198（n）

由于每个患者都会通过甲乙两种方法进行检测诊断，配对处理后的两份样本并不是相互独立的，无法直接用前面所介绍的方法来进行检验。

表 9-11 的数据区别于独立样本的情形，它的样本含量 n 是固定的，但是行合计与列合计是事先不确定的。表 9-11 中的 $a=48$ 是两种检测方法所得结果中共同阳性数，$d=20$ 是两种检验法结果中的共同阴性数，它们无法体现两种检验方法的差别。而 b,c 的值反映了两种检验方法结果的不同，所以甲乙两种方法的检测差别就体现在这两个数据上。

假设两种方法下的检测结果没有差别的前提下，那么 b,c 两个格子对应的理论频数都应该为 $\frac{b+c}{2}$，类似前面的处理手法，当 $b+c \geqslant 40$ 时，利用公式（9-1），注意此时求和项只有两项，那么有

$$\chi^2=\sum\frac{(A-T)^2}{T}=\frac{\left(b-\frac{b+c}{2}\right)^2}{\frac{b+c}{2}}+\frac{\left(c-\frac{b+c}{2}\right)^2}{\frac{b+c}{2}}=\frac{(b-c)^2}{b+c}$$

所以检验统计量 χ^2 的计算公式为

$$\chi^2=\frac{(b-c)^2}{b+c},\ \nu=1 \tag{9-12}$$

该方法是由统计学家麦克尼马尔（McNemar）提出的，故配对设计四格表的 χ^2 检验亦称为McNemar 检验。当 $b+c<40$ 时，对应的校正公式为

$$\chi_C^2=\frac{(|b-c|-1)^2}{b+c},\quad \nu=1 \tag{9-13}$$

根据上述分析，结合例 9-8 给出配对四格表的 χ^2 检验的具体步骤。

（1）建立检验假设，确定检验水准。

H_0：$B=C$, 即甲乙两种方法的检测结果相同；

H_1：$B\neq C$, 即甲乙两种方法的检测结果不同。

（$\alpha=0.05$）

（2）计算检验统计量 χ^2 的值。

由于 $b+c=24+106=130>40$，故利用公式（9-13）可得

$$\chi^2=\frac{(b-c)^2}{b+c}=\frac{(24-106)^2}{24+106}=51.72$$

（3）确定 P 值，做出推断。

自由度为 $\nu=1$，通过查表得到检验水准 $\alpha=0.05$ 下 χ^2 的临界值 $\chi^2_{0.05,1}=3.84$，从而显然有 $\chi^2>\chi^2_{0.05,1}$，所以 $P<0.05$。那么在水准 $\alpha=0.05$ 下拒绝 H_0，差异有统计意义，可以认为甲乙两种检验法的检测结果有差别。

二、配对 R 分类资料（配对 R×R 列联表）

在实际应用过程中，定性变量常常不止 2 个，更多情形达到 $R(R\geqslant 2)$ 个，这样就有了更加一般的配对 $R\times R$ 列联表（见表 9-12）。

表 9-12　配对 R×R 列联表

变量 1	变量 2				合计
	1	2	…	R	
1	A_{11}	A_{12}	…	A_{1R}	n_1
2	A_{21}	A_{22}	…	A_{2R}	n_2
⋮	⋮	⋮		⋮	⋮
R	A_{R1}	A_{R2}	…	A_{RR}	n_R
合计	m_1	m_2	…	m_R	n（固定值）

对于配对 $R\times R$ 列联表的情形，实际上是配对四格表（$R=2$）的扩展，其检验方法是 McNemar 检验的扩展，为麦克尼马尔-鲍克（McNemar-Bowker）检验，对应的检验统计量为

$$\chi^2=\frac{R-1}{R}\sum_{i=1}^{R}\frac{(n_i-m_i)^2}{n_i+m_i-2A_{ii}} \tag{9-14}$$

其中 R 为类别数，n_i,m_i 分别表示第 i 行及第 i 列的合计。此时对应的检验假设是

H_0：两变量的概率分布相同；

H_1：两变量的概率分布不同。

在H_0成立的前提下，公式（9-4）中的统计量χ^2服从于自由度为$R-1$的χ^2分布。

例 9-9 配对比较两种方法治疗扁平足的疗效，100 对患者的疗效记录见表 9-13，问两种方法的概率分布有无差异？

表 9-13 两种方法治疗扁平足的疗效

甲法	乙法			合计
	好	中	差	
好	39	3	2	44
中	0	24	8	32
差	3	4	17	24
合计	42	31	27	100

（1）建立检验假设，确定检验水准。

H_0：甲乙两种治疗方法的疗效的总体概率分布相同；

H_1：甲乙两种治疗方法的疗效的总体概率分布不同。

（$\alpha=0.05$）

（2）计算检验统计量χ^2的值。

利用式（9-14）计算可得

$$\chi^2=\frac{R-1}{R}\sum_{i=1}^{R}\frac{(n_i-m_i)^2}{n_i+m_i-2A_{ii}}$$

$$=\frac{3-1}{3}\left[\frac{(44-42)^2}{44+42-2\times39}+\frac{(32-31)^2}{32+31-2\times24}+\frac{(24-27)^2}{24+27-2\times17}\right]=0.73$$

（3）确定P值，做出推断。

自由度为$\nu=2$，通过查附表 3 得到检验水准$\alpha=0.05$下χ^2的临界值$\chi^2_{0.05,2}=5.99$，从而显然有$\chi^2<\chi^2_{0.05,2}$，所以$P>0.05$。那么在水准$\alpha=0.05$下不拒绝H_0，所以尚无证据表明甲法疗效的总体概率分布与乙法疗效的总体概率分布不同。

第四节 频数分布的拟合优度检验

在医学研究实际中常会推断某一现象的频数是否符合某一理论分布，或者是否能够用某个已知的分布或分布族拟合实际数据。然后拟合效果好坏的标准又是什么。这其实就是分布拟合优度检验（goodness of fit test）主要解决的问题。常见的理论分布有多项分布、正态分布、二项分布、泊松分布等。而用于分布拟合优度检验的方法主要有 Pearson-χ^2检验，k-s 检验和正态分布的矩法检验。本节主要介绍 Pearson-χ^2检验法，其原理是按照该理论分布计算理论频数，利用χ^2检验推断实际频数和理论频数的吻合程度。

（一）单变量的χ^2检验

例 9-10 某医学美容院对某一年顾客抱怨原因进行分析，结果见表 9-14，问这四种抱怨原因的构成比是否有差异？

类似于前面χ^2检验的步骤：

（1）建立检验假设，确定检验水准。

H_0：顾客的抱怨原因构成比相同；

H_1：顾客的抱怨原因构成比不同。

（$\alpha = 0.05$）

表 9-14　四种不同抱怨原因的构成比

抱怨原因	人数	构成比（%）
正常生理反应	92	21.05
顾客自身问题	207	47.37
管理问题	110	25.17
技师技术问题	28	6.41
合计	437	100.00

（2）计算检验统计量 χ^2 值。

在 H_0 成立的前提下，即顾客的抱怨原因构成比相同，那么理论频数 $T = \frac{n}{R}$，其中 n 为总例数，R 为变量分类数。则本例的理论频数 $T = \frac{n}{R} = \frac{437}{4} = 109.25$，那么由公式（9-1）有

$$\chi^2 = \frac{(92-109.25)^2}{109.25} + \frac{(207-109.25)^2}{109.25} + \frac{(110-109.25)^2}{109.25} + \frac{(28-109.25)^2}{109.25} = 150.62$$

（3）确定 P 值，做出推断。

自由度 $\nu = R-1 = 4-1 = 3$，查 χ^2 界值表得 $\chi^2_{0.05,3} = 7.81$，$\chi^2 > \chi^2_{0.05,3}$，所以 $P<0.05$，故在 $\alpha = 0.05$ 水准下拒绝 H_0，可以认为顾客抱怨原因的构成比是有差异的。

（二）常见分布的拟合优度 χ^2 检验

由于 Pearson-χ^2 检验方法公式是用于判断理论频数与实际频数的吻合程度的一个统计量，实际频数与理论频数越不吻合，卡方值越大；反之，卡方值越小。所以该检验方法适用于资料分布的拟合优度检验。该统计量的计算公式仍然用（9-1），自由度为

$$\nu = 组数 - 1 - s$$

其中 s 为根据样本估计理论分布时所用参数的个数。下面主要通过几个例子说明一下常见分布的拟合优度检验。

例 9-11（多项分布的拟合）　已知 ABO 血型受控于 A、B、O 三个等位基因，假设三个等位基因频率为 p,q,r，满足 $p+q+r=1$，那么遗传学中的 Hardy-Weinberg 平衡法表现为

$$1 = (p+q+r)^2 = p^2 + q^2 + r^2 + 2pq + 2qr + 2pr$$

根据报道，汉族人的三个等位基因频率分别为 $p = 0.2019, q = 0.2512, r = 0.5469$，现在调查了 1355 名回族人的 ABO 血型，分布为：A 型 369 人，B 型 384 人，O 型 487 人，AB 型 115 人。试问回族人的血型分布与汉族人的血型分布是否相同？

血型分布属于多项分布，这里提出的问题是实际分布 f 与已知分布 f_0 的比较，步骤如下：

（1）建立检验假设，确定检验水准。

H_0：回族人的血型分布与汉族人的血型分布相同；

H_1：回族人的血型分布与汉族人的血型分布不同。

（$\alpha = 0.05$）

（2）计算统计量 χ^2 的值。

首先计算理论频数，根据 Hardy-Weinberg 平衡法则，估计汉族人四种血型的理论频率为

A 型血：$P_A = p^2 + 2pr = (0.2019)^2 + 2 \times 0.2019 \times 0.5469 = 0.2616$；

B 型血：$P_B = q^2 + 2qr = (0.2512)^2 + 2\times 0.2512\times 0.5469 = 0.3379$；

O 型血：$P_O = r^2 = (0.5469)^2 = 0.2991$；

AB 型血：$P_{AB} = 2pq = 2\times 0.2019\times 0.2512 = 0.1014$。

且满足 $P_A + P_B + P_O + P_{AB} = 1$。本例中调查了 1355 例回族人的血型，如果按照汉族人的理论频率估计可得 A，B，O，AB 型血的理论频数分别为

$$1355\times 0.2616 = 354.47,\quad 1355\times 0.3379 = 457.85$$
$$1355\times 0.2991 = 405.28,\quad 1355\times 0.1014 = 137.40$$

那么 1355 名回族人的血型的实际频数与理论频数的结果见表 9-15。

表 9-15　回族人血型的实际频数与理论频数比较

变异来源	A	B	O	AB	合计
实际频数 A	369	384	487	115	1355
理论频数 T	354.47	457.85	405.28	137.4	1355

再由公式（9-1）计算统计量 χ^2 的值：

$$\chi^2 = \frac{(369-354.47)^2}{354.47} + \frac{(384-457.85)^2}{457.85} + \frac{(487-405.28)^2}{405.28} + \frac{(115-137.40)^2}{137.40} = 32.6371$$

（3）确定 P 值，做出推断。

本例的理论分布是已知的，没有根据样本估计，故估计分布所用参数个数为 0，所以自由度 ν = 4−1−0 =3，查 χ^2 的临界值表得 $\chi^2_{0.05,3} = 7.81$，$\chi^2 > \chi^2_{0.05,3}$，所以 $P<0.05$，故在水准 $\alpha = 0.05$ 下拒绝 H_0，可以认为回族人的血型分布与汉族人的血型分布是有差异的。

例 9-12（二项分布的拟合）　根据遗传学理论，当一个亲本为 5 对基因均杂合的杂合子，另一个亲本为 5 对基因的隐性纯合子时，理论上，杂交后代的 5 对基因有一半是显性的，一半是隐性的。现在观察杂交后代 5 对基因，结果如表 9-16 所示，问该资料是否服从二项分布？

表 9-16　575 只杂交后代的显性基因情况

显性基因的个数 X	样本数 A	理论频数 T
0	19	17.95
1	85	89.85
2	161	179.70
3	178	179.70
4	112	89.85
5	20	17.95
合计	575	575.00

这是一个二项分布的拟合问题，理论上显性率 $\pi = 0.5$，故理论分布 $X \sim B(5, 0.5)$，检验步骤如下：

（1）建立检验假设，确定检验水准。

H_0：显性基因的个数 X 服从总体显性率为 0.5 的二项分布；

H_1：显性基因的个数 X 不服从总体显性率为 0.5 的二项分布。

（$\alpha = 0.05$）

（2）计算统计量 χ^2 的值。

先计算理论频数，根据二项分布的分布律，显性基因为 i 个时的理论频数为

$$T_i = 575 \times \binom{5}{i} \times (0.5)^i \times (0.5)^{5-i}, \quad i = 0,1,2,3,4,5$$

结果见表 9-16 的第三列。再计算统计量 χ^2，

$$\chi^2 = \frac{(19-17.95)^2}{17.95} + \frac{(85-89.85)^2}{89.85} + \frac{(161-179.7)^2}{179.7} + \frac{(178-179.7)^2}{179.7} + \frac{(112-89.85)^2}{89.85} + \frac{(20-17.95)^2}{17.95} = 7.98$$

（3）确定 P 值，做出推断。

本例要检验的是资料是否服从二项分布，故估计分布所用参数个数为 2，所以自由度 $\nu = 6-1-2=3$，查附表 3 得 χ^2 的临界值 $\chi^2_{0.05,3} = 7.81$，$\chi^2 > \chi^2_{0.05,3}$，所以 $P<0.05$，故在水准 $\alpha = 0.05$ 下拒绝 H_0，差别有统计学意义。尚无证据表明显性基因的个数 X 服从显性率为 0.5 的二项分布。

例 9-13（泊松分布的拟合）　观察某克山病区克山病患者的空间分布情况，调查者将该地区划分为 301 个取样单位，统计各取样单位历年累计病例数，资料见表 9-17，问此资料是否服从泊松分布？

表 9-17　301 个取样单位的克山病患者情况

取样单位病例数（X）	实际频数 A	理论频数 T
0	26	23.8
1	51	58.6
2	75	72.1
3	63	59.1
4	38	36.4
5	17	17.9
6	5	7.3
7	3	2.6
≥8	1	1.1
合计	279	279.0

本例 $n = 279$，$\sum fx = 686$，$\sum fx^2 = 2342$，故均数 $\mu = \frac{\sum fx}{n} = \frac{686}{279} = 2.46$，方差 $\sigma^2 = \frac{\sum fx^2 - \left(\sum fx\right)^2 / n}{n-1} = \frac{2342 - 686^2/279}{279-1} = 2.36$，由于均数和方差相近，可以考虑拟合泊松分布。

（1）建立检验假设，确定检验水准。

H_0：取样单位病例数服从均数为 2.46 的泊松分布；

H_1：取样单位病例数不服从均数为 2.46 的泊松分布。

（$\alpha = 0.05$）

（2）计算统计量 χ^2 的值。

先计算理论频数，根据二项分布的分布律，显性基因为 i 个时的理论频数为

$$T_i = 279 \times \mathrm{e}^{-2.46} \times \frac{(2.46)^i}{i!}, \quad i = 0,1,2,\cdots$$

结果见表 9-17 的第三列。由于 $T_7 = 2.6, T_8 = 1.1$ 都小于 5 且大于 1，所以合并在 T_6 中，再计算统计量 χ^2。

$$\chi^2=\frac{(26-23.8)^2}{23.8}+\frac{(51-58.6)^2}{58.6}+\frac{(75-72.1)^2}{72.1}+\frac{(63-59.1)^2}{59.1}$$
$$+\frac{(38-36.4)^2}{36.4}+\frac{(17-17.9)^2}{17.9}+\frac{(9-11)^2}{11}$$
$$=2.05$$

（3）确定 P 值，做出推断。

由于本例中 T_6,T_7,T_8 合并后只有 7 组，泊松分布只有 1 个参数，因此 $s=1$，所以自由度 $\nu=7-1-1=5$，查 χ^2 的临界值表附表 3 得 $\chi^2_{0.05,5}=11.07$，$\chi^2<\chi^2_{0.05,5}$，所以 $0.75<P<0.9$，故在水准 $\alpha=0.05$ 下不拒绝 H_0，差别无统计学意义。可以认为取样单位病例数服从参数为 2.46 的泊松分布。

例 9-14（正态分布的拟合）　随机测得某地 120 名 12 岁男孩的身高（cm）如下：

142.7	126.0	125.6	127.7	154.4	142.7	141.2	133.4	131.0	125.4	130.3	126.0
128.1	144.4	150.3	146.2	140.6	139.7	134.1	124.3	147.9	143.0	143.1	150.0
141.2	146.4	139.4	140.8	127.7	150.7	157.3	148.5	147.5	138.9	123.1	143.7
146.3	146.8	142.7	137.6	136.9	122.7	131.8	147.7	135.8	134.8	139.1	156.9
139.0	132.3	134.7	138.4	136.6	136.2	141.6	141.0	138.4	145.1	141.4	133.1
136.2	135.0	154.3	147.9	141.3	143.8	138.1	139.7	127.4	146.0	155.8	142.8
139.9	140.6	140.2	131.0	150.4	142.7	144.3	136.4	134.5	132.3	152.7	136.8
148.1	139.6	138.9	136.1	135.9	140.3	137.3	134.6	145.2	128.2	135.9	133.1
132.9	142.9	144.7	138.8	138.3	135.3	140.6	142.2	152.1	142.4	142.7	144.5
140.2	136.6	139.5	135.7	139.8	129.1	141.4	139.7	136.2	138.4	138.1	142.4

试问该地的 12 岁男孩的身高是否服从正态分布？

这是一个连续分布的资料，检验步骤如下：

（1）估计该资料的均数及标准差，建立检验假设，确定检验水准。

根据资料可得：$\bar{X}=139.48,\ s=7.30$。

H_0：总体服从总体均数为 139.48，总体标准差为 7.30 的正态分布；

H_1：总体不服从总体均数为 139.48，总体标准差为 7.30 的正态分布。

（$\alpha=0.10$）

（2）分组。连续型分布资料需要对观察指标的取值区间进行分组，将所有观察值的取值分为 k 个组段或类别 $[a_{i-1},a_i),i=1,2,\cdots,k$。本例的最小观察值为 122.7，最大观察值为 157.3，取组距为 4，最小区间的下界为 122cm，共分为 9 个组，具体结果见表 9-18。

（3）计算理论频数。

先计算 H_0 成立的条件下样本值落入第 i 个组段的概率 $p_i(i=1,2,\cdots,k)$，具体计算方法通过正态分布标准化来计算，比如计算 p_2：

$$p_1=P(X\leqslant 126)=\Phi\left(\frac{126-139.48}{7.30}\right)=\Phi(-1.85)=0.0322$$

$$p_2=P(126\leqslant X<130)=\Phi\left(\frac{130-139.48}{7.30}\right)-\Phi\left(\frac{126-139.48}{7.30}\right)=0.0968-0.0322=0.0646$$

以此类推，可以计算其他的组内概率 p_i。

再计算理论频数，由公式 $T_i=np_i(i=1,2,\cdots,k)$ 计算可得，详细结果见表 9-18。

（4）计算统计量 χ^2 的值。

由公式（9-1）可得

$$\chi^2=\sum\frac{(A-T)^2}{T}=5.6003$$

（5）确定 P 值，做出推断。

由于正态分布具有 2 个参数（均数与标准差），故自由度$\nu = k-1-s = 9-1-2 = 6$，查χ^2界值表附表 3 得$\chi^2_{0.25,6} = 7.84$，$\chi^2 < \chi^2_{0.25,6}$，所以$P > 0.25$，故在水准$\alpha = 0.10$下不能拒绝H_0，故可以认为此地的 12 岁男孩身高服从均数为 139.48、标准差为 7.30 的正态分布。

表 9-18 120 名 12 岁男生身高的正态性检验

身高组段（cm）	实际频数 A_i	组内概率 p_i	理论频数 T_i	$\frac{(A_i-T_i)^2}{T_i}$
～126	5	0.0322	3.864	0.3340
126.0～	8	0.0646	7.752	0.0079
130.0～	10	0.1298	15.576	1.9961
134.0～	22	0.1824	21.888	0.0006
138.0～	33	0.2278	27.336	1.1736
142.0～	20	0.1765	21.180	0.0657
146.0～	11	0.1118	13.416	0.4351
150.0～	6	0.0510	6.120	0.0024
154.0～	5	0.0239	2.868	1.5849
合计	120	1.0000	120.000	5.6003

注 Pearson-χ^2拟合优度检验通常在总例数n足够大，理论频数$T_i = np_i$不太小的情况下才适用。根据计算实践，要求一般情况下$n \geqslant 50$，T_i都不小于 5，否则应适当合并区间，使得理论频数满足$T_i \geqslant 5$。

（张惠东）

第十章　回 归 分 析

内容提要

前述章节所讨论的统计方法仅限于一个效应指标（变量），重点描述了某一变量的统计特征或比较该变量在两组或多组间的差别。然而在生物医学、医疗保险学等研究领域中，研究人员同时感兴趣的变量可能有两个甚至多个，如何分析两个乃至多个变量间的关系，如成年人的身高与体重、年龄与医疗险、重疾险、寿险之间的关系，继而推广到一个变量是如何从数量上影响另一个变量。此时常用回归分析，回归分析是一种研究一个变量与另一个变量或者多个变量之间线性关系的重要统计学方法。

第一节　线性回归分析

一、线性回归概念

回归（regression）一词是由英国生物统计学家高尔顿（Galton）在 1886 年对遗传现象做研究时提出的。后由他的学生 K. Pearson 在伦敦调查了 1078 对父亲与儿子的身高（英寸）数据，依据儿子身高 Y 随父亲身高 X 增长趋势的散点图，并得出儿子的身高估计值 $\hat{Y}$ 与父亲的身高 X 大致呈如下关系：

$$\hat{Y}=33.73+0.516X$$

如今，回归概念的理解早已不同于高尔顿的原意，提及历史的目的在于了解回归这个词的来源和含义，并对其有个直观的理解。

线性回归（liner regression）是建立一个描述因变量（Y）随自变量（X）变化而变化的直线方程，并要求各点到该直线的纵向距离平方和最小。在线性回归分析时，确定哪个是因变量，哪个是自变量是每一位研究人员需要考虑的问题。例如，儿童的年龄和身高通常被认为是共同变化的，它们之间是一种相互依赖的关系，如果希望通过年龄推断身高，那么身高为因变量，年龄为自变量，身高依赖于年龄的改变而改变。

二、线性回归模型

线性回归模型是确定一个变量与另外一个变量依存关系的模型，两变量间通常是一个变量影响另一个变量，前者称为自变量（independent variable）或解释变量（explanatory variable），用 X 表示；后者称为因变量（dependent variable）或反应变量、应变量（response variable），用 Y 表示。在实际应用中预测值与真实值之间存在误差，因此在回归模型中需引入剩余项，即残差项（residuals）。其一般表示形式为

$$Y=\alpha+\beta X+\varepsilon \tag{10-1}$$

其中，α 为回归模型的常数项（constant），β 为回归模型的回归系数（regression coefficient），ε 为剩余项，即残差项，即扣除自变量 X 对因变量 Y 的影响后的随机误差。

线性回归方程是根据样本数据通过回归分析得到的反映因变量对自变量回归关系的表达式，在样本回归方程中，Y 的预测值通常用 $\hat{Y}$ 表示，a，b 分别为 α 和 β 的样本估计，其一般表达形式为

$$\hat{Y}=a+bX \tag{10-2}$$

回归方程所描述的直线称为回归直线。其中 a 称为常数项，为回归直线在 Y 轴上的截距（intercept）；b 称为回归系数，为回归直线的斜率（slope）。

在回归方程中，a 的统计意义是当 X 取值为 0 时相应 Y 的均数估计值；b 的统计意义是当 X 每变化一个单位时，Y 平均改变的估计值。当 $b>0$ 时，Y 随 X 的增大而增加；$b<0$ 时，Y 随 X 增大而减小；当 $b=0$ 时，直线与 X 轴平行，Y 与 X 无直线关系。

三、线性回归方程的估计

确定线性回归方程，关键是如何求出方程中的常数项 a 和回归系数 b。其原则是最小二乘法（least squares method，LSM）。通俗地讲，各实测点到回归直线纵向距离的平方和最小，即使得 $\sum(Y-\hat{Y})^2$ 最小，在这个原则指导下可以求出回归线的截距 a、斜率 b。

$$Q=\sum\left(Y-\hat{Y}\right)^2=\sum\left[Y-\left(a+bX\right)\right]^2 \tag{10-3}$$

要使上式达到最小，可取 Q 分别关于 a，b 的偏导数，并令其等于零。这里 $i=1$，2，…，n（n 为样本含量），

$$\begin{cases}\dfrac{\partial Q}{\partial a}=-2\sum(Y-a-bX)=0,\\ \dfrac{\partial Q}{\partial b}=-2\sum(Y-a-bX)X=0\end{cases} \tag{10-4}$$

得方程组：

$$\begin{cases}na+\left(\sum X\right)b=\sum Y,\\ \left(\sum X\right)a+\left(\sum X^2\right)b=\sum XY\end{cases} \tag{10-5}$$

该方程组有唯一解：

$$b=\frac{\sum(X-\bar{x})(Y-\bar{y})}{\sum(X-\bar{x})^2}=\frac{\sum XY-\sum X\sum Y/n}{\sum X^2-(\sum X)^2/n}=\frac{l_{XY}}{l_{XX}} \tag{10-6}$$

$$a=\bar{y}-b\bar{x} \tag{10-7}$$

例 10-1 为进一步做好城乡居民医疗保障工作，某省欲提高本地职工群医疗保险的个人缴费比重，收集 10 所工厂职工的平均实发工资 X（元）和个人缴纳医疗保险的金额 Y（元）。其平均工资和个人缴纳保险的金额如表 10-1 第（2）、（3）栏，请求出平均实发工资金额推算需个人缴纳医疗保险金额的回归方程。

表 10-1 某地 10 所工厂职工缴纳养老保险金额

工厂序号 i （1）	X （2）	Y （3）	X^2 （4）	Y^2 （5）	XY （6）
1	5283	115.40	27910089	13317.16	609658.20
2	5299	118.32	28079401	13999.62	626977.68
3	5358	120.30	28708164	14472.09	644567.40
4	5292	119.15	28005264	14196.72	630541.80
5	5602	131.20	31382404	17213.44	734982.40
6	6014	137.32	36168196	18856.78	825842.48
7	5830	136.30	33988900	18577.69	794629.00
8	6102	141.00	37234404	19881.00	860382.00

续表

工厂序号 i (1)	X (2)	Y (3)	X^2 (4)	Y^2 (5)	XY (6)
9	6075	139.50	36905625	19460.25	847462.50
10	6411	151.15	41100921	22846.32	969022.65
合计	57266	1309.64	329483368	172821.08	7544066.10

（1）将原始数据在直角坐标纸上绘制散点图，见图 10-1。可见呈线性趋势，再进行下列步骤，否则不必进行线性回归分析。

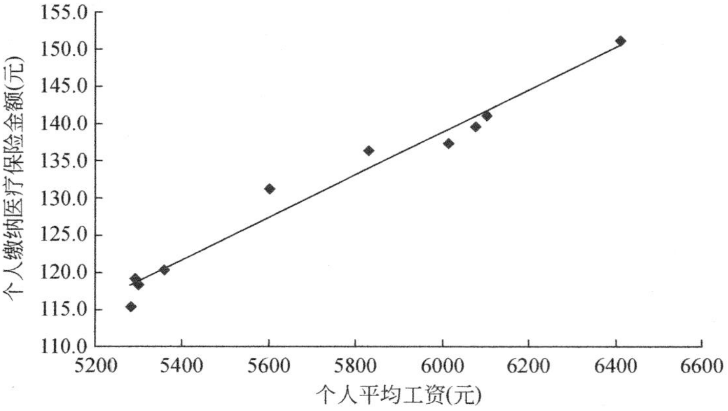

图 10-1 某地 10 所工厂职工平均工资与个人缴纳医疗保险金额散点图

（2）求公式（10-6）和公式（10-7）中的中间数据：$\sum X$，$\sum X^2$，$\sum Y$，$\sum XY$（见表 10-1 合计栏）。

本例 n =10，$\sum X$ =57266，$\sum X^2$ =329483368，$\sum Y$ =1309.64，$\sum XY$ =7544066.1。代入公式：

$$b=\frac{7544066.1-57266\times 1309.64/10}{329483368-(57266)^2/10}=0.029$$

$$\bar{x}=\sum\frac{X}{n}=57266/10=5726.6$$

$$\bar{y}=\sum\frac{Y}{n}=1309.64/10=130.964$$

$$a=134.679+0.11\times 5726.6=-33.29$$

至此，就可得线性回归方程：$\hat{Y}=-33.29+0.029X$。

（3）画直线，取相距较远的两 X 值，分别代入方程求出相应的 $\hat{Y}$ 值，得两点坐标，过此两点的直线即为回归直线。

取点：

当 $X=5283$ 时，$\hat{Y}=-33.29+0.03\times 5283=123.85$；

当 $X=6411$ 时，$\hat{Y}=-33.29+0.03\times 6411=159.04$。

过点（5283，123.85）和（6411，159.04）作直线（见图 10-1）。

注 所绘直线必然通过点 $(\bar{x},\bar{y})$。若将此线左端延长与纵轴相交，交点的纵坐标等于截距 a。在实际绘图时，回归直线应在 X 的实测范围或实际可应用范围内绘制，不可随意延长。

四、线性回归方程的检验

前面线性回归方程 $\hat{Y}=a+bX$ 是利用样本信息进行估计的，因存在抽样误差，必须对其进行假设检验。我们知道，即使 X，Y 的总体回归系数 β 为零，由于抽样误差的存在，其样本回归系数 b 也不一定为零。因此有必要作 b 是否来自 β 为零的总体的假设检验，其方法可用方差分析或 t 检验，两者完全等价。

（一）方差分析

根据前述方差分析的基本思想，首先我们分解一下因变量 Y 的离均差平方和，可见（图 10-2），对于任一点 P（X，Y），其纵坐标被回归直线 $\hat{Y}$ 与均数 $\overline{Y}$ 截成三个线段：$Y-\overline{y}=(\hat{Y}-\overline{y})+(Y-\hat{Y})$。

可以证明

$$\sum(Y-\overline{y})^2=\sum(\hat{Y}-\overline{y})^2+\sum(Y-\hat{Y})^2 \qquad (10\text{-}8)$$

上式也可表示为

$$SS_{总}=SS_{回}+SS_{剩} \qquad (10\text{-}9)$$

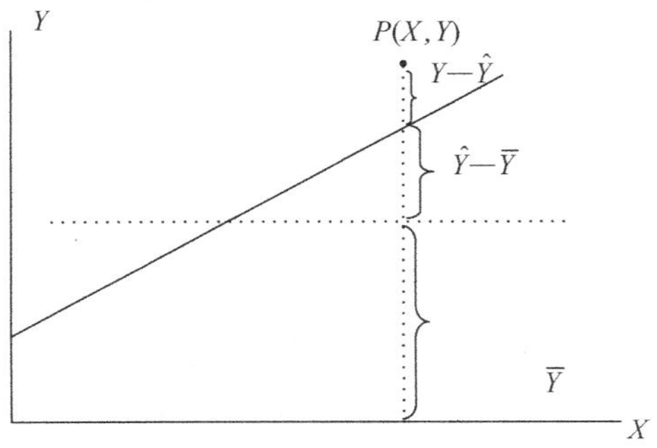

图 10-2　因变量 Y 的离均差平方和划分示意

$SS_{总}$ 即 $\sum(Y-\overline{y})^2$，称总离均差平方和，即不考虑 Y 与 X 的回归关系时 Y 的总变异。

$SS_{回}$ 即 $\sum(\hat{Y}-\overline{Y})^2$，称回归平方和，反映在 Y 的总变异中由于 X 与 Y 的线性关系而使 Y 变异减小的部分，即在 Y 的总变异中可以由 X 来解释的部分，其值愈大，说明线性回归的效果愈好。

$SS_{剩}$ 即 $\sum(Y-\hat{Y})^2$，称剩余平方和，即残差平方和，反映 X 对 Y 的回归关系影响之外的因素对 Y 变异的作用，即 Y 的总变异中无法用 X 解释的部分，$SS_{剩}$越小，说明线性回归的拟合越好。

相应地，上述 3 个离均差平方和对应的自由度之间关系为

$$\nu_{总}=\nu_{回}+\nu_{剩} \qquad (10\text{-}10)$$

其中 $\nu_{总}=n-1$，$\nu_{回}=1$，$\nu_{剩}=n-2$。

从以上离均差平方和及其自由度的分解可见，不考虑回归时，随机误差是 Y 的总变异 $SS_{总}$；考虑回归以后，由于回归的贡献使原来的随机误差减小为 $SS_{剩}$。如果两变量间总体回归关系确实存在，回归的贡献就要大于随机误差的贡献，大到何种程度时就可以认为具有统计学意义，可计算 F 统计量：

$$F=\frac{SS_{回}/\upsilon_{回}}{SS_{剩}/\upsilon_{剩}}=\frac{MS_{回}}{MS_{剩}},\quad \nu_{回}=1,\quad \nu_{剩}=n-2 \qquad (10\text{-}11)$$

式中 $MS_{回}$，$MS_{剩}$分别称为回归均方和剩余均方。统计量 F 服从自由度为的 $\nu_{回}$，$\nu_{剩}$ 的 F 分布。求 F 值后，查 F 界值表，得 P 值，按所取检验水准做出统计推断。

实际计算时，可先将 X_i 依次代入回归方程求得 $\hat{Y}_i$，再求得 SS回与 SS剩；也可以利用下式直接求得 SS回再得到 SS剩：

$$\mathrm{SS}_{回}=bl_{XY}=\frac{l_{XY}^2}{l_{XX}}=b^2 l_{XX} \tag{10-12}$$

$$\mathrm{SS}_{剩}=\mathrm{SS}_{总}-\mathrm{SS}_{回} \tag{10-13}$$

以例 10-1 为例，对求出的回归方程进行检验。

（1）建立检验假设，确定检验水准。

H_0：$\beta=0$；

H_1：$\beta\neq 0$。

（$\alpha=0.05$）

（2）计算检验统计量。

$$\mathrm{SS}_{总}=l_{YY}=\sum(Y-\bar{y})^2=\sum Y^2-\frac{\left(\sum Y\right)^2}{n}=172821.08-\frac{1309.64^2}{10}=1305.4$$

$$l_{XX}=\sum(X-\bar{x})^2=\sum X^2-\frac{\left(\sum X\right)^2}{n}=329483368-\frac{57266^2}{10}=1543892.4$$

$$l_{XY}=\sum(X-\bar{x})(Y-\bar{y})=\sum XY-\frac{\left(\sum X\sum Y\right)}{n}=7544066.1-\frac{57266\times 1309.64}{10}=44281.7$$

所以，

$$\mathrm{SS}_{回}=\frac{l_{XY}^2}{l_{XX}}=1270.1$$

$$\mathrm{SS}_{剩}=\mathrm{SS}_{总}-\mathrm{SS}_{回}=1305.4-1270.1=35.3$$

$$F=\frac{\mathrm{SS}_{回}/\nu_{回}}{\mathrm{SS}_{剩}/\nu_{剩}}=\frac{1270.1/1}{35.3/8}=287.8$$

（3）确定 P 值，做出推断结论。

F=287.8，P<0.01，则按 α=0.05 检验水准拒绝 H_0，接受 H_1。故可认为在个人医疗保险缴纳上，工资水平与缴纳金额之间存在线性回归关系。

（二）t 检验

（1）建立检验假设，确定检验水准。

H_0：β=0；

H_1：β≠0。

（$\alpha=0.05$）

（2）计算检验统计量。

$$t=\frac{b-0}{S_b}=\frac{b}{S_{Y.X}\div\sqrt{l_{XX}}}=\frac{b\sqrt{l_{XX}}}{\sqrt{\mathrm{MS}_{剩}}}=\frac{b\sqrt{l_{XX}}}{\sqrt{\dfrac{l_{YY}-l_{XY}^2/l_{XX}}{n-2}}},\quad \upsilon=n-2 \tag{10-14}$$

式中 S_b 为样本回归系数的标准误，$S_{Y.X}$ 为剩余标准差，即残差标准差。本例：

$$t=\frac{0.029\sqrt{1543892.4}}{\sqrt{\dfrac{1305.4-44281.7^2/1543892.4}{10-2}}}=16.96$$

（3）确定 P 值，做出推断结论。

$\nu=10-2=8$。查 t 界值表，得 $P<0.01$。按 $\alpha=0.05$ 检验水准拒绝 H_0，接受 H_1，可认为该回归方程有统计学意义。结论同方差分析（可以验证：$F=t^2$）。

五、线性回归在医疗保险中的应用

（一）描述两变量间的依存关系

通过构建回归方程以及对回归系数的假设检验，若 $P<0.05$，认为两变量间存在线性回归关系，则两变量间的依存关系可用线性回归方程来定量描述。

（二）利用回归方程进行预测

所谓利用回归方程进行预测就是把自变量代入回归方程，对因变量的个体值进行估计，可求出因变量取值的波动范围，即个体 Y 值的预测区间（prediction interval，PI）。

$X=X_p$ 时个体 Y 值的双侧（1−α）预测区间为

$$(\hat{Y}_p-t_{\alpha/2,(n-2)}S_{Y|X_p},\hat{Y}_p+t_{\alpha/2,(n-2)}S_{Y|X_p}) \tag{10-15}$$

其中，S_Y 为总体中当 X 为某定值时 Y 的标准差，其计算公式为

$$S_{Y/X_p}=S_{Y.X}\sqrt{1+\frac{1}{n}+\frac{(X_p-\bar{x})^2}{\sum(X-\bar{x})^2}} \tag{10-16}$$

$$S_{Y.X}=\sqrt{\frac{l_{YY}l_{XX}-l_{XY}^2}{n-2}} \tag{10-17}$$

用同样的方法，可计算出所有 X 值对应的 Y 值的（1−α）预测区间，以 X 为横坐标，Y 为纵坐标，将预测区间的上下限分别连起来形成的两条弧形线间的区域，称为 Y 值的预测带。

在例 10-1 中，如果平均工资 X 达到 5283 元，则医疗保险个人缴纳金额 Y 为 123.85 元，

$$S_{Y\cdot X}=\sqrt{\frac{l_{YY}l_{XX}-l_{XY}^2}{n-2}}=\sqrt{\frac{1305.4\times1543892.4-44281.7^2}{10-2}}=2610.75$$

$$S_{Y/X_P}=S_{Y\cdot X}\sqrt{1+\frac{1}{n}+\frac{(X_P-\bar{x})^2}{\sum(X-\bar{x})^2}}=2610.3\times\sqrt{1+\frac{1}{10}+\frac{(5283-5726.6)^2}{329483368^2-10\times(57226/10)^2}}=1.22$$

查表得 $t_{\alpha/2,(n-2)}=t_{0.025,(10-2)}=2.306$，得到 Y 的 95%预测区间为 123.85±2.208×1.22，即当平均工资达到 5283 元时，以 95%的概率估计医疗保险个人缴纳金额的均值在 121.2 元到 126.5 元之间。

（三）利用回归方程进行统计控制

统计控制是利用回归方程进行逆估计，如要求因变量 Y 在一定范围内波动，可以通过控制自变量 X 的取值来实现。

例 10-2　某保险公司以 20 个参保家庭为对象，探究自付部分医疗费用（元）与家庭年平均收入（元）之间的关系，建立自付部分医疗费 Y 与家庭年平均收入 X 的回归方程为 $\hat{Y}=280+1.25X$，剩余标准差 $S_{Y\cdot X}=16.72$。以根管治疗为例，在医疗费用支付中，如自付部分的医疗费用预期达到 1500 元，则家庭年收入至少应为多少元?

按公式（10-16），以 $S_{Y\cdot X}$ 代替 S_Y，将 16.72 作为单侧预测区间的 95%的上限，则

$$\hat{Y}+t_{0.05(18)}S_{Y\cdot X}=1500$$

已知 $S_{Y\cdot X}=16.72$，按自由度 $\upsilon=18$，查 t 界值表，单侧 $t_{0.05,18}=1.734$，则

$$(280+1.25X)+1.734\times16.72=1500$$

X=952.8，因此，根管治疗术中，如要求自付部分的医疗费用预期达到 1500 元，则家庭年收入至少应为 952.8 元。

第二节 多重线性回归分析

线性回归是回归分析中最简单的一种，刻画某个观察指标与一个自变量之间的依存关系。但由于事物之间的联系通常是多方面的，一个因变量的变化可能受多个自变量的影响，如职工的医疗费用支出，除与年龄有关外，还与性别、职业、收入、文化程度、费用支付方式等因素有关；糖尿病患者血糖变化可能受糖化血红蛋白、胰岛素、甘油三酯、血清总胆固醇等多种生化指标的影响。

将线性回归分析方法推广，用回归模型分析一个连续型因变量 Y 与多个自变量 X 间的线性依存关系，称为多重线性回归（multiple linear regression）。

一、多重线性回归模型

设因变量为 Y，自变量为 $X_1, X_2, \cdots, X_m$，所谓 Y 与自变量 $X_1, X_2, \cdots, X_m$ 的多重线性回归，就是指用 m 个自变量 $X_1, X_2, \cdots, X_m$ 的数值估计 Y 的平均水平，回归模型的一般形式为

$$Y=\beta_0+\beta_1X_1+\beta_2X_2+\cdots+\beta_mX_m+\varepsilon \tag{10-18}$$

式中 β_0 为常数项，$\beta_1, \beta_2, \cdots, \beta_m$ 称为偏回归系数（partial regression coefficient），ε 为剩余项，即残差项，即扣除 m 个自变量对 Y 的影响后的随机误差。

由样本数据对模型参数 $\beta_1, \beta_2, \cdots, \beta_m$ 进行估计，得到的多重线性回归方程为

$$\hat{Y}=b_0+b_1X_1+b_2X_2+\cdots+b_mX_m \tag{10-19}$$

式中 b_0 为常数项，$b_j\left(j=1,2,\cdots,m\right)$ 称为偏回归系数，表示在其他自变量不变的条件下，X_j 每改变一个单位时，因变量 Y 的平均变化量。

二、多重线性回归方程的估计

回归分析的目的之一就是要建立一个回归方程，使研究人员能够根据已知的自变量去预测因变量的取值。偏回归系数的估计仍然用最小二乘法（LSM）。令

$$Q=\sum\left(Y-\hat{Y}\right)^2=\sum\left[Y-\left(b_0+b_1X_1+\cdots+b_mX_m\right)\right]^2 \tag{10-20}$$

LSM 要求剩余平方和，即残差平方和（sum of squares for residuals）最小，根据微分知识，回归系数必须满足式（10-21），才能求得极值。

$$\frac{\partial Q}{\partial b_0}=0,\quad \frac{\partial Q}{\partial b_1}=0,\ \cdots,\ \frac{\partial Q}{\partial b_m}=0 \tag{10-21}$$

或者以下正规方程组，也可使公式（10-20）达到极小。

$$\begin{cases} nb_0+\left(\sum X_1\right)b_1+\left(\sum X_2\right)b_2+\cdots+\left(\sum X_m\right)b_m=\sum Y \\ \left(\sum X_1\right)b_0+\left(\sum X_1^2\right)b_1+\left(\sum X_1X_2\right)b_2+\cdots+\left(\sum X_1X_m\right)b_m=\sum X_1Y \\ \cdots\cdots \\ \left(\sum X_m\right)b_0+\left(\sum X_mX_1\right)b_1+\left(\sum X_mX_2\right)b_2+\cdots+\left(\sum X_m^2\right)b_m=\sum X_mY \end{cases} \tag{10-22}$$

上述方程组的解法很多，考虑到对 b_j 进行假设检验时要用到上式系数矩阵的逆，故重点介绍求逆矩阵的方法。令

$$Y=\begin{pmatrix}Y_1\\Y_2\\\vdots\\Y_n\end{pmatrix},\quad X=\begin{pmatrix}1 & X_{11} & X_{12} & \cdots & X_{1m}\\1 & X_{21} & X_{22} & \cdots & X_{2m}\\\vdots & \vdots & \vdots & & \vdots\\1 & X_{n1} & X_{n2} & \cdots & X_{nm}\end{pmatrix} \tag{10-23}$$

X 称为设计矩阵（design matrix）或增广矩阵。Y，X 各元素为相应实际资料的观察值。由此可求得上述正规方程组（10-22）的系数矩阵 A 及常数项矩阵 B。

$$A=\begin{pmatrix}n & \sum X_1 & \sum X_2 & \cdots & \sum X_m\\\sum X_1 & \sum X_1^2 & \sum X_1X_2 & \cdots & \sum X_1X_m\\\vdots & \vdots & \vdots & & \vdots\\\sum X_m & \sum X_mX_1 & \sum X_mX_2 & \cdots & \sum X_m^2\end{pmatrix}=X^{\mathrm{T}}X \tag{10-24}$$

$$B=\begin{pmatrix}\sum Y\\\sum X_1Y\\\vdots\\\sum X_mY\end{pmatrix}=X^{\mathrm{T}}Y \tag{10-25}$$

按线性代数的方法，可求 Gauss 乘数矩阵 A^{-1}，记作 C（设计矩阵的逆）。

$$C=A^{-1}=\begin{pmatrix}C_{00} & C_{01} & C_{02} & \cdots & C_{0m}\\C_{10} & C_{11} & C_{12} & \cdots & C_{1m}\\\vdots & \vdots & \vdots & & \vdots\\C_{m0} & C_{m1} & C_{m2} & \cdots & C_{mm}\end{pmatrix}=\left(X^{\mathrm{T}}X\right)^{-1} \tag{10-26}$$

由此可得回归系数矩阵：

$$b=\begin{pmatrix}b_0\\b_1\\b_2\\\vdots\\b_m\end{pmatrix}=A^{-1}B=\left(X^{\mathrm{T}}X\right)^{-1}X^{\mathrm{T}}Y \tag{10-27}$$

此即为线性方程的最小二乘估计（LSE）。最小二乘估计是方差和最小线性无偏估计（best linear unbiased estimate，BLUE）且是唯一的，这就是著名的高斯-马尔可夫（Gauss-Markov）定理。这个重要定理奠定了最小二乘法估计在线性模型中参数估计的理论地位。

三、实 例 分 析

（1）用样本数据建立回归方程。

（2）对由样本计算的回归方程进行线性假设检验，当方程无统计学意义时，表明所有自变量（m 个）与因变量不存在线性关系，或由于样本例数太少或遗漏了与因变量有关的自变量。

（3）当回归方程有统计学意义时，表明在 m 个自变量中至少有一个自变量对因变量产生了影响，有必要检验到底是哪一个或哪几个自变量产生了影响。此时可对每个自变量的偏回归系数再进行假设检验，若某个自变量的偏回归系数无统计学意义，应把该自变量剔除，重新建立不包含该自变量的多重线性回归方程。

例 10-3 某地保险公司对人寿保险销售量 Y（份）与当地人均收入 X_1（元/年）、保费价格 X_2（元/份）进行调查，2014～2018 年资料如下（表 10-2），试求人寿保险销售量与当地人均收入、保费价格的多重线性回归方程。

表 10-2　2014～2018 年某地当地年人均收入、人寿保险保费价格、保险销售量数据

年份	Y	X_1	X_2
2014 年上	1040	5789.4	13420
2014 年下	1238	5989.8	12800
2015 年上	1895	7096.2	12210
2015 年下	2210	7396.6	11410
2016 年上	3823	8091.2	10860
2016 年下	5887	8275.3	10240
2017 年上	6795	8391.6	8581
2017 年下	8490	8575.7	7134
2018 年上	10610	8623.5	5600

本例中，

$$Y=\begin{pmatrix}1040\\1238\\\vdots\\10610\end{pmatrix},\quad X=\begin{pmatrix}1 & 5789.4 & 13420\\1 & 5989.8 & 12800\\\vdots & \vdots & \vdots\\1 & 8623.5 & 5600\end{pmatrix}$$

$$A=X^{\mathrm{T}}X=\begin{pmatrix}9 & 68229.3 & 92255\\68229.3 & 526735043.2 & 679491463\\92255 & 679491463.4 & 1001893317\end{pmatrix},\quad B=X^{\mathrm{T}}Y=\begin{pmatrix}41988\\344203432.1\\358249465\end{pmatrix}$$

$$C=A^{-1}=\begin{pmatrix}53.343 & -0.005 & -0.002\\-0.005 & 4.088\text{E-07} & 1.447\text{E-07}\\-0.002 & 1.447\text{E-07} & 6.898\text{E-08}\end{pmatrix}$$

于是各回归系数：

$$b=A^{-1}B=\begin{pmatrix}b_0\\b_1\\b_2\end{pmatrix}=\begin{pmatrix}16169.17\\0.15\\-1.23\end{pmatrix}$$

则回归方程为

$$\hat{Y}=16169.17+0.15X_1-1.23X_2$$

在该方程中，$b_1=0.15$，表示在保费不变的前提下，人均收入每增加 1 元/年，人寿保险销售平均增加 0.15（份）；$b_2=-1.23$，表示在人均收入不变的情况下，保费价格每增加 1（元/份），人寿保险销售平均减少 1.23（份）。截距 $b_0=16169.17$，表示 X_1，X_2 都为 0 时，Y 的估计值，在这里没有实际意义。$\hat{Y}$ 是根据方程估算出来的值，例如，当 $X_1=8000$，$X_2=6000$ 时，$\hat{Y}=9989.17$，表示当人均年收入 8000 元，人寿保险金额为 6000 元时，估计平均人寿保险销售量可达 9989.17 份。

多重线性回归方程也可表示为

$$Y_i=\hat{Y}_i+e_i,\quad i=1,2,\cdots,n \tag{10-28}$$

即 Y_i 可分解为两部分，一部分是由自变量解释的部分 $\hat{Y}_i$；另一部分是观测值 Y_i 与回归估计值 $\hat{Y}_i$ 之差，即自变量解释剩下的部分，称为残差或剩余项。

四、多重线性回归方程的检验

由样本求得多重线性回归方程后，抽样误差不可避免，因此需对回归方程进行假设检验。

（一）回归方程的假设检验

方差分析可以将回归方程中所有自变量 X_1，X_2，…，X_m 做一整体来检验它们与因变量 Y 之间是否具有线性关系，并对回归方程的预测或解释能力做出综合评价。

（1）建立检验假设，确定检验水准。

H_0：$\beta_1=\beta_2=\cdots=\beta_m=0$；

H_1：各 β_j（$j=1$，2，…，m）不全为 0。

（$\alpha=0.05$）

（2）计算检验统计。

计算 F 统计量

$$F=\frac{SS_{回}/m}{SS_{剩}/(n-m-1)}=\frac{MS_{回}}{MS_{剩}}$$

该检验统计量 F 在无效假设成立的前提下。服从自由度为 $\nu_{回}=m$，$\nu_{剩}=n-m-1$ 的 F 分布。

（3）确定 P 值，做出推断结论。

如果 $F\geqslant F_{\alpha,(m,n-m-1)}$，则在 $\alpha=0.05$ 的水平上拒绝 H_0，接受 H_1，认为 Y 与 m 个自变量 X_1，X_2，…，X_m 之间存在线性回归关系。反之，Y 与 m 个自变量间不存在线性回归关系。

（二）偏回归系数的假设检验

若回归方程有统计学意义，并不代表所有的自变量对 Y 的线性影响都存在，因此还有必要对方程中的各自变量的偏回归系数进行假设检验。检验方法既可用方差分析，也可用 t 检验，两者完全等价。

1. 方差分析

（1）建立检验假设，确定检验水准。

H_0：$\beta_j=0$；

H_1：$\beta_j\neq 0$。

（$\alpha=0.05$）

（2）计算检验统计量。

$$F_j=\frac{SS_{回}(X_j)/1}{SS_{剩}/(n-m-1)},\quad \nu_{回}=1,\quad \nu_{剩}=n-m-1$$

式中，偏回归平方和 $SS_{回}(X_j)$ 是指将 X_j 从回归方程里剔除后所引起回归平方和的减少量，它间接反映自变量 X_j 对因变量的贡献大小。

（3）确定 P 值，做出推断结论。

如果 $F_j\geqslant F_{\alpha,(1,n-m-1)}$，则在 $\alpha=0.05$ 的水平上拒绝 H_0，接受 H_1，说明 Y 与 X_j 有线性回归关系。

2. *t* 检验

t 检验是一种与方差分析完全等价的方法，计算公式为

$$t_j=\frac{b_j}{s_{bj}},\quad \nu=n-m-1 \tag{10-29}$$

其中，b_j为偏回归系数的估计值，s_{bj}为b_j的标准误。

如果$|t_j| \geqslant t_{(\alpha/2, n-m-1)}$，则在$\alpha = 0.05$的水平上拒绝$H_0$，接受$H_1$，说明$Y$与$X_j$有线性回归关系。

（三）标准偏回归系数

在多重线性回归方程中，由于各自变量的测量单位不同，偏回归系数的绝对值大小不能直接反映各自变量对因变量的影响。若要了解哪个自变量对因变量的影响最大，哪个自变量的影响最小，就必须使自变量无量纲化，即对数据作标准化。将原始数据减去相应变量的均数后再除以该变量的标准差，即

$$X'_j = \frac{X_j - \bar{x}_j}{s_j} \tag{10-30}$$

由转换后的数据计算得到的回归方程称为标准回归方程，相应的偏回归系数称为标准偏回归系数（standard partial regression coefficient）。由于标准偏回归系数没有量纲，其绝对值大小可直接比较各自变量X_j对Y的影响强度，在有统计学意义的前提下，标准偏回归系数的绝对值越大，相应自变量对Y的作用越大。

第三节　自变量筛选

在进行多重线性回归分析中，通过假设检验后，有的偏回归系数有统计学意义，有的则无统计学意义。因此，需要进行自变量的筛选。

一、自变量筛选方法

自变量的筛选要根据专业知识和研究目的进行，其基本思想是通过统计学方法尽可能地将回归效果显著的自变量选入回归方程中，而将作用不显著的自变量排除在外。

（一）前进法

前进法（forward selection）的思想是把自变量逐个引入回归方程。第一步，因变量Y对方程外的所有自变量做多重回归，将偏回归平方和$SS_{回}(X_j)$（$j=1, 2, \cdots, m$）最大且有统计学意义的自变量引入回归方程内；第二步，再将因变量Y对方程外的所有自变量（$m-1$）做多重回归，重新计算（$m-1$）自变量的偏回归平方和，选取偏回归平方和最大且有统计学意义的自变量引入回归方程；以此类推，直到方程外的所有自变量均无统计学意义为止。该方法筛选过程是自变量只进不出，有一定的局限性，即后续变量的引入有可能会使已经进入方程的自变量变得无统计学意义。

（二）后退法

后退法（backward selection）的思想是先将全部自变量引入方程，然后逐步剔除无统计学意义的自变量。第一步，建立含全部m个自变量的回归方程，剔除方程中偏回归平方和最小且无统计学意义的自变量；第二步，对剩下的（$m-1$）自变量重建回归方程，再剔除方程中偏回归平方和最小且无统计学意义的自变量；重复这一过程，直至方程中所有的自变量都不能剔除为止。后退法的优点是考虑到了自变量的组合作用，方程中引入的自变量数目一般会比前进法多；其缺点筛选过程是自变量只出不进，当自变量数目较多或某些自变量高度相关时，可能得不出正确的结果。

（三）逐步筛选法

逐步筛选法（stepwise selection）是在前进法和后退法的基础上，进行双向筛选的一种方法，其

基本思想是向前每引入一个自变量后，都要对方程里所有的自变量作假设检验，剔除无统计学意义者，再引入新的自变量，再检验，再剔除，…，直到不能再引入和再剔除为止。其检验方法是基于偏回归平方和的 F 检验。

$$F=\frac{SS_{回}^{(l)}\left(X_j\right)}{SS_{剩}^{(l)}/\left(n-m-1\right)}$$

其中，m 为进行到 l 步时方程中自变量的个数，$SS_{回}^{(l)}$（X_j）为第 l 步时的偏回归平方和，$SS_{剩}^{(l)}$ 为第 l 步时的剩余平方和。对给定的检验水准α，若 $F \geqslant F_{\alpha,(1,n-m-1)}$，则把该自变量引入方程。

应当注意，在逐步回归法中引入和剔除自变量的检验水准 α 值是不相同的，要求 $\alpha_{入}<\alpha_{出}$，否则当 $\alpha_{入} \geqslant \alpha_{出}$ 时，如果某个自变量偏回归系数的 P 值在 $\alpha_{入}$ 与 $\alpha_{出}$ 之间，那么这个自变量将被引入、剔除、再引入、再剔除……循环往复，以至无穷。逐步回归法避免了前进法和后退法各自的缺陷，保证了最后所得回归方程相对最优，但不一定是真正最优。

例 10-4 为研究影响糖尿病患者糖化血红蛋白水平的因素，调查某医院老年病科就诊的 180 例糖尿病患者的糖化血红蛋白水平 Y(%)、年龄 X_1(岁)、体重指数 X_2(kg/m^2)、总胆固醇 X_3(mmol/L)、收缩压 X_4（mmHg）与舒张压 X_5（mmHg）情况，现截取 20 名患者信息（表 10-3），试分析影响糖化血红蛋白水平的因素。

表 10-3 20 例糖尿病患者调查数据

序号	X_1	X_2	X_3	X_4	X_5	Y
1	49	32.19	6.0	148	86	7.6
2	67	24.77	2.7	151	98	7.4
3	64	25.24	7.0	151	80	7.4
4	66	24.26	4.8	157	87	7.2
5	68	30.28	3.5	136	83	7.3
6	48	26.18	7.6	137	87	7.6
7	66	26.36	5.9	157	91	7.5
8	47	32.07	5.7	157	89	7.7
9	64	28.44	6.1	154	82	7.3
10	75	30.65	6.9	137	86	7.7
11	53	23.43	7.1	161	86	7.5
12	46	30.56	2.9	146	79	7.3
13	59	25.19	6.0	158	80	7.3
14	76	27.26	5.4	124	85	6.9
15	63	23.93	6.7	133	89	7.5
16	74	24.94	7.9	166	82	7.9
17	52	22.82	5.3	149	71	7.3
18	64	24.34	2.5	126	93	6.8
19	54	25.44	2.6	151	83	6.9
20	78	28.98	7.2	147	74	7.5

本表摘自：颜虹，徐勇勇，赵耐青. 医学统计学. 第 3 版. 北京：人民卫生出版社. 2015。

采用后退法筛选自变量，首先将所有自变量选入回归方程，然后逐步剔除无统计学意义的自变量，具体计算过程如表 10-4。

表 10-4 后退法计算示意

步骤	变量	常数	偏回归系数	P
（1）		3.876		
	X_1		−0.002	0.715
	X_2		0.032	0.033
	X_3		0.108	0.001
	X_4		0.008	0.037
	X_5		0.011	0.133
（2）		3.736		
	X_2		0.033	0.024
	X_3		0.106	<0.001
	X_4		0.009	0.022
	X_5		0.010	0.125
（3）		4.799		
	X_2		0.031	0.036
	X_3		0.097	0.001
	X_4		0.008	0.036

后退法筛选变量的计算过程（见表 10-4）：①首先将全部自变量引入回归方程，并进行假设检验，X_1 无统计学意义，故剔除 X_1；②剔除 X_1 后，再次进行假设检验，X_5 无统计学意义，故剔除 X_5；③剔除 X_1 与 X_5 后，所有自变量均有统计学意义，故可认为（3）的回归方程最优。即

$$\hat{Y}=4.799+0.031X_2+0.097X_3+0.008X_4$$

根据上述结果，可认为糖化血红蛋白的变化与体重指数、总胆固醇和收缩压有线性回归关系。当其他自变量固定不变时，体重指数每增加 1 个单位，糖化血红蛋白估计平均升高 0.3%；总胆固醇每升高 1mmol/L，糖化血红蛋白估计平均升高 0.097%；收缩压每升高 10mmHg，糖化血红蛋白估计平均升高 0.08%。

（四）全局择优法

全局择优法是对自变量各种不同的组合所建立起来的回归方程进行比较，从全部组合中挑出一个最优的回归方程，其主要方法有"校正决定系数选择法"和"C_p 统计量选择法"。全局择优法适用于自变量数较少的情况，可以求出所有可能的回归方程，然后运用上述准则从中选出"最优"回归方程。当自变量数为 m 时，可能的回归方程有 2^m-1 个。

二、回归方程的评价

在多重线性回归分析中，可用决定系数 R^2 和复相关系数 R、校正决定系数和校正复相关系数、剩余标准差等对回归方程的预测或解释能力做相应的评价，在此基础上进一步评估各自变量的贡献。

（一）决定系数

多重线性回归中可以用决定系数（coefficient of determination，R^2）来初步说明回归方程的拟合效果。

$$R^2=\frac{SS_{回}}{SS_{总}}=1-\frac{SS_{剩}}{SS_{总}} \tag{10-31}$$

该公式反映了回归分析中回归平方和在总平方和中所占百分比，$0 \leqslant R^2 \leqslant 1$。其值愈接近于 1，初步说明回归方程对数据的拟合程度越好。

（二）校正决定系数

由于 R^2 的计算受到自变量个数的影响，一般而言，方程中自变量个数越多（即使无统计学意义）R^2 会越大。因此，用 R^2 值来评价因变量相同的回归方程时，往往不能正确地评价，此时可用校正决定系数（adjusted determinant coefficient，adjusted R-square，R_c^2）：

$$R_c^2 = 1 - \frac{SS_{剩}/(n-p-1)}{SS_{总}/(n-1)} \tag{10-32}$$

式中，p 为进入方程中的自变量个数，n 为样本含量。该系数对方程中自变量的个数影响进行了“校正”，更适合作为衡量回归方程优劣的标准。

（三）剩余标准差

$$S_{Y,1,2,\cdots,p} = \sqrt{\frac{\sum\left(Y-\hat{Y}\right)^2}{n-p-1}} \tag{10-33}$$

剩余标准差（standard deviation of residual，Root MSE），主要反映回归方程的估计精度，其值越小说明回归效果越好。残差标准差可用于偏回归系数的假设检验、Y 的容许区间及可信区间的估计、自变量的选择等。在实际工作中，用该指标筛选出的回归方程与校正决定系数筛选出的方程常是一致的。

（四）C_p 统计量

$$C_p = \frac{(SS_{剩})_p}{(MS_{剩})_m} - [n - 2(p+1)] \tag{10-34}$$

其中，$(SS_{剩})_p$ 是由 p（$p \leqslant m$）个自变量作回归的剩余平方和，即残差平方和，$(MS_{剩})_m$ 是从全部 m 个自变量的回归方程中得到的剩余均方，即残差均方。假设当由 p 个自变量拟合的方程理论上为最优时，C_p 的期望值是 $p+1$，因此在实际中，当 C_p 的期望值越接近 $p+1$ 时，说明回归方程的拟合效果越好。

此外，判断回归方程拟合效果还有赤池信息准则（Akaike’s information criterion，AIC）等。在运用这些准则时要注意，只有在因变量的假定条件相同，且回归模型参数估计方法相同时，才能相互比较。且该准则是判断一个因变量与一组自变量的线性关系，自变量可以有不同的组合，但因变量只有一个。

三、实例分析

例 10-5　对 27 位车主用于购买汽车保险的投保金额与参保险种、事故发生时个人承担金额等内容进行调查，其中投保金额 Y（千元）、车辆附加险 X_1（百元）、第三者责任险 X_2（百元）、发生事故后个人承担金额 X_3（百元）、机动车交通事故责任强制保险 X_4（百元）的实测数据见表 10-5，试投保金额与其他几项参保关系的多重线性回归方程。

表 10-5　27 位车主用于购买汽车保险的投保金额与参保险种金额数据

序号	X_1	X_2	X_3	X_4	Y
1	5.68	1.90	4.53	8.2	11.2

续表

序号	X_1	X_2	X_3	X_4	Y
2	3.79	1.64	7.32	6.9	8.8
3	6.02	3.56	6.95	10.8	12.3
4	4.85	1.07	5.88	8.3	11.6
5	4.60	2.32	4.05	7.5	13.4
6	6.05	0.64	1.42	13.6	18.3
7	4.90	8.50	12.60	8.5	11.1
8	7.08	3.00	6.75	11.5	12.1
9	3.85	2.11	16.28	7.9	9.6
10	4.65	0.63	6.5	7.1	8.4
11	4.59	1.97	3.61	8.7	9.3
12	4.29	1.97	6.61	7.8	10.6
13	7.97	1.93	7.57	9.9	8.4
14	6.19	1.18	1.42	6.9	9.6
15	6.13	2.06	10.35	10.5	10.9
16	5.71	1.78	8.53	8.0	10.1
17	6.40	2.40	4.53	10.3	14.8
18	6.06	3.67	12.79	7.1	9.1
19	5.09	1.03	2.53	8.9	10.8
20	6.13	1.71	5.28	9.9	10.2
21	5.78	3.36	2.96	8.0	13.6
22	5.43	1.13	4.31	11.3	14.9
23	6.50	6.21	3.47	12.3	16.0
24	7.98	7.92	3.37	9.8	13.2
25	11.54	10.89	1.20	10.5	20.0
26	5.84	0.92	8.61	6.4	13.3
27	3.84	1.20	6.45	9.6	10.4

试用全局择优法对表 10-5 中数据的自变量进行选择（见表 10-6）。

表 10-6 全局择优法过程

方程中的自变量	R_c^2	C_p	方程中的自变量	R_c^2	C_p
X_2，X_3，X_4	0.55	3.15	X_2，X_3	0.41	9.14
X_1，X_2，X_3，X_4	0.53	5.00	X_1，X_3	0.38	10.78
X_1，X_3，X_4	0.49	5.96	X_4	0.35	11.63
X_1，X_2，X_4	0.45	7.97	X_1	0.28	14.92
X_1，X_4	0.44	7.42	X_1，X_2	0.28	15.89
X_2，X_4	0.44	7.51	X_3	0.23	17.77
X_3，X_4	0.44	7.72	X_2	0.18	20.53
X_1，X_2，X_3	0.41	9.88			

m=4，故回归方程拟合数为 $2^m-1=2^4-1=15$。由第三者责任险（X_2）、个人承担金额（X_3）和机动车交通事故责任强制保险（X_4）与投保金额（Y）建立的回归方程最优，回归方程的检验结果见表 10-7。

表 10-7　方差分析表

变异来源	自由度	SS	MS	F	P
总变异	26	222.552			
回归	3	133.098	44.366	11.410	<0.001
残差	23	89.454	3.889		

估计的多重线性回归方程为

$$\hat{Y}=6.4996+0.4023X_2-0.2871X_3+0.6632X_4$$

结果表明：汽车保险金额的变化与第三者责任险、个人承担金额和机动车交通事故责任强制保险有线性回归关系。

第四节　线性回归分析的注意事项

一、线性回归分析的条件

经典的线性回归及多重线性回归的应用条件，要求资料符合下列条件。①线性（linear）：因变量与多个自变量之间具有线性关系，如果自变量与因变量是非线性关系，则需作适当的变量转换，使其呈线性关系，对变换后变量作回归分析。②独立性（independent）：各观测值 Y_i（$i=1$，2，…，n）相互独立。③正态性（normal）：即给定自变量 X 后，因变量 Y 的取值为正态分布或剩余（残差）服从正态分布。④方差齐性（equal variance）：不同自变量取值下因变量的方差相等。综合上述条件，可表示为 LINE。也即随机误差项 ε 的线性、正态性和方差齐性，另外就是自变量的独立性。自变量的独立性可以用专业来判断，而 ε 的线性、正态性和方差齐性都可以用残差图来进行诊断。

二、哑　变　量

哑变量（dummy variables）又称虚拟变量、指标变量等，用以量化分类变量，通常取值为（0，1），但这些数值不代表量的大小，仅仅表示不同的类别。引入哑变量可使线性回归模型变得更复杂，但对问题描述更简明，一个方程能达到两个方程的作用，而且接近现实。回归分析中，定义哑变量时为了避免共线性，当回归模型包含截距时，如变量有 k 个类别，需定义 k-1 个哑变量来表示这些类别；当回归模型中不包含截距时，需定义 k 个哑变量来表示这些类别。

医疗保险研究中常见的指标一般分为定性、等级和定量三种。实际应用线性回归时要求应变量是定量指标，且满足线性回归分析的条件。而对自变量的性质没有强制性的要求。

如果自变量为定量指标，且与应变量的关系是线性的，则直接以原变量的取值进入分析；如自变量与应变量是非线性相关关系，则需作适当的变量变换，使其呈线性关系，方可对变换后变量作回归分析。如果自变量为定性的分类变量时，常常将分类变量数量化后再进行分析。但需要注意的是，当 k 大于 2 时，不能用常规分析的逐步回归的方法进行自变量的选择，而应将 k-1 个哑变量作为一个整体来考虑是否引入方程。

（一）模型中引入哑变量的作用

（1）分离异常因素的影响，例如分析我国国民生产总值（GDP）的时间序列，必须考虑“文革”因素对国民经济的破坏性影响，剔除不可比的因素。

（2）检验不同属性类型对因变量的作用，例如工资模型中的文化程度、季节对销售额的影响。

（3）提高回归方程的预测精度，相当于将不同属性的样本合并，扩大了样本容量（增加了误差自由度，从而降低了误差方差）。

（二）如何定义哑变量

1. 自变量为无序多分类变量

假定自变量为 k 类，则用 $k-1$ 个取值为 0，1 的哑变量，完整地表达这些类别。例如，变量“吸烟情况”为无序多分类变量，在多重线性回归分析中，将原始变量 X“吸烟情况”（从不吸烟、已戒烟、现在吸烟）用两个取值为 0，1 的哑变量 X_1，X_2 表示，赋值方法如下：

$$X_1=\begin{cases}1, & \text{已戒烟,}\\0, & \text{其他,}\end{cases}\quad X_2=\begin{cases}1, & \text{现在吸烟,}\\0, & \text{其他}\end{cases}$$

现从中随机抽取了 3 例研究对象，如表 10-8，研究对象 1 的吸烟情况为已戒烟，研究对象 2 的吸烟情况为现在吸烟，研究对象 3 的吸烟情况为从不吸烟。

表 10-8　哑变量赋值表

序号	X_1	X_2
1	1	0
2	0	1
3	0	0

2. 自变量为有序多分类变量

如果把 X 的取值视为各类的得分，则不需要设置哑变量，则按连续变量处理。如果将其视为定性变量，用哑变量表示，将有 k 个分类的有序变量化成 $k-1$ 个哑变量，且以最高等级或最低等级作为对比的基础。例如老年人受教育程度与认知功能有关，在多重线性回归分析中，将原始变量 X“受教育程度”（文盲、小学、初中、高中及以上）用三个取值为 0，1 的哑变量 X_1，X_2，X_3 表示，赋值方法如下：

$$X_1=\begin{cases}1, & \text{小学,}\\0, & \text{其他,}\end{cases}\quad X_2=\begin{cases}1, & \text{初中,}\\0, & \text{其他,}\end{cases}\quad X_3=\begin{cases}1, & \text{高中及以上,}\\0, & \text{其他}\end{cases}$$

现从中随机抽取了 4 例研究对象，如表 10-9，研究对象 1 的受教育程度为小学，研究对象 2 的受教育程度为初中，研究对象 3 的受教育程度为高中，研究对象 4 的受教育程度为文盲。

表 10-9　哑变量赋值表

研究对象	X_1	X_2	X_3
1	1	0	0
2	0	1	0
3	0	0	1
4	0	0	0

三、违背线性回归分析应用条件的情形

在经典基本假设下，应用最小二乘法可以得到无偏的、有效的参数估计量。但是，在实际应用中，并不能同时满足这些基本假设的条件，若违背其中某一条件，那么应用最小二乘法估计方程就不能得到无偏的、有效的参数估计量，就需要新的方法估计方程中的参数。违背线性回归分析应用条件的情形主要包括：异方差性、多重共线性两种情况。

（一）异方差性

回归方程的剩余项 e_i 需符合以下条件：①服从正态分布；② e_i 的方差是一个常数 σ^2；③不同样本点之间相互独立，即 e_i' 与 e_j（$i \neq j$）的协方差为零。

在这些假设下，最小二乘法估计的回归方程具有方差最小、线性、无偏的特性，即最佳线性无偏估计。在实际卫生经济、医疗保险等问题研究中，e_i 表示观察值 Y_i 与估计值 $\hat{Y}_i$ 之差。因此，满足第一个假设是容易的，但往往不能满足后两个假设，破坏了第二个假设，则为异方差性（variance heterogeneity），破坏了第三个假设，则自变量间存在共线性。

出现异方差性，就会使得参数的假设检验和可信区间的建立发生困难、普通最小二乘法不再具有最小方差特性、回归方程的预测精度降低。

关于异方差的检验，目前提出的方法有十余种之多，常用的方法有残差图法、等级相关检验法、Glejser 检验、戈德菲尔德-匡特（Goldfeld-Quandt）检验、巴特利特（Bartlett）检验等。克服异方差性的方法有变量变换后再建立模型、加权最小二乘法（WLS）、广义最小二乘法（GLS）等（详见有关专著）。下面简要介绍残差图法识别异方差性。

残差分析（residual analysis），是指通过残差分布，即剩余分布，深入了解实际资料是否符合回归模型假设，尤其在识别离群点方面，有着重要作用。将每个残差值减去所有残差值的均数，再除以所有残差值的标准差，便得到标准化残差（standardized residual）。

残差分析通常是通过标准化残差图（standardized residual plot）来进行的。针对现有的回归方程，用各点的残差 e 即（$Y-\hat{Y}$）为纵坐标，相应的预测值 $\hat{Y}$ 为横坐标来绘制的图形称为残差图（residual plot）。当标准化残差以 0 为中心，在一恒定区域内较均匀地散布在一条直线的上下两侧，可以认为同方差的假定基本成立；一般认为在标准化残差的绝对值大于 2 为离群点。

如图 10-3（a）所示，标准化残差均匀地分布在 0 的两侧，无明显的特殊分布；若出现标准化残差的绝对值大于 2，如图 10-3（b）中的 P 点，要判断是否为异常点，要从专业上考虑是否删除该点；图 10-3（c）散点呈弯曲的点带形状，显示因变量与自变量间存在非线性关系，提示在回归分析中加入自变量的二次项可能效果更好（非线性关系可以采用曲线拟合的方法，例如方差不齐的采用加权最小二乘法）；图 10-3（d）散点呈喇叭状，提示存在异方差性，建议采用加权最小二乘法；图 10-3（e）提示各样本点残差不满足独立性，也不适宜用线性回归分析来处理该资料。

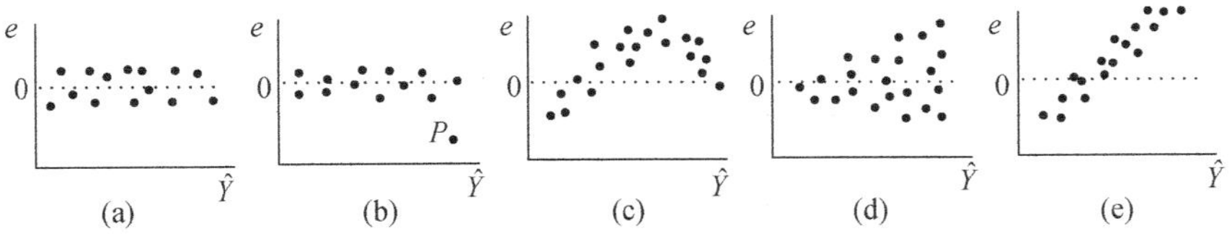

图 10-3 标准化残差图

例 10-6 在对 27 个保险公司人员组成的研究中，记录了保险公司管理人员数 Y 与保险销售人员数 X（见表 10-10），试建立管理人员数 Y 与保险销售人数 X 的回归方程。

计算得到中间结果：$\sum X = 22305$，$\sum Y = 2610$，$\sum X^2 = 22448049$，$\sum Y^2 = 290700$，$\sum XY = 2476741$。建立线性回归方程：

$$\hat{Y} = 25.53 + 0.085X$$

进行 F 检验，Y 与 X 有线性回归关系（$F=64.436$，$P<0.05$）。绘制（e_i'，$\hat{Y}$），$i=1, 2, \cdots, 27$ 的标准化残差图（图 10-4）。说明：e_i' 为无量纲化后的误差（即标准化后的）。

其中

$$e_i' = \frac{Y_i - \widehat{Y}_i}{S}, \quad s = \sqrt{\frac{1}{25}\sum_{i=1}^{27}\left(Y_i - \widehat{Y}_i\right)^2}$$

表 10-10　27 个保险公司人员组成

年份	X	Y	年份	X	Y
2001 年上	294	30	2008 年上	615	100
2001 年下	247	32	2008 年下	700	106
2002 年上	267	37	2009 年上	850	128
2002 年下	358	44	2009 年下	930	130
2003 年上	423	47	2010 年上	999	109
2003 年下	311	49	2010 年下	1022	114
2004 年上	456	56	2011 年上	1015	117
2004 年下	584	62	2011 年下	1025	160
2005 年上	438	68	2012 年上	1021	97
2005 年下	697	78	2012 年下	1200	100
2006 年上	688	80	2013 年上	1250	112
2006 年下	630	84	2013 年下	1500	210
2007 年上	709	88	2014 年上	1650	135
2007 年下	627	97	2014 年下	1799	140

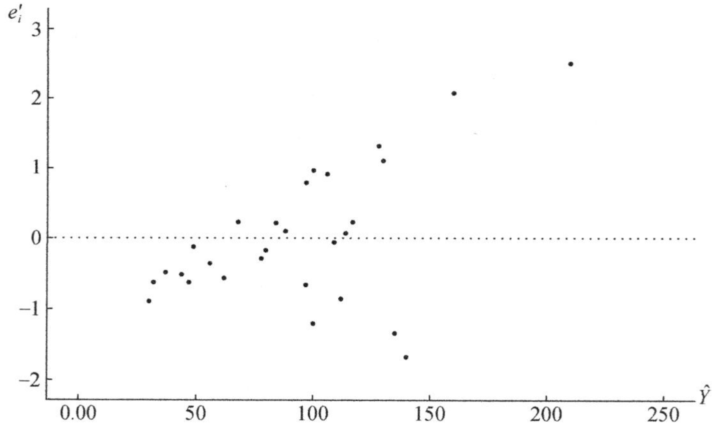

图 10-4　标准化残差图

由图 10-4 可得到，标准化残差图呈现“喇叭状”，说明存在异方差性。因此，上述基于最小二乘法估计的线性回归方程可能失效，建议采用加权最小二乘法（参阅有关统计学专著）。

（二）多重共线性

多重线性回归方程要求各自变量之间不存在明显的线性相关关系，否则无法使用最小二乘法进行参数估计。然而，在经济活动中自变量之间往往有一定程度的相关关系。例如，商品的需求函数：

$$Y = \beta_0 + \beta_1 P + \beta_2 Q + \beta_3 I \tag{10-35}$$

其中，Y 为需求量，P 为商品的价格，Q 为商品的质量水平，I 为居民的收入。一般说来，质量较高的商品，价格也比较高。可以认为价格与质量水平这两个变量之间存在着一定的关系。这种自变量之间的相关关系给回归方程的参数估计带来以下问题：①在某个检验水准 α 下，回归方程的假设检验 $P<\alpha$，而各偏回归系数的假设检验出现 $P>\alpha$ 的矛盾现象；②偏回归系数的估计值明显地与实际情况不符，如偏回归系数的符号与专业知识知晓的情况相反，或者是偏回归系数的绝对值偏大（或小）；③根据专业知识，自变量与因变量之间关系密切，而偏回归系数的检验结果却无统计学意义；④增加（或剔除）一个变量，引起偏回归系数的估计值发生大的变化。以上问题的发生，在排除了数据质量、样本的代表性问题等因素后，应该考虑可能是由于自变量之间存在多重共线性（multicollinearity）。

1. 多重共线性的识别指标

多重共线性的识别指标主要有容忍度、方差膨胀因子（VIF）、特征值和条件指数。其中容忍度越小，共线性越严重。一般认为，当容忍度小于 0.1 时，存在严重的多重共线性。方差膨胀因子等于容忍度的倒数，方差膨胀因子大于 10，存在严重的多重共线性，有时也认为大于 5 时即自变量间存在较强的共线性。特征值是指当对方程中所有自变量计算主成分时，如果自变量间存在较强的线性相关关系，则前面的几个主成分特征值较大，而后面的几个主成分特征值较小，甚至接近于 0。条件指数等于最大的主成分的特征值与当前主成分的特征值的算数平方根。一般认为条件指数大于 10 则自变量间存在多重共线性关系。

2. 多重共线性的处理

克服多重共线性的办法虽有很多文献加以讨论，但大体上可以归为四类：一是筛选自变量，将引起多重共线性的变量从模型中剔除，从而解决多重共线性问题，如逐步回归法就是成功应用的一种方法；二是适当选取参数估计方法，如利用有偏估计替代最小二乘法，岭回归分析、主成分回归分析等；三是通过改变变量定义形式（差分法），或增加样本含量以减少方差，提高估计精度；四是统计学方法取得新进展，如 Lasso[①]回归、ENet 回归等可以更高效地解决多重共线性问题。

四、其他注意事项

（1）回归分析结果要结合实际情况进行解释。

（2）注意线性回归分析的应用条件，自变量与因变量间的关系是线性的；自变量取不同值时，因变量的分布是正态的且方差相等；各观察值间是独立的。

（3）回归方程有统计学意义，并不表示方程中每个自变量均有统计学意义，因此除了对方程进行假设检验，还要对每个自变量的回归系数进行假设检验。

（4）变量的筛选方法很多，最常用的是前进法和后退法。用逐步回归法筛选所得回归方程不一定是全局最优的，而是局部最优的。运用逐步回归法除建立方程外，更重要的是观察变量进出方程的过程，深入分析变量的独立作用和联合作用。因此，在应用逐步回归法时，需设置不同检验水准，考察不同检验水准时变量进出方程的情况。被剔除的变量不一定是与因变量无关或关系不大的变量，可能是其作用被其他变量代替了。如果根据专业知识基本明确某些变量与因变量有线性关系，则这些变量可不参加变量的筛选，而直接让这些变量保留在方程中，如果这些变量参加了变量筛选，且被剔除方程，则需要给予解释。

（5）样本含量，多重线性回归分析需要的样本含量 n 一般是所研究的自变量个数 m 的 10～20 倍。

（王学梅）

① Lasso 最初是“least absolute shrinkage and selection operator”的缩写，即最小绝对收敛和选择操作，今也译为拉索。

第十一章 相关分析

内容提要

第十章我们已经学习了回归分析，不同于回归分析中用于分析一个变量数量上对另一个变量的依赖，只分析两变量间的相互伴随的变化关系时，就运用到了本章学习的相关分析。如医疗保险参保人数与保险费支出、社会机动车拥有量与保险公司承保车辆和年龄与胆固醇的关系等，两变量之间的变化都有一定的关系和规律。相关分析的任务就是要解决两个乃至多个变量间的相互关系并用适当的统计指标来表达。

第一节 线性相关分析

一、线性相关的概念

描述两个变量相互关系最简单的统计方法就是直线相关分析，研究人员关心两个变量是否有线性相关（linear correlation）关系，如果有线性相关关系，那么它们之间的关系是正相关（positive correlation）还是负相关（negative correlation）以及关系的密切程度（degree of relationship）如何。这正是线性相关分析要解决的问题。

散点图（scatter diagram）是直观反映两变量关系的一种统计图形，如图 11-1 和图 11-2 所示。图 11-1（a）图中，散点分布在一椭圆形范围内，两变量 *X*，*Y* 同时增大或减小，变量趋势是同向的，称正相关；反之 *X*，*Y* 间呈反向变化，称负相关，如图 11-1（c）所示；（b）、（d）图散点在一直线上，（b）图显示 X，*Y* 是同向变化称为完全正相关（perfect positive correlation）；反之，（d）图显示 *X*，*Y* 呈反向变化，称为完全负相关（perfect negative correlation）。（e）、（f）、（g）、（h）四图显示两变量间没有直线相关关系，称为零相关（zero correlation）。相关分析的任务就是对上述两变量相关关系给以定量的描述。

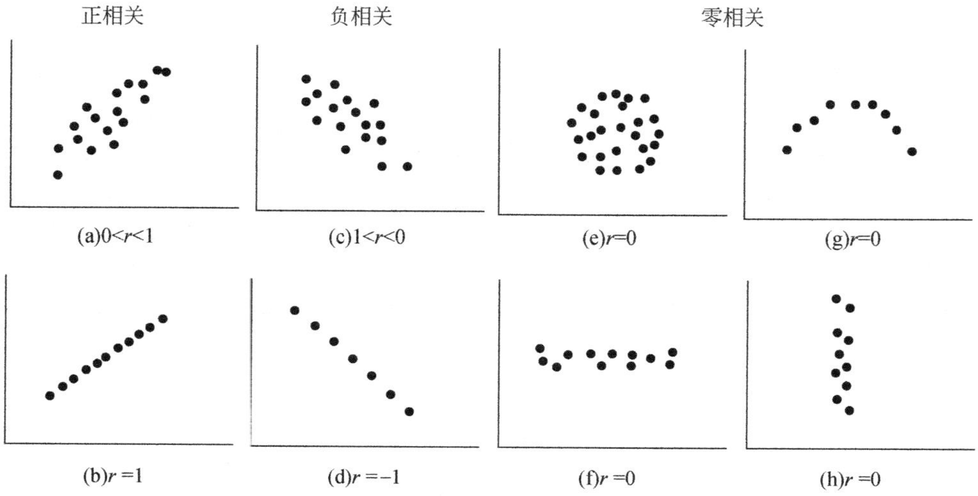

图 11-1 相关关系示意

二、相关系数的定义和意义

相关系数（correlation coefficient）又称为积差相关系数（coefficient of product moment correlation）、皮尔逊相关系数（Pearson's correlation coefficient）和简单相关系数（simple correlation coefficient）等，以符号 r 表示样本相关系数（总体相关系数用 ρ 表示）。它是用于描述具有线性关系的两个变量间相互关系的密切程度与相关方向的统计指标，计算公式为

$$r=\frac{\sum(X-\bar{x})(Y-\bar{y})}{\sqrt{\sum(X-\bar{x})^2}\sqrt{\sum(Y-\bar{y})^2}}=\frac{l_{XY}}{\sqrt{l_{XX}}\sqrt{l_{YY}}} \tag{11-1}$$

其中，l_{XX} 为变量 X 的离均差平方和，l_{YY} 为变量 Y 的离均差平方和，l_{XY} 为变量 X 与 Y 的离均差积和。其计算公式分别为

$$l_{XY}=\sum(X-\bar{x})(Y-\bar{y})=\sum XY-\frac{\left(\sum X\right)\left(\sum Y\right)}{n} \tag{11-2}$$

$$l_{XX}=\sum(X-\bar{x})^2=\frac{\sum X^2-\left(\sum X\right)^2}{n} \tag{11-3}$$

$$l_{YY}=\sum(Y-\bar{y})^2=\frac{\sum Y^2-\left(\sum Y\right)^2}{n} \tag{11-4}$$

相关系数没有单位，其值为 $-1\leqslant r\leqslant 1$。r 值为正，表示正相关，r 值为负，表示负相关，r 值为零，表示零相关。在相关系数 r 具有统计学意义的前提下，$|r|$ 等于 1 为完全相关，$|r|$ 越接近 1，表示两变量相互关系越密切。在生物医学、医疗保险研究中，由于影响因素众多，完全相关的例子很少，r 值多介于-1 与 1 之间。

例 11-1 为研究某省人员社会年平均收入（元/年）和该省养老保险缴纳额（元/年）之间的关系，现抽取该省 10 个地区（A～J），获得当地居民社会年平均收入（元/年）和养老保险缴纳额（元/年）情况，得到资料如表 11-1。据此数据如何判断这两项指标间有无关联？

表 11-1 10 个地区居民社会年平均收入（元/年）与养老保险缴纳额（元/年）

城市序号	社会年平均收入 X（元/年）	养老保险缴纳额 Y（元/年）
A	22132	4426.4
B	22196	4439.2
C	22432	4486.4
D	22168	4433.6
E	23408	4681.6
F	25056	5011.2
G	24320	4864.0
H	25408	5081.6
I	25300	5060.0
J	26644	5328.8

首先绘制散点图，见图 11-2。

从图 11-2 可看出趋势：年平均收入（元/年）越高，需缴纳养老金额越高；反之，年平均收入（元/年）低的人，需缴纳养老金额（年）也相应降低。初步看出居民社会年平均收入与养老保险缴

纳额之间可能存在着正相关关系。

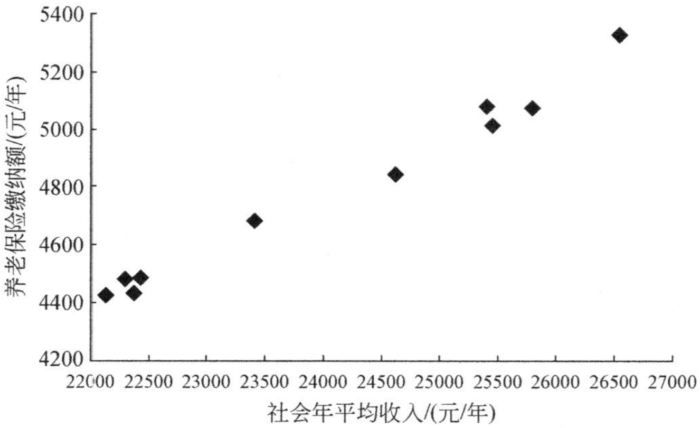

图 11-2　10 个地区居民社会年平均收入与养老保险缴纳额的关系

三、线性相关分析的步骤

如例 11-1，根据已绘制的散点图（图 11-2）得到居民社会年平均收入与养老保险缴纳额之间呈现一定的线性趋势，并可能存在着正相关关系。因此，可以做直线相关分析。

（一）相关系数的计算

由原始数据求$\sum X$，$\sum Y$，$\sum X^2$，$\sum Y^2$以及$\sum XY$等中间结果，其过程见表 11-2。

表 11-2　相关系数计算表

城市序号	社会年平均收入 X（元/年）	养老保险缴纳额 Y（元/年）	X^2	Y^2	XY
A	22132	4426.4	489825424	19593017	97965084.8
B	22296	4482.2	497111616	20090117	99935131.2
C	22432	4486.4	503194624	20127785	100638924.8
D	22368	4433.6	500327424	19656809	99170764.8
E	23408	4681.6	547934464	21917379	109586892.8
F	25456	5011.2	648007936	25112125	127565107.2
G	24620	4845.0	606144400	23474025	119283900.0
H	25408	5081.6	645566464	25822659	129113292.8
I	25800	5072.0	665640000	25725184	130857600.0
J	26544	5328.8	704583936	28396109	141447667.2
合计	240464 $\left(\sum X\right)$	47848.8 $\left(\sum Y\right)$	5808336288 $\left(\sum X^2\right)$	229915209 $\left(\sum Y^2\right)$	1155564366 $\left(\sum XY\right)$

代入式（11-1）至（11-4），计算相关系数：

$$r=\frac{l_{XY}}{\sqrt{l_{XX}l_{YY}}}=\frac{\sum(X-\bar{x})(Y-\bar{y})}{\sqrt{\sum(X-\bar{x})^2(Y-\bar{y})^2}}=0.99$$

（二）相关系数的假设检验

由样本所计算的相关系数 r 是总体相关系数 ρ 的估计值，抽样误差在所难免。若从总体相关系数 $\rho=0$ 的总体中随机抽样，因为存在抽样误差，样本相关系数 r 不一定等于 0。因此，计算出不等于零的样本相关系数后，还不能直接根据 $r\neq 0$ 就对 X，Y 的关系做出判断，应该考虑到这个不等于 0 的样本相关系数，是否有可能从 $\rho=0$ 的总体中抽取而来，需要做 ρ 是否等于 0 的假设检验。常用的对相关系数进行检验办法有两种。

1. 采用 t 检验

建立假设 H_0：$\rho=0$，即 X 与 Y 之间无线性相关关系；H_1：$\rho\neq 0$，即 X 与 Y 之间有线性相关关系。公式如下：

$$t=\frac{r-\rho}{s_r}=\frac{r}{\sqrt{\frac{1-r^2}{n-2}}} \tag{11-5}$$

式中 s_r 为相关系数的标准误。H_0 成立时，t 服从自由度为 $\nu=n-2$ 的 t 分布。求得 t 值后，查 t 界值表（见附表 2），判断 P 值，按所取检验水准做出推断结论。

在例 11-1 中，对计算得到的 r 值进行 t 检验，以判断居民社会年平均收入和养老保险缴纳额间是否存在直线相关关系。

（1）建立假设。

H_0：$\rho=0$，两变量间无直线相关关系；

H_1：$\rho\neq 0$，两变量间有直线相关关系。

（$\alpha=0.05$）

（2）计算统计量 t。

$n=10$，$r=0.99$，按式（11-5）计算 t 值：

$$t=\frac{r}{\sqrt{\frac{1-r^2}{n-2}}}=\frac{0.99}{\sqrt{\frac{1-0.99^2}{10-2}}}=22.63$$

（3）确定 P 值，做出判断。

$\nu=n-2=10-2=8$，查 t 值表，得 $t_{0.001,8}=5.041$，即 $P<0.001$，按 $\alpha=0.05$ 水准拒绝 H_0，接受 H_1，可认为居民社会年平均收入与养老保险缴纳额之间存在着正相关关系。

2. 直接查相关系数临界值表

根据自由度 $\nu=n-2$，查临界值表（附表 13），若 $|r|\geqslant r_{\alpha,\nu}$，则 $P\leqslant\alpha$，反之，$P>\alpha$。本例自由度 $\nu=n-2=10-2=8$，查 r 临界值表，将算得的 r 值与 $r_{0.001,8}$ 比较，可得 $r_{0.001,8}=0.872$，也同样得到 $P<0.001$，拒绝 H_0。可以认为居民社会年平均收入与养老保险缴纳额之间存在正相关关系。

四、进行线性相关分析时的注意事项

（1）进行相关分析要有实际意义，不能把毫无关联的两事物或现象做相关分析。两事物间有无实际意义主要靠专业知识来确定。

（2）相关表示两个变量之间的相关关系是双向的，分析两个变量之间到底有无相关关系可首先绘制散点图，散点图呈现出直线趋势时，再做分析。

散点图可使研究人员直观地看出两变量间是否存在线性关系，并发现可能存在的异常点（outlier），如图 11-3 中的 P 点和 Q 点。只有当散点图表明两变量间的关系呈线性趋势时，才能进行相关分析，否则可能会造成假象。如图 11-3（a）中的 P 点的存在，会掩盖原有的线性趋势；图 11-3（b）中的 Q 点的存在，会造成有的线性趋势的假象。需要说明的是，对待这类观察点是否为异常点要谨慎处理。

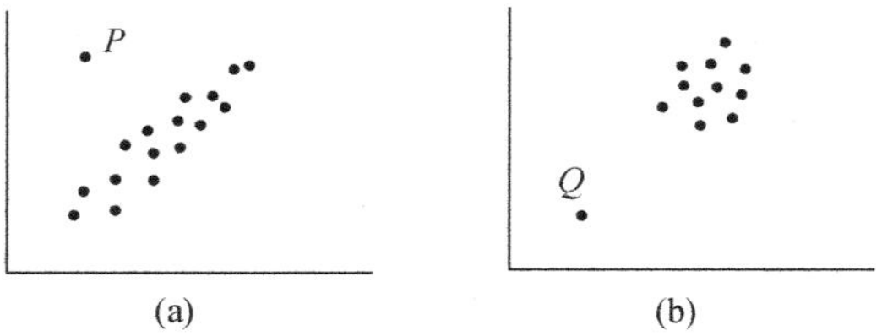

图 11-3　异常点对相关分析的影响

（3）相关系数的计算适用双变量正态分布资料，如果资料不符合该条件，可首先通过变量转换使之正态化，再根据变换值计算相关系数；在实际应工作中，完全符合上述要求的资料并非经常遇到，但只要与正态分布相差不远，在实际应用中仍有相当好的效果。如果变量（一个或两个）呈明显偏态分布时，就须经过适当的变量变换，使资料接近正态分布再做相关分析，或者直接采用等级相关法。

（4）据公式计算出的相关系数仅是样本相关系数，它是总体相关系数的估计值，与总体相关系数之间存在着抽样误差。要判断两个事物之间有无相关及相关的密切程度，必须作假设检验，当检验拒绝了无效假设时，才可以认为两个事物之间存在着相关关系，然后再根据计算出的相关系数判断相关关系的方向和关系的密切程度。

（5）不要把相关系数的假设检验结果误认为两事物或现象间相关的密切程度。例如，假设检验结果得出“$P<0.01$”或“$P<0.05$”的结果时，其统计结论都可以认为“直线相关关系成立”，$P<0.01$ 的结果比 $P<0.05$ 的结果更有理由认为相关关系成立，但并不能得出相关关系更密切的结论，两种结论可能出错的概率分别为“<0.01”与“<0.05”。

（6）相关分析是用相关系数来描述两个变量间相关关系的密切程度和方向，而两个事物之间的关系，既可能是依存因果关系，也可能是相互伴随关系。绝不可因为两事物间的相关系数有统计学意义，就认为二者之间存在着因果关系，要证明两事物之间确定存在因果关系，必须凭借专业知识加以阐明。不过，当事物之间的内在联系未被认清之前，相关分析可以从数量上为因果关系研究提供线索。

（7）要注意资料的同质性。对于待分析的两变量，其样本必须取自同质的总体，否则可能会造成不良后果，掩盖事物间关系的真相。如图 11-4（a）掩盖了两个不同样本各自的相关性，造成无线性相关关系的假象；图 11-4（b）使两个各自均无线性相关的样本虚拟出“线性相关关系”。对于此类问题应该进行分组分析方能得到正确结果。

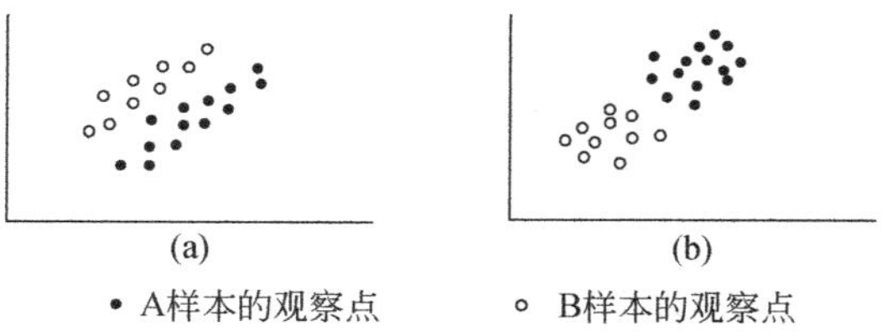

图 11-4　样本来自不同总体时对相关性的影响

例 11-2　为了解年龄对统筹基金的贡献，某团队对某市直管单位职工的平均年龄和获得的平均统筹基金进行调研后得到表 11-3。

对此分析后得到 $r=\frac{l_{XY}}{\sqrt{l_{XX}l_{YY}}}=\frac{\sum(X-\bar{x})(Y-\bar{y})}{\sqrt{\sum(X-\bar{x})^2(Y-\bar{y})^2}}$=0.18，$P>0.05$，结论为年龄和获得的统筹基金之间无线性关系。这种说法正确吗？

首先绘制散点图（如图 11-5）。

表 11-3 职工平均年龄与获得的平均统筹金额

序号	年龄 X（岁）	统筹金额 Y（元）	序号	年龄 X（岁）	统筹金额 Y（元）
1	24	800	11	34	1210
2	25	930	12	35	1230
3	26	950	13	36	1250
4	27	990	14	37	3000
5	28	1030	15	38	1310
6	29	1050	16	39	1350
7	30	4100	17	40	1395
8	31	1180	18	41	1410
9	32	1190	19	42	1434
10	33	1200	20	43	1445

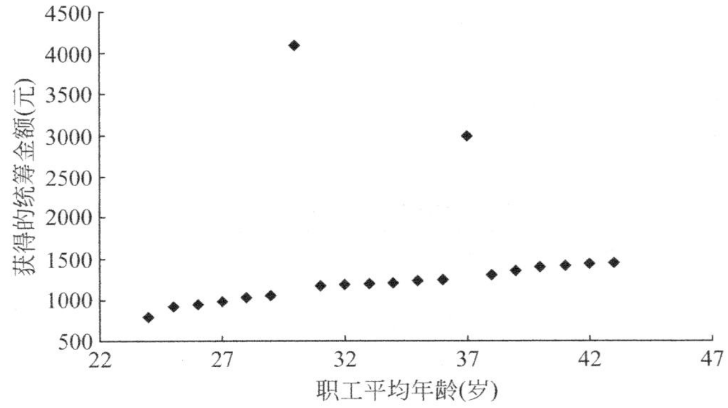

图 11-5 职工平均年龄和获得的统筹基金间的关系

由图 11-5 可以看出，在原资料中，有 18 人获得的统筹基金在 800～2000 元之间，但有 1 人为 4100 元，另一人为 3000 元，远远大于其余 18 人，属可疑值。由于此数据存在，可能影响直线相关的结论，故在实际应用中，应①检查原始数据，是否是录入错误、测量错误等人为原因引起的误差；②如不是过失误差导致，当指标观察值的数值的总体服从正态分布，可借助统计分析方法判断该值是否属于“异常值”；③如果确定为异常值，应将该异常数据剔除。

该例题中，当剔除数据 7 和数据 14 后，重新计算相关系数得 r=0.98，P<0.05。说明年龄和获得的统筹基金之间有线性正相关，即获得的统筹金额随年龄增长而增加。

第二节 复相关分析

上述简单相关分析只能研究两个变量间的相互关系，在实际研究过程中经常会遇到研究一个变量与多个变量的线性相关关系，此为复相关分析（analysis of multiple correlation）。

复相关分析中变量可有三个或更多，变量间的关系也比较复杂。以最简单的三个变量（X_1，X_2，X_3）来讲，可用简单相关系数分别表示两个变量间的相关程度（不考虑其他因素对它们的影响），也可用复相关系数表示三个变量间的相关程度。从相关分析角度来说，复相关中的变量没有因变量与自变量之分，但是在实际应用中，复相关分析经常与多元线性回归分析联系在一起，因此，复相关分析一般指因变量 Y 与 m 个自变量 X_1，X_2，…，X_m 的线性相关性。

复相关系数（multiple correlation coefficient）也称多重相关系数、全相关系数。它是因变量 Y 与 m 个自变量（X_1，X_2，…，X_m）之间相关程度的度量，体现了线性组合间相关关系的密切程度，常用 $R_{Y.12\cdots m}$ 表示（记为 R），是简单相关系数的扩展，区别在于简单相关系数 r 反映一个变量与另一个变量间相互关系的密切程度与方向，复相关系数 R 反映的是一个变量与一组变量之间线性关系的密切程度。

复相关系数定义为决定系数之平方根，复相关系数的性质与决定系数的性质是一样的，反映了因变量与自变量间的密切程度。显然有 $0\leqslant R\leqslant 1$。即复相关系数只反映一个变量与多个变量间相互关系的密切程度，而不反映相关关系的方向。当 m=1 时，R 就等于 Y 与 X 的简单相关系数之绝对值。

可用式（11-6）计算复相关系数：

$$R=\sqrt{\frac{SS_{回}}{SS_{总}}}=\sqrt{1-\frac{SS_{剩}}{SS_{总}}}=\sqrt{\frac{\sum(\hat{Y}-\bar{Y})^2}{\sum(Y-\bar{Y})^2}} \tag{11-6}$$

式中 $SS_{剩}$ 为剩余平方和，$SS_{总}$ 为因变量 Y 的总离均差平方和。

例 11-3 对全国 29 个地区人群的工资收入与年龄和参保重大疾病险金额进行调查，其中收入 X_1（千元），平均年龄 X_2（岁），参保金额 Y（万元/年）的实测数据如表 11-4，试描述收入、平均年龄与参保金额间的多元相关关系。

表 11-4 全国 29 个地区人群的工资收入、年龄、参保重大疾病险金额的实测数据

编号	收入 X_1（千元）	平均年龄 X_2（岁）	参保金额 Y（万元/年）	编号	收入 X_1（千元）	平均年龄 X_2（岁）	参保金额 Y（万元/年）
1	135.1	32.0	1.75	16	153.0	32.0	1.75
2	139.9	30.4	2.00	17	147.6	40.5	2.00
3	163.6	46.2	2.75	18	157.5	43.3	2.25
4	146.5	33.5	2.50	19	155.1	44.7	2.75
5	156.2	37.1	2.75	20	160.5	37.5	2.00
6	156.4	35.5	2.00	21	143.0	31.5	1.75
7	167.8	41.5	2.75	22	149.4	33.9	2.25
8	149.7	31.0	1.50	23	160.8	40.4	2.75
9	145.0	33.0	2.50	24	159.0	38.5	2.50
10	148.5	37.2	2.25	25	158.2	37.5	2.00
11	165.5	49.5	3.00	26	150.0	36.0	1.75
12	135.0	27.6	1.25	27	144.5	34.7	2.25
13	153.3	41.0	2.75	28	154.6	39.5	2.50
14	152.0	32.0	1.75	29	156.5	32.0	1.75
15	160.5	47.2	2.25				

试分析这 29 个地区人群的 X_1（千元）、X_2（岁）和参保金额 Y（万元/年）三个变量的相关程度。

1. 计算三个变量相互间的简单相关系数（见表 11-5）

表 11-5 X_1（千元）、X_2（岁）和投保金额 Y（万元/年）的相关矩阵

	X_1	X_2	Y
X_1	1.0000	0.7421	0.5884
X_2	0.7421	1.0000	0.7362
Y	0.5884	0.7362	1.0000

（1）年龄与收入之间相关系数 r_{12} 为 0.742，由 r 值与 1 比较，越接近 1，说明相关性越强，r 值的正负说明是正/负相关。由此得出，收入与平均年龄有相关性，且相关性较强，随着年龄的增长，收入增高。

（2）收入与参保金额之间相关系数 r_{Y1} 为 0.588，说明收入与参保金额之间有正相关，但不能说明两者有密切相关。收入越高，用于投保的金额越大。

（3）年龄与参保金额之间相关系数 r_{Y2} 为 0.736，说明年龄与参保金额之间有正相关，且两者间有密切的相关关系，年龄越年长，用于参保的金额越大。

（4）通过两两分析，比较简单相关系数

$$r_{12} > r_{Y2} > r_{Y1}$$

初步说明，年龄与收入之间相关关系最为密切。

2. 计算复相关系数

已知 $SS_{剩}$=2.5579，$SS_{总}$=5.6336，代入式（11-6）得

$$R=\sqrt{1-\frac{SS_{剩}}{SS_{总}}}=\sqrt{1-\frac{2.5579}{5.6336}}=0.7389$$

同简单相关系数一样，根据公式（12-3）计算出的复相关系数 R 仅是样本复相关系数，它是总体复相关系数的估计值。要判断变量间有无相关及相关的密切程度，必须作假设检验。

3. 复相关系数的假设性检验

H_0：总体复相关系数 ρ 为零；

H_1：总体复相关系数 ρ 不为零。

（$\alpha=0.05$）

则

$$F=\frac{R^2/m}{(1-R^2)/(n-m-1)} \tag{11-7}$$

如果 $F \geqslant F_{\alpha(n-m-1)}$，则在 α 水平上拒绝 H_0，认为各总体复相关系数不均为零。否则接受 H_0，可认为总体复相关系数 ρ 亦为零。本例中，$P<0.05$，可认为其复相关关系存在。

注意，同一资料对复相关系数 R 的假设检验与多重线性回归方程的假设检验结果一致。

4. 校正复相关系数

在第十章多重线性回归分析中，由于 R^2 的计算未考虑到变量个数的影响（严格地说，是自由度的影响）。此时可计算校正的复相关系数比较变量个数不同时关系更为合理。

$$R_C=\sqrt{1-\frac{SS_{剩}/(n-m-1)}{SS_{总}/(n-1)}} \tag{11-8}$$

其中，m 为自变量的个数，n 为样本含量。

第三节　偏相关分析

很多情况下人们利用简单相关系数的大小来解释两变量间相互关系的密切程度和方向，没有考虑到这种相关性是否是由于其他变量的变化引起的。一般而言，客观事物间的关系错综复杂，各变量间是相互影响的。

（一）偏相关系数

偏相关系数（partial correlation coefficient）也称为部分相关系数，是指其他变量固定时，某两

变量间的相关关系，或者说是扣除了其他变量（往往是混杂因素）对分析变量间的影响后，表示两个分析变量间相关程度的统计指标。偏相关系数考虑了各变量间的相互影响，计算时固定其他因素，因此不仅计算结果与简单相关系数有差别，而且正负符号也不完全一致。相同资料时，其符号与偏回归系数 b_i 的符号一致。一般 $|r_{iY}|$ 越接近 1，则 X_i 与 Y 的线性关系越密切。

1. 计算偏相关系数时的条件

（1）原始资料服从多元正态分布；

（2）数据必须是随机抽取的；

（3）不分自变量和因变量（本章所有相关分析，理论上是不区分自变量和因变量的）。

2. 偏相关系数具有双向关系

当 X_2 固定时，X_1 与 X_3 无所谓第一变量还是第二变量。例如：婴儿出生体重（X_1）与母亲怀孕前体重（X_2）、身高（X_3）都有关系。如果不考虑 X_3 的影响，只计算 X_1，X_2 间的相关系数 r，则 r 的大小往往不能反映客观事物的真实情况，当 r 值较大时，r 可能反映是 X_1，X_2 间关系，也可能是因 X_3 对 X_1 的作用和 X_3 对 X_2 的作用的客观反映。反之，X_1，X_2 之间算得的一个较小 r 值，也不一定就意味着 X_1，X_2 之间的关系薄弱，其关联可能因 X_3 的影响而被抵消。因此，在分析多个变量间的关系时，仅用简单相关系数不能正确地反映变量间的真实关系，想要发现婴儿出生体重与母亲怀孕前体重（X_2）间的相关性，必须去除母亲孕前身高（X_3）的作用影响，求婴儿出生体重（X_1）与母亲孕前体重（X_2）之间的偏相关系数。

分析 X_1，X_2，X_3 三个变量（不分自变量与因变量）的关系时，把 X_3 对 X_1，X_2 的作用扣除掉以后，X_1，X_2 之间的偏相关系数记为 $r_{12.3}$，把 X_2 对 X_1，X_3 的作用扣除掉以后，X_1，X_3 之间的偏相关系数记为 $r_{13.2}$，类似地还有 $r_{23.1}$。由此可见，三个变量可有三个简单相关系数 r_{12},r_{13},r_{23}，还可以有三个偏相关系数 $r_{12.3},r_{13.2},r_{23.1}$，其值都介于-1～1 之间。这种偏相关系数只固定了一个变量，故称一级偏相关系数，其计算公式为

$$r_{ij\cdot k}=\frac{r_{ij}-r_{ik}\times r_{jk}}{\sqrt{(1-r_{ik}^2)(1-r_{jk}^2)}} \tag{11-9}$$

其中 i，j，k 分别为三个变量的下标；$i\neq j\neq k$；i，j，k=1,2,3。

如果固定两个变量求另两个变量间的相关系数，则称为二级偏相关系数，余类推。

以例 11-3 为例，29 个地区人群的收入 X_1（千元）、年龄 X_2（岁）和参保金额 Y（万元/年）三个变量的偏相关系数：

已知：r_{1Y} =0.5884，r_{2Y} =0.7362，r_{12} =0.7421，代入式（11-9），得

$$r_{1Y.2}=\frac{0.5884-0.7362\times 0.7421}{\sqrt{(1-0.7362^2)(1-0.7421^2)}}=0.0927$$

$$r_{2Y.1}=\frac{0.7362-0.5884\times 0.7421}{\sqrt{(1-0.5884^2)(1-0.7421^2)}}=0.5527$$

同样也可得 $r_{12.Y}$。其中 $r_{12.Y}$ 表示固定 Y 时的 X_1，X_2 的偏相关系数。分析四个变量（X_1，X_2，X_2，X_4）间的关系可计算 6 个偏相关系数，即 $r_{12.34},r_{13.24},r_{14.23},r_{23.14},r_{24.13},r_{34.12}$。如 $r_{12.34}$ 表示 X_3，X_4 固定时，X_1 与 X_2 的偏相关系数。

求偏相关系数的另一个方法是用矩阵运算的方式来进行。其优点是不仅可用于 3 个变量时，还可用于任意多个变量时偏相关系数的计算（具体计算方法略）。

偏相关系数的假设检验也可查相关系数界值表（附表 13），一阶偏相关系数共涉及 3 个变量，自由度 $\nu=n-k-1$，本例 ν =29-2-1=26，$r_{0.05(26)}$ =0.374，$r_{0.01(26)}$ =0.479，现 $r_{1Y.2}<r_{0.05(26)}$，所以 $P>0.05$，而 $r_{2Y.1}>r_{0.01(26)}$，故 $P<0.01$，即在扣除了年龄的影响后，收入与投保金额间相关无统计学意义，而扣除收入后，年龄与投保金额间相关有高度统计学意义。可见收入、年龄两因素中对投保金额有影

响的因素实际上是年龄。

（二）偏相关与简单相关分析的比较

简单相关分析只考虑两个变量之间的相互影响，相关系数r仅反映两个变量之间关系的密切程度及方向。而偏相关分析用于分析的变量较多，各变量间的关系较为复杂的情景。偏相关系数是在扣除了其他变量对分析变量的影响后，表示两变量相关程度的统计指标。偏相关系数考虑了各变量间的相互影响，更符合医疗保险研究工作的实际情况。

第四节 典型相关分析

一、典型相关分析简介

典型相关分析（canonical correlation analysis）是研究两组变量之间相关关系的一种多元统计方法，揭示两组变量之间的内在联系。

（一）典型相关分析的基本原理

前面章节已介绍用简单相关系数来衡量两个随机变量（Y和X）之间的线性相关关系；用复相关系数研究一个随机变量（Y）和多个随机变量（$X_1, X_2, \cdots, X_m$）的线性相关关系。然而在医疗保险实践与科研中，经常要考虑一组随机变量（$Y_1, Y_2, \cdots, Y_q$）与另一组随机变量（$X_1, X_2, \cdots, X_p$）的线性关系时，就显得力不从心了。比如要研究居民生活环境（多个指标）与健康状况（多个指标）的关系，人口统计变量（户主年龄、家庭年收入、户主受教育程度等）与消费变量（每年去餐馆就餐的频率、每年出外看电影的频率等）之间是否具有相关关系？阅读能力变量（阅读速度、阅读才能等）与数学运算能力变量（数学运算速度、数学运算才能等）是否相关？这些多变量间的相关性如何分析？

为了从总体上把握两组随机变量之间的相关关系，分别在两组变量中提取有代表性的两个综合变量U_1和V_1（分别为两个变量组中各变量的线性组合），利用这两个综合变量之间的相关关系来反映两组指标之间的整体相关性。通过前面的学习，已经明确两个随机变量之间相关关系可以用简单相关系数来衡量，一个随机变量与一组随机变量间相关关系可以用复相关系数来衡量。如果考虑两组随机变量间关系时若应用两个随机变量相关关系，分别考虑两组变量每一个变量间的相关，或用复相关关系，考虑一组中每一个变量与另一组变量的相关，这样做分析会非常复杂。因此，为了用较少变量反映两组间变量的相关关系，可以考虑两组变量的线性组合，从两个线性组合中找到最相关的综合变量，通过较少的综合变量反映两组变量相关性质，从而引出了典型相关分析。

（二）典型相关分析的目的

典型相关分析的目的是识别并量化两组变量之间的联系，将两组变量相关关系的分析，转化为一组变量的线性组合与另一组变量线性组合之间的相关关系分析。因此，典型相关分析也是一种降维技术。

（三）典型相关分析的基本思想

典型相关分析最早源于H. Hotelling（霍特林）于1936年在《生物统计杂志》上发表的一篇论文《两组变式之间的关系》，经过多年的应用及发展，逐渐达到完善，在20世纪70年代臻于成熟。

典型相关分析在研究两组变量间的线性相关关系时，将每一组变量作为一个整体进行分析。其基本思想和主成分分析非常相似。首先在每组变量中找到变量的线性组合，使其具有最大相关性，然后再在每组变量中找到第二对线性组合，使其与第一对线性组合不相关，而第二对本身具有最大相关性。如此继续下去，直到两组变量之间的相关性被提取完毕为止。有了这样线性组合的最大相关，讨论两组变量间的相关就转化为研究线性组合的最大相关，从而达到减少研究变量的个数。被选出的线性组合配对称为典型变量，它们的相关系数称为典型相关系数。典型相关系数度量了这两组变量之间联系的强度。典型相关分析的实质就是在两组随机变量中选取若干个有代表性的综合指标（变量的线性组合），用这些指标的相关关系来表示原来的两组变量的相关关系。

（四）典型相关分析操作步骤

通过变量转换，把彼此相关的原变量（原指标）转换成彼此独立的新变量（新指标），减少相关系数的个数，在两组指标中寻找代表两组指标的典型变量和相应的相关系数，按其提取相关成分的大小从大到小将每组指标进行线性组合。典型指标之间的相关提取了原来所有两组指标间的相关信息，从而简化了研究问题的复杂性。

假设要进行典型相关分析的一组变量有 p 个：X_1，X_2，…，X_p；另一组变量有 q 个：Y_1，Y_2，…，Y_q。其格式见表 11-6，X，Y 是两组相互关联的随机变量。为了避免因各变量度量单位的影响，通常先对各变量进行无量纲化（标准化转化）。

（1）将所有变量标准化。记标准化后的变量为 X_1'，X_2'，…，X_p' 和 Y_1'，Y_2'，…，Y_q'。

$$X_i' = \frac{X_i - \bar{X}_i}{S_i}, \qquad Y_j' = \frac{Y_j - \bar{Y}_j}{S_j} \tag{11-10}$$

其中 i=1，2，…，p；j=1，2，…，q。$\bar{X}_i$ 和 S_i 是变量 X_i 的均数和标准差，标准化后，变量 X_i' 的均数为 0，方差为 1；$\bar{Y}_j$ 和 S_j 是变量 Y_j 的均数和标准差，标准化后，变量 Y_j' 的均数为 0，方差为 1。

（2）寻找第一对标准化典型相关变量。寻找适当的组合系数（a_{11}，a_{12}，…，a_{1p}）和（b_{11}，b_{12}，…，b_{1q}），使得

$$U_1 = a_{11}X_1' + X_2' + \cdots + a_{1p}X_p' \tag{11-11}$$

$$V_1 = b_{11}Y_1' + b_{12}Y_2' + \cdots + b_{1q}Y_q' \tag{11-12}$$

之间的相关系数 Corr(U_1，V_1)最大。

如第一对标准化典型相关变量满足：

① U_1 与 U_2，V_2 不相关；

② V_1 与 U_2，V_2 不相关，且 Corr(U_1，V_1)在所有的线性组合中最大。

其中 U_1 和 V_1 称第一对典型变量（canonical variable）；（a_{11}，a_{12}，…，a_{1p}）和（b_{11}，b_{12}，…，b_{1q}）称为第一对标准化典型系数（canonical coefficients）；Corr(U_1，V_1)称为第一典型相关系数。

（3）寻找第二对标准化典型相关变量。寻找第二套适当的组合系数（$a_{21}, a_{22}, \cdots, a_{2p}$）和（$b_{21}, b_{22}, \cdots, b_{2q}$），使得

$$U_2 = a_{21}X_1' + a_{22}X_2' + \cdots + a_{2p}X_p' \tag{11-13}$$

$$V_2 = b_{21}Y_1' + b_{22}Y_2' + \cdots + b_{2q}Y_q' \tag{11-14}$$

（4）以此类推，寻找第三对、第四对……标准化典型相关变量及第三套、第四套……组合系数。这样最多可以找到 m=min（p，q）对标准化典型变量。显然，

$$\mathrm{Corr}(U_1, V_1) \geqslant \mathrm{Corr}(U_2, V_2) \geqslant \cdots \geqslant \mathrm{Corr}(U_m, V_m)$$

我们将以上满足条件的综合变量对 U_i，V_i 称为第 i 对典型相关变量（简称典型变量），称它们之间的相关系数 Corr(U_i，V_i)为第 i 典型相关系数。

也就是说，在理论上，典型变量的对子数和相应的典型相关系数的个数，可等于两组指标中指

标数目少的那一组指标个数。第一对典型变量 U_1 和 V_1 提取的相关成分最多；第二对典型变量 U_2 和 V_2 提取的相关成分次之；依次类推，最后一对典型变量 U_m 和 V_m 提取的相关成分最少。究竟取前面几对典型变量，除了可对相关系数进行假设检验外，还要结合对典型变量和相应的典型相关系数的实际解释而定。实际上，求得的典型变量对数往往愈少愈好，最好是第一对典型变量就提取了足够的相关成分，用一对典型变量就够了。典型相关分析好坏的关键在于能结合专业知识对各典型变量对及其相关做出合理的解释。

表 11-6 典型相关分析数据的一般格式

	X_1	X_2	…	X_p	Y_1	Y_2	…	Y_q
1	x_{11}	x_{12}	…	x_{1p}	y_{11}	y_{12}	…	y_{1q}
2	x_{21}	x_{22}	…	x_{2p}	y_{21}	y_{23}	…	y_{2q}
3	x_{31}	x_{32}	…	x_{3p}	y_{31}	y_{32}	…	y_{2q}
⋮	⋮	⋮		⋮	⋮	⋮		⋮
n	x_{n1}	x_{n2}	…	x_{np}	y_{n1}	y_{n2}	…	y_{nq}

（五）典型相关分析步骤

（1）计算典型相关系数并进行典型相关系数的假设检验。

（2）计算典型相关变量。

（3）进行典型结构分析，分析原始变量与典型相关变量间相关程度。

（4）进行典型冗余分析，分析各典型变量对原始变量组整体的方差解释程度，分析组内解释程度和组间解释程度。

例 11-4 为了解慢性病住院患者医疗费用类型与医保支付项目之间的联系，探讨医疗消费与医保报销之间的关系，提取某市医疗保险基金中心职工医保慢性病患者在三级医院住院信息数据，随机抽取 21 名脑梗死住院患者，获得医保费用支出类别中甲类药品费（元）（X_1），乙类药品费（元）（X_2），乙类诊疗检查费（元）（X_3）和三个医疗保险报销支付项目，其中统筹资金支付（Y_1），公费医疗和补充医疗支出（Y_2），个人账户支出（Y_3）。分析医疗消费与医保报销的相关性。数据详见表 11-7。

1. 典型相关系数及其假设检验

根据表 11-7 数据可得典型相关系数，结果见表 11-8。

表 11-7 某市职工医保脑梗死患者在三级医院住院医疗消费与医保报销数据

序号	甲类药品费（元）X_1	乙类药品费（元）X_2	乙类诊疗检查费（元）X_3	统筹资金支付（元）Y_1	公费医疗和补充医疗支付（元）Y_2	个人账户支付（元）Y_3
1	1374	4291	3240	5513	172.4	1536
2	1389	4283	4170	6188	173.9	1579
3	1396	4311	5850	6253	174.6	1600
4	1386	4315	4680	5778	173.6	1571
5	1370	4303	3090	5423	172.0	1514
6	1363	4287	3300	4864	171.3	1490
7	1364	4295	3300	5001	171.4	1500
8	1364	4311	3540	5230	171.4	1510
9	1394	4319	3570	6250	174.4	1600

续表

序号	甲类药品费（元）X_1	乙类药品费（元）X_2	乙类诊疗检查费（元）X_3	统筹资金支付（元）Y_1	公费医疗和补充医疗支付（元）Y_2	个人账户支付（元）Y_3
10	1362	4347	3600	4485	171.2	1330
11	1369	4395	3630	5251	171.9	1510
12	1373	4403	3690	5500	172.3	1530
13	1385	4403	3750	5625	173.5	1550
14	1385	4359	3870	5704	173.5	1557
15	1389	4395	3930	6200	173.9	1590
16	1400	4427	4050	6337	175.0	1610
17	1407	4451	4185	7108	175.7	1695
18	1414	4475	4230	7477	176.4	1734
19	1414	4487	4302	7525	176.4	1745
20	1418	4487	4335	7591	176.8	1800
21	1779	4483	4500	6337	142.9	1860

表 11-8　典型相关变量及系数

典型相关变量	典型相关系数（R）	典型相关系数平方（R^2）	P
第一对	0.996	0.992	<0.01
第二对	0.790	0.624	<0.01
第三对	0.051	0.003	0.836

经典型相关分析共生成三对典型相关变量，根据前述的典型相关性系数进行假设检验，结果表明第一对和第二对典型相关变量的相关系数有统计学意义，第三对典型变量间相关关系无统计学意义（计算过程略）。通过以上检验可知，医疗消费与医保报销之间有两对典型变量。

第一对典型相关系数为0.996，是两组变量中最大的值，表明相应典型变量之间高度相关；第二对相关系数为0.790，可见两组变量相关性密切。从典型相关系数的平方可以看出，第一对典型相关变量的解释能力较强，即：住院医疗消费用中有99.2%信息能被医疗保险支付的变量给予解释。说明，第一对典型相关系数足以表达两组指标间的相关信息，因此本例中选取第一对典型变量来分析脑梗死患者住院费用和医保报销间的关系。

2. 计算典型相关变量

根据第一对相关变量的相关系数值（结果如表 11-9 第一列）：

可得到标准化后的第一对典型相关变量为

$$U_1' = 1.029X_1' - 0.025X_2' - 0.059X_3'$$

$$V_1' = 1.029Y_1' - 0.025Y_2' - 0.059Y_3'$$

表 11-9　典型相关变量及各变量的标准化的典型系数

	1	2	3
X_1	1.029	0.534	0.805
X_2	−0.025	−0.882	−0.745
X_3	−0.059	−0.531	0.932
Y_1	0.463	−1.496	4.485
Y_2	−1.009	0.019	-2.180
Y_3	−0.061	0.607	-4.864

3 .典型结构分析

为了解各组原始变量（甲类药品费、乙类药品费和乙类诊疗检查费）和典型变量间相关的程度，了解哪个变量对医院住院医疗消费影响最大，进行如下典型结构分析。

（1）住院医疗消费与其自身典型变量间的相关系数为表 11-10。

表 11-10 住院医疗消费与其自身典型变量间的相关系数

	1	2	3
X_1	0.998	−0.055	0.0320
X_2	0.445	−0.790	−0.0422
X_3	0.265	−0.627	0.7330

以上结果说明，住院医疗消费指标第一典型变量与甲类药品费的相关系数为 0.998，与乙类药品费的相关系数为 0.445，与乙类诊疗检查费的相关系数为 0.265。即医疗保险支付指标的第一对典型变量与甲类药品费、乙类药品费和乙类诊疗检查费呈正相关。X_1（甲类药品费）的绝对值最大，反映住院医疗消费的典型变量主要由甲类药品费决定。

（2）医疗保险支付与其自身典型变量间的相关系数为表 11-11。

表 11-11 医疗保险支付与其自身典型变量间的相关系数

	1	2	3
Y_1	0.247	−0.961	−0.123
Y_2	−0.916	−0.398	−0.038
Y_3	0.639	−0.708	−0.302

以上结果说明，医疗保险支付指标第一典型变量统筹资金支付的相关系数为 0.247，与公费医疗和补充医疗支付的相关系数为−0.916，与个人账户支付的相关系数为 0.639。即医疗保险支付的第一对典型变量与统筹资金支付和个人账户支付呈正相关，与公费医疗和补充医疗支付呈负相关。其中，Y_2（公费医疗和补充医疗支付）的绝对值最大，说明脑梗死患者住院花费医疗保险支付与公费医疗和补充医疗支付的相关性最强。医保支付主要由公费医疗和补充医疗支付决定。

4. 典型变量的冗余分析

为了解原始变量组（甲类药品费、乙类药品费和乙类诊疗检查费）被三对典型变量所解释的方差，使用冗余分析来对组内解释程度和组间解释程度进行分析，从而定量测定典型变量所包含的原始信息量的大小。

如表 11-12 所示，住院医疗消费样本方差由自身 3 个典型变量解释的方差比例分别为

（1）第一典型变量解释的方差比例为 0.421；

（2）第二典型变量解释的方差比例为 0.340；

（3）第三典型变量解释的方差比例为 0.239。

表 11-12 *X* 原变量（住院医疗消费）被自身典型变量解释的百分比

典型变量编号	X_1，X_2，X_3	
	被 U_1，U_2，U_3 解释	被 V_1，V_2，V_3 解释
1	0.421	0.418
2	0.340	0.212
3	0.239	0.001

如表 11-13 所示，住院医疗消费样本方差由自身 3 个典型变量解释的方差比例分别为

（1）第一典型变量解释的方差比例为 0.436；

（2）第二典型变量解释的方差比例为 0.528；

（3）第三典型变量解释的方差比例为 0.036。

即可以理解为：住院医疗消费被自身第一典型变量解释了 42.1%；医疗保险支付被自身的第二典型变量解释了 52.8%。

表 11-13　*Y*原变量（医疗保险支付）被自身典型变量解释的百分比

典型变量编号	Y_1，Y_2，Y_3	
	被 V_1，V_2，V_3 解释	被 U_1，U_2，U_3 解释
1	0.436	0.433
2	0.528	0.329
3	0.036	0.000

二、典型相关分析的应用

（一）典型相关分析的用途

目前，典型相关分析已被应用于心理学、市场营销、机能学等领域。如研究个人性格与职业兴趣、市场促销活动与消费者响应之间的关系时，常用典型相关分析。在医疗保险中，最常用于分析不同疾病住院费用与医疗保险支付之间的关系。

在实际分析问题中，当我们面临两组多变量数据，并希望研究两组变量之间的关系时，就要用到典型相关分析。

例如，为了研究扩张性财政政策实施以后对宏观经济发展的影响，就需要考察有关财政政策的一系列指标如财政支出总额的增长率、财政赤字增长率、国债发行额的增长率、税率降低率等与经济发展的一系列指标如国内生产总值增长率、就业增长率、物价上涨率等两组变量之间的相关程度；又如为探讨在校学生生长发育指标与身体素质之间相互关系，可对生长发育指标如身高、体重、胸围、肺活量四项指标与反映身体素质的指标如 50 米跑、跳远、跳高、实心球抛掷进行典型相关分析。

再如，为了解不同家庭特征与家庭消费模式之间的关系，就需要考察各种宏观指标如户主年龄 Y_1、家庭收入 Y_2、户主受教育程度 Y_3 与各种反映医疗保健消费、文化教育消费状况的指标如药物购买支出、健康体检频率、保健食品消费额等两组变量之间的相关关系。

（二）典型相关分析应用中的几个问题

1. 基本假设和数据要求

（1）要求两组变量中每对典型变量之间为线性关系。

（2）每个典型变量与本组所有观测变量的关系也是线性关系。若属于非线性关系，要先线性化；如经济水平与收入、年龄和其他一些社会发展水平之间并非线性关系，这种情况要先取对数。

2. 从相关矩阵出发计算典型相关

由于典型相关分析是两组变量间的相关，涉及多个变量。不同变量具有不同量纲及不同数量级，因此，对于这样的数据，需要对数据进行标准化处理，以消除量纲和数量级别的影响，然后再进行典型相关分析。

3. 典型载荷分析

典型载荷分析是指原始变量与典型变量之间相关性分析，有助于更好地解释分析已提取的 p 对典型变量（参考例 11-4 典型结构分析）。

4. 典型冗余分析

预期了解每组变量提取出的典型变量所能解释的该组样本总方差的比例，从而定量测定典型变量所包含的原始信息量的大小（参考例 11-4 典型冗余分析）。

第五节　相关分析与回归分析的应用

一、相关分析与回归分析时应注意的问题

（一）要有实际意义

直线相关与回归分析要有实际意义，毫无联系的两个事物或两种现象做相关与回归分析是没有必要的。

（二）分析步骤

进行直线相关与回归之前，应先用原始数据绘制散点图。当散点图呈直线趋势时，才宜做直线相关与回归分析。

（三）应用条件

相关分析应用于正态双变量资料，如不符合该条件，应做相应变量转化。两个事物如果存在相关关系，可能是因果关系，也可能是伴随关系，应结合专业实际做出正确分析。

（四）结果解释

两事物间有相关关系，不一定就是因果关系，也可能是伴随关系。因相关分析只是用相关系数来描述两变量之间直线关系的密切程度和相关方向，并不能说明两变量间有因果关系。若两变量间存在因果关系，则必定存在相关关系。

（五）变量间关系

当 X 与 Y 均呈正态分布时，以 X 做自变量推算 Y，与此以 Y 做自变量推算 X 的方程是不同的，所计算的回归系数 b 与截距 a 也是不相等的。

二、区别与联系

研究两个变量间的关系，一般用回归分析或相关分析。在回归分析中，一个变量视为自变量，另一个变量视为因变量（尽管它们不一定是因果关系）。自变量可由研究者确定，因此不一定是随机变量，因变量被假定为随机变量，通过抽样得到。通过多次重复研究，自变量取值因由研究者确定，可保持不变，而因变量的值在抽取过程中将发生变化。回归分析的目的在于给出一个描述两者关系的函数方程，用于得到当已知自变量值时，预测相应因变量的值。而相关分析是研究两个自变量的相关程度，两个自变量均假定为随机变量。因为两个变量的样本观察值均由抽样得到，所以样本不同，观测值也不同。

（一）应用情况不同

相关和回归都是分析两变量间关系的统计方法。相关表示相互关系，相关系数说明两个变量间关系的密切程度，相关分析主要是描述两个变量之间线性关系的密切程度；回归表示从属关系，回归方程说明两个变量间的数量关系，回归分析不仅可以解释变量 X 对变量 Y 的影响大小，还可以由回归方程进行预测和控制。

（二）资料要求不同

相关与回归分析时若一个变量 X 是选定的，另一个变量 Y 是从正态分布总体中抽取出的，宜做回归分析。当两变量 X，Y 是从双变量正态分布总体中所取得的随机样本，若只需说明两变量间的相互关系可作相关分析；若要由一个变量推算另一个变量可作回归分析，此时可以计算两个回归方程：

由 X 推 Y 的回归方程：$\hat{Y}=a_{y\cdot x}+b_{y\cdot x}X$。

由 Y 推 X 的回归方程：$\hat{X}=a_{x\cdot y}+b_{x\cdot y}Y$。

（三）变量地位不同

相关分析中，变量 X 与变量 Y 处于平等的地位；回归分析中，变量 Y 称为因变量，处于被解释的地位，X 称为自变量，用于预测因变量的变化。

（四）变量的要求不同

相关要求两个变量呈双变量正态分布；回归要求应变量 Y 服从正态分布，而自变量 X 分布无特别要求，甚至是能精确测量和严格控制的变量（非随机变量）。

（五）统计意义不同

相关反映两变量间的伴随关系，这种关系是相互的、对等的，不一定有因果关系；回归则反映两变量间的依存关系，有自变量与应变量之分，一般讲“因”或较易测定、变异较小者作为自变量。这种依存关系可能是因果关系或从属关系。

（六）量纲不同

由 r 和 b 的计算公式可推知，相关系数 r 无度量单位，回归系数 b 有度量单位。

（七）符号一致

对一组数据若同时计算 r 和 b，它们的正负号是一致的。r 为正号表示两变量间的相互关系是同方向变化的；b 为正表示 X 每增（减）一个单位，Y 平均增（减）b 个单位。

（八）假设检验等价

对同一样本 t_r 和 t_b 是等价的。由于 r 的假设检验计算比较简单，也可以直接查表，而 b 的假设检验计算较繁。实际应用中一般只需对相关系数做假设检验。

（九）用回归解释相关

1. 决定系数恰好就是相关系数的平方

$$r^2 = \frac{SS_{回}}{SS_{总}}$$

此式说明当$SS_{总}$固定不变时，回归平方和的大小决定了r的大小。回归平方和越接近总平方和，则r越接近1，r^2越小表示回归平方和在总平方和中所占比例越小。例如当r=0.20，n=100时，经检验按$\alpha = 0.05$拒绝H_0，接受H_1，认为两变量有相关关系。但$r^2 = (0.20)^2$=0.04表示回归平方和在总平方和中仅占4%，说明两变量间的相关关系实际意义不大。

2. 相关系数不能作为回归估计精度的指标

相关系数的大小与剩余平方和及回归系数有关，可以证明，当剩余平方和不变时，相关系数随直线斜率的增加而增大。故不能误认为相关系数大则回归估计精度高。统计上通常把剩余标准差$s_{y,x}$作为回归估计精度的指标。

三、注 意 事 项

（一）根据分析目的选择变量及统计方法

直线相关用于说明两变量间直线关系的密切程度和方向，X，Y没有主次之分；直线回归更进一步用于定量刻画变量Y（因变量）对X（自变量）在数值上的依存关系，具体哪一个作为应变量主要根据专业要求确定。需要注意的是，不能把毫无关联的两种现象勉强做回归或相关分析。

（二）进行相关、回归分析前应绘制散点图

散点图可初步考察数据是否满足线性趋势的较为直观的方法。如果图中发现有明显远离主题数据的观察值，称为异常点（outlier），这些点对正确评估两变量间关系有较大影响。对异常点的识别和处理要通过专业知识对现有数据进行分析。

（三）对结果的正确解释和应用

反映两变量关系密切程度或数量上影响大小的统计量是回归系数或相关系数的绝对值而非假设检验的P值。P的大小只能说明是否有理由认为变量间有直线关系的存在，而不能说明是否关系密切。

（王诗淇）

第十二章　非参数统计方法

内容提要

前面讲述的统计推断方法，尤其是定量资料，通常都要求样本来自的总体分布类型是已知的（如正态分布），在这种假设基础上，对总体参数（如总体均数）进行估计或检验，称为参数统计（parametric statistics）。但实际上，有些资料并不符合上述条件，此时可以用变量转换的方法（如用对数转换等）将之转为正态分布，然后再用相应的参数统计方法。然而有些资料没有适当的转换方法，或有时总体分布不能确定，则需要应用一种不必依赖某一特定分布类型的统计方法，称为任意分布检验（distribution-free test），直接对总体分布进行假设检验，即非参数检验（nonparametric test）。

第一节　非参数统计概述

一、非参数统计概念

不以特定分布为前提，对总体参数不做推断的统计方法叫做非参数统计（nonparametric statistics），也称为任意分布统计。非参数统计方法不对总体的分布类型作任何假设，它不依赖于特定的总体分布类型，因此也无法对总体参数做出推断，而仅仅比较总体的分布或者分布位置是否相同。

非参数统计的方法很多，本章介绍检验效能相对比较高、比较系统、完善的秩和检验（rank sum test）和常用来研究指标之间关联性的等级相关。

二、非参数统计优缺点

非参数统计方法的优点：①非参数统计方法不受总体分布类型的影响，适用范围广；②搜集资料方便。不论研究的是何种类型的变量，包括那些难以准确测量，只能以严重程度、优劣等级等表示的资料，都可以利用非参数统计来处理，使用灵活；③计算简便，在样本含量较少时，利用手工运算可以快速得到初步结果。

非参数统计方法的缺点：①对于符合参数统计方法的资料，如果采用非参数方法处理，会使得检验效能降低，第二类错误的概率增大；②该方法历史较短，方法体系上还不完善，一些较为复杂的设计类型，无法采用相应的非参数法来处理；③非参数统计不能对总体参数进行估计，因此没有概括性的数字说明总体的数量特征。

三、非参数统计适用范围

非参数统计适用范围广泛，主要适用于以下几种情况：

（1）分布为偏态或者分布形式未知的数值变量资料，尤其在 $n<30$ 时。

（2）有序分类变量资料（又称等级资料）。

（3）个别数据偏大，或者数据的一端或两端没有明确数值的资料（又称开口资料）。

这几种情况也正是参数统计无能为力的，所以非参数统计是参数统计有力的补充。

第二节　常用的秩和检验

秩和检验在非参数统计中属于检验效能较高、又比较系统和完整的方法。其中秩的含义就是等级、次序或顺序的意思。本节主要介绍威尔科克森（Wilcoxon）符号秩检验、曼-惠特尼（Mann-Whitney）*U* 检验、克鲁斯卡尔-沃利斯（Kruskal-Wallis）*H* 检验 3 种常用秩和检验方法。

一、Wilcoxon 符号秩检验

Wilcoxon 在 1945 年提出了符号秩检验（Wilcoxon' s signal rank test）。这样检验方法既可用于配对设计数值型资料，相当于推断差值的总体中位数 M_d 与“0”是否有差别；也可用于单样本资料，相当于推断单个样本所来自的总体中位数 M 与已知总体中位数 M_0 是否有差别。

（一）配对设计比较的符号秩检验

配对设计资料的 Wilcoxon 符号秩检验，主要用于配对的差值严重偏离正态分布时，是对配对 t 检验条件不适合时的有效替换方法。

例 12-1　为了增强医疗保障的公平性、协调性，《中共中央　国务院关于深化医疗保障制度改革的意见》明确提出，要巩固提高统筹层次，鼓励有条件的省（自治区、直辖市）按照分级管理、责任共担、统筹调剂、预算考核的思路，推进省级统筹。参保人员就可以根据自身条件有选择地跨区域转诊。为了促进公平竞争氛围的形成，保障参保人员的利益，在同级别且报销比例相同的条件下，分别调查了甲市 A 医院和乙市 B 医院的急性单纯性阑尾炎、胆囊结石伴慢性胆囊炎、子宫肌瘤等 9 个单病种费用结算情况，结果见表 12-1。试分析甲乙两地医疗费用结算情况是否一致。

表 12-1　某市两家医院 9 个单病种医疗费用结算金额（万元）

病种编号（1）	甲市 A 医院（2）	乙市 B 医院（3）	差值（4）	正差值秩（5）	负差值秩（6）
1	1.50	1.45	0.05	1.0	—
2	2.60	2.70	-0.10	—	2.0
3	3.80	3.90	-0.10	—	3.0
4	2.80	2.50	0.30	8.0	—
5	4.00	3.80	0.20	6.5	—
6	1.60	1.80	-0.20	—	6.5
7	1.00	1.00	0.00	—	—
8	0.80	0.65	0.15	5.0	—
9	2.00	2.10	-0.10	—	4.0
合计	—	—	—	T_+=20.5	T_-=15.5

首先要分析该研究的设计类型，该例属于配对设计。因此，先计算两医院费用结果的差值（d），本例差值列在表 12-1 第（4）列。该差值现不呈正态分布，因此配对 t 检验就欠妥，现用该例来说明 Wilcoxon 符号秩检验。检验步骤如下。

（1）建立假设。

H_0：差值总体中位数 M_d=0（即差值的正负号随机地分布在“0”的两侧）；

H_1：差值总体中位数 $M_d \neq 0$。

（α=0.05）

（2）编秩。

依差值的绝对值从小到大编秩，并将秩次按差值的正负分两栏，见表 12-1 第（5）、（6）栏。编秩时遇差值为零时，舍去不计，同时有效样本例数减 1；遇有绝对值相同、符号相反的差值时，各取平均秩次，见表 12-1 第 5、6 号病种的差值；符号相同的差值不必取平均秩次，只需按顺序编秩次，见表 12-1 第 2、3、9 号病种的差值。

（3）确定检验统计量 T。

分别求正负秩次之和，见表 12-1 第（5）、（6）栏的合计：$T_+=20.5$，$T_-=15.5$，任取其中一个作为统计量 T。本例可取 $T=15.5$ 作为统计量。

（4）确定 P 值，做出统计推断。

当有效样本例数 $n\leqslant 50$ 时，查 T 界值表（见附表 10）。若统计量落在 T 界值范围之内，则 $P>0.05$；若统计量落在 T 界值范围之外（包括恰好等于界值），则 $P\leqslant 0.05$。本例对子数 $n=9-1=8$，查附表 10，得 $T_{0.05}=$（3，33），$T=15.5$，故 $P>0.05$，按 $\alpha=0.05$ 的检验水准接受 H_0，可认为两家医院虽然不同病种的收费标准有所不同，但 9 个病种总体收费水平的差别尚无统计学意义。

如果 $n>50$，可以利用秩和分布的正态近似性来处理。当 $n>50$ 时，T 分布将逐渐逼近均数为 $\frac{n(n+1)}{4}$、标准差为 $\frac{\sqrt{n(n+1)(2n+1)}}{24}$ 的正态分布，因此可用正态近似法，求出 Z 值：

$$Z=\frac{T-n(n+1)/4}{\sqrt{\frac{n(n+1)(2n+1)}{24}}} \tag{12-1}$$

如果存在较多相同的秩，需要对 Z 值进行校正：

$$Z_c=\frac{T-n(n+1)/4}{\sqrt{\frac{n(n+1)(2n+1)}{24}-\frac{\sum(t_j^3-t_j)}{48}}} \tag{12-2}$$

式中 t_j 为第 j 个（j=1，2，…）相同秩的个数。

Wilcoxon 符号秩检验的基本思想：假设两家医院的收费水平在总体上相同，则差值的正负号应随机地分布在“0”的两侧。正差值的秩和与负差值的秩和理论上应该相等，即使有差别，如果仅仅是随机因素造成，差别也不会太大，即在 H_0 成立的条件下，不太可能会出现正的秩和与负的秩和相差悬殊的情况。如果二者相差较大，就要怀疑 H_0 是否成立，从而认为两组数据分布不相同。

（二）单样本设计符号秩和检验

单样本 t 检验在不符合应用条件时也可以用 Wilcoxon 符号秩检验来处理。Wilcoxon 符号秩检验可以推断单个样本代表的总体中位数 M 和已知中位数 M_0 之间有无差别。

例 12-2 已知某地区正常人尿氟含量的中位数 M_0 为 45.30（μmol/L），今在该地某工厂随机抽取 12 名工人，测得其尿氟含量见表 12-2。问该工厂工人的尿氟含量是否与当地正常人的含量有差异。

表 12-2 12 名工人的尿氟含量（μmol/L）与 45.30μmol/L 的比较

尿氟含量 x_i（1）	差值 $d_i=x_i-45.30$（2）	正差值秩（3）	负差值秩（4）
44.21	−1.09	—	1.5
45.30	0.00	—	—
46.39	1.09	1.5	—

续表

尿氟含量 x_i（1）	差值 $d_i=x_i-45.30$（2）	正差值秩（3）	负差值秩（4）
49.47	4.17	3.0	—
51.05	5.75	4.0	—
53.16	7.86	5.0	—
53.26	7.96	6.0	—
54.37	9.07	7.0	—
57.16	11.86	8.0	—
67.37	22.07	9.0	—
71.05	25.75	10.0	—
87.37	42.07	11.0	—
合计	—	$T_+=64.5$	$T_-=1.5$

首先要分析该研究的设计类型，这里显然属于单样本设计（观察性研究），目的是推断该厂工人的尿氟含量中位数（未知总体）与正常人的尿氟含量中位数（已知总体）是否相同？

根据专业知识或者进行正态性检验，发现尿氟含量不服从正态分布。因此本例不适合使用单样本 t 检验，可选 Wilcoxon 符号秩检验。

（1）建立假设，确定检验水准。

H_0：差值的总体中位数 $M_d=0$；

H_1：差值的总体中位数 $M_d\neq0$。

（α=0.05）

（2）编秩。

首先求出各对数据与已知总体中位数的差值，$d_i=x_i-45.30$，见表中第（2）栏，按差值的绝对值由小到大编秩：1，2，…，n，并标明原差值的正负号。编秩时，如果差值为 0，舍去不计；如果差值的绝对值相等，则取平均秩次，秩次符号与原差值的符号一致。

（3）确定检验统计量 T。

分别求出正负秩之和 T_+、T_-，无论正负都是以秩的绝对值求和的，所以负秩的秩和也为正。选择绝对值较小的秩和作为检验统计量，本例中 $T_+=64.5$，$T_-=1.5$，故取 $T=1.5$。

（4）确定 P 值，做出统计推断。

当 $n\leqslant50$，可以查 T 界值表，见附表 10，本例中，$n=12$，查找得到单侧 0.05 的 T 界值（17，61），因此 $P<0.05$。按 α=0.05 的检验水准，拒绝 H_0，认为该厂工人的尿氟含量高于正常人群。

如果 $n>50$，可以利用秩和分布的正态近似性来处理，见公式（12-1）或公式（12-2）。

二、Mann-Whitney *U* 检验

Mann-Whitney U 检验的目的是推断两样本代表的总体分布是否相同，适用于完全随机设计处理因素两水平，或者观察性研究两独立样本比较，其效应指标是定量资料但不符合 t 检验的条件，或者效应指标是等级资料。

（一）基于原始数据的两独立样本比较

主要用于两种情景：

（1）对于实验性研究，主要用于完全随机设计（成组设计）的两组比较；

（2）对于观察性研究，主要用于两个独立样本的比较。

例 12-3 在某保险公司两个销售部中调查 20 名销售员上一年的年度销售业绩，资料见表 12-3，试分析两个部门的销售业绩是否有差别。

表 12-3 两个销售部 20 名销售员上年销售额（万元）

部门 1 销售额（1）	秩（2）	部门 2 销售额（3）	秩（4）
9	1	11	2
18	3	24	6
18	4	24	6
24	6	32	10
29	8	60	12
31	9	98	14
55	11	100	16
86	13	146	18
90	15	148	19
140	17	180	20
n_1=10	T_1=87	n_2=10	T_2=123

首先要分析该研究的设计类型，该例属于观察性研究，其研究对象为销售员，观察指标是上年销售额，比较两个独立部门。如果上年销售额近似正态分布且满足方差齐性，可用独立样本 t 检验。然而该资料经正态性检验不服从正态分布，不适合用两独立样本的 t 检验，可以用两独立样本比较的秩和检验。

具体过程如下：

（1）建立假设检验，确定检验水准。

H_0：两部门的销售额总体分布相同；

H_1：两部门的销售额总体分布不同。

（α=0.05）

（2）编秩求秩和。

将两组销售额由小到大统一编秩。编秩时遇到相同数值可以求平均秩，若在同一组内部，也可以不用求平均秩，顺次编秩。本例中有三个销售额都是 24 万，本应占有 5～7 的秩，求平均秩为 6。编好秩后，每组再分开求秩和。以较小的样本含量为第一组，记作 n_1，对应秩和记作 T_1，较大的样本含量记作 n_2，对应秩和记作 T_2。

（3）确定检验统计量 T。

若两组样本含量不一致，则取较小样本含量一组对应的秩和作为统计量，即 $T=T_1$；若两组样本含量相等，则任选其中一组的秩和作为统计量，即 $T=T_1$ 或 $T=T_2$。本例中两组样本一致，可以取 T=87。

（4）确定 P 值，做出统计推断。

查 T 界值表（见附表 11），本例 n_1=10，n_2-n_1=0，双侧 0.05 对应的 T 界值范围是（78，132），T=87 落在该范围内，$P>0.05$，按 $\alpha=0.05$ 的水准接受 H_0，可以认为两个部门的销售额分布相同，即两个部门的销售额无统计学差别。

该 T 界值表要求 $n_1\leqslant10$ 且 $n_2-n_1\leqslant10$。若超出范围，即 $n_1>10$ 或者 $n_2-n_1>10$，这时秩和 T 近似服从总体均数 $\mu=\dfrac{n_1(n+1)}{2}$，方差 $\sigma^2=\dfrac{n_1n_2(n+1)}{12}$ 的正态分布，由于秩为离散型的数据，正态分布为连续型变量分布，所以需要对秩和做连续性校正，并用正态近似法确定 P 值。构造 U 统计量并进

行 U 检验：

$$U=\frac{|T-n_1(n+1)/2|-0.5}{\sqrt{n_1n_2(n+1)/12}} \tag{12-3}$$

其中 $n=n_1+n_2$，0.5 为连续性校正数。

若相同的秩过多（超过总数的 25%），U 值还需要进行校正为 U_C 值：

$$U_C=\frac{U}{\sqrt{C}} \tag{12-4}$$

其中

$$C=1-\frac{\sum(t_j^3-t_j)}{n^3-n} \tag{12-5}$$

式中 n 是总的样本含量，t_j 为第 j 个（$j=1$，2，…）相同秩的个数。

本法的基本思想：如果 H_0 成立，则两样本来自分布相同的总体，两样本的平均秩次 T_1/n_1 与 T_2/n_2 应相等，或很接近，且都与总体平均秩次（n+1）/2 相差很小。样本含量为 n_1 的样本对应秩和 T_1 与平均秩和 n_1（n+1）/2 相差较小，T_1 与平均秩和 n_1（n+1）/2 相差较大的可能性很小。若 T_1 与平均秩和相差较大，在给定 α 水平下，则可以拒绝 H_0，反之接受 H_0。

（二）基于频数资料两样本比较

例 12-4　用某药物治疗不同病情的老年慢性支气管炎患者，疗效见表 12-4，问该药对两种病情的老年慢性支气管炎患者的疗效是否相同？

首先要分析该研究的设计类型，该例属于实验性研究，其研究对象为老年慢性支气管炎患者，处理因素是不同病情（单纯性、单纯性合并肺气肿），效应指标是疗效（等级资料）。由于效应指标是半定量的等级资料，无法用独立样本 t 检验，只能用非参数检验，这里介绍 Mann-Whitney U 检验。

表 12-4　某药对两种病情的老年慢性支气管炎患者的疗效

疗效	单纯性	单纯性合并肺气肿	合计	秩次范围	平均秩次	秩和	
						单纯性	单纯性合并肺气肿
	（1）	（2）	（3）=（1）+（2）	（4）	（5）	（6）=（1）×（5）	（7）=（2）×（5）
控制	42	65	107	1～107	54.0	2268.0	3510.0
显效	6	18	24	108～131	119.5	717.0	2151.0
有效	23	30	53	132～184	158.0	3634.0	4740.0
无效	11	13	24	185～208	196.5	2161.5	2554.5
合计	82	126	208	—	—	T_1=8780.5	T_2=12955.5

（1）建立假设，确定检验水准。

H_0：两组患者疗效分布的位置相同，即该中药治疗冠心病无效；

H_1：两组患者疗效分布的位置不同，即该中药治疗冠心病有效。

（α=0.05）

（2）编秩求秩和。

本例为等级资料，编秩时，相同等级编为相同秩次。先计算各等级合计人数，由此确定各等级的秩次范围，并求出平均秩。如本例中，“控制”组共 107 人，其秩次范围 1～107，平均秩次为 54，依次类推。在各等级平均秩次的基础上分别求两组秩和，单纯性组秩和 T_1=8780.5，单纯性合并肺气肿组秩和 T_2=12955.5。

（3）确定检验统计量。

本例中 n_1=82，T=8780.5。此例 n_1=82，n_2=126，n_1−n_2=44，已经超出了附表 11 的范围，且相同秩的个数较多，故采用校正的正态近似法。

$$U=\frac{|T-n_1(n+1)/2|-0.5}{\sqrt{n_1n_2(n+1)/12}}=\frac{|8780.5-82\times(208+1)/2|-0.5}{\sqrt{82\times126\times(208+1)/12}}=0.4974$$

$$C=1-\frac{\sum(t_j^3-t_j)}{n^3-n}=1-\frac{(107^3-107)+(24^3-24)+(53^3-53)+(24^3-24)}{208^3-208}=0.8443$$

$$U_C=\frac{U}{\sqrt{C}}=\frac{0.4974}{\sqrt{0.8443}}=0.5410$$

（4）确定 P 值，做出推断结论。

查标准正态分布表，得 U_C<1.96，P>0.05，按α=0.05 的检验水准，接受 H_0，可认为本疗法对上述两种病情的患者并未显示出不同疗效。

本例中，卡方检验没有考虑等级的强弱信息，故不可用之。而秩和检验考虑了这点，说明秩和检验更适合单向有序分类资料。

三、Kruskal-Wallis *H* 检验

Kruskal-Wallis *H* 检验可用于多个样本的比较。适用于两种情景：①完全随机设计多组比较；②观察性研究多个独立样本的比较。也就是资料不满足单向方差分析的条件时，如定量的效应变量不呈正态分布或者是效应变量是等级资料，目的是推断多个样本代表的总体分布是否相同。设有 g 个独立样本，每组样本含量为 n_i（i=1，2，…，g），则 $n=\sum n_i$。

（一）基于原始数据多个样本比较

例 12-5 为了了解某市职工医疗保险个人账户资金沉淀情况，该市医疗保险基金管理中心对不同年龄段参保职工的个人账户进行了抽查，资料见表 12-5，试分析不同年龄段个人账户结余金额是否有差异。

表 12-5 某市不同年龄段参保职工个人账户结余金额（万元）

编号	<35 岁		35～45 岁		>45 岁	
	余额（1）	秩次（2）	余额（3）	秩次（4）	余额（5）	秩次（6）
1	0.6	10.5	0.4	6.0	0.1	1.0
2	0.7	14.5	0.4	6.0	0.2	2.0
3	0.7	14.5	0.6	10.5	0.2	3.0
4	0.7	14.5	0.6	10.5	0.3	4.0
5	0.8	18.5	0.7	14.5	0.4	6.0
6	1.0	22.0	0.8	18.5	0.5	8.0
7	1.1	23.0	0.8	18.5	0.6	10.5
8	1.2	24.0	0.9	21.0	0.8	18.5
R_i	—	141.5	—	105.5	—	53.0
n_i	—	8.0	—	8.0	—	8.0

首先要分析该研究的设计类型，该例属于观察性研究，其研究对象为参保职工，观察指标是个人账户结余金额，比较三个年龄段。如果个人账户结余金额近似正态分布且满足方差齐性，可用单向方差分析。然而该资料不满足正态分布和方差齐性的要求，可考虑用 Kruskal-Wallis H 检验。检验步骤如下：

（1）建立检验假设，确立检验水准。

H_0：三个年龄段个人账户余额总体分布相同；

H_1：三个年龄段个人账户余额总体分布不同或不全相同。

（α=0.05）

（2）编秩求秩和。

将不同年龄段个人账户余额由小到大排序，并统一编秩。如遇同组相同数据，秩次顺序；遇不同组相同数据取平均秩次。本例有 2 个 0.2，在同一组内，按顺序编为 2 和 3；有 3 个 0.4 在不同组，分别在第（3）栏和第（5）栏，其平均次为（5+6+7）/3=6；有 4 个 0.6，分别在第（1）、（3）、（5）栏，其平均秩次为（9+10+11+12）/4=10.5，余类推。求秩和：将各组秩次相加（即 R_i），下标 i 表示组序（i=1，2，3）。

（3）计算检验统计量 H 值或 H_C 值。

$$H=\frac{12}{n(n+1)}\sum\frac{R_i^2}{n_i}-3(n+1) \tag{12-6}$$

n_i 是指第 i 个样本的样本含量，n 是总样本含量，R_i 是指第 i 个样本对应的秩和。

如果遇到相同观察值较多时，还需要对 H 值进行校正。

$$H_C=\frac{H}{C} \tag{12-7}$$

$$C=1-\frac{\sum(t_j^3-t_j)}{n^3-n}$$

式中 n 是总样本含量，t_j 为第 j 个（j=1，2，…）相同秩的个数。

本题中，$H=\dfrac{12}{24\times(24+1)}\left(\dfrac{141.5^2+105.5^2+53^2}{8}\right)-3\times(24+1)=9.9038$。

本例有 3 个 0.4、4 个 0.6、4 个 0.7、4 个 0.8，相同秩超过 25%，故需要计算 H_C。

$$H_C=\frac{H}{1-\dfrac{\sum\left(t_j^3-t_j\right)}{n^3-n}}=\frac{9.9038}{1-\dfrac{(3^3-3)+(4^3-4)+(4^3-4)+(4^3-4)}{24^3-24}}=10.0524$$

（4）确定 P 值，做出推断。

若组数 g=3，每组例数≤5，可查附表 12（H 界值表），得出 P 值。若最小样本的例数大于 5，则 H 近似服从自由度 ν=g−1 的 χ^2 分布。本例各组例数均＞5，超出了附表的查找范围，按 ν=3−1=2 查 χ^2 分布表，得 χ^2 0.01，2＝9.21，P＜0.01。按 α=0.05 检验水准拒绝 H_0，接受 H_1，认为不同年龄段个人账户余额有差别。

（二）基于频数资料的多个样本比较

例 12-6　为了研究肝炎所致食管、胃底静脉曲张破裂出血的有效止血方法，某医师将符合条件的患者随机分成了 4 组，分别采用生长抑素（A 组）、垂体后叶素（B 组）、生长抑素加奥美拉唑（C 组）、垂体后叶素加奥美拉唑（D 组）进行疗效对比，资料见表 12-6，问四种方法的止血效果是否相同？

表 12-6 四种方法的止血疗效

疗效 (1)	A 组 (2)	B 组 (3)	C 组 (4)	D 组 (5)	合计 (6)	秩次范围 (7)	平均秩次 (8)
显效	8	9	17	18	52	1～52	26.5
有效	5	6	4	3	18	53～70	61.5
无效	5	6	1	1	13	71～83	77.0
R_i	904.5	1069.5	773.5	738.5	—	—	—
n_i	18	21	22	22	—	—	—

（1）建立假设，确定检验水准。

H_0：四种方法治疗效果的总体分布相同；

H_1：四种方法治疗效果的总体分布不同或不全相同。

（α=0.05）

（2）编秩求秩和。

本例为四组等级资料，与两组等级资料时类似，编秩时，相同等级编为相同秩次。先计算各等级合计人数，由此确定各等级的秩次范围，并求出平均秩次。如本例中，显效共 52 人，其秩次范围 1～52，平均秩次为 26.5，依次类推。在各等级平均秩次的基础上求秩和。

（3）计算检验统计量 H 值或 H_C 值。

$$H=\frac{12}{n(n+1)}\sum\frac{R_i^2}{n_i}-3(n+1)$$
$$=\frac{12}{83\times84}\left(\frac{904.5^2}{18}+\frac{1069.5^2}{21}+\frac{773.5^2}{22}+\frac{738.5^2}{22}\right)-3\times84=9.45$$

由于相同秩次较多，故需要校正。

$$C=1-\frac{\sum(t_j^3-t_j)}{n^3-n}=1-\frac{52^3-52+18^3-18+13^3-13}{83^3-83}=0.7402$$

$$H_C=\frac{H}{C}=12.77$$

本例可查 χ^2 界值表得 $P<0.01$。按 α=0.05 的检验水准，拒绝 H_0，接受 H_1，可以认为四种方法治疗效果的总体分布不全相同。

（三）多个独立样本的两两比较

当多个样本比较的秩和检验拒绝 H_0，接受 H_1 时，可认为各总体分布不同或者不全相同。如需了解哪两个总体分布相同，哪两个总体分布不同，可进一步作组间的两两比较。多个独立样本的两两比较可以采用 Nemenyi 检验或扩展 t 检验等，以下就用实例来说明 Nemenyi 检验的操作方法。

例 12-7 对例 12-5 的资料作三个年龄段个人账户结余金额的两两比较。

（1）建立假设，确定检验水准。

H_0：任两组的总体分布相同；

H_1：任两组的总体分布不同。

（α=0.05）

（2）求检验统计量 χ^2。

$$\chi^2=\frac{(\bar{R}_A-\bar{R}_A)^2}{\frac{n(n+1)}{12}\left(\frac{1}{n_A}+\frac{1}{n_B}\right)},\quad \nu=g-1 \tag{12-8}$$

若相同秩较多还需要对 χ^2 值校正，校正公式：$\chi_c^2=\frac{\chi^2}{C}$，其中

$$C=1-\frac{\sum(t_j^3-t_j)}{n^3-n} \tag{12-9}$$

式中 n 是总样本含量，t_j 为第 j 个（$j=1$，2，…）相同秩的个数。R_A，R_B 分别为任何两个对比组 A 和对比组 B 的秩和，n_A 和 n_B 为相应的样本含量，$\bar{R}_A$ 及 $\bar{R}_B$ 为相应的平均秩和。例 12-5 的资料中各组的平均秩和：$\bar{R}_1=17.6875$，$\bar{R}_2=13.1875$，$\bar{R}_3=6.625$，n=24，由于相同秩次较多，故需要校正，$C=1-\frac{\sum(t_j^3-t_j)}{n^3-n}$=0.9852，本例两两比较的结果可列成表 12-7。

表 12-7　三个样本间两两比较的秩和检验

对比组 A 与 B （1）	$\bar{R}_A-\bar{R}_B$ （2）	χ_c^2 （3）	$\chi^2_{0.05,2}$ （4）	$\chi^2_{0.01,2}$ （5）	P 值 （6）
＜35 岁与 35～45 岁	4.50	1.64	5.99	9.21	＞0.05
＜35 岁与＞45 岁	11.06	9.93	5.99	9.21	＞0.01
35～45 岁与＞45 岁	6.56	3.50	5.99	9.21	＞0.05

（3）确定 P 值，做出统计推断。

＜35 岁与 35～45 岁组之间经 Nemenyi 检验，P＞0.05，接受 H_0，认为这两组年龄段的人群个人账户结余金额没有差异；＜35 岁与＞45 岁组之间经 Nemenyi 检验，P＜0.01，拒绝 H_0，认为这两组年龄段的人群个人账户结余金额有差异；35～45 岁与＞45 岁组之间经 Nemenyi 检验，P＞0.05，接受 H_0，认为这两组年龄段的人群个人账户结余金额没有差异。

第三节　等 级 相 关

Pearson 相关分析法适用于双变量正态分布的资料，有些资料并不服从双变量正态分布或者分布不明，有些是等级资料或者是以率或构成比等相对数构成的资料，对于这些资料可采用非参数分析方法来研究变量之间的关联性，如 Spearman 等级相关（Spearman’s rank correlation）、Kendall 相关等。

一、Spearman 相关

Spearman 等级相关可以用来分析非双变量正态分布资料的两个变量间数量上的关联性。

例 12-8　某保险公司在 12 个地区开展大病住院医疗保险，收集到下列资料，如表 12-8 所示。资料中 X 表示承保深度，即参保人数对该地区人口数的比例，以百分率计。Y 表示因大病住院赔付系数，即住院赔付额对保费收入的比例，亦以百分率计。

表 12-8 12 个地区大病住院医疗保险承保深度及赔付系数

地区编号	承保深度（X）	承保深度秩次（P）	赔付系数（Y）	赔付系数秩次（Q）
1	8.3	10	1.0	2
2	2.5	2	4.2	12
3	4.0	3	3.8	10
4	6.9	7	2.4	5
5	9.8	12	0.8	1
6	6.6	6	3.4	8
7	5.5	4	2.8	6
8	7.5	8	3.9	11
9	8.2	9	1.5	4
10	2.1	1	3.1	7
11	9.0	11	1.4	3
12	6.2	5	3.6	9

（一）Spearman 等级相关系数的计算

Spearman 等级相关系数的计算需要对原始数据先进行秩变换，本例中对承保深度 X 从小到大编秩，遇到相同数值用平均秩替代，承保深度的秩记作 P，然后对赔付系数 Y 以同样的方式编秩，记作 Q，与 Pearson 相关系数的公式类似，Spearman 等级相关系数 r_S 的公式如下：

$$r_S = \frac{l_{PQ}}{\sqrt{l_{PP} \cdot l_{QQ}}} \tag{12-10}$$

其中，$l_{PQ}=\sum_{i=1}^{n}(p_i-\bar{p})(q_i-\bar{q})$，$l_{PP}=\sum_{i=1}^{n}(p_i-\bar{p})^2$，$l_{QQ}=\sum_{i=1}^{n}(q_i-\bar{q})^2$。

本例题经计算得到：$r_S=-0.734$（计算过程略）。

（二）样本等级相关系数 r_S 的假设检验

根据样本计算的等级相关系数与总体等级相关系数之间存在抽样误差，因此必须对该样本等级相关系数是否来自总体等级相关系数 ρ_S 为零的总体进行假设检验。

检验步骤如下：

（1）建立假设，确立检验水准。

H_0：$\rho_S=0$；

H_1：$\rho_S \neq 0$。

（$\alpha=0.05$）

（2）确定 P 值，做出推断。

本例 $n=12$，$r_S=-0.734$，查 r_S 界值表（见附表 15），得 $0.005<P<0.01$，按 $\alpha=0.05$ 水准拒绝 H_0，接受 H_1，可认为承保深度与赔付系数间呈负相关关系。

二、Kendall 相关

分析两个变量之间的相关，也可用 Kendall 等级相关分析法。它的基本思想是：以一个变量的等级为标准，用一个统计量来衡量另一个变量的等级与它不一致的情况。系数 r_K 也在 ± 1 之间变动。完全不相关时 $r_K=0$。Kendall 等级相关可对两个或多个变量作分析。

例 12-9　以例题 12-8 数据分析 12 个地区大病住院医疗保险承保深度和赔付系数的关联。

Kendall 相关系数的计算需要对其中的一个变量按从小大到大排列，并直接顺次编秩，然后对另一变量编秩。如本例先对承保深度 X 从小到大排列，具体情况如表 12-9。

表 12-9　12 个地区大病住院医疗保险承保深度及赔付系数

地区编号 （1）	承保深度 X （2）	承保深度秩次 P （3）	赔付系数 Y （4）	赔付系数秩次 Q （5）	累计秩个数 （6）
10	2.1	1	3.1	7	5
2	2.5	2	4.2	12	0
3	4.0	3	3.8	10	1
7	5.5	4	2.8	6	3
12	6.2	5	3.6	9	1
6	6.6	6	3.4	8	1
4	6.9	7	2.4	5	1
8	7.5	8	3.9	11	0
9	8.2	9	1.5	4	0
1	8.3	10	1.0	2	1
11	9.0	11	1.4	3	0
5	9.8	12	0.8	1	0
合计	—	—	—	—	s=13

表 12-9 中按照承保深度 X 从小到大排列，其中第（6）栏的累计秩个数根据赔付系数秩次 Q 计算而来。例如第（5）栏中第一个秩次是 7，在其后还有 11 个秩次，累计有 5 个秩次比 7 大，因此第（6）栏第一个累计秩次个数为 5；第（5）栏中第二个秩次是 12，在其后还有 10 个秩次，累计有 0 个秩次比 12 大，因此第（6）栏第二个累计秩次个数为 0；第（5）栏中第三个秩次是 10，在其后还有 9 个秩次，累计有 1 个秩次比 10 大，因此第（6）栏第三个累计秩次个数为 1；…；余类推。最后求出第（6）栏的合计数 s，本题 s=13。

（一）Kendall 相关系数的计算

Kendall 相关系数的计算公式：

$$r_K = \frac{2s}{\frac{1}{2}n(n-1)} - 1 \tag{12-11}$$

其中 n 为样本含量，s 为表 12-9 中的累计秩个数的合计值，本题 n=12，s=13，$r_K = -0.606$。

（二）样本等级相关系数 r_K 的假设检验

根据样本计算的等级相关系数与总体等级相关系数之间存在抽样误差，因此也必须对该Kendall 等级相关系数是否来自总体等级相关系数ρ_k为零的总体进行假设检验。检验步骤如下：

（1）建立假设，确立检验水准。

H_0：$\rho_k=0$；

H_1：$\rho_k\neq0$。

（α=0.05）

（2）确定 P 值，做出推断。

本例 n=12，$r_K = -0.606$。查 r_K 界值表（见附表 14），得 $P<0.01$，按α=0.05 水准拒绝 H_0，接受 H_1，可认为承保深度与赔付系数间呈负相关关系。

三、列联表关联性研究

χ^2检验可以进行列变量与行变量的独立性研究。若列变量与行变量相互独立，说明两者之间无关联；反之两者之间有关联。描述这种关联程度的指标有ϕ系数、列联系数和 Cramer's V 系数[①]。ϕ系数用于四格表资料的关联程度描述，列联系数和 Cramer's V 系数可以用于多行或多列的列联表资料的关联程度描述。

（一）ϕ系数

ϕ系数是描述四格表资料行变量与列变量之间关联程度的系数，具体公式为

$$\phi=\sqrt{\frac{\chi^2}{n}} \tag{12-12}$$

χ^2 是四格表卡方检验中的χ^2统计量的值，n 为四格表的总实际频数，即总的样本含量。ϕ系数越接近 0 表示关联程度越小，越接近 1，表示关联程度越高。

例 12-10 欲了解吸烟与肺癌的关系，随机调查了 450 名 60 岁以上成年人，并按是否吸烟和是否患肺癌进行整理，资料如表 12-10。

表 12-10 450 名成年人吸烟与肺癌患病情况调查结果

是否吸烟	患肺癌	未患肺癌	合计
是	80（54）	190（216）	270
否	10（36）	170（144）	180
合计	90	360	450

检验步骤如下：

（1）建立假设，确立检验水准。

H_0：吸烟组与非吸烟组肺癌患病率相同，即吸烟与肺癌无关联；

H_1：吸烟组与非吸烟组肺癌患病率不同，即吸烟与肺癌有关联。

（α=0.05）

（2）计算统计量。

$$\chi^2=\sum\frac{(A-T)^2}{T}=\frac{(80-54)^2}{54}+\frac{(190-216)^2}{216}+\frac{(10-36)^2}{36}+\frac{(170-144)^2}{144}=39.1204$$

（3）确定 P 值，做出推断。

本例γ=1，查χ^2界值表（见附表 3），得 $P<0.01$，按α=0.05 水准拒绝 H_0，接受 H_1，可认为吸烟与肺癌有关联，关联程度可以计算ϕ系数：

$\phi=\sqrt{\frac{\chi^2}{n}}$=0.2948，表示吸烟与肺癌有一定的关联，关联程度一般。

ϕ系数只适用于描述四格表资料行变量与列变量之间的关联程度，多行多列卡方检验中行变量与列变量之间关联程度的描述需要计算列联系数和 Cramer's V 系数。

（二）列联系数和 Cramer's V 系数

列联系数（contingency coefficient）可用来描述多行多列卡方检验中行变量与列变量之间的关

① Cramer 译为克拉默。

联程度，公式为

$$列联系数=\sqrt{\frac{\chi^2}{\chi^2+n}} \tag{12-13}$$

列联系数的最大值为 $\frac{\sqrt{(k-1)}}{k}$，其中 $k=\min(R,C)$，R 是列联表的行数，C 是列数。如四格表中 k=2，四格表中的列联系数最大值为 0.707，所以四格表列联系数的取值范围就是 0～0.707。因此，两个列联系数是不能直接比较的。为了便于比较，需将列联系数调整到 0～1 之间，调整公式如下：

$$V=\sqrt{\frac{\chi^2}{n(k-1)}} \tag{12-14}$$

该调整过的系数称为 Cramer's V 系数，简称 V 系数，V 系数的取值范围是 0～1，关联程度的比较更加方便。列联系数和 V 系数越接近 0，关联程度越低；反之，关联程度越高。

例 12-11　欲了解不同收入人群对某商业健康保险的购买习惯是否有差别，调查了 537 名不同收入的消费者，调查结果如表 12-11。

表 12-11　537 名不同收入的消费者对商业健康保险的购买习惯

收入组别	经常购买	偶尔购买	不购买	合计
低收入组	25（38.98）	36（29.11）	69（61.92）	130
中低收入组	40（35.08）	26（26.20）	51（55.72）	117
中等收入	47（41.97）	19（31.35）	74（66.68）	140
高收入组	46（41.97）	37（31.35）	57（66.68）	140
合计	158	118	251	527

检验步骤如下：

（1）建立假设，确立检验水准。

H_0：不同收入人群购买习惯相同，即购买习惯与收入无关联；

H_1：不同收入人群购买习惯不同，即购买习惯与收入有关联。

（α =0.05）

（2）计算统计量。

$$\chi^2=\sum\frac{(A-T)^2}{T}=17.6258$$

（3）确定 P 值，做出推断。

本例 $\nu=(R-1)(C-1)=6$，查 χ^2 界值表（见附表 3），得 $P<0.01$，按α=0.05 水准拒绝 H_0，接受 H_1，可认为不同收入人群购买习惯不同，即购买习惯与收入有关联。

$列联系数=\sqrt{\frac{\chi^2}{\chi^2+n}}$=0.1799，$V=\sqrt{\frac{\chi^2}{n(k-1)}}=0.1293$，说明购买习惯与收入有关联，但是关联程度较低。

理论上还需对样本是否来自总体 ϕ 系数、列联系数和 V 系数为 0 进行假设检验，来验证总体上有无关联，但这些检验与上述χ^2 检验是等价的，故无需重复阐述。

（时　涛）

第十三章　Logistic 回归

内容提要

第十章介绍了线性回归模型，该模型只能处理因变量为数值变量（定量资料）的情景，在实际工作中，经常会遇到因变量是分类变量（定性资料）的情况，此时线性回归就无能为力了。而 Logistic 回归属于概率型非线性回归，专门研究因变量为分类变量，分析其与多个自变量之间关系的一种多变量统计分析方法。广泛用于医学、保险等领域研究，分析某事件发生与否和各影响因素之间的关系。如医疗保险领域研究职工是否愿意参保与收入、年龄、受教育程度、健康水平等因素之间的关系；如居民是否发生食管癌与吸烟、饮酒、不良饮食习惯等危险因素的关系。因变量可能为二分类变量，如成功与失败、参保与未参保、有效与无效、阳性与阴性等，也可能为多分类变量显然不能满足线性回归分析中的假设（LINE）。而且，在多数情况下，若按线性回归模型来预测因变量时，Y 的预测值不一定在 0～1 之间取值，这就给回归分析的结果解释带来困难，因而不能用多重线性回归，用 Logistic 回归模型来处理这类具有独立二分类（或多分类）因变量资料时，可以避免以上之不足。

Logistic 回归按设计的不同，分为非条件 Logistic 回归与条件 Logistic 回归；按因变量分类情况，分为二分类 Logistic 回归与多分类 Logistic 回归。本章将主要介绍因变量为两分类的非条件回归分析与因变量为多分类的非条件 Logistic 回归分析。

第一节　二分类 Logistic 回归

一、基 本 概 念

Logistic 回归模型是一种概率模型。设因变量 Y 是一个二分类变量，取值为

$$Y=\begin{cases}1, & \text{出现阳性结果（参保、发病、有效、死亡等）,}\\ 0, & \text{出现阴性结果（未参保、未发病、无效、存活等）}\end{cases}$$

m 个自变量（亦称协变量）分别是 X_1，X_2，…，X_m。若用 P 表示阳性事件发生的概率，则 $Q=1-P$ 为阳性事件未发生的概率，两者的概率分别为

$$P=\frac{e^{\beta_0+\beta_1X_1+\beta_2X_2+\cdots+\beta_mX_m}}{1+e^{\beta_0+\beta_1X_1+\beta_2X_2+\cdots+\beta_mX_m}} \tag{13-1}$$

$$Q=\frac{1}{1+e^{\beta_0+\beta_1X_1+\beta_2X_2+\cdots+\beta_mX_m}} \tag{13-2}$$

式中 β_0 为常数项，β_1，β_2，…，β_m 为偏回归系数。

对 P 进行 logit 变换：

$$\text{logit}(P)=\ln\left[\frac{P}{1-P}\right] \tag{13-3}$$

这里 $\frac{P}{1-P}$ 是流行病学个中的一常用指标：比数（odds），logit（P）实际上是比数的自然对数。显然有 logit（P）与自变量 X_1，X_2，…，X_m 之间呈线性关系：

$$\text{logit}(P)=\beta_0+\beta_1X_1+\beta_2X_2+\cdots+\beta_mX_m \tag{13-4}$$

公式（13-1）、（13-2）、（13-4）可能出现在不同的文献中，它们是等价的。故称由式（13-4）描述的 logit（P）与各自变量间的回归关系称为 Logistic 回归。logit（P）变换将取值在［0，1］内的变量 P 变换到（$-\infty$，$+\infty$），所以 logit（P）可以在（$-\infty$，$+\infty$）中取值（见图 13-1），这是数学上的一种 Logistic 曲线。Logistic 模型对自变量 X_1，X_2，…，X_m 没有任何限制。这给其应用带来极大的方便，可以应用到流行病学、临床医学、卫生事业管理、医疗保险、商业性保险等诸多领域。例如，在卫生服务研究中，研究患者是否就诊与患者的性别、年龄、文化程度、病情的轻重、收入情况等因素（自变量）有关；在医疗保险研究中，职工是否自愿购买补充商业性医疗保险，与其年龄、收入、行业、风险意识、当事人有关保险方面的知识、险种的设置、国家宏观经济情况、法治建设、银行利率等诸多因素有关；在疾病的疗效考核中，研究疗效（治愈、显效、好转、无效四个等级）与治疗方法、患者的病情轻重、年龄、既往体质等因素有关。

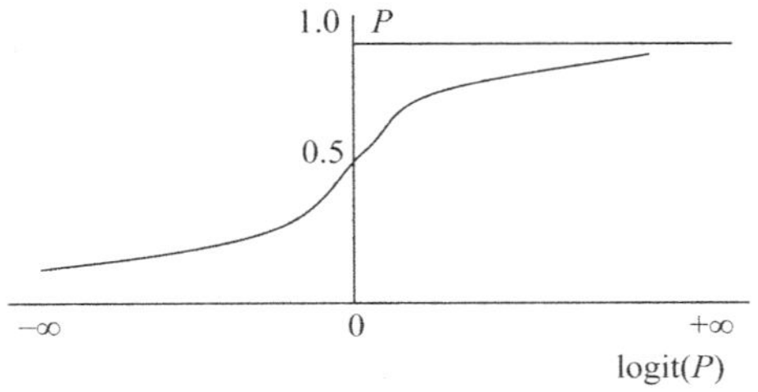

图 13-1　Logistic 概率曲线示意

二、模型中参数的解释与求法

（一）模型参数解释

如果将 logit（P）看作是因变量，Logistic 回归的形式就与第十章介绍的多重线性回归完全一致，且有许多类似之处，如模型中偏回归系数 β_j（j=1，2，…，m）的解释，表示其他自变量不变时，X_j 每改变一个单位，因变量 logit（P）的平均改变量，但也有不同之处：

（1）Logistic 回归模型的因变量 Y 为分类变量（可以是二分类，也可以是多分类），其分析建立在二项分布的基础上，多重线性回归建立在正态分布基础之上；

（2）Logistic 回归系数的估计（参数估计）不能用最小二乘法（LSE），而要用极大似然估计（maximum likelihood estimation，MLE）；

（3）对于模型的检验和回归系数的检验也不再使用 F 检验和 t 检验，而是采用似然比检验和 Wald 检验等；

（4）模型中系数 β_0 的解释，其意义取决于研究资料搜集的方式，β_0 为所有自变量 X 均取 0 时的状态，称为基线（base line）状态。

（二）模型参数的估计

上面谈及，Logistic 回归系数的估计采用的是极大似然法，其基本原理是

（1）首先，构造基于二项分布的似然函数（likelihood function）：

$$L=\prod_{i=1}^{n}P^{Y_i}Q^{1-Y_i}=\prod_{i=1}^{n}\left(\frac{\mathrm{e}^{\left(\beta_0+\sum\beta_jX_j\right)}}{1+\mathrm{e}^{\left(\beta_0+\sum\beta_jX_j\right)}}\right)^{Y_i}\left(\frac{1}{1+\mathrm{e}^{\left(\beta_0+\sum\beta_jX_j\right)}}\right)^{1-Y_i}$$

$$=\prod_{i=1}^{n}\frac{\left[e^{\left(\beta_0+\sum\beta_j X_j\right)}\right]^{Y_i}}{1+e^{\left(\beta_0+\sum\beta_j X_j\right)}} \tag{13-5}$$

式中，i 表示第 i 个样本（i=1，2，…，n），j 表示第 j 个变量（j=1，2，…，m）。

（2）为简化计算，对该似然函数取自然对数，得

$$\ln L=\sum_{i=1}^{n}\left\{Y_i\left(\beta_0+\sum\beta_j X_j\right)-\ln\left[1+e^{\left(\beta_0+\sum\beta_j X_j\right)}\right]\right\} \tag{13-6}$$

（3）对该对数似然函数公式（13-6）求各参数 β_j（j=0，1，2，…，m）的一阶偏导数并令其等于 0。

$$\frac{\partial \ln L}{\partial \beta_j}=0 \qquad (j=0,\ 1,\ 2,\ \cdots,\ m) \tag{13-7}$$

（4）解公式（13-7）所列非线性方程组的方法很多，通常应用牛顿-拉弗森（Newton-Raphson）迭代法，由样本数据就可得到参数 β_j（j=0，1，2，…，m）的极大似然估计值 b_j，从而得到 Logistic 回归方程：

$$P=\frac{e^{\left(b_0+b_1X_1+b_2X_2+\cdots+b_mX_m\right)}}{1+e^{\left(b_0+b_1X_1+b_2X_2+\cdots+b_mX_m\right)}} \tag{13-8}$$

或

$$P=\frac{1}{1+e^{-\left(b_0+b_1X_1+b_2X_2+\cdots+b_mX_m\right)}} \tag{13-9}$$

或

$$\text{Logit}(P)=b_0+b_1X_1+b_2X_2+\cdots+b_mX_m \tag{13-10}$$

上述三种形式等价，因此 Logistic 回归也称为 Logit 回归。当然，如果 P 是某结局事件发生的概率，回归方程也可表达成该事件不发生的概率：

$$Q=\frac{1}{1+e^{\left(b_0+b_1X_1+b_2X_2+\cdots+b_mX_m\right)}}$$

三、Logistic 回归方程的检验以及各偏回归系数的检验

Logistic 回归分析中的假设检验类似于多重线性回归，主要包括两种，对回归方程进行检验与对各偏回归系数进行检验。

（一）检验回归方程有无统计学意义

检验回归方程有无意义似然比检验用得最多，也就是检验所有的偏回归系数是否均为 0。其无效假设为

H_0：$\beta_1=\beta_2=\cdots=\beta_m=0$;

H_1：各总体偏回归系数不全为零。

（α=0.05）

检验统计量为

$$G=2\left[\ln L-\ln L\left(-1,-2,\cdots,-m\right)\right] \tag{13-11}$$

样本含量足够大，该统计量在无效假设成立时近似服从于自由度为 m 的 χ^2 分布。在式（13-11）中，ln$L$（−1，−2，…，−m）表示扣除所有自变量（X_1，X_2，…，X_m）后，回归方程的对数似然函数；ln$L$ 是包含所有自变量时，回归方程的对数似然函数。两者之差恰好描述了 Logistic 回归方程

由于加入了这些自变量对因变量的影响。

（二）检验各回归系数有无统计学意义

在各统计软件中，常用的检验各回归系数有无统计学意义通常有三种方法，即似然比检验、Wald 检验或比分检验。三种检验都是逐个检验各偏回归系数是否为 0。由于比分检验与 Wald 检验结果类似，故不作介绍。

1. 似然比检验

该法用得最多，也最可靠。对于检验第 j 个自变量（j=1，2，…，m）是否有统计学意义时，无效假设为

H_0：$\beta_j = 0$；

H_1：β_j不全为 0。

（α=0.05）

检验统计量为

$$G = 2\left[\ln L - \ln L(-j)\right] \tag{13-12}$$

样本含量足够大时，该统计量在无效假设成立时近似服从自由度为 1 的 χ^2 分布。在式（13-12）中，ln$L$（$-j$）是扣除自变量 X_j 后，回归方程的对数似然函数；ln$L$ 是包含所有变量时，回归方程的对数似然函数。两者之差描述了回归方程中自变量 X_j 的加入对因变量的影响。

2. Wald 检验

检验统计量为

$$Z = \frac{b_j - 0}{s_{b_j}} \tag{13-13}$$

式中，Z 为标准正态离差，服从于标准正态分布。参数 β_j（总体偏回归系数）的 95%可信区间是基于该检验统计量推导而来：

$$(b_j \pm 1.96 s_{b_j}) \tag{13-14}$$

四、偏回归系数的意义

由公式（13-10）可见，单纯从数学意义上讲，与多重线性回归分析中回归系数的解释并无不同，亦即 b_j 表示自变量 X_j 每改变一个单位时，因变量 Logit（P）的平均变化量。然而，这对于实际应用者而言是无法理解的一个抽象概念。为便于读者理解，有必要补充相关流行病学概念。

Logistic 回归中的常数项（b_0）表示，在无自变量的影响下，效应事件（因变量）发生与不发生的概率之比（比数）的对数值。

Logistic 回归中的偏回归系数（b_j），表示其他自变量固定，某一自变量改变一个单位时，效应事件发生与不发生事件的概率之比的对数变化值，即 OR（odds ratio）的对数值。不同变量类型的自变量，其解释略有不同。为了说清楚该问题，有必要搞清楚几个基本概念。

（一）相关知识

（1）相对危险度（relative risk，RR）：$\mathrm{RR} = \dfrac{p_1}{p_2}$。其中，$p_1$ 是暴露组的结局发生率，p_2 是非暴露组的结局发生率。

（2）比数（odds）：$\mathrm{odds} = \dfrac{p}{(1-p)}$。

（3）比数比（odds ratio，OR）：$\mathrm{OR}=\dfrac{p_1/(1-p_1)}{p_2/(1-p_2)}$，在患病率较小情况下，OR≈RR。

OR 的解释同 RR，表示暴露组与非暴露组结局率（如发病率）之比，分析结局与暴露（exposure）之间联系强度。RR 表示暴露组结局的发生率是非暴露组的多少倍。RR=1（无意义，结局与暴露无关），RR＞1（正关联，表示暴露增加结局的风险），其值越大关联越强，RR＜1（负关联，表示暴露减少结局的风险），其值越小关联越强。

（二）如何解释不同类型的自变量

（1）自变量 X_j 为二分类变量时，存在（暴露）$X_j=1$，不存在（未暴露）X_j=0，根据式（13-10）和上述 OR 的概念，显然有 Logistic 回归中的偏回归系数（b_j）就是暴露与非暴露比数比之对数值，即 $b_j=\ln(\mathrm{OR}_j)$，换句话说，

$$\mathrm{OR}_j=\mathrm{e}^{b_j} \tag{13-15}$$

因此，Logistic 回归不直接对偏回归系数（b_j）解释，而是解释 e^{b_j}，即用 OR 来解释某一自变量对因变量的影响。根据 Wald 检验可知，Logistic 回归的总体偏回归系数 95%可信区间为公式（13-14），因此，总体 OR 的 95%可信区间为

$$\mathrm{e}^{(b_j\pm1.96s_{b_j})} \tag{13-16}$$

这样，自变量 X_j 的解释就变得非常容易。当自变量为暴露时发生阳性结局的风险是非暴露时风险的 OR 倍。

（2）自变量 X_j 为无序多分类变量时，为方便起见，常用 1，2，…，k 分别表示 k 个不同的类别。进行 Logistic 回归分析前需将该变量转换成 k–1 个哑变量，这样哑变量都是一个二分变量，每一个哑变量均有一个估计系数，即偏回归系数，其解释就完全同二分类变量了。

（3）自变量 X_j 为有序分类变量时，如以最小等级作参考组，并按等级顺序依次取为 0，1，2，…。此时，e^{b_j} 表示 X_j 增加一个等级时的比数比，e^{kb_j} 表示 X_j 增加 k 个等级时的比数比。

（4）自变量 X_j 为数值变量时，e^{b_j} 表示 X_j 每增加一个计量单位时的比数比。

五、例 题 分 析

例 13-1 商业保险公司为研究居民对购买分红保险的意愿（Y=1 表示愿意购买，Y=0 表示不愿购买），考虑到此险种的可能影响因素较多，该公司共抽样调查了 68 户家庭户主的资料，原始数据见表 13-1。设变量 X_1 表示年龄（岁），X_2 表示性别（0 表示女性，1 表示男性），X_3 表示家庭人均月收入（元），X_4 表示文化程度（1=小学，2=初中，3=高中，4=大学，5=硕士及以上），X_5 表示婚姻状况（1=在婚，2=未婚，3=离婚，4=丧偶），实际计算时要转换为哑变量，形如表 13-2。

表 13-1 68 名户主购买分红保险的意愿及背景资料

编号	Y	X_1	X_2	X_3	X_4	X_5
1	1	65	1	900	1	1
2	1	54	0	1200	2	1
3	0	54	0	1000	3	4
4	1	54	1	1200	2	1
5	1	52	0	2600	2	1
6	1	51	0	2400	3	1
7	0	50	1	1900	4	1
8	1	48	0	1500	3	2

续表

编号	Y	X_1	X_2	X_3	X_4	X_5
9	1	47	0	1800	3	1
10	1	47	1	1800	4	1
11	1	47	1	2500	3	1
12	1	46	1	1600	3	1
13	0	46	0	1700	3	1
14	1	46	0	3200	3	2
15	1	45	1	3000	4	1
16	1	45	0	2000	3	1
17	1	45	0	1600	4	1
18	1	45	0	1200	4	1
19	0	44	1	1700	3	3
20	1	44	1	2100	3	2
21	1	44	1	1100	4	1
22	1	43	1	2600	3	1
23	1	43	0	1000	4	1
24	1	43	1	2000	4	2
25	0	43	1	2700	5	1
26	1	43	1	2100	4	1
27	0	43	0	1100	4	1
28	0	43	1	1200	4	1
29	1	41	0	2300	4	1
30	0	38	0	1200	2	1
31	1	37	0	2300	4	1
32	0	37	0	1200	3	2
33	0	37	1	1200	3	3
34	0	36	0	1300	3	1
35	0	35	1	800	3	3
36	0	35	0	1000	4	1
37	0	35	0	2100	4	1
38	1	34	0	1500	5	1
39	1	34	1	2100	3	1
40	0	34	0	1900	4	2
41	0	34	0	1000	4	4
42	0	34	1	1300	4	2
43	1	33	0	3500	4	2

续表

编号	Y	X_1	X_2	X_3	X_4	X_5
44	0	33	0	800	4	3
45	0	33	1	1200	3	1
46	0	32	0	900	4	1
47	0	32	1	1200	4	2
48	0	32	1	1000	5	4
49	0	32	1	1100	4	1
50	0	32	0	1800	4	1
51	0	32	1	1300	4	1
52	0	31	0	1200	5	1
53	0	30	1	1300	4	1
54	0	30	0	800	3	1
55	0	30	1	1200	4	1
56	0	29	1	2700	5	1
57	0	28	1	800	4	2
58	0	28	1	1300	4	1
59	0	28	1	2300	4	4
60	1	28	0	1000	4	1
61	0	27	1	800	4	1
62	0	26	1	1000	4	1
63	0	26	0	1900	4	2
64	1	25	1	1000	4	1
65	0	23	1	1000	5	3
66	0	21	0	1000	4	1
67	0	20	0	900	5	1
68	0	20	1	1700	4	2

表 13-2　婚姻变量转换为哑变量

婚姻	X_{51}	X_{52}	X_{53}
在婚	1	0	0
未婚	0	1	0
离婚	0	0	1
丧偶	0	0	0

本例着重研究户主购买分红保险的概率及其影响因素。由于户主购买分红保险的意愿是二分类变量，该调查属横断面调查，故可用非条件 Logistic 回归分析。结果见表 13-3，有必要对自变量进行筛选，结果见表 13-4。

表 13-3　Logistic 回归方程中的自变量及有关参数的估计值

变量	偏回归系数（b_j）	标准误 SE（b_j）	Wald χ^2 值	P 值	OR
X_1	0.154	0.054	8.101	0.004	1.167
X_2	−0.239	0.700	0.116	0.733	0.788
X_3	0.001	0.001	3.651	0.056	1.001
X_4	−0.277	0.550	0.254	0.615	0.758
X_5			0.104	0.991	
X_5（1）	21.559	17421.5	0.000	0.999	—
X_5（2）	21.270	17421.5	0.000	0.999	—
X_5（3）	0.936	23686.6	0.000	1.000	—
常数项	−28.284	17421.5	0.000	0.999	—

表 13-4　筛选后进入方程中的自变量及有关参数的估计值

变量	偏回归系数（b_j）	标准误 SE（b_j）	Wald χ^2 值	P 值	OR	总体 OR 95%CI
X_1	0.150	0.042	12.955	0.000	1.162	1.071～1.261
X_3	0.001	0.001	5.962	0.015	1.001	1.000～1.002
常数项	−8.302	1.908	18.924	0.000		

从表 13-4 可以看出，经 Wald　χ^2 检验，最终纳入方程的自变量为 X_1 和 X_3。

得到 Logistic 方程，居民对购买分红保险意愿的概率：

$$p=\frac{e^{-8.302+0.150X_1+0.001X_3}}{1+e^{-8.302+0.150X_1+0.001X_3}}$$

说明上述人群购买分红保险的意愿与年龄、家庭收入有关。在该例中，最好将年龄和家庭收入转换为有序分类变量，则更好解释。利用上述方程进行预测，以 0.5 作为分割点，即用 Logistic 回归方程计算出的概率 $p\geqslant 0.5$ 为预测愿意购买，$p<0.5$ 预测为不愿购买。与实际数据进行比较，结果如表 13-5。

表 13-5　Logistic 回归方程的预测值与实际值比较

预测值	实际值		合计
	购买	不购买	
购买	22	6	28
不购买	5	35	40
合计	27	41	68

从表 13-5 可以看出，27 个实际愿意购买者中，利用该方程能够被成功预测有 22 人，灵敏度为 81.5%，41 个实际不愿意购买的人中，被成功预测的有 35 人，特异度为 85.4%，总体预测成功率为 83.82%，由此可见该 Logistic 回归方程解释能力较强。

第二节　多分类 Logistic 回归简介

第一节介绍因变量为二分类结果的非条件的 Logistic 回归模型。在医学、保险等研究领域，经常会遇到因变量为多分类的情况，如肺癌根据癌细胞的分化程度和形态，可分为鳞癌、未分化癌、腺癌以及肺泡细胞癌等 4 种类型，若简单地看成有无患肺癌，显然是信息利用不足；再如疾病的严重程度可分为“无、轻度、中度、重危”等，若忽略其结果的有序性，也必将损失信息。因此，按照因变量是否有序，分为多类结果变量的 Logistic 回归（polytomous logistic regression）和有序结果变量的 Logistic 回归（ordinal logistic regression）两大类。本章只介绍多类结果变量的 Logistic 回归。

为叙述之简便，不妨考虑因变量为三类结果的情景，这三类结果分别为 A、B、C，根据具体情况，可指定其中的一类为参照组。令 Y=1 表示 A 类、Y=2 表示 B 类、Y=0 表示 C 类，C 类为参照组。Logistic 回归模型为

$$\begin{cases} \text{Logit}(P_{1/0}) = \ln\left[\dfrac{P(Y=1|X)}{P(Y=0|X)}\right] = \alpha_1 + \beta_{11}X_1 + \cdots + \beta_{1m}X_m = g_1, \\ \text{Logit}(P_{2/0}) = \ln\left[\dfrac{P(Y=2|X)}{P(Y=0|X)}\right] = \alpha_2 + \beta_{21}X_1 + \cdots + \beta_{2m}X_m = g_2 \end{cases} \tag{13-17}$$

可见该模型是由两个 Logit 函数组成的方程组，其中 2×（m+1）个参数，m 是自变量的个数。第一个 Logit 函数中的 β_{1j}（j=1，2，…，m）表示：A 类与 C 类相比，X_i 改变一个单位时，比数比的对数值；第二个 Logit 函数中的 β_{2j}（j=1，2，…，m）表示：B 类与 C 类相比，X_i 改变一个单位时，比数比的对数值；A 类与 B 类相比的 Logit，可用上述两模型之差得到。

$$\text{Logit}(P_{1/2}) = g_1 - g_2 \tag{13-18}$$

由于因变量结果为三类，且只有三类，显然有

$$P(Y=1|X) + P(Y=2|X) + P(Y=0|X) = 1$$

或简写为 $P_1+P_2+P_0=1$。

因此，三类结果的条件概率分别为

$$\begin{cases} P_1 = P(Y=1|X) = \dfrac{e^{(g_1)}}{1+e^{(g_1)}+e^{(g_2)}} \\ P_2 = P(Y=2|X) = \dfrac{e^{(g_2)}}{1+e^{(g_1)}+e^{(g_2)}} \\ P_0 = P(Y=0|X) = \dfrac{1}{1+e^{(g_1)}+e^{(g_2)}} \end{cases} \tag{13-19}$$

不失一般性，对 K 类结果的因变量，其 Logistic 回归模型可表示为

$$\text{Logit}(P_k) = \ln\left[\frac{P(Y=k|X)}{P(Y=0|X)}\right] = \alpha_k + \beta_{k1}X_1 + \cdots + \beta_{km}X_m = g_k \tag{13-20}$$

式中，k=1，…，K−1。各类结果的条件概率为

$$P_k = P(Y=k|X) = \frac{e^{(g_k)}}{\sum_{i=0}^{K-1} e^{(g_i)}}，\ k=0，1，2，\cdots，K-1 \tag{13-21}$$

这里，g_0=0。关于模型中参数的解释以及假设检验都与二分类 Logistic 回归类似，但要注意，相应的 Logit 函数是比较的哪两类，同一变量在不同的 Logit 函数中的效应可能不同，可以通过似然函数比较。

第三节 Logistic 回归分析的正确使用

近年来 Logistic 回归广泛应用于医学、社会科学研究的各个领域，如流行病学和病因学的横断面研究、队列研究和病例-对照研究以及临床的诊断判别模型和治疗效果评价等。在医疗保险学中应用也越来越广泛，如医疗费用影响因素、保险公司偿付能力预测等。其主要用于三个方面：一是寻找危险因素，正如上面所说的寻找某一疾病的危险因素等；二是进行预测，如果已经建立了 Logistic 回归方程，则可以根据回归方程，预测在不同的自变量情况下，发生某病或某种情况的概率有多大；三是进行判别，根据 Logistic 回归方程，判断某人属于某种情况的概率有多大。在具体运用 Logistic 回归分析时要注意以下事项。

（一）Logistic 回归模型的应用条件

由于 Logistic 回归似然函数的构造是基于二项分布的，首先应符合二项分布的应用条件，如各观察对象间是相互独立的，因此该模型不适用于传染病的研究；再者，各观察对象的观察时间长短应相同；多个危险因素的联合作用为相乘模型而非相加模型。

（二）关于样本含量

Logistic 回归的所有统计推断都建立在大样本基础上，因此要求有足够的样本含量。一般认为，如果样本含量大于自变量个数的 20 倍，参数估计的偏差是可以接受的。

（三）出现回归方程不可解释的原因

首先，要检查原始资料的质量；有无异常值；样本含量是否足够；考虑的变量是否太多；自变量间是否有共线性存在；模型的应用条件是否成立等。

（四）模型评价

建立模型并进行假设检验只表明了模型以及回归系数是否具有统计学意义，但并不表明模型拟合的效果如何。评价模型拟合效果，即评价模型的预测值与观测值的一致性，这就是拟合优度检验。拟合优度检验是 Logistic 回归分析过程中不可缺少的一部分，拟合效果好，所做出的结论才更符合事实。

（五）变量的赋值

在 Logistic 回归中，连续型变量、有序分类变量和无序分类变量都可以作为回归模型的自变量。对自变量的结果值编码方法（习惯上称为赋值）不同，则自变量的对应参数估计值及符号将有所不同，从而对结果的解释方式亦不同。

连续型变量可以按原数据形式参与分析，也可离散化成有序分类变量，或离散化后用几个哑变量来描述。原数据形式建模相对简单且保持了信息的完整性，但有时所估参数的实际意义却不突出。例如，年龄为高血压的危险因素，当年龄由 x 岁增加到 $x+1$ 岁，患高血压的优势比是年龄增加 1 岁与增加前的优势之比。实际上，相对于生命的全过程，1 岁的变化对患高血压的影响微不足道，这个优势比的实际意义并不重要。二分类变量，一般用 0 和 1 赋值，如暴露：1，非暴露：0；男性：1，女性：0 等。赋值较小的水平常被作为参照水平，关于这类变量的优势比就是水平 1 和水平 0 优势之比。有序多分类变量，可以按等级的秩次赋值，这样关于这类变量的优势比就是秩次 $k+1$ 和秩次 k 的优势之比。对于无序多分类变量，则应转化为哑变量形式，m 个类别需要 $m+1$ 个哑变量。

（六）Logistic 回归分析的软件

可做 Logistic 回归分析的软件做较多，如 SAS、SPSS、S+、Stata 等。同一资料用不同的软件计算，其计算结果可能略有不同，主要是模型的表达不同所致，应引起注意。

（赵林海）

第十四章 生命统计

内容提要

生命统计（vital statistics）是以人口生命事件为内容的统计活动，即有关人口生命事件的原始登记、资料整理、统计和分析。生命事件包括人口的出生、死亡、婚姻，以及有关民事身份的变动等。生命统计是了解人群健康水平，制订卫生工作计划与评价卫生工作效果的重要依据，也是制定医疗保险政策和确定医疗保费的重要依据。本章将介绍人口统计、疾病统计、人口寿命表等内容。

第一节 人口统计

一、人口统计在医疗保险实际工作中的意义

人口统计（demography）研究和描述人口数量、分布、结构、变动及其规律，以及其与社会经济发展之间的关系，是国家管理和社会管理的一项重要基础工作。人口既是国家的资源，又是政府各项工作的服务对象。人口的数量、结构及变动与人口本身的生物学性质有关，同时还与所生活的环境（自然环境与社会环境）密切相关，受各种环境因素影响。因此，人口统计不仅反映了人口自身的特征，也反映了环境因素的存在、变化及与人口的相互作用。这些对医疗保险工作有着直接和间接的重要意义，主要表现在以下几方面。

（1）制订我国医疗保险政策的依据。医疗保险政策的制订是根据全国每人每年消耗的医疗资源和发生的医疗费用制订的，这些资源和费用的计算需要有人口总数，并且按性别年龄构成、职业文化构成等社会学方面的特征分别进行统计。

（2）医疗保费的制订依据。医疗保费的制订基于国家财力，根据人群中各种常见病的患病率和死亡率以及全人群、特殊人群的期望寿命，而人口统计为此提供了数据。

（3）医疗保险学术研究的需要。在医疗保险调查研究、医疗保险评价等研究中，经常应用人口统计资料做一些相对指标的基数；地区间比较常涉及地区间的人口年龄构成、性别构成等是否有差别，以此判断地区间是否具有可比性。

二、静态人口统计

人口统计有静态人口统计和动态人口统计。静态人口统计是指在某一时点的人口数量和分布结构状况，如人口数量、性别、年龄、职业、文化程度等的构成。人口动态指标，反映某一时期内人口的变化情况，包括由出生、死亡引起的人口自然变动指标，人口从一个地区向另一个地区迁移的人口迁移变动指标等。

静态人口统计可通过调查获得，调查的方法通常有普查和抽样调查两类。人口普查是收集、整理和分析一个国家或地区在某一特定时间的人口、经济和社会资料的全过程。一般每隔 5～10 年举行一次人口普查，我国于 1953 年、1964 年、1982 年、1990 年、2000 年、2010 年、2020 年进行了七次人口普查。人口普查资料可从国家和地方各级统计部门获得。人口普查周期长，耗费大量人力、物力、财力和时间，每次调查项目不能太多。若要对某个国家或地区的人口问题进行广泛深入的研究，常通过抽样调查获得内容丰富的资料。描述人口学特征的常用指标有人口总数、人口学特征指标。

（一）人口总数

人口总数（population size）指一个国家或地区在某一特定时间的人口数。在对人口进行统计时，为避免重复或遗漏，必须明确规定每个被调查对象的登记地点。2020 年 11 月 1 日零时为标准时点的第七次全国人口普查显示，全国总人口为 1443497378 人，其中：普查登记的大陆 31 个省、自治区、直辖市和现役军人的人口共 1411778724 人；香港特别行政区人口为 7474200 人；澳门特别行政区人口为 683218 人；台湾地区人口为 23561236 人。①国际上统一规定了两种统计人口数的方法：一种称为实际制，指标准时点某地实际存在的人口数（包括临时在该地的人）；另一种称为法定制，指某地的常住人口数。卫生领域的许多工作，如传染病的防治、计划免疫、计划生育管理等都是采用实际人口。

由于人口数量经常变动，某一时点的人口数只能代表这一时点的人口规模，而不能代表其他时点或某一时期（如一年）的人口规模。在实际应用中，有时用某一期间的平均人口数代表人口总数。平均人口数通常是指相邻两年年末（12 月 31 日）人口数的平均值；当人口数在一年中均匀变动时，也可用年中（7 月 1 日零时）人口数代表全年的平均人口数。平均人口数常用作计算出生率、死亡率、发病率等指标的分母。

（二）人口学特征指标

1. 人口金字塔

人口学的基本特征包括性别、年龄、文化、职业等，其中最常用来描述人口结构的是年龄和性别。将年龄和性别相结合可用人口金字塔（population pyramid）表示。人口金字塔纵坐标为年龄分组，自下而上为低龄到高龄，横坐标为年龄组人数构成比，因其形状类似金字塔，故称为人口金字塔。人口金字塔分为增长型、静止型和缩减型三种。增长型为塔顶尖、塔底宽；稳定型为塔顶、塔底宽度基本一致，在塔尖处才逐渐收缩；缩减型为塔顶宽、塔底窄。人口金字塔能形象直观地反映已有资料中男女性别人口的年龄结构，也可以分析过去人口的出生死亡情况以及今后人口的发展趋势。

基于人口金字塔，可以做纵向的年龄分析和横向的性别比较。图 14-1 是根据 2000 年和 2010 年我国第五次和第六次全国人口普查资料绘制的人口金字塔。从纵向分析，塔身突出部分表示人口增长，收缩部分表示人口减少。2000 年和 2010 年的人口结构在图形中均有两个明显的突出。2000 年的塔身突出在 10 岁和 30 岁组，2010 年的塔身突出在 20 岁和 40 岁组，说明 20 世纪 70 年代初和 90 年代初有两个出生高峰。从人口金字塔各年龄组男女人口数的横向对比，可以看出不同年龄组性别比例有所不同。特别在低年龄组和高年龄组，图形是不对称的，低年龄组往往男多于女，高年龄组女多于男。

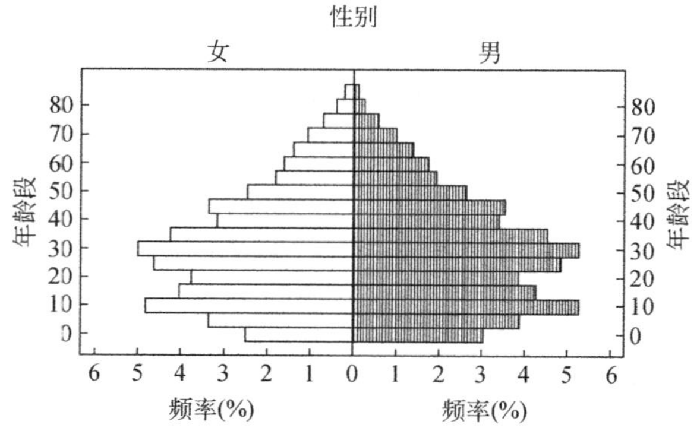

(a) 2000年第五次全国人口普查人口金字塔图

① 数据来源：《第七次全国人口普查公报》。

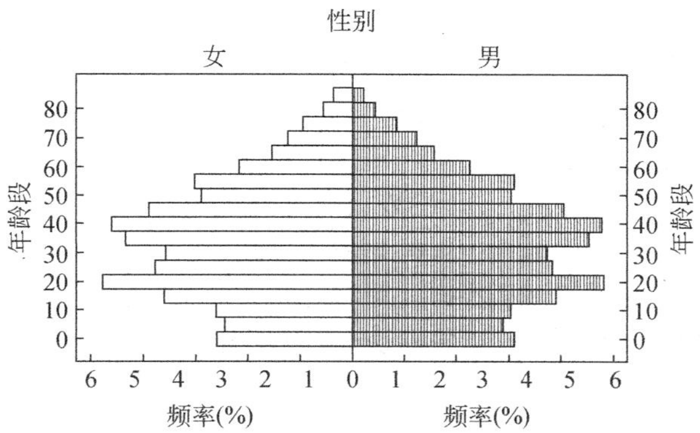

(b) 2010年第六次全国人口普查人口金字塔图

图 14-1 2000 年和 2010 年我国人口金字塔

人口出生率、死亡率高低及人口寿命的长短决定了人口金字塔的形状。其中，寿命决定了人口金字塔高度，出生率和死亡率共同决定了人口金字塔的宽度。出生率、死亡率和人口寿命在一定程度上反映了人口的健康状况，因此，不同类型的人口金字塔也可反映人群的健康水平。

2. 常用的人口构成指标

（1）性别比（sex ratio）：指男性人口与女性人口的比值。

$$性别比=\frac{男性人口数}{女性人口数}\times 100 \tag{14-1}$$

常用的有出生性别比、全人口性别比、不同职业人群性别比、特殊人群性别比及各年龄段的性别比。根据大量观察，出生婴儿男多于女，出生性别比一般在 104～107 之间，但由于男性死亡率一般高于女性，到青壮年时期，人口性别比在 100 左右，到老年期，则降至 100 以下。第七次人口普查显示，男性人口占 51.24%，女性人口占 48.76%；总人口性别比为 105.07，与 2010 年基本持平；出生人口性别比为 111.3，较 2010 年下降 6.8。

（2）老年（人口）系数：65 岁及以上老年人口占总人口的比重。

$$老年（人口）系数=\frac{65岁以上的人口数}{人口总数}\times 100\% \tag{14-2}$$

该指标反映老年人口占总人口的比重，反映人口是否老龄化及老龄化的程度，可作为划分人口类型的尺度。一般把 65 岁及以上的人口称为老年人口。一般认为，老龄人口比例超过 7%（或 60 岁以上比例超过 10%）即进入老龄化社会。我国早在 2000 年已进入人口老龄化社会，是世界上农村老年人口最多的国家，2020 年第七次人口普查显示 60 岁及以上人口占 18.70%，其中 65 岁及以上人口占 13.50%。

（3）少年儿童（人口）系数：指 14 岁及以下少年儿童在总人口中所占比重，是从另一侧面反映人口老化程度的指标。其大小主要受生育水平的影响。第七次人口普查显示 0～14 岁人口约为 25338 万人，占 17.95%。

$$少年儿童人口系数=\frac{14岁及以下儿童人口数}{人口总数}\times 100\% \tag{14-3}$$

（4）负担系数（dependency ratio）：又称抚养比或抚养系数，是指人口中非劳动年龄人数与劳动年龄人数之比。一般以 15～64 岁为劳动年龄，14 岁及以下和 65 岁及以上为非劳动年龄或被抚养年龄。一般发达国家的总负担系数低于发展中国家，老年负担系数高于发展中国家，而少年儿童负担系数低于发展中国家。

$$负担系数=\frac{0\sim14岁儿童人口数+65岁及以上人口数}{15\sim64岁人口数}\times100\% \tag{14-4}$$

（5）老少比：指 65 岁及以上的老年人口与 14 岁及以下的少年儿童人口之比，表示每 100 名少年儿童对应多少老年人，是划分人口类型的标准之一。

$$老少比=\frac{65岁以上人口数}{0\sim14岁人口数}\times100\% \tag{14-5}$$

分析某国家或地区人口年龄构成类型时，可将老年（人口）系数、少年儿童（人口）系数、老少比等指标结合年龄中位数指标界值，以鉴别该人口年龄结构的类型（年轻型、成年型、老年型）。国际通用的人口年龄类型标准见表 14-1。

表 14-1 人口年龄构成不同类型各项指标的界值

指标	年轻型人口	成年型人口	老年型人口
0～14 岁（%）	＞40	30～40	＜30
65 岁以上（%）	＜4	4～6	＞7
老少比（%）	＜15	15～30	＞30
年龄中位数（岁）	＜20	20～30	＞30

第七次人口普查结果显示，0～14 岁人口占 17.95%，65 岁及以上人口占 13.50%，老少比为 75.21%，我国已进入老年型人口社会。

三、出 生 统 计

出生统计是人口统计的基本数据，它是分析和研究人口发展趋势的基础，也是确定有关妇幼保健政策和设施、全民医疗保险政策的依据。我国规定凡是出生时为活产者，接生人员或医院有责任填写出生报告单，家属在一个月内据此向当地公安机关申报出生，即使婴儿出生后不久即死亡，也应同时既报出生也报死亡。

出生资料的搜集，需避免重复和遗漏，一般以当地常住人口为准。目前，我国的出生资料来源大致有三条途径。①公安户籍部门：各地公安部门是当地常住人口出生和死亡登记的职能机构。可以根据上年年末人口总数及出生、死亡数推算该年年末（指 12 月 31 日 24 时）的人口总数。年平均人口数为前一年年末人口总数与当年年末人口总数之平均。②妇幼保健机构：该机构也具有当地生育状况的经常性登记职能。③专门调查：如人口普查以及一些专门的抽样调查（1‰生育率调查、婴儿死亡调查等）。

1. 测量出生水平的常用指标

（1）粗出生率（crude birth rate，CBR）：指某年某地平均每千人口的活产数，是反映一个国家或地区人口自然变动的基本指标。

$$粗出生率（CBR）=\frac{同期该地活产数}{某年某地平均人口数}\times1000‰ \tag{14-6}$$

该指标受人口年龄性别结构的影响较大，只能粗略反映生育水平。活产（live birth）指妊娠 28 周以上、体重 1000g 以上，从母体娩出时具有生命现象（至少具有呼吸、心跳、脐带搏动和随意肌收缩四项指征）的胎儿。2019 年我国的粗出生率为 10.48‰。

（2）总生育率（general fertility rate，GFR）：亦称普通生育率，指某年某地平均每千名育龄妇女的活产数。

$$总生育率（GFR）=\frac{同年活产数}{某年15\sim49岁妇女数}\times1000‰ \quad (14\text{-}7)$$

从生物学和生理学角度，一般认为 15～49 为育龄期。从法律角度，我国法定结婚年龄男不得早于 22 周岁、女不得早于 20 周岁，故女 20 岁以上为育龄期；而国际上多数国家以 15～49 作为育龄妇女的年龄界限。

总生育率消除了总人口中年龄性别结构不同对生育水平的影响，较粗出生率能更确切地反映生育水平。但在育龄妇女中，不同年龄阶段生育能力有很大差别，故该指标受育龄妇女内部年龄结构的影响。

（3）年龄别生育率（age-specific fertility rate，ASFR）：也称年龄组生育率，指每千名某一年龄组育龄妇女年平均活产数。

$$年龄别生育率（ASFR）=\frac{同年该年龄组妇女的活产数}{某年某年龄组妇女总人数}\times1000‰ \quad (14\text{-}8)$$

因不同年龄妇女的生育能力是不同的，一般年轻妇女生育能力较年长者强，以 25～30 岁妇女生育能力最强。该指标消除了育龄妇女内部年龄结构不同对生育水平的影响，在实际卫生统计工作中常用。

（4）总和生育率（total fertility rate，TFR）：表示每个妇女一生平均生多少个孩子。总和生育率的基本含义是：假定同时出生的一代妇女，按照某年的年龄别生育率度过其一生的生育经历，则年龄别生育率之和乘年龄组组距，就是这一代妇女平均每人可能生育的子女数。

$$总和生育率（TFR）=i\times\sum ASFR \quad (14\text{-}9)$$

式中 i 为年龄别的组距，$\sum$ASFR 表示各年龄别生育率之和。如某年某地的年龄别生育率之和为 400‰，年龄别组距为 5（岁），则总和生育率为 2.0，即该地每个妇女一生平均生 2.0 个孩子。总和生育率是用某年横断面的年龄别生育率资料计算的，因此消除了人口的年龄性别结构对生育水平的影响，不同时间、不同地区的总和生育率可以直接进行比较，是测量生育水平较理想的指标。

2. 出生缺陷统计

出生缺陷是指婴儿出生前发生的身体结构、功能或代谢异常，是导致早期流产、死胎、婴幼儿死亡和先天残疾的主要原因。出生缺陷病种多，病因复杂，目前已知的出生缺陷超过 8000 种，基因突变等遗传因素和环境因素均可导致出生缺陷发生。据估算，我国出生缺陷总发生率约为 5.6%。出生缺陷严重影响儿童的生存和生活质量，给患儿及其家庭带来巨大痛苦和经济负担。

我国于 1986 年建立了以医院为基础的出生缺陷监测系统，监测期为孕满 28 周至出生后 7 天，重点监测围产儿中 23 类常见的结构畸形、染色体异常及少部分遗传代谢性疾病（包括无脑畸形、脊柱裂、脑膨出、脑积水、腭裂、唇裂、唇裂合并腭裂、小耳、外耳其他畸形、食管闭锁或狭窄、尿道下裂、膀胱外翻、马蹄内翻足、多指（趾）、并指（趾）、肢体短缩、先天性膈疝、脐膨出、腹裂联体双胎、唐氏综合征、先天性心脏病等），突出了常见、多发、致死致残的疾病。该系统获得的围生期出生缺陷发生率主要反映了出生时临床明显可辨认的出生缺陷的发生水平，在一定程度上受到诊断水平、监测期等因素的影响。全国出生缺陷监测数据表明，我国围生期出生缺陷总发生率呈上升趋势，由 2000 年的 109.79/万上升到 2011 年的 153.23/万。

四、死亡统计

死亡（mortality）是主要的生命事件之一。在出生后的任何时候，全部生命现象永远消失称为死亡。死亡只能发生在活产之后，活产之前的死亡称为“胎儿死亡”。

死亡原因统计，简称死亡统计（mortality statistics），是研究一个国家或地区人群健康水平的重要方法，它是研究居民死亡率、死亡原因及其变动规律。死亡界限清楚，资料搜集确切，可用其死亡率，死亡原因，期望寿命等指标，反映一个国家或地区的居民健康水平，在一定程度上反映一个国家或地区的社会经济、文化教育、卫生服务以及生物物理等因素对居民健康状况的影响。

（一）ICD死亡原因分类

WHO召开的第20次世界卫生大会提出了根本死亡原因的概念。在进行死亡统计时，如果死亡只涉及一个原因，则死亡原因分析、死因分类较简单，但是，在许多情况下，死亡常由两个或更多的疾病条件促成，因此，生命统计的传统办法是选择其中之一进行统计，为了使死亡原因的描述达到国际间一致，在1948年国际疾病分类第6次修订会议决定使用“根本死亡原因”的表述。我国从1987年起采用国际疾病分类方法进行死因统计工作。

根本死亡原因（underlying death cause）的定义包括两部分：①直接导致死亡的一系列病态事件中最早的那个疾病或损伤；②造成致命损伤的事故或暴力情况。这个定义主要是从防止死亡的角度来考虑死因，目的在于终断疾病的中间环节，有效地阻止死亡的发生。根本死亡原因是带有根本性的，引起一系列疾病，最终导致死亡的那个原因，不管那个原因发生在死前多长时间都应予以考虑。根本死亡原因可以是一个明确的疾病诊断，可以是一个无明确诊断的医学情况，如症状、体征、临床表现等，也可以是一个意外的损伤或中毒的外因。例如：患者男性，65岁，患慢性十二指肠溃疡6年，半月前慢性十二指肠溃疡穿孔，手术，5天前发生腹膜炎，死亡。该患者死前形成的一系列疾病是慢性十二指肠溃疡→慢性十二指肠溃疡穿孔→手术→腹膜炎→死亡，其根本死亡原因应为慢性十二指肠溃疡。

总之，根本死亡原因包括了任何促成死亡的先行条件，而绝不是指临死前的症状或情况，如心力衰竭、呼吸衰竭、周身衰竭等。

（二）常用死亡统计指标

1. 测量死亡水平的指标

（1）粗死亡率（crude death rate，CDR）：简称死亡率（mortality rate），指某地某年平均每千人口中的死亡数，反映当地居民总的死亡水平。

$$粗死亡率=\frac{同期内死亡总数}{某年平均人口数}\times 1000‰ \tag{14-10}$$

一般情况下，老人和婴儿的死亡率较高，男性死亡率高于女性。因此，在分析比较不同时期或不同地区的粗死亡率时，要注意所比较资料的人口年龄或性别构成是否齐同，如不一致应按年龄或性别标准化后再作比较。死亡率可按照不同性别、年龄、疾病等特征分别计算死亡专率（specific death rate），如年龄别死亡率（age-specific death rate，ASDR），亦称年龄组死亡率，指某年某年龄别平均每千人口中的死亡数。2019年我国的粗死亡率为7.14‰。

（2）婴儿死亡率（infant mortality rate，IMR）：指某年活产儿中未满1周岁婴儿的死亡频率，是反映社会卫生状况、婴儿保健工作以及人群健康状况的重要指标之一，也是死亡统计指标中较敏感的指标。

$$婴儿死亡率=\frac{同年不满1岁婴儿死亡数}{某年活产总数}\times 1000‰ \tag{14-11}$$

婴儿死亡率分为新生儿死亡率与新生儿后期死亡率两部分。新生儿死亡率（neonatal mortality rate，NMR）指某地某年活产儿中未满28天的新生儿死亡频率；新生儿后期死亡率（post-neonatal mortality rate，PNMR）指某地某年活产儿中满28天但未满1周岁的新生儿死亡频率。2019年我国监测地区婴儿死亡率为5.6‰。

（3）围生儿死亡率（perinatal mortality rate）：围生期是指孕产妇分娩前后的一定时期，指从妊娠满 28 周（胎儿或新生儿出生体重达到 1000 克及以上或身长达到 35cm 及以上）至出生后 7 天以内的时期。死胎指妊娠 28 周及以上，临产前胎儿死于宫内，出生后无生命征兆者；死产指妊娠 28 周及以上，临产前胎儿存活，产程中胎儿死亡，出生后无生命征兆者。

$$\text{围生儿死亡率}=\frac{\text{妊娠28周以上的死产数+7天内新生儿死亡数}}{\text{妊娠28周以上的死产数+活产数}}\times 1000‰ \quad (14\text{-}12)$$

或

$$\text{围生儿死亡率}=\frac{\text{体重1000g以上的死产数+7天内新生儿死亡数}}{\text{体重1000g以上的死产数+活产数}}\times 1000‰ \quad (14\text{-}13)$$

围生儿死亡率是衡量孕前、孕期、产期、产后保健工作质量的敏感指标之一。

（4）5 岁以下儿童死亡率（child mortality rate under age 5）：是近些年来国际组织推荐并应用较多的综合反映儿童健康水平和变化的主要指标。

$$\text{5岁以下儿童死亡率}=\frac{\text{同年5岁以下儿童死亡数}}{\text{某年活产总数}}\times 1000‰ \quad (14\text{-}14)$$

2019 年我国监测地区 5 岁以下儿童死亡率为 7.8‰，其中城市 4.1‰，农村 9.4‰。

（5）孕产妇死亡率（maternal mortality rate）：指某年中由于怀孕和分娩及并发症造成的孕产妇死亡人数与同年出生活产数之比。

$$\text{孕产妇死亡率}=\frac{\text{年内孕产妇死亡总人数}}{\text{年内活产数}}\times 1000‰ \quad (14\text{-}15)$$

孕产妇死亡定义为：妇女在妊娠期至产后 42 天以内，由于任何与妊娠有关的原因所致的死亡称为孕产妇死亡，但不包括意外事故死亡。“与妊娠有关的原因”分为两类。①直接产科原因：包括对妊娠合并症（妊娠期、分娩期及产褥期）的疏忽、治疗不正确等。②间接产科原因：妊娠之前已存在的疾病，由于妊娠使病情恶化引起的死亡。孕产妇死亡率的计算必须具有医疗部门的诊断资料。2019 年我国监测地区孕产妇死亡率为 17.8/10 万，其中城市 16.5/10 万，农村 18.6/10 万。

（6）死因别死亡率（cause-specific death rate，CSDR）：指某种原因（不一定是疾病）所致的死亡率，由于死亡原因最常见的是疾病也称某病死亡率。

$$\text{死因别死亡率}=\frac{\text{同年内某种原因死亡人数}}{\text{某年平均人口数}}\times 10\text{万}/10\text{万} \quad (14\text{-}16)$$

死因别死亡率是死因分析的重要指标，它反映各类病伤死亡对居民生命的危害程度。

（7）病死率（fatality rate，FR）指在某一期间内（1 年）患某病者因该病死亡的百分比，说明一种疾病的严重程度，也可反映一个医疗单位医疗水平和质量。

$$\text{某病病死率}=\frac{\text{观察期间某病死亡人数}}{\text{同期某病患者数}}\times 100\% \quad (14\text{-}17)$$

2. 死因构成及死因顺位的指标

（1）死因构成比（proportion of dying of a specific cause）：也称比例死亡比（proportionate mortality rate，PMR）或相对死亡比，指全部死亡人数中，死于某死因者所占的百分比，说明各种死因的相对重要性。

$$\text{某类死因占总死亡数的构成比}=\frac{\text{因某类死因死亡人数}}{\text{总死亡人数}}\times 100\% \quad (14\text{-}18)$$

（2）死因顺位：指按各类死因构成比的大小由高到低排列的位次，说明各类死因的相对重要性，反映某人群中的主要死亡原因，从而明确医疗卫生保健工作的重点和方向。2019 年我国城市和农村居民前 10 位疾病死亡率及死因构成见表 14-2。

表 14-2　2019 年我国城市和农村居民前 10 位疾病死亡率及死因构成

顺位	城市居民			农村居民		
	死亡原因	死因别死亡率（1/10 万）	构成比（%）	死亡原因	死因别死亡率（1/10 万）	构成比（%）
1	恶性肿瘤	161.56	25.73	心脏病	164.66	23.81
2	心脏病	148.51	23.65	恶性肿瘤	160.96	23.27
3	脑血管病	129.41	20.61	脑血管病	158.63	22.94
4	呼吸系病	65.02	10.36	呼吸系病	74.61	10.79
5	损伤及中毒	36.06	5.74	损伤及中毒	51.08	7.39
6	内分泌营养和代谢病	21.44	3.42	内分泌营养和代谢病	17.80	2.57
7	消化系病	14.86	2.37	消化系病	14.49	2.10
8	神经系病	9.14	1.45	神经系病	8.60	1.24
9	泌尿生殖系病	6.60	1.05	泌尿生殖系病	7.28	1.05
10	传染病（含呼吸道结核）	6.01	0.96	传染病	6.94	1.00

第二节　疾 病 统 计

疾病统计（morbidity statistics）是用统计指标描述疾病在人群中的发生频率，描述疾病的地理分布特点和描述疾病的时间变化趋势。疾病统计通过抽样数据对总体人群的疾病发生参数进行估计，对疾病发生的影响因素进行推断。疾病统计应用统计模型对疾病的时间变化趋势规律进行检验，并对人群将来的发病趋势进行预测。

疾病统计是人们认识疾病，掌握疾病发生规律，采取有效疾病防治措施，保障人群健康的基础。疾病统计也是开展疾病流行病学研究、病因学研究和社区干预研究的基础和前提条件。

疾病统计数据分析的目的是掌握疾病的发生发展规律，了解疾病流行的地理分布、人群分布和时间变化趋势，评价疾病对人群健康的危害，探索影响疾病发生的重要危险因素和相互关系。为制订和选择疾病预防措施，编制区域卫生规划和制订卫生政策提供重要依据。

一、疾病统计在医疗保险实际工作中的意义

医疗保险制度是一个国家维护人民健康、促进社会经济发展的一种社会保障制度，是社会保障体系的重要组成部分。

我国目前实施的城镇职工医疗保险制度，是政府通过对医疗资金的筹集、医疗费用的支付、医疗服务的供给体制等制定一整套章程、规则、办法来保障人民的健康。影响卫生费用的因素很多，政府要确定正确的卫生工作方针，首先需要了解和掌握社会经济因素、人口因素、疾病因素、医学科技因素、医疗服务及其他因素等，尤其是医疗卫生机构工作信息、居民健康状况、疾病统计数据等信息。

影响健康的危险因素是多方面的，可以从不同角度对其进行分类。从保险医学角度，通常把对死亡率有影响的因素称作危险因素，包括医学上的危险因素、环境上的危险因素和道德（心理）上的危险因素等。其中疾病是影响人类健康和寿命的一个重要的危险因素，研究疾病在人群中的发生和分布情况，尤其是对那些死亡率、发病率较高的疾病加以研究并掌握其特征，对于预测医疗卫生

经费、开展新的医疗保险险种、确定医疗保险基金筹资比例和支付比例、研究单病种付费管理条例以及制定医疗保险费用结算管理办法等提供科学的依据。

二、疾病统计的对象和观察单位

疾病统计的对象首先是目标人群。一般来说，疾病统计都是按行政区域划分目标人群，例如县区辖内的户籍居民。还有以社区居民、大型厂矿企业的职工、部队军人和学校学生等为独立的目标人群。目标人群一般覆盖所有年龄组，但部分慢性非传染性疾病可能仅覆盖成年人，例如高血压、糖尿病常以 18 岁以上人群为目标人群。

其次疾病统计的对象是患者。疾病统计的目标疾病一般是病因确切、分类清楚、诊断标准明确的疾病。疾病监测系统收集目标人群中所有新发或有目标疾病的患者资料，这些资料一般来自统计区域有诊断能力的医疗单位，或是来自对目标人群的普查或抽样调查。这些诊断出来的患者就是疾病统计的对象。

在目标人群中，一部分患者因为没有自觉的症状或体征而没有到医疗单位就诊，或者到疾病监测系统未覆盖的医疗单位就诊而没有收集到资料，无法作为疾病统计对象，这些情况可能导致结果的偏倚，但只要保持疾病监测系统的一贯性和统一资料收集标准，这种偏倚不会严重影响疾病统计数据的分析和解释。

在疾病统计中的观察单位有两种形式：①以病例为观察单位，即新发或患有某种疾病则为一个观察单位。以病例为观察单位的疾病统计方便分析特定疾病的发生频率和分布规律。②以患者为观察单位，即以患有疾病的人为观察单位，而不管该人患有几种疾病和什么疾病。以患者为观察单位的疾病统计方便评价疾病对人群健康的危害和人群总的疾病负担。疾病统计单位应根据不同的目的来确定。

三、疾病统计资料的来源

疾病统计资料来源于疾病监测系统。我国的疾病监测根据功能和管理机构不同，形成了若干监测系统。首先是传染病疫情报告管理系统，它是中国疾病预防控制信息系统的一部分。中国疾病预防控制信息系统是在 2003 年 SARS（严重急性呼吸综合征，曾称传染性非典型肺炎）暴发之后由中国疾病预防控制中心（CDC）牵头逐步建立起来的网络直报系统。该系统按照个案、实时、在线的原则，对 40 种国家法定传染病实施实时病例个案网络直报（表 14-3）。该系统采用国家、省、地市、县和乡镇 5 级传染病网络监测报告体系，形成国家、省级和地市级 3 级网络平台结构。在各地级市建立区域公共卫生信息系统，形成地区局域网，连接到地区的所有卫生医疗单位、卫生行政单位和保险公司。

表 14-3　40 种法定传染病和常见非法定传染病基本信息表

类别	编号和疾病
甲类（2 种）	1. 鼠疫，2. 霍乱
乙类（27 种）	1. 传染性非典型肺炎，2. 艾滋病，3. 病毒性肝炎，4. 脊髓灰质炎，5. 人感染高致病性禽流感，6. 麻疹，7. 流行性出血热，8. 狂犬病，9. 流行性乙型脑炎，10. 登革热，11. 炭疽，12. 细菌性和阿米巴性痢疾，13. 肺结核，14. 伤寒和副伤寒，15. 流行性脑脊髓膜炎，16. 百日咳，17. 白喉，18. 新生儿破伤风，19. 猩红热，20. 布鲁氏菌病，21. 淋病，22. 梅毒，23. 钩端螺旋体病，24. 血吸虫病，25. 疟疾，26. 甲型 H1N1 流感（原称人感染猪流感），27. 新型冠状病毒感染
丙类（11 种）	1. 流行性感冒，2. 流行性腮腺炎，3. 风疹，4. 急性出血性结膜炎，5. 麻风病，6. 流行性和地方性斑疹伤寒，7. 黑热病，8. 包虫病，9. 丝虫病，10. 除霍乱、细菌性和阿米巴性痢疾、伤寒和副伤寒以外的感染性腹泻病，11. 手足口病

按甲类管理的乙类：传染性非典型肺炎、炭疽中的肺炭疽、人感染高致病性禽流感、新型冠状病毒感染。

中国疾病预防控制信息系统的功能已经扩展到单病/专病（例如艾滋病、鼠疫、肺结核、禽流感）的监测系统，突发公共卫生事件报告信息系统和救灾防病信息管理系统。还有肿瘤登记报告系统、中国慢性病及其危险因素监测、地方病登记报告系统、精神病登记报告系统、职业病登记报告系统、结核病登记报告系统、HIV 感染及艾滋病登记报告系统、心脑血管事件登记报告系统等。

四、疾病统计常用指标

（一）反映疾病发生频率或风险的指标

（1）发病率（incidence rate），常用于描述疾病的发生频率和评价人群发病风险，发病率的计算公式定义为

$$某病某时期发病率=\frac{某时期人群某病新发病例数}{该人群某时期平均人口数}\times K \quad (14\text{-}19)$$

公式中某病指符合国家或国际诊断标准定义的某种疾病。时期指对目标人群的观察时限，一般慢性非传染性疾病的发病率常取时限为年，一些急性传染病或常见病则可以取两周，或者是一个月，或者是一个流行季节，主要是避免对象多次重复发病对统计数据的影响。平均人口数一般用期初人口数和期末人口数的平均值估计。K 是一个比例基数，可以取 100%，1000‰ 或 $100000/10^5$。比例基数的选择可以根据习惯，例如高血压、糖尿病的患病率一般取 100%，出生率、总死亡率一般取 1000‰，肿瘤发病率或死亡率取 $100000/10^5$。也可以根据整数位至少有一位有效数字为原则选择。发病率的资料来源一般来自疾病监测和发病登记报告系统，例如传染病报告系统，肿瘤发病登记系统。

（2）患病率（prevalence rate），描述疾病在人群中现患情况，反映人群患病的比率。患病率的计算公式定义为

$$某病某时点患病率=\frac{某时点人群现患（包括新和旧病例）某病病例数}{该时点调查或受检人数}\times K \quad (14\text{-}20)$$

时点在理论上是无长度的，但实际应用中当时间长度短到可以忽略不计就行了，一般不超过一个月。患病率适合描述慢性非致命性疾病，例如糖尿病、高血压、骨质疏松症等。

（3）某病检出率，描述人群中患病风险。指体检人群中反映患病的某项指标的阳性率。例如结核病的痰涂片阳性率、乙肝病毒抗原阳性率等。

$$某病检出率=\frac{检查时发现某病的病例数}{该时点受检人数}\times K \quad (14\text{-}21)$$

（4）某病感染率，描述人群感染某传染性疾病的风险。指在调查人群中感染某疾病的比例。例如某些寄生虫病的感染率、梅毒感染率等。

（二）反映疾病危害程度的指标

（1）死亡率（mortality rate），常用于描述一定时期内目标人群死于某病的频率和风险。死亡率的计算公式定义为

$$某病某时期死亡率=\frac{某时期人群死于某病病例数}{该人群某时期平均人口数}\times K \quad (14\text{-}22)$$

公式中时期指对目标人群的观察时限，一般常取时限为年。平均人口数一般用期初人口数和期末人口数的平均值估计。与发病率相同，K 是一个比例基数，可以取 100%，1000‰ 或 $100000/10^5$。

（2）病死率（fatality rate），表示在一定时间内患有某病的人因该病死亡的频率。见式（14-17）。

（3）生存率（survival rate）表示患有某病的人在一定时期内生存的概率。某些疾病，例如恶性肿瘤，用治愈率和病死率来描述疾病的危害或疗效不合适，更常用生存率反映疾病的危害。生存率估计方法等详见第十五章生存分析。

（4）残疾统计。残疾指患者在心理、生理、人体结构上某种组织器官功能丧失或不正常。从不同的角度残疾的定义有所不同，一般从三方面分类：①形态残疾（impairment），伤病导致人体外表、结构缺陷；②功能残疾（disability），伤病导致人的视力、听觉、语言、行动等功能障碍；③社会功能残疾（handicap），伤病导致人的社会地位和交往改变。根据不同的残疾严重程度，残疾也可以分成若干等级。描述残疾主要有残疾患病率和残疾构成比。

$$残疾患病率=\frac{残疾患者人数}{调查人数}\times 100\% \tag{14-23}$$

$$残疾构成比=\frac{某级（某类）残疾数}{所有残疾数}\times 100\% \tag{14-24}$$

五、国际疾病分类简介

国际疾病分类（international classification of diseases，ICD），是依据疾病的某些特征，按照规则将疾病分门别类，并用编码的方法来表示的系统。目前全世界通用的是第 10 次修订本《疾病和有关健康问题的国际统计分类》，仍保留了 ICD 的简称，并被统称为 ICD-10。近几十年来，在 WHO 的倡导下和推动下，已为大多数成员国所接受，成为疾病、损伤和死亡原因分类的标准化工具，对掌握医疗卫生信息、疾病资料的国际间交流、促进世界卫生保健工作，起着重要的作用。

（一）ICD 的基本历史

1987 年我国开始推广使用 ICD-9。ICD-9 更多地考虑到临床的需要，为了适合医疗评价，健康保险统计以及中央对医疗卫生事业拨款提供依据等各方面的需要，其分类比以往的更为精细。而《疾病和有关健康问题的国际统计分类》是国际疾病分类的第 10 次修订版，它是以 ICD-9 的基本内容为基础做了较大修改、变动，经国际疾病分类第 10 次国际修订会议批准，第 43 届世界卫生大会通过，定于 1993 年 1 月 1 日起生效的国际疾病分类，为保持其连续性，简称仍使用“国际疾病分类（ICD）”，即 ICD-10。为保持与国际疾病分类标准化进程同步，有利我国疾病、死因统计数据与其他国家之间的对比与交流，我国自 2001 年开始使用 ICD-10。

（二）ICD-10 的主要内容

ICD-10 共分 21 章疾病，共计 6.3 万个条目。此外，还包括有肿瘤的形态学编码、特殊类目表以及已被世界卫生大会通过的定义、命名条例等。

各章内容及编码范围见表 14-4。

表 14-4 ICD-10 各章内容与编码范围

内容	编码
第一章 某些传染病和寄生虫病	A00～B99
第二章 肿瘤	C00～D48
第三章 血液及造血器官疾病和某些涉及免疫机制的疾患	D50～D89

续表

内容	编码
第四章 内分泌、营养和代谢疾病	E00～E90
第五章 精神和行为障碍	F00～F99
第六章 神经系统疾病	G00～G99
第七章 眼和附器疾病	H00～H59
第八章 耳和乳突疾病	H60～H95
第九章 循环系统疾病	I00～I99
第十章 呼吸系统疾病	J00～J99
第十一章 消化系统疾病	K00～K93
第十二章 皮肤和皮下组织疾病	L00～L99
第十三章 肌肉骨骼系统和结缔组织疾病	M00～M99
第十四章 泌尿生殖系统疾病	N00～N99
第十五章 妊娠、分娩和产褥期	O00～O99
第十六章 起源于围生期的某些情况	P00～P96
第十七章 先天畸形、变形和染色体异常	Q00～Q99
第十八章 症状、体征和临床与实验室异常所见，不可归类在他处者	R00～R99
第十九章 损伤、中毒和外因的某些其他后果	S00～T98
第二十章 疾病和死亡的外因	V01～Y98
第二十一章 影响健康状态和与保健机构接触的因素	Z00～Z99

（三）ICD-10 的主要结构

ICD-10 结构分三卷，第一卷为类目表，第二卷为指导手册，第三卷为字母顺序索引。

第一卷为类目表，共包括 21 章，每章标题后列有该章编码范围，章内设节，编有各节标题与节内编码范围，节内为三位数类目内容及编码，类目内设有四位数亚目内容及编码，少数亚目内设有 5 位数细分类的内容与编码。在每章、节后面，部分三位数类目后面，少数四位数亚目后面列有该分类的注释，其形式为：包括、不包括和注，用以说明该部分的内涵。在不包括的疾病之后，括号内为该疾病的正确编码。

第二卷为指导手册，详细地介绍了应用 ICD 中的有关问题，概括介绍分类的历史背景。所提供的对 ICD 基本描述，对疾病和死因编码的指导以及对数据报告的分析、解释，可成为阅读和使用 ICD-10 的指南。

第三卷是汉语拼音字母顺序的编码索引，是第一卷类目表不可缺少的辅助部分。本卷共收入疾病（包括症状、体征和不明确情况），损伤（包括损伤的临床表现及其外部原因），以及药物和化学物质中毒的有关术语和编码约 7 万条，其中有相当一部分是第一卷没有出现的术语。

国际疾病分类家族的核心为 ICD-10 的三位数编码。为了保持 ICD 本身和这一家族概念的完整性，为了信息间的国际可比性，世界卫生组织要求，不得对 ICD-10 中的三位数类目和四位数亚目的内容做任何改动。该家族包括与诊断有关的分类和非诊断性分类两组主要分类类型，也包括为初级卫生保健信息收集和使用的初级卫生保健的信息支持和国际疾病命名法。家族还包括定义、标准和方法的概念性框架。

第三节 人口寿命表

本章前两节介绍了一些常用的人口出生、疾病和死亡的统计指标，其实统计指标还有由寿命表（life table）生成的期望寿命（life expectancy，e_X），该指标既可以反映各个年龄组的死亡水平，又可以以期望寿命的形式说明人群健康水平，是反映国家或地区卫生状况的基本指标。本节将分别介绍简略寿命表和去死因寿命表的编制方法，并对有关指标的应用给予说明。

一、人口寿命表的概念及其意义

寿命表（life table），亦称生命表，是根据特定人群的年龄别死亡率编制出来的一种统计表。根据编制目的和资料来源不同，寿命表可分为：队列寿命表（cohort life table）和现时寿命表（current life table）两大类。每一类又包含许多不同的寿命表。保险统计、卫生统计学中最常用的是现时寿命表，流行病学、基础医学和临床医学研究中常用队列寿命表。队列寿命表其数据由纵向随访得到，反映了某一特定人群（队列）的死亡经历。由于人的生命周期长，用队列寿命表研究人群的生命过程，不仅随访人数要很多，而且随访时间要数十年，甚至上百年；另外队列寿命表反映的是历史情况，不适宜反映当前的人群健康状况。因此，在编制人群寿命表时，一般较少使用队列寿命表，而较多使用现时寿命表。

现时寿命表数据由横断面观察得到。以获得的某年（或者某一时期）所有年龄组死亡率为已知数据，然后人为假定同时出生的一代人（一般以 10 万人为基础），按照这些年龄组死亡率先后死去，直至全部死亡为止，分别算出这一代人在不同年龄组的“死亡概率”、“死亡人数”、“尚存人数”及“期望寿命”等指标，由此编制一张现时寿命表。由于人口寿命表是根据年龄别死亡率编制而成，因此，寿命表中各指标不受人口年龄构成的影响，不同人口的寿命指标具有良好的可比性。如果该地的情况有了改变，年龄别死亡率的某一部分有所升高或降低，寿命表各指标亦随之改变。

现时寿命表和队列寿命表根据年龄分组的不同，分完全寿命表（complete life table）和简略寿命表（abridged life table）两种。完全寿命表是以 0 岁为起点，直至某一人群的生命极限，年龄间隔 1 岁 1 组，编制完全寿命表时观察人数要足够多。因为完全寿命表中年龄分组细，各年龄组死亡率又低，观察人数少，容易出现年龄组死亡率不够稳定；简略寿命表除 0 岁作为一个独立组外，各年龄组均大于 1 年，习惯上以每 5 岁（有时以 10 岁）作为 1 个年龄组，85 岁及以上合并为最后一个年龄组，简略寿命表由于年龄分组少，每个年龄组人口数较多，年龄组死亡率比较稳定。简略寿命表适用于人口较少的人群死亡分析。简略寿命表除减少计算量外，可以弥补完全寿命表的不足。如在完全寿命表中需按每岁一组的资料编制，但每岁一组的人口与死亡登记资料经常不易获得，尤其在登记工作不健全及非普查年份，可用编制简略寿命表弥补不足。

人口寿命表编制需要完整可靠的人口资料与死亡登记资料。至今，我国先后进行了七次人口普查，公安部门户籍管理日趋完善，加之，卫生部门与公安部门密切配合，死亡登记资料日益完整，这些为在我国范围内编制寿命表建立了可靠的基础。编制寿命表一般以日历年度的人口资料为依据，统计资料的准确与否，直接影响到寿命表的准确与可靠性。我国目前在搜集人口出生、死亡资料过程中，普遍存在新生儿出生与死亡数字的漏报问题，这对计算婴儿死亡率的准确性影响较大，进而明显地影响寿命表指标的准确性。因此，对于编制寿命表的人口、死亡基本资料，尤其是婴儿死亡率必须认真核查、补漏和校正。

二、寿命表中主要指标和意义

1. 年龄和年龄组

寿命表中的年龄 X 采用“实足年龄（exact age）”，其不同于“虚岁”。习惯上“虚岁”是指存活的年头，如一个婴儿 1995 年 2 月生，到 1996 年 1 月时，他的虚岁已是两岁了，因为这个婴儿已活了 1995 及 1996 两个年头。而寿命表的年龄是“实足年龄”，如寿命表中 1 岁时尚存人数，即刚满一年（刚过第一个生日）的人数。每一年龄组的下限值记为 X。完全寿命表（complete life table）的年龄组是每 1 岁为 1 组。刚出生到不足 1 岁记为“0～”，实足 1 岁到不足 2 岁记为“1～”，一般将 85 岁及以上合并为“≥85”。简略寿命表（abridged life tables）一般是 5 岁为 1 个年龄组，但婴儿死亡率对寿命表的影响相当大，所以简略寿命表也将第 1 个 5 岁年龄组拆分成组距为 1 岁的“0～”岁组和组距为 4 岁的“1～”岁组，从实足 5 岁开始年龄组的组距才为 5 岁。

2. 平均人口数（P_X）与实际死亡人数（D_X）

平均人口数和实际死亡人口数是编制寿命表的依据，可靠的按性别和年龄分组的平均人口数和准确的死亡登记资料是寿命表编制的必备资料。平均人口数可由公安部门或人口普查或调查获得。实际死亡数亦可由公安部门和调查获得。人口数与死亡数中，出生数与婴儿死亡数字的正确性，对编制好寿命表十分重要。因而在编制某地区寿命表时，应对人口死亡数的基本资料，尤其婴儿出生、死亡数必须认真核查。

3. 平均存活年数（a_X）

在“X～X+i”岁年龄组（i 为组距），每位死亡者平均存活年数记为 a_X。完全寿命表每一年龄组平均存活年数设为 0.5 年，简略寿命表组距为 5 的年龄组平均存活年数设为 2.5 年。但由于婴儿或幼儿的早期死亡率较高，特别是新生儿第一周死亡占有较大的比重，因此寿命表的“0～”岁组平均存活年数远小于 0.5。由我国 1981 年与 1982 年部分地区的婴儿死亡资料计算得到“0～”岁组男性平均存活年数为 a_0＝0.1450，女性为 a_0＝0.1525，取 2 位小数，则男女统一用 a_0＝0.15。

4. 年龄组死亡率（m_X）

年龄组死亡率（mortality rate，m_X）是某年龄组实际死亡人数与相应的该年龄组平均人口数之比，记为

$$m_X = \frac{D_X}{P_X} \tag{14-25}$$

5. 年龄组死亡概率（q_X）和生存概率（p_X）

“X～X+i”岁年龄组死亡概率（probability of dying，q_X）的计算基于年龄组死亡率 m_X，表示 X 岁尚存者在今后 i 年内死亡的概率。该指标与死亡率 m_X 的意义完全不同，年龄组死亡率只是表示某年龄组人口的平均死亡水平，但这两个指标间存在下列函数关系：

$$q_X = \frac{i \times m_X}{1+(i-a_X)\times m_X} \tag{14-26}$$

此外，还有下列特殊情况：“0～”组死亡概率一般以婴儿死亡率代替；最后一个年龄组通常是大于等于某年龄（如 85 岁）的死亡人数，其平均存活年数无法得到，所以不能采用公式计算。但因为所假定的个体一定在此年龄组死亡，所以最后一个年龄组的死亡概率为 1。

生存概率(probability of survival，p_X)表示 X 岁尚存者在今后 i 年内存活的概率，具体为 p_X=1−q_X。

6. 尚存人数（l_X）

尚存人数（number of survivors）记为 l_X，亦称生存人数，是指同时出生的一代人（一般假定为 10 万人，即“0～”岁组的尚存人数 l_0＝100000）刚满 X 岁时尚能生存的人数。

7. 死亡人数（d_X）

这里是指“理论”死亡人数（number of dying，d_X），其表示假想的同时出生的一代人中，X 岁尚存者按死亡概率死于年龄组“X～X+i”的平均人数，即

$$d_X = q_X \times l_X \tag{14-27}$$

8. 生存人年数（L_X）

生存人年数（number of survival person-years，L_X）是指假想的同时出生的一代人中，X 岁尚存者在今后 i 年内的平均生存人年数，又称为寿命表人年数。L_X的计算公式为

$$L_X = \frac{i}{2}(l_X + l_{X+i}) \tag{14-28}$$

但是“0～”岁年龄组的生存人年数计算公式为

$$L_0 = l_1 + a_0 \times d_0 \tag{14-29}$$

最后一个年龄组死亡率、尚存人数分别记为 m_w，l_w。则该年龄组生存人年数计算公式为

$$L_w = \frac{l_w}{m_w} \tag{14-30}$$

9. 生存总人年数（T_X）

生存总人年数（total number of survival person-years，T_X）是指假想的同时出生的一代人中，X 岁尚存者今后存活的平均总人年数，它是 X 岁及 X 岁以上的各年龄组生存人年数的总和，即

$$T_X = \sum L_X = T_{X+i} + L_X \tag{14-31}$$

由式（14-31）可见，计算应从最大年龄组开始累加生存人年数。最大年龄组的 T_X=L_X。

10. 期望寿命（e_X）

期望寿命（life expectancy，e_X）是寿命表最广泛使用的指标，是指同时出生的一代人活到 X 岁时，尚能生存的平均年数，即

$$e_X = \frac{T_X}{l_X} \tag{14-32}$$

给定某一时点所有年龄组的死亡率，由寿命表计算所得出生时（零岁组）的期望寿命（e_0）称为人口平均寿命。这是不同国家、不同时期死亡水平比较的最常用指标。

一般情况下，随着 X 的增大，期望寿命会减少，但在较高婴儿死亡率的国家，“1～”岁组期望寿命可能反而会高于“0～”岁组期望寿命。

三、简略寿命表

例 14-1 已知我国某城市的 2011 年男性的各年龄组年平均人口数、实际死亡人数（表 14-5 内第（2）列与第（3）列），试用该数据编制简略现时寿命表。

现在基于表 14-5 资料，阐明编制简略现时寿命表的步骤及要点：

（1）基本数据。表内第（1）～（3）列为基本数据，第（1）列“X～”中为实足年龄，第（4）列死亡率为第（2）列年平均人口数与第（3）列实际死亡人数按照死亡率公式计算得到。

（2）年龄组死亡概率。第（5）列“0～”岁组的死亡概率由第（2）列与第（3）列数字计算获得，即为 203/27280=0.007441，也称为婴儿死亡率。其他各年龄组的死亡概率可由式（14-26）求得。如“1～”岁组的死亡概率应为

$$q_1 = \frac{i \times m_X}{1 + (i - a_X) \times m_X} = \frac{4 \times 0.000582}{1 + (4-2) \times 0.000582} = 0.002326$$

式中，i=4 为该组段组距，a_X=2 为该组段死亡者平均存活年数，m_X=0.000582 为该年龄段死亡率。“5～”岁组的死亡概率应为

$$q_5=\frac{5\times0.000122}{1+(5-2.5)\times0.000122}=0.000608$$

式中，i=5 为该组段组距，a_X=2.5 为该组段死亡者平均存活年数，m_X=0.000122 为该年龄段死亡率。其余各年龄组死亡概率以此类推。但是最后一个年龄组死亡概率应为 1，即“≥85”岁组的死亡概率 q_{85}=1.000000。

（3）尚存人数与死亡人数。第（6）列的“0～”岁组尚存人数为 100000，此为人为假定的队列的总人数。第(7)列的“理论”死亡人数由第(5)、(6)列相应行数据之乘积，即为 0.007441×100000=744，用“0～”岁组的尚存人数与死亡人数相减即可获得“1～”岁组的尚存人数，即为 100000−744=99256；“1～”岁组的死亡人数为 0.002326×99256=231，则“5～”岁组的尚存人数为 99256−231=99025。其余各年龄组的尚存人数与死亡人数以此类推。

（4）生存人年数。“0～”岁组生存人年数可按照公式 $L_0=l_1+a_0\times d_0$ 求得，即为 99256+0.15×744=99368；“1～”岁组生存人年数按公式应为

$$L_1=\frac{i}{2}(l_X+l_{X+i})=\frac{4}{2}\times(99256+99025)=396562$$

“5～”岁组生存人年数为

$$L_5=\frac{i}{2}(l_X+l_{X+i})=\frac{5}{2}\times(99025+98965)=494975$$

其余各年龄组的生存人年数以此类推。另外，“≥85”岁组的生存人年数为

$$L_w=\frac{l_w}{m_w}=\frac{62839}{0.085637}=733783$$

（5）生存总人年数。根据生存总人年数计算公式计算第（9）列，从最大年龄组开始由下向上累计，本例有 $T_{85}=L_{85}$=733783，$T_{80}=T_{85}+L_{80}$=733783+342825=1076608，$T_{75}=T_{80}+L_{75}$=1076608+394003=1470611，余类推。

（6）期望寿命。根据期望寿命计算公式计算第（10）列，本例出生时男性期望寿命为

$$e_0=\frac{T_0}{l_0}=\frac{8683376}{100000}=86.83$$

“1～”岁组期望寿命为

$$e_1=\frac{T_1}{l_1}=\frac{8584008}{99256}=86.48$$

余类推。

具体各年龄组简略现时寿命表指标见表 14-5。

表 14-5　我国某城市 2011 年男性简略现时寿命表

年龄组（岁）	年平均人口数	实际死亡人数	死亡率	死亡概率	尚存人数	死亡人数	生存人年数	生存总人年数	期望寿命
X～	P_X	D_X	m_X	q_X	l_X	d_X	L_X	T_X	e_X
(1)	(2)	(3)	(4)	(5)	(6)	(7)	(8)	(9)	(10)
0～	27280	203	—	0.007441	100000	744	99368	8683376	86.83
1～	118527	69	0.000582	0.002326	99256	231	396562	8584008	86.48
5～	139775	17	0.000122	0.000608	99025	60	494975	8187446	82.68
10～	206583	19	0.000092	0.000460	98965	45	494710	7692471	77.73

续表

年龄组（岁） $X\sim$ （1）	年平均人口数 P_X （2）	实际死亡人数 D_X （3）	死亡率 m_X （4）	死亡概率 q_X （5）	尚存人数 l_X （6）	死亡人数 d_X （7）	生存人年数 L_X （8）	生存总人年数 T_X （9）	期望寿命 e_X （10）
15～	249453	76	0.000305	0.001522	98919	151	494220	7197761	72.76
20～	276965	116	0.000419	0.002092	98769	207	493328	6703561	67.87
25～	327667	141	0.000430	0.002149	98562	212	492280	6210233	63.01
30～	336922	161	0.000478	0.002386	98350	235	491165	5717953	58.14
35～	272271	235	0.000863	0.004306	98116	423	489523	5226788	53.27
40～	223391	313	0.001401	0.006981	97693	682	486760	4737265	48.49
45～	198248	369	0.001861	0.009263	97011	899	482808	4250505	43.81
50～	118349	283	0.002391	0.011885	96112	1142	477705	3767697	39.20
55～	94593	280	0.002960	0.014692	94970	1395	471363	3289992	34.64
60～	69828	294	0.004210	0.020832	93575	1949	463000	2818629	30.12
65～	53335	246	0.004612	0.022799	91625	2089	452903	2355629	25.71
70～	27967	403	0.014410	0.069544	89536	6227	432115	1902726	21.25
75～	16775	384	0.022891	0.108261	83310	9019	394003	1470611	17.65
80～	8981	300	0.033404	0.154147	74291	11452	342825	1076608	14.49
85～	2604	223	0.085637	1.000000	62839	62839	733783	733783	11.68

四、去死因寿命表

去死因寿命表（cause eliminated life table）主要用于研究某种死因对居民死亡的影响，其基本思想是：如果消除了某种死因，则原死于该死因的人则不死于该死因，寿命就会有所延长。去死因寿命表的优点是：①以某死因耗损的期望寿命和尚存人数合理地说明了该死因对人群生命的影响程度；②去死因寿命表的指标既能综合说明某死因对全人口的作用，又能分别说明某死因对各年龄组人口的作用；③去死因寿命表的指标同样不受人口年龄构成的影响，便于相互比较。

例 14-2 已知某城市的 2018 年男性的各年龄组年平均人口数（见表 14-6 第（2）列）、全死因死亡数（第（3）列）及肿瘤死亡数（第（4）列），用此数据编制去肿瘤死因简略现时寿命表。

去死因寿命表中各项指标的意义与全死因寿命表相同，为了加以区分，在特定指标的右上角标记“′”表示某死因或去某死因。编制去死因寿命表的关键是求去某死因后各年龄组生存概率，然后可以按照前面介绍编制寿命表的方法编制去死因寿命表。

（1）基本数据。表 14-6 中的第（1）、（2）、（3）列数据与表 14-5 完全相同。第（4）列的肿瘤死亡数是编制去死因寿命表的必备数据。

（2）去肿瘤死亡比例。该指标由第（3）、（4）列数据计算，是去肿瘤后的死亡人数占全死因死亡人数的比例，记为 r'_X。公式为

$$r'_X = \frac{D_X - D'_X}{D_X}$$

本例中

$$r'_0 = \frac{203-3}{203} = 0.98522，\quad r'_1 = \frac{69-5}{69} = 0.92754$$

其余以此类推。

（3）全死因死亡概率。按照上部分简略现时寿命表计算死亡概率方法计算，列于第（6）列。

（4）全死因生存概率。结合第（6）列数据计算生存概率，有 p_X=1-q_X。

（5）去肿瘤死因后生存概率。该指标是编制去死因寿命表的关键指标。计算公式为

$$p'_X = (p_X)^{r'_X}$$

本例中

$$p'_0 = (p_0)^{r'_0} = (0.992559)^{0.98522} = 0.992668$$

$$p'_1 = (p_1)^{r'_1} = (0.997674)^{0.92754} = 0.997842$$

其余以此类推。

（6）去肿瘤死因后尚存人数和死亡人数。定义 l'_0=100000，则去肿瘤死因后死亡人数计算公式为

$$d'_X = (1 - p'_X) \times l'_X$$

如“0～”岁组的去肿瘤死亡人数为

$$d'_0 = (1 - p'_0) \times l'_0 = (1 - 0.992668) \times 100000 = 733$$

由“0～”岁组去肿瘤死亡后尚存人数与死亡人数相减可以得到“1～”岁组的去肿瘤死亡后尚存人数

$$l'_1 = l'_0 - d'_0 = 100000 - 733 = 99267$$

再如，“1～”岁组的去肿瘤死亡人数为

$$d'_1 = (1 - p'_1) \times l'_1 = (1 - 0.997842) \times 99267 = 214$$

“5～”岁组的去肿瘤死亡后尚存人数：

$$l'_5 = l'_1 - d'_1 = 99267 - 214 = 99053$$

其余以此类推。

（7）去肿瘤死因后生存总人年数。按照生存总人年数计算公式可以计算“0～”、“1～”、“5～”和“85～”岁组的去肿瘤死因后生存人年数分别为

$$L'_0 = l'_1 + 0.15 \times d'_0 = 99267 + 0.15 \times 733 = 99378$$

$$L'_1 = \frac{4}{2}(l'_1 + l'_5) = \frac{4}{2} \times (99267 + 99053) = 396640$$

$$L'_5 = \frac{5}{2}(l'_5 + l'_{10}) = \frac{5}{2} \times (99053 + 99000) = 495132$$

$$L'_{85} = \frac{l'_{85}}{m'_{85}} = \frac{70144}{(223 - 5)/2604} = 837865$$

上式 m'_{85} 为“85～”岁组的去肿瘤死因后死亡率，可以由第（2）、（3）、（4）列进行计算。

（8）去肿瘤死因后生存总人年数。从最后年龄组开始对去肿瘤死因后生存人年数进行累加得到对应组的去肿瘤死因后生存总人年数。

$$T'_{85} = L'_{85} = 837865$$

$$T'_{80} = T'_{85} + L'_{80} = 837865 + 379348 = 1217213$$

其余以此类推。

（9）去肿瘤死因后期望寿命。该指标由第（12）列与第（9）列相比得到。“0～”组的期望寿命为

$$e'_0 = \frac{8935924}{100000} = 89.36$$

其余以此类推。

结合表 14-6 全死因寿命表，则 2018 年该城市男性因肿瘤死亡而减少的出生时的期望寿命为

$$e_0' - e_0 = 89.36 - 86.83 = 2.53$$

也就是说，出生时人群期望寿命因肿瘤而损失 2.53 岁。

具体各年龄组指标值见表 14-6。

表 14-6 某城市 2018 年男性去肿瘤死因简略现时寿命表

年龄组（岁）	年平均人口数	全死因死亡人数	肿瘤死亡人数	去肿瘤死亡比例	死亡概率	生存概率	去肿瘤死因后					
							生存概率	尚存人数	死亡人数	生存人年数	生存总人年数	期望寿命
X～	P_X	D_X	D_X'	r_X'	q_X	p_X	p_X'	l_X'	d_X'	L_X'	T_X'	e_X'
(1)	(2)	(3)	(4)	(5)	(6)	(7)	(8)	(9)	(10)	(11)	(12)	(13)
0～	27280	203	3	0.98522	0.007441	0.992559	0.992668	100000	733	99378	8935924	89.36
1～	118527	69	5	0.92754	0.002326	0.997674	0.997842	99267	214	396640	8836290	89.02
5～	139775	17	2	0.88235	0.000608	0.999392	0.999464	99053	53	495132	8439651	85.2
10～	206583	19	6	0.68421	0.000460	0.999540	0.999685	99000	31	494920	7944521	80.25
15～	249453	76	16	0.78947	0.001522	0.998478	0.998798	98968	119	494544	7449601	75.27
20～	276965	116	36	0.68966	0.002092	0.997908	0.998557	98849	143	493890	6955057	70.36
25～	327667	141	35	0.75177	0.002149	0.997851	0.998384	98707	160	493135	6461166	65.46
30～	336922	161	40	0.75155	0.002386	0.997614	0.998206	98547	177	492294	5968031	60.56
35～	272271	235	47	0.80000	0.004306	0.995694	0.996554	98370	339	491005	5475737	55.66
40～	223391	313	82	0.73802	0.006981	0.993019	0.994843	98031	506	488893	4984732	50.85
45～	198248	369	155	0.57995	0.009263	0.990737	0.994617	97526	525	486317	4495839	46.1
50～	118349	283	121	0.57244	0.011885	0.988115	0.993179	97001	662	483350	4009522	41.33
55～	94593	280	146	0.47857	0.014692	0.985308	0.992942	96339	680	479996	3526172	36.6
60～	69828	294	162	0.44898	0.020832	0.979168	0.990592	95659	900	476047	3046176	31.84
65～	53335	246	111	0.54878	0.022799	0.977201	0.987423	94759	1192	470817	2570129	27.12
70～	27967	403	113	0.719600	0.069544	0.930456	0.949453	93568	4730	456014	2099311	22.44
75～	16775	384	99	0.742190	0.108261	0.891739	0.918475	88838	7243	426084	1643297	18.5
80～	8981	300	29	0.903330	0.154147	0.845853	0.859653	81596	11452	379348	1217213	14.92
85～	2604	223	5	0.977580	1.000000	0.000000	0.000000	70144	70144	837865	837865	11.94

五、寿命表分析及其应用注意事项

（一）寿命表分析

寿命表主要指标如尚存人数、死亡人数、死亡概率和期望寿命都可以用来评价居民健康状况。尤其是期望寿命已成为国内外评价不同地区、不同时期居民健康水平的重要指标之一。

1. 寿命表尚存人数

给定年龄组的死亡率，尚存人数可以反映假想的同时出生的 100000 人的生存过程。以某地 2001 年和 2011 年男性寿命表尚存人数为纵轴，年龄为横轴，所绘制的曲线见图 14-2。与 2001 年相比，按照 2011 年所有年龄组的死亡率去生存和死亡，假想的一代人消亡的过程较缓慢，老年人口比例较大，人口总体寿命延长。$l_X = \frac{l_0}{2}$ 时的年龄称为寿命表的中位年龄。本例中 2011 年男性人群的中位年龄在“80～”岁组。

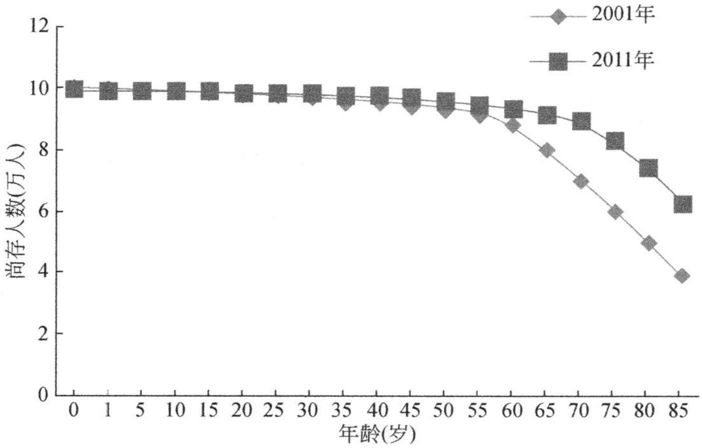

图 14-2 某城市 2001 年与 2011 年男性尚存人数随年龄的变化

2. 寿命表死亡概率

给定所有年龄组的死亡率，寿命表死亡概率反映假想的同时出生的一代人 *X* 岁时的死亡风险。一般用半对数线图，横坐标为年龄，纵坐标为死亡概率的对数（如图 14-3）。一般说来，婴幼儿和老年人死亡概率高，因此图形通常显示为不对称的 U 型曲线。健康水平高的地区，年轻阶段死亡概率曲线较低，尤其是婴幼儿段。

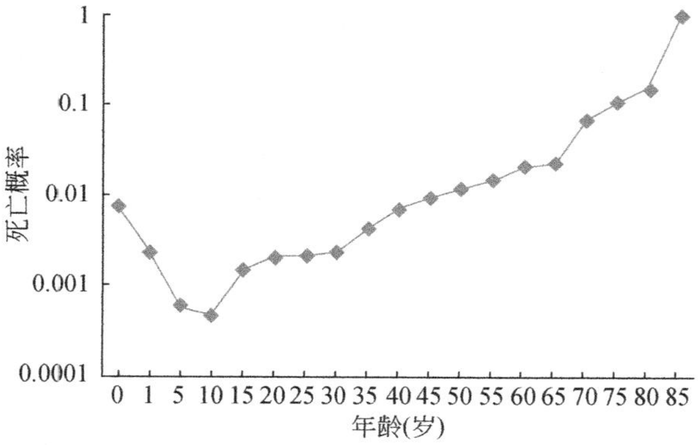

图 14-3 某城市 2011 年男性死亡概率随年龄的变化

3. 期望寿命

期望寿命是评价居民健康状况的主要指标。刚满 *X* 岁者的期望寿命受 *X* 岁以后所有年龄组死亡率的综合影响。出生时的期望寿命受所有年龄组死亡率的影响，可概括地说明某人群的健康水平。期望寿命已成为国内外评价不同地区、不同时期居民健康水平的重要指标之一。

期望寿命一般用线图表示（如图 14-4）。分析不同地区、不同时期人口的期望寿命曲线时，要注意曲线的起点 e_0、曲线头部的弯曲程度（反映婴儿死亡率的高低）以及整个曲线的高度和曲线的变化。如果年龄组死亡率下降，尤其是婴儿死亡率下降，则期望寿命曲线的起点上升，曲线头部弯曲程度变小，整个曲线位置上移。

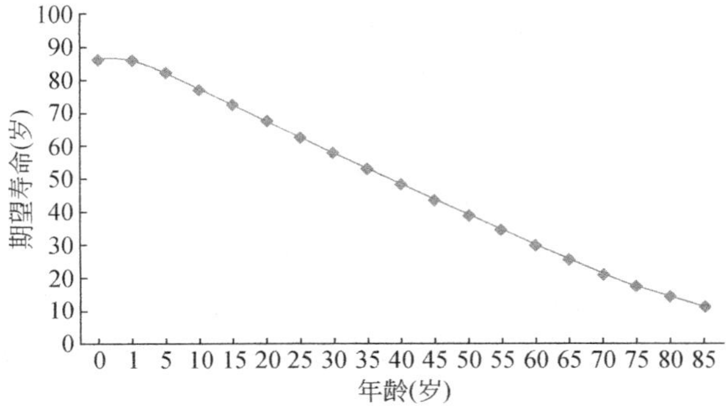

图 14-4 某城市 2011 年期望寿命随年龄的变化

（二）寿命表应用注意事项

（1）各年龄组人口数及死亡数据准确可靠。数据可靠是编制确切合理寿命表的前提。

（2）编制寿命表需要一定的人口数量。如若人口数较小时，按照年龄段分组时会造成年龄组死亡率变动太大。

（3）编制寿命表须对婴儿死亡进行核实与补漏。婴儿死亡率的变化对期望寿命有较大影响，故需要对其进行核对。

（4）在和平发展年代（无战争、灾难等因素），社会因素对人群平均寿命的影响不是一年两年能改变的，在实际应用中不必年年编制寿命表，可以 5 年、10 年编制一次。

六、寿命表在保险中的应用

寿命表除了在人口学和公共卫生学领域应用广泛外，也是保险精算学特有的课题。保险精算工作者利用寿命表来计算保险费、年金以及寿命意外保险等。由于每个人的死亡时间在正常情况下是未知（或者说是随机的），这种由生命死亡时间的不确定性所引起的损失，正是建立人寿保险寿命表的原因。

人寿保险是以人的生存和死亡为保险事故的保险，被保险人在保险期内死亡或生存到一定年龄保险人依照契约规定给付保险金。由于保险费的交付在前，而保险金的给付在后以及其他的原因，这就要求对投保人的保险费的计算必须考虑到生存率、死亡率、利率及年金等人寿保险精算基础因素。

（一）人寿保险中寿命表的主要种类及选用

人寿保险中常用寿命表有国民寿命表、经验寿命表、基础寿命表和年金寿命表。

国民寿命表是根据全体国民或者在一定特定地区的人口死亡统计数据编制的寿命表。它主要来源于人口普查统计资料及死亡统计资料，而死亡的统计对象是一国的全体公民。

经验寿命表是根据人寿保险公司、社会保险所积累的以往死亡记录等资料编制的寿命表。保险公司一般选用的是经验寿命表。由于国民寿命表统计的范围很大，老弱病残无所不包，而经验寿命表所统计的对象仅为被保险人，他们只有在身体合格的情况下，才能参加人寿保险。因此经验寿命表的死亡概率一般低于国民寿命表，对保险机构更具有现实意义。经验表又可分为选择寿命表、终极寿命表、综合寿命表三种。

基础寿命表是指人寿保险公司计算保费使用的寿命表。实践中常常根据需要选用终极表作为保险精算的基础寿命表。基础寿命表一般用于下列情况：①总保费的计算；②发展万能保险及其他当期假设保单的当期死亡率成本；③发展分红保单的红利标准及实际的红利给付；④保险人自己的经验死亡率研究，尤其在确认趋势方面；⑤依一般公认会计原则所准备的财务报表；⑥资产份额、标准办公室及其他财务研究及预测。

年金寿命表是根据年金购买者的死亡资料编制的寿命表。这种寿命表的死亡率较其他一般寿险的死亡率较低，这主要由于年金的给付以被保险人生存为给付条件，因此被保险人如果对自己的健康状况没有把握是不会冒着损失保险费的风险而去盲目购买生存年金保险的。

作为保险公司的经营者，在选用寿命表时，首先应该看到在制订人寿保险费的诸多因素中最主要的就是保险费的费率，而直接与费率有关的就是死亡率。在人寿保险业务经营中，普通死亡保险和两全保险中被保险人的死亡率与生存保险中被保险人的死亡率有所不同。一般的购买生存保险的被保险人其身体状况较好，死亡率也较低。若保险人经营生存保险业务，在计算保费时，要用年金寿命表；而经营人寿保险业务应使用经验寿命表，而不能用国民寿命表，同时还应注意安全性、稳定性、合理性等。

（二）寿命表在保险中的应用实例

人寿保险费由两部分构成：纯保险费和附加保险费。人寿保险纯保险费率的计算，一般要求有下列信息：①被保险人的年龄及性别；②欲提供的给付；③欲使用的死亡率；④预定利率。这些信息部分主要基于寿命表，如死亡率。寿命表以年龄为纲，全面地反映某一国家和地区一定人群的生死状况，为厘定人寿保险纯费率提供基本依据。

纯保险费可分为：自然纯保险费、趸缴纯保险费、均衡纯保险费。现以人寿保险中定期死亡保险的趸缴纯保险费计算为例，说明寿命表对保险费率厘定的作用。

定期死亡保险又叫定期人寿保险，是人寿保险中最简单的形式，是以被保险人在保险期限内死亡为条件支付保险金的一种形式。也就是说，只有当保险人在保险期间死亡时，保险机构才支付保险金，如继续存活，则不予支付。

1. 一年定期人寿保险的趸缴纯保险费计算

假设要确定对 45 岁男性发行的保额 10000 元，1 年定期寿险保单的趸缴纯保费；同时，假设保险费在每一年保单年初缴纳，而满期理赔在保单年度终了时给付。问题是，各保单所有人在年初应缴纳多少金额，使得保险人能够在年度末对每一位在期间内死亡的被保险人给付 10000 元，而且所缴纳的金额在给付赔款之前计息储存的。保险人感兴趣的是必须给付死亡保险金的概率。换言之，即 45 岁男性在年度内死亡的概率，这可查寿命表（表 14-7）所得。

表 14-7　1980 年男性标准普通寿命表（CSO）（部分）

年度开始的年龄 X	指定年度开始的生存数 l_X	指定年度死亡数 d_X	每年的死亡率 q_X	每年的生存率 p_X
40	9377225	28319	0.003020	0.996980
41	9348906	30758	0.003290	0.996710
42	9318148	33173	0.003560	0.996440
43	9284975	35933	0.003870	0.996130
44	9249042	38753	0.004190	0.995810
45	9210289	41907	0.004550	0.995450
46	9168382	45108	0.004920	0.995080
47	9123274	48536	0.005320	0.994680
48	9074738	52089	0.005740	0.994260
49	9022649	56031	0.006210	0.993790

续表

年度开始的年龄 X	指定年度开始的生存数 l_X	指定年度死亡数 d_X	每年的死亡率 q_X	每年的生存率 p_X
50	8966618	60166	0.006710	0.993290
51	8906452	65017	0.007300	0.992700
52	8841435	70378	0.007960	0.992040
53	8771057	76396	0.008710	0.991290
54	8694661	83121	0.009560	0.990440
55	8611540	90763	0.010470	0.989530
56	8521377	97655	0.011460	0.988540
57	8423722	105212	0.012490	0.987510
58	8318510	113049	0.013590	0.986410
59	8205461	121195	0.014770	0.985230
60	8084266	129995	0.016080	0.983920

假设一家保险公司对 45 岁男性发行了 9210289（此为 45 岁时生存者的总数）张 1 年定期保单。若此群体得到的实际死亡率经验符合寿命表（1980CSO 表）中的预期经验，则在 1 年中应有 41907 人死亡。由于每一个死亡案代表保险人一份 10000 元的责任，又由于假设理赔金在年度末给付，届时保险人必须备有 419070000 元来支付理赔。然而全部的金额并不必须都向保单所有人收取，因为他们被要求在年度初缴纳保险费，而保险人能够将这些钱以假设 5%的利率投资 1 年。1 元按利率 5%贴现 1 年的值等于 0.952 元。因此保险人在年度初期仅拥有 0.952 元/年×419070000 元=398954640 元。在年末时便可有充分的资金给付每人 10000 元给 41907 位死者。这样可接着计算出个人年初应缴纳的保险费 398954640/9210289=43.3 元。因此，对于 45 岁的 1 年定期保单的趸缴纯保费，每个被保险人年初应缴纳 43.3 元。

2. 五年定期人寿保险的趸缴纯保险费计算

假设计算一份对 45 岁男性发行的 5 年定期寿险保单的趸缴纯保费，即在 45 岁时一次缴清，用来购买保障在未来 5 年之内任何时间死亡的保险的费用数额。这有两个事实：①保险费只在保单生效时，以一笔金额交付一次；②死亡保险金将在发生死亡的年度末给付，而非 5 年期间的终末。有些收取的金钱只能赚得 1 年的利息，另一部分则赚得 2 年的利息，依次类推。那么，成本计算不能只借着以在 5 年间死亡的总概率乘以保单面额再予以折现。因此，有必要分别计算出每年的死亡率成本。在本例中，被保险事件的概率则是一位 45 岁男性在第 1，2，3，4，5 年内死亡的机会。以精算符号表示，概率如下：

$$\frac{d_{45}}{l_{45}} = \frac{41907}{9210289} = 0.00455$$

$$\frac{d_{46}}{l_{45}} = \frac{45108}{9210289} = 0.00490$$

$$\frac{d_{47}}{l_{45}} = \frac{48536}{9210289} = 0.00527$$

$$\frac{d_{48}}{l_{45}} = \frac{52089}{9210289} = 0.00566$$

$$\frac{d_{49}}{l_{45}} = \frac{56031}{9210289} = 0.00608$$

用以上概率乘以保险金额，再乘以 1 元现值，计算中持有金钱的时间长度折现。能够用于第 1

年度的理赔金额将被持有 1 年，第 2 年度的理赔金额持有 2 年，依此类推最后一年的理赔资金则持有 5 年。相对应于第 1，2，3，4，5 年的贴现率分别为 0.952，0.907，0.864，0.823，0.784。因此，5 年的保险成本计算分别为

$$10000 \times 0.00455 \times 0.952 = 43.32\text{元}$$
$$10000 \times 0.00490 \times 0.907 = 44.44\text{元}$$
$$10000 \times 0.00527 \times 0.864 = 45.53\text{元}$$
$$10000 \times 0.00566 \times 0.823 = 46.58\text{元}$$
$$10000 \times 0.00608 \times 0.784 = 47.67\text{元}$$

5 年合计为 227.54 元，即若忽略费用支出、税赋等，每一位保单所有人支付 227.54 元给保险公司，并以利率 5%计息储存，将可产生足够的金钱来支付这份 5 年定期保单所有的预期死亡理赔。

（胡乃宝　王　玫）

第十五章　生 存 分 析

内容提要

在医疗保险研究中，经常要分析研究对象（参保人）出现的结局（生存或死亡、发病或不发病、退保或续保等）所经历的时间，以比较不同险种远期效应的优劣。参保人出现某种特定结局所经历的时间统称为生存时间。在该类研究中，同时搜集参保人的一些相关因素，以分析哪些因素对延长生存时间有利，哪些因素对延长生存时间不利。由于生存时间大都不呈正态分布，而且研究对象常常有失访。用经典的统计分析方法如前面章节中介绍的 t 检验或方差分析等方法不能分析此类资料。生存分析（survival analysis）是研究特定人群的生存过程，在充分利用截尾数据所提供的不完全信息的前提下，既考虑结局，同时又考虑生存时间的一种统计方法，因而在医疗保险研究等领域有着非常广泛的应用。

第一节　生存时间及其分布函数

生存分析中用生存时间的长短来评价疾病的疗效或参保的效果。所谓生存时间（survival time），狭义地讲是从某个标准时点至死亡的时间，即研究对象的存活时间。例如，有某病的患者从发病到死亡或者从确诊到死亡所经历的时间。广义地讲，“死亡”可定义为某种研究目的的“结局”发生，例如，参保人从参保到退保经历的时间，也可以是参保到死亡经历的时间，或接触毒物到出现毒反应经历的时间等。在寿命保险研究中，常将生存时间称为剩余寿命。但无论是狭义还是广义的生存时间，它须有三个要素，即起点、终点和时间跨度（天、周、月或年等）。

一、生存时间数据

在实际工作中，生存时间数据有完全数据和截尾数据两种形式。

（一）完全数据（complete data）

在随访研究中，当观察到某患者的明确结局时，该参保人所提供的关于生存时间的信息是完整的，称之为完全数据，用符号 t 表示。

（二）截尾数据（censored data）

在随访研究中，由于某些原因未能观察到患者的明确结局，因而不知道该患者确切的生存时间，这类数据所提供的信息不完整，称之为截尾数据，用符号 t^+ 表示。它告诉我们该患者至少在观察到的时间长度内没有死亡。产生截尾现象的可能原因主要有以下两方面：

（1）患者失访。患者由于搬迁而失去联系，或由于意外死亡而未能观察到规定的终点。

（2）由于大多数研究受经费、时间的限制，不可能无限期延长，最终观察的时点是固定的，在研究终止时，研究对象仍然没有出现死亡或某个特定结局。例如，某研究计划观察五年，但部分患者的生存期超过五年，或者有的对象进入研究的时间较晚，虽没有满五年，但已到了研究的截止时间。图 15-1 示意了随访研究中生存时间的完全数据和截尾数据。

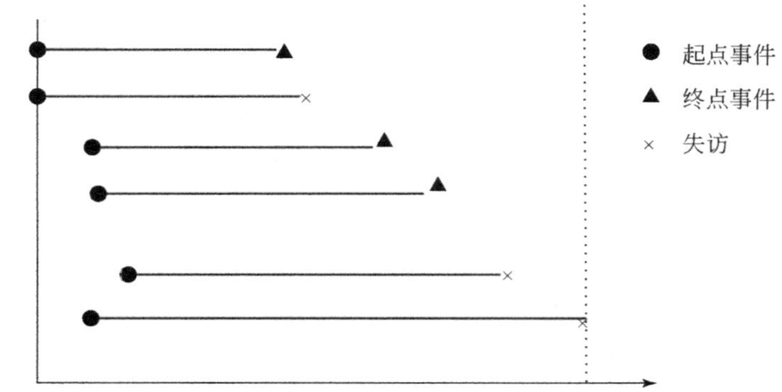

图 15-1　随访研究示意图

生存资料特点：①包含有特定结局和发生特定结局所经历的时间；②结局为二分类的互斥事件，如“生存”与“死亡”或“缓解”与“未缓解”；③生存时间的统计从某个统一时间如患者确诊或保险生效开始，观察到某规定时间结束；④在观察时间截止前有人能观察到完整数据，有人无法观察到特定结局而出现截尾数据。

二、生存时间资料的整理

设样本含量为 n，记第 i 例患者的生存时间为 t_i，则全部 n 例患者的生存时间可用随机变量 T 表示，其取值非负，记为：t_1，t_2，…，t_n。若出现截尾，用 t^+表示。

例 15-1　某保险公司观察 7 名参保者三年（36 个月），其生存时间（月）为 8，16，21^+，24，36^+，36^+，36^+（注：以参保作为起点，退保作为终点）。

对于观察例数较多的资料，可按一定的时间区间分组整理，类似频数表整理。设第 i 个时间区间 $[t_i,\ t_{i+1})$ 开始时的患者数为 n_i，在此区间内死亡数为 d_i，则在第 i+1 个区间开始时的患者数 $n_{i+1}=n_i-d_i$。其数据整理见例 15-2。

例 15-2　169 名急性白血病患者的缓解期（年）资料经分组整理后列于表 15-1 中。

表 15-1　169 名急性白血病患者的分组资料及生存函数计算

生存时间（年）* t_i～	期初观察患者数 (n_i)	期内死亡数 (d_i)	概率密度函数 $\hat{f}(t_i)$	生存函数 $\hat{S}(t_i)$	风险函数 $\hat{h}(t_i)$
0～	169	108	0.639	0.361	0.639
1～	61	35	0.207	0.154	0.574
2～	26	14	0.083	0.071	0.538
3～	12	5	0.030	0.041	0.417
4～	7	3	0.018	0.024	0.429
5～	4	2	0.012	0.012	0.500
6～	2	1	0.006	0.006	0.500
7～8	1	1	0.006	0.000	1.000

*以就诊时间作为起点。本资料引自余松林《临床随访资料的统计分析方法》，人民卫生出版社 1991 年版。

三、生存时间函数

由于生存时间资料多为正偏态分布且常常存在截尾情况，因而其统计处理比较复杂，有其独特之处。描述生存时间分布规律的函数很多，统称为生存时间函数，其中最主要的有概率密度函数、分布函数、生存函数和风险函数。

（一）概率密度函数

概率密度函数（probability density function）简称为密度函数，用 $f(t)$ 表示。它表示一个个体死于 $(t,\ t+\Delta t)$ 区间内的概率极限，这一函数表示死亡速度的快慢。密度函数可用式（15-1）表达。

$$f(t)=\lim_{\Delta t\to 0}\frac{\Pr\{t\leqslant T\leqslant (t+\Delta t)\}}{\Delta t} \tag{15-1}$$

如果观察例数较多，可用公式（15-2）来估计密度函数。

$$\hat{f}(t)=\frac{\text{从}t\text{时刻开始的一个时间区间内死亡人数}}{\text{观察总数}\times\text{该时间区间的宽度}} \tag{15-2}$$

（二）分布函数

分布函数（distribution function）常称为死亡概率或累积死亡概率，这一函数表示一个患者从起点到时间 t 为止的死亡概率，随时间而上升，当 $t\to\infty$ 时，死亡概率趋向于 1，即表示该个体最终必然死亡。其定义为

$$F(t)=\int_0^t f(T)\,\mathrm{d}T \tag{15-3}$$

（三）生存函数

生存函数（survival function）又称为生存概率，表示一个患者生存时间长于 t 的概率，其意义正好与死亡概率相反。其定义为

$$S(t)=\int_t^{\infty} f(T)\,\mathrm{d}T=1-F(t) \tag{15-4}$$

在实际工作中，生存概率可用公式（15-5）来估计。

$$\hat{S}(t)=\frac{\text{生存时间长于}t\text{的个体数}}{\text{观察总数}} \tag{15-5}$$

（四）风险函数

风险函数（hazard function）表示一个生存到时间 t 的个体，在从 t 到 $(t+\Delta t)$ 这一区间内死亡概率的极限，也就是一个生存到时间 t 的个体在时间 t 的瞬时死亡率（条件死亡速率）。其定义为

$$h(t)=\lim_{\Delta t\to 0}\frac{\Pr(t\leqslant T\leqslant (t+\Delta t)\,|\,T=t)}{\Delta t} \tag{15-6}$$

实际工作中，$h(t)$ 可用时间区间 $[t_i,\ t_{i+1})$ 内的死亡人数对该区间开始时的患者数之比来估计（用单位时间长度表示，可以是年、月、周、天等）。即

$$\hat{h}(t)=\frac{\text{死于区间}\ t_i\ \text{到}\ t_{i+1}\ \text{内的患者数}}{\text{在}t_i\text{时生存的病人数}\times\text{该区间包含的单位时间数}} \tag{15-7}$$

风险函数随时间延长可表现为递增、递减或其他波动形式。图 15-2 给出了 5 种不同的风险函数曲线。

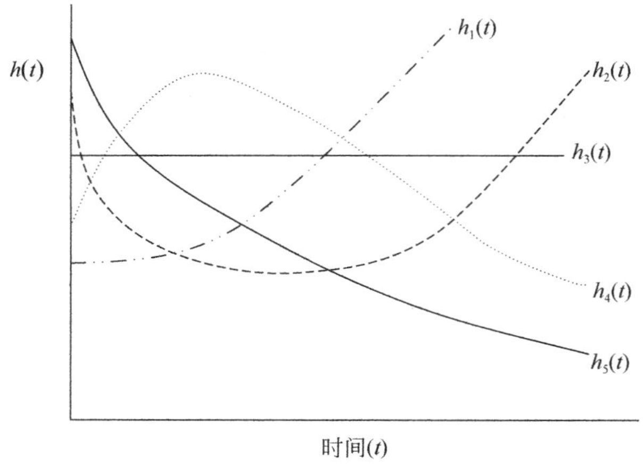

图 15-2 五种不同风险函数示意

图 15-2 中，h_1（t）是一种随时间上升的曲线，表示风险随时间而增加。例如，老年人随年龄增加，年龄别死亡率的变化就属于该类型，因此在医疗保险精算时应加以注意；h_2（t）是一 U 型风险曲线，开始时死亡风险较大，然后逐渐降低进入一个相对稳定的、较低的风险水平，随着时间的推移，风险又开始加大，人的一生所经历的风险正是这样一种情景；h_3（t）是一平衡型的风险，它与时间无关，如人口从少年至中年阶段，其死亡风险稳定在一个较低且相对稳定的水平；h_4（t）是一单峰型的风险曲线，开始时风险逐渐加大，以后又逐渐降低，如急性白血病患者经过治疗后，其复发的风险经过一个高峰以后又逐渐降低；h_5（t）是一种随时间下降的曲线，表示风险随时间而减小。

（五）生存时间函数间的关系

$$S(t) = P(T > t) = 1 - F(t)$$

$$F(t) = 1 - S(t) = \int_0^t f(T)\mathrm{d}T$$

$$f(t) = F'(t) = -S'(t)$$

$$h(t) = \frac{f(t)}{S(t)}$$

四、暴露因素与结局

（一）观察结局

生存分析中观察结局常称为终检变量（censored variable），它是我们在研究中所关心的终点事件，当观察对象出现终点事件时记为 1，相反则记为 0（统称截尾）。在医疗保险研究中，终点事件必须在研究之前就有明确的、统一的规定。

（二）暴露因素与混杂因素

医疗保险研究中，除对主要研究因素（暴露因素）进行观察外，还须对干扰因素（即混杂）的影响进行有效的控制。两者在 Cox 回归分析中，统称为协变量（covariate）。

第二节 生存资料的非参数统计方法

一、生存率的非参数估计

该类方法对生存资料的总体分布无特定要求，它是利用生存资料中生存时间（包括截尾）的前后顺序来估计生存率。主要方法有乘积-极限法（product-limit method）和寿命表法（life-table method）。

（一）乘积-极限法

乘积-极限法亦称为 Kaplan-Meier 法。适用于例数少而不需分组的资料。其基本原理是：利用条件概率以及概率的乘法原理来计算生存率。

从随访开始（$t_0=0$）到生存时间点为 t_i 年的生存率为

$$S(t_i)=S(t_{i-1})S(t_i|t_{i-1}) \tag{15-8}$$

式中 $S(t_i|t_{i-1})$ 表示已生存 t_{i-1} 年条件下再生存到 t_i 年的条件概率。

例 15-3 某医生用新疗法治疗胰腺癌患者 10 例，其生存时间（月）见表 15-2 第（2）栏，试计算不同时间的生存率并估算生存时间的中位数。

表 15-2 10 例胰腺癌患者的生存率估计（PL 法）

序号 i (1)	生存时间 t_i (2)	期初观察患者数 n_i (3)	死亡人数 d_i (4)	条件死亡概率 $\hat{F}(t_i\|t_{i-1})$ (5)	条件生存概率 $\hat{S}(t_i\|t_{i-1})$ (6)	生存率 $\hat{S}(t_i)$ (7)	标准误 $SE[\hat{S}(t_i)]$ (8)
1	2^+	10	0	0.0000	1.0000	1.000	0.0000
2	3	9	1	0.1111	0.8889	0.8889	0.1048
3	4	8	1	0.1250	0.8750	0.7778	0.1386
4	5	7	1	0.1429	0.8571	0.6667	0.1571
5	6^+	6	0	0.0000	1.0000	0.6667	0.1571
6	7	5	1	0.2000	0.8000	0.5333	0.1733
7	8	4	1	0.2500	0.7500	0.4000	0.1739
8	9^+	3	0	0.0000	1.0000	0.4000	0.1739
9	10	2	1	0.5000	0.5000	0.2000	0.1660
10	11^+	1	0	0.0000	1.0000	0.2000	0.1660

（1）首先，对生存时间进行排序和编号，见表 14-2 第（1）、（2）栏。

（2）统计期初观察人数 n_i（第（3）栏）和死亡人数 d_i（第（4）栏）。若是死亡，d_i=1；若是截尾，d_i=0。

（3）计算条件死亡概率 $\hat{F}(t_i|t_{i-1})$ 和条件生存概率 $\hat{S}(t_i|t_{i-1})$

$$\hat{F}(t_i|t_{i-1})=\frac{d_i}{n_i} \tag{15-9}$$

$$\hat{S}(t_i|t_{i-1})=1-\hat{F}(t_i|t_{i-1}) \tag{15-10}$$

显然，对于所有截尾点 $\hat{F}(t_i|t_{i-1})$ 为 0，$\hat{S}(t_i|t_{i-1})$ 为 1，见表 15-2 第（5）、（6）栏。

（4）利用概率乘法原理，计算生存率。即按公式（15-8）计算。见表 15-2 第（7）栏。

（5）生存率的标准误，由于 $\hat{S}(t_i)$ 是根据样本资料计算所得，有必要计算其标准误估计抽样误差大小，计算公式如下：

$$\mathrm{SE}\left[\hat{S}(t_i)\right]=\hat{S}(t_i)\sqrt{\sum_{j=1}^{i}\frac{d_j}{n_j(n_j-d_j)}} \tag{15-11}$$

本例中，生存时间为 4 个月的生存率= 0.7778（i=3）的标准误为

$$\mathrm{SE}[\hat{S}(t_i)]=\mathrm{SE}(0.7778)=0.7778\sqrt{\frac{1}{9\times 8}+\frac{1}{8\times 7}}=0.1386$$

（6）生存曲线，以生存时间为横轴，生存率为纵轴绘图，即所谓的 Kaplan-Meier 生存曲线（见图 15-3）。

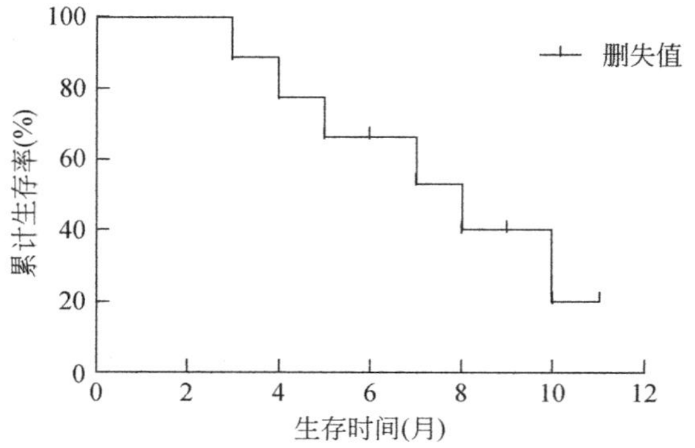

图 15-3 Kaplan-Meier 生存曲线示意

（7）总体生存率的可信区间估计，在假定生存率近似正态，总体生存率之 $1-\alpha$ 可信区间为

$$\hat{S}(t_i)\pm Z_{\alpha/2}\cdot \mathrm{SE}[\hat{S}(t_i)] \tag{15-12}$$

（8）平均生存时间，由于生存时间的分布是非正态的，故平均生存时间常用中位生存时间（median survival time）来计算，其意义是 50%的个体存活且有 50%的个体死亡的时间，也即生存率为 50%时在生存曲线中所对应的生存时间，中位生存时间常用内插法进行估计。

本例中，中位生存期的估计在 7～8 个月之间，用内插法估计如下：

$$(8-7):(t-7)=(0.5333-0.4000):(0.5333-0.5000)$$

计算出 t=7.2500，即胰腺癌患者的中位生存期约为 7.2500 个月。

（二）寿命表法

寿命表法适用于观察例数较多的分组资料。根据寿命表的用途和资料来源不同，可分为现时寿命表、定群寿命表等形式。寿命表法计算生存率的基本原理是将整个随访时间划分为若干个时间区间，分别计算每个时间区间开始时的观察个体数、死亡数和失访数，进而计算每个时间区间的条件死亡率 $\hat{F}(t_i|t_{i-1})$ 和条件生存率 $\hat{S}(t_i|t_{i-1})$。根据概率的乘法原理，t 时刻的生存率 $\hat{S}(t_i)$ 为 t 时刻前各时间区间条件生存率的乘积。

例 15-4 某医院自某年以来共手术治疗 116 例卵巢癌患者，通过随访获得各年的生存情况见表 15-3 第（2）～（5）栏。该资料的时间区间为 1 年，试计算各年生存率。

表 15-3 手术治疗 116 例卵巢癌患者的生存率计算（时间单位：年）

时间区间 $[t_{i-1},t_i)$ (1)	期初人数 n_i' (2)	期内截尾数 w_i (3)	期内有效人数 n_i (4)	期内死亡数 d_i (5)	条件死亡率 $\hat{F}(t_i\|t_{i-1})$ (6)	条件生存率 $\hat{S}(t_i\|t_{i-1})$ (7)	累积生存率 $\hat{S}(t_i)$ (8)	标准误 $SE[\hat{S}(t_i)]$ (9)
[0, 1)	116	0	116.0	31	0.2672	0.7328	0.7328	0.0411
[1, 2)	85	0	85.0	9	0.1059	0.8941	0.6552	0.0441
[2, 3)	76	4	74.0	6	0.0811	0.9189	0.6021	0.0456
[3, 4)	66	7	62.5	7	0.1120	0.8880	0.5346	0.0471
[4, 5)	52	6	49.0	8	0.1633	0.8367	0.4473	0.0484
[5, 6)	38	4	36.0	10	0.2778	0.7222	0.3230	0.0483
[6, 7)	24	4	22.0	7	0.2917	0.7083	0.2288	0.0455
[7, 8)	13	3	11.5	5	0.3704	0.6296	0.1441	0.0415
[8, 9)	5	1	4.5	3	0.4615	0.5385	0.0776	0.0360
[9, ∞)	1	0	1.0	0	1.0000	0.0000	0.0000	0.0000

（1）确定时间的分组区间$[t_{i-1},\ t_i)$。一名活到 t_{i-1} 时点上的患者，在区间$[t_{i-1},\ t_i)$内可能出现三种情况：①继续生存到区间终点；②在区间内死亡；③在区间内截尾。最后一个区间的终点理论上在无穷大处，故没有确切的宽度。

（2）截尾人数 w_i。包括在区间$[t_{i-1},\ t_i)$内的失访人数，以及一些进入观察较晚因而中途从区间$[t_{i-1},\ t_i)$内撤出的人数。

（3）期内死亡人数 d_i。死于区间$[t_{i-1},\ t_i)$的患者数。

（4）期初观察人数 n_i'。在时点 t_{i-1} 上生存的患者数，$n_i' = n_{i-1}' - w_{i-1} - d_{i-1}$。

（5）期内有效人数 n_i。$n_i = n_i' - \dfrac{w_i}{2}$。假定截尾者平均每人观察了半个区间$[t_{i-1},\ t_i)$，这样可校正截尾对计算的过大影响。

（6）条件死亡率 $\hat{F}(t_i|t_{i-1})$。$\hat{F}(t_i|t_{i-1}) = \dfrac{d_i}{n_i}$。

（7）条件生存率 $\hat{S}(t_i|t_{i-1})$。它是在 t_{i-1} 时点上尚生存的人能够度过区间$[t_{i-1},\ t_i)$而生存到 t_i 上人数之比。$\hat{S}(t_i|t_{i-1}) = \dfrac{(n_i - d_i)}{n_i} = 1 - \hat{F}(t_i|t_{i-1})$。

（8）累积生存率 $\hat{S}(t_i)$。指能活到时间 t_i 的概率，因而 $\hat{S}(t_0) = 1.0$，$\hat{S}(t_\infty) = 0.0$。计算仍按公式（15-8）。

（9）生存率的标准误 $SE[\hat{S}(t_i)]$ 用公式（15-12）。

二、生存曲线的组间比较

生存率的比较可以从给定生存时间 t 的生存率之间的比较这一方面来考虑。这是一种时点生存率比较的方法，如两种或多种治疗方案的 3 年生存率比较、5 年生存率比较等，不能对整个生存期进行评价。对两条或多条生存曲线进行比较，比较的是生存过程，能够较全面地评价各组整个生存期，概括能力较强，因而应用较广，主要有 Logrank 检验和 Gehan 检验等方法。

对数秩 log-rank 检验亦称为时序检验，Log-rank 检验方法的基本原理是在 H_0 成立（各组总体生存过程相同）的前提下，计算各时刻的期望死亡数，然后与实际死亡数进行比较，作假设检验，若 H_0 成立，则实际与期望死亡数不应相差太大，否则有理由拒绝 H_0。该法的检验统计量为

$$\chi^2 = \sum_{\text{group}=1}^{g} \frac{(A-T)^2}{T}, \quad \upsilon = g-1 \tag{15-13}$$

公式（15-12）中的 g 是比较的组数，Log-rank 检验法适用于两组或多组生存数据的比较。限于篇幅，本书只结合实例介绍两组资料生存率的近似比较方法。

例 15-5 某医生为评价两种方法治疗小细胞肺癌的生存率有无差别，从出院日开始随访，生存数据（月）资料排列如下：

甲疗法组 3，3^+，5，6，9^+，11，13，16，20^+，36^+

乙疗法组 10，13^+，14，18，21，26，32，38，40^+，43^+

首先作生存率曲线，见图 15-4，可直观地、粗略地进行比较。

Log-rank 检验步骤如下：

（1）建立检验假设和确定检验水准。

H_0：两种疗法总体生存率曲线分布（生存过程）相同；

H_1：两种疗法总体生存率曲线分布不同。

（α=0.05）

（2）在 H_0 成立的前提下，计算 χ^2 值。

先将生存时间排序，并标明治疗组别、是否截尾值，若两组有相同生存时间，则排在同一行。见表 15-4 第（1）至（5）栏。再列出两组各时点的期初病例数，见表 15-4 的（6）至（8）栏；分别按公式（15-13）计算两组各时点的理论死亡数，见表 15-4 的第（9）、（10）栏；求出两组理论死亡数之合计就是公式（15-13）中的 T。以上结果整理为表 15-5。

$$e_{1i} = \frac{d_i}{n_i} \times n_{1i}, \quad e_{2i} = \frac{d_i}{n_i} \times n_{2i} \tag{15-14}$$

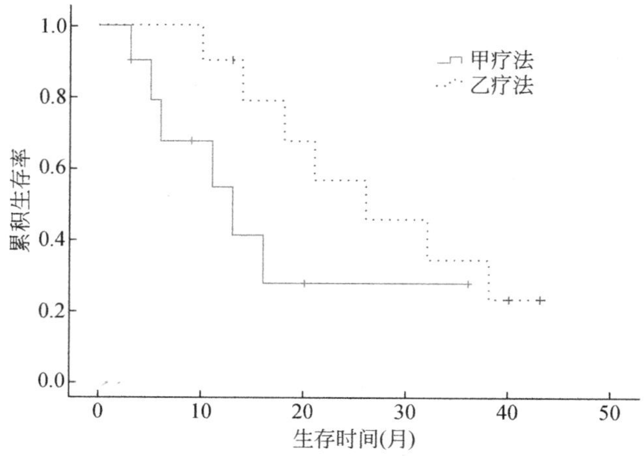

图 15-4 甲、乙两种疗法的生存曲线比较

表 15-4 两种疗法理论死亡数的计算

序号 I	组别	生存时间	死亡数	截尾数	期初病例数			理论病死数	
		(t_i)	(d_i)	(w_i)	n_{1i}	n_{2i}	合计 n_i	e_{1i}	e_{2i}
(1)	(2)	(3)	(4)	(5)	(6)	(7)	(8)	(9)	(10)
1	1	3	1	0	10	10	20	0.5000	0.5000
2	1	3^+	0	1	9	10	19	0.0000	0.0000
3	1	5	1	0	8	10	18	0.4444	0.5556
4	1	6	1	0	7	10	17	0.4118	0.5882
5	1	9^+	0	1	6	10	16	0.0000	0.0000
6	2	10	1	0	5	10	15	0.3333	0.6667
7	1	11	1	0	5	9	14	0.3571	0.6429
8	1	13	1	0	4	9	13	0.3077	0.6923
9	2	13^+	0	1	3	9	12	0.0000	0.0000
10	2	14	1	0	3	8	11	0.2727	0.7273
11	1	16	1	0	3	7	10	0.3000	0.7000
12	2	18	1	0	2	7	9	0.2222	0.7778
13	1	20^+	0	1	2	6	8	0.0000	0.0000
14	2	21	1	0	1	6	7	0.1429	0.8571
15	2	26	1	0	1	5	6	0.1667	0.8333
16	2	32	1	0	1	4	5	0.2000	0.8000
17	1	36^+	0	1	1	3	4	0.0000	0.0000
18	2	38	1	0	0	3	3	0.0000	1.0000
19	2	40^+	0	1	0	2	2	0.0000	0.0000
20	2	43^+	0	1	0	1	1	0.0000	0.0000
合计	—	—	13	7	—	—	—	3.6588(T_1)	9.3412 (T_2)

表 15-5 Logrank 检验中间数据总结表

组别	实际死亡数 (A)	理论死亡数 (T)
甲疗法	6	3.6588
乙疗法	7	9.3412

$$\chi^2=\frac{(6-3.6588)^2}{3.6588}+\frac{(7-9.3412)^2}{9.3412}=2.0849$$

(3) 查自由度为 1 的 χ^2 界值表，$P>0.05$，尚无理由拒绝 H_0，不能认为两种疗法的生存过程之间有差别。

第三节 生存资料的参数统计法

上节所述方法没有直接利用生存时间的具体数值来进行分析，而是利用生存时间的顺序来计算生存率并进行比较，这些方法均不假定生存数据的分布类型，因而属非参数统计范畴。因为非参数法对信息的利用不够充分，为此，统计学家构造了许多生存时间的概率模型，并对生存时间的分布类型做出假定，常见的模型有：指数模型、威布尔模型、冈珀茨模型、伽马模型、对数正态模型、泊松模型等。

一、指数模型

（一）指数分布模型

若生存时间 t 服从指数分布（exponential distribution），其概率密度函数为

$$f(t)=\begin{cases}\lambda e^{-\lambda t}, & t\geqslant 0,\ \lambda>0,\\ 0, & t<0\end{cases} \tag{15-15}$$

分布函数：

$$F(t)=1-e^{-\lambda t},\quad t\geqslant 0 \tag{15-16}$$

生存函数：

$$S(t)=1-F(t)=e^{-\lambda t} \tag{15-17}$$

风险函数：

$$h(t)=\frac{f(t)}{S(t)}=\lambda \tag{15-18}$$

这里，λ是指数分布的风险率，又称为尺度参数（scale parameter）。可见，生存时间若服从指数分布，风险函数不受生存时间 t 的影响，即风险率不随生存时间变化，这是指数分布模型的特点。平均生存时间为 $\frac{1}{\lambda}$。

（二）带协变量的指数分布模型

实际工作中，除了用指数分布模型描述生存过程以外，更多的时候是利用指数分布来分析生存时间的影响因素。如果生存时间受危险因素的影响，上述四个函数均受其影响。

1. 指数回归模型

设 X_1，X_2，…，X_m 为影响生存时间的 m 个因素，定义：若 X=（1，X_1，X_2，…，X_m）为危险因素向量（协变量向量），则服从于指数分布的生存时间 t，其概率密度函数为

$$f(t,X)=\lambda(X)\exp[-\lambda(X)t] \tag{15-19}$$

其中，$\lambda(X)=\exp(X\beta^{\mathrm{T}})=\exp(\beta_0+\beta_1X_1+\cdots+\beta_mX_m)$。

分布函数：

$$F(t,\ X)=1-\exp[-\lambda(X)t],\quad t\geqslant 0 \tag{15-20}$$

生存函数：

$$S(t,\ X)=1-F(t,\ X)=\exp[-\lambda(X)t] \tag{15-21}$$

风险函数：

$$h(t,\ X)=\frac{f(t,\ X)}{S(t,\ X)}=\lambda(X) \tag{15-22}$$

2. 模型中参数的意义

由模型可知，不同的暴露状况有不同的生存时间分布和不同的风险率函数。

当各协变量均为 0 时的风险率：$h(t,0)=\exp(\beta_0)$，e^{β_0} 描述了基线状态（baseline）的风险率。参数 β_j（j=1，2，…，m）的意义同其他模型，e^{β_j} 表示当其他变量不变时，X_j 每变动一个单位引起的风险率变动的倍数。

3. 参数的估计及其假设检验

通过最大似然法估计模型中的参数（常用 Newton-Raphson 迭代法求解）。用似然比 χ^2 检验对模型进行检验，用 Wald 检验或似然比检验对变量进行检验（各主流统计软件中均可计算）。

二、威布尔模型

当实际资料不适合用指数分布进行拟合时，表示风险函数 $h(t)$ 或 $h(t, X)$ 可能受生存时间的影响，此时，应选择其他的时间分布模型进行拟合，以对实际资料进行更为合理的解释，首选模型当推威布尔模型。

（一）威布尔分布模型

若生存时间 t 服从威布尔分布，其概率密度函数为

$$f(t) = \lambda\gamma t^{(\gamma-1)}\exp(-\lambda t^{\gamma}) \tag{15-23}$$

可见威布尔分布中有两个参数：λ 是尺度参数（scale parameter），其意义同指数分布；γ 为形状参数（shape parameter），它决定了生存时间分布的形状，若γ=1，表示死亡风险不随时间变化而改变，即为指数分布。故指数分布是威布尔分布在γ=1 时的特例。

分布函数：

$$F(t) = 1-\exp[-\lambda t^{\gamma}] \tag{15-24}$$

生存函数：

$$S(t) = 1-F(t) = \exp[-\lambda t^{\gamma}] \tag{15-25}$$

风险函数：

$$h(t) = \frac{f(t)}{S(t)} = \lambda\gamma t^{(\gamma-1)} \tag{15-26}$$

（二）带协变量的威布尔分布模型

1. 威布尔回归模型

设 X_1，X_2，…，X_m 为生存时间的 m 个影响因素，定义：X=（1，X_1，X_2，…，X_m）为危险因素向量（协变量向量），则服从于威布尔分布的生存时间 t，其概率密度函数为

$$f(t,\ X) = \lambda(X)\gamma t^{(\gamma-1)}\exp(-\lambda(X)t^{\gamma}) \tag{15-27}$$

其中，$\lambda(X) = \exp(X\beta') = \exp(\beta_0 + \beta_1 X_1 + \cdots + \beta_m X_m)$。

因此，威布尔回归模型有 m+2 个参数。

分布函数：

$$F(t, X) = 1-\exp[-\lambda(X)t^{\gamma}] \tag{15-28}$$

生存函数：

$$S(t, X) = 1-F(t, X) = \exp[-\lambda(X)t^{\gamma}] \tag{15-29}$$

风险函数：

$$h(t,\ X) = \frac{f(t,\ X)}{S(t,\ X)} = \lambda(X)\gamma t^{(\gamma-1)} \tag{15-30}$$

2. 模型中参数的意义

形状参数 γ 的意义可用图 15-5 与图 15-6 来说明。

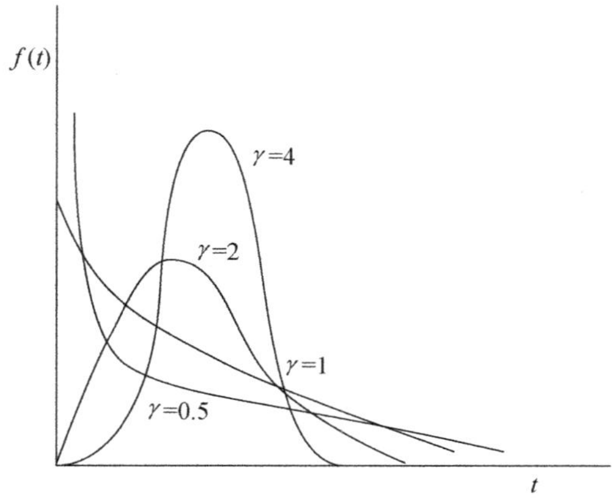

图 15-5 威布尔密度函数曲线示意（$\lambda=1$时）

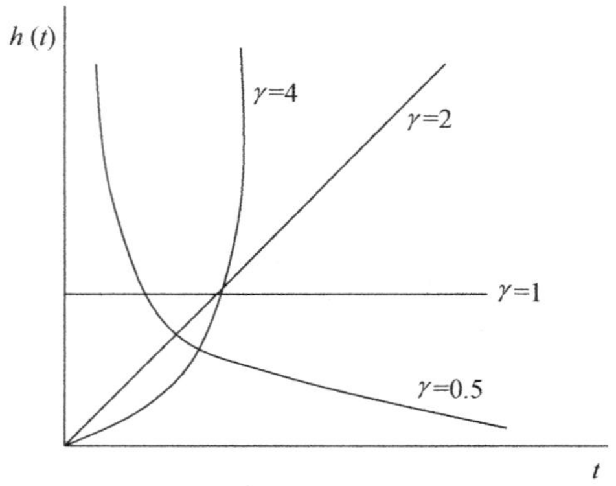

图 15-6 威布尔风险函数曲线示意（$\lambda=1$时）

从图 15-5 可看出当λ不变时，γ值大的曲线分布较集中，反之曲线较离散；图 15-6 显示，当$\gamma<1$ 时，h（t）随时间递降，$\gamma>1$ 时，h（t）则随时间而递增，它决定了风险率随时间变化的速度。这里不难理解，为什么将γ称之为形状参数了。

3. 参数的估计及其假设检验

同样可通过最大似然法估计模型中的参数（常用 Newton-Raphson 迭代法求解）。用似然比χ^2检验对模型进行检验，用 Wald 检验或似然比检验对变量进行检验。

生存分析的参数模型很多，作为应用工作者，在选择模型时，可考虑：①进行残差分析；②根据 Pseudo R^2的取值大小做出评价，一般认为其取值愈大，模型拟合得愈好。

第四节　生存资料的半参数统计方法

实际研究工作中，有时生存时间的准确分布难以获得，因而用参数回归模型就显得困难。1972年 D. R. Cox（考克斯）提出了比例风险模型（proportional hazard model，PHM），较好地解决了这一问题。该模型在表达形式上与参数模型类似，分析时以生存时间的长短作为分析的基础，但对生存时间的分布形式没有做事先假定，所以该方法被称为半参数法（semi-parametric method）。由于是 Cox 首先提出的，故又称为 Cox 回归模型（简称 Cox 模型）。该方法适应性较强，在生存分析中有特殊的地位。

一、Cox 模型概述

（一）Cox 模型的基本形式

Cox 模型假定风险率由两部分组成，一部分是基线风险率 h_0（t），另一部分是含有协变量（covariate）X 的指数函数，两者相乘，得到在协变量作用下的风险率：

$$h(t,\ X)=h_0(t)\mathrm{e}^{(\beta_1X_1+\beta_2X_2+\cdots+\beta_mX_m+\varepsilon)} \tag{15-31}$$

基线风险率 h_0（t）表示所有协变量取 0 时的个体在时点 t 的风险率，ε是误差项。

若记

$$\mathrm{HR}(t)=\frac{h(t,X)}{h_0(t)}=\mathrm{e}^{(\beta_1X_1+\beta_2X_2+\cdots+\beta_mX_m+\varepsilon)} \tag{15-32}$$

HR（t）表示在时间 t 协变量和向量 X 作用下，个体风险率相对于基线水平的风险比（hazard ratio，

HR），意义类似于相对危险度（relative risk，RR）。可见，HR（t）是不随时间 t 的变化而改变的，改用 HR 表示。因此，Cox 模型也被称为比例风险模型（PHM）。

（二）Cox 模型中参数的意义

由式（15-32）两边取对数，得

$$\ln \mathrm{HR} = \beta_1 X_1 + \beta_2 X_2 + \cdots + \beta_m X_m + \varepsilon \qquad (15\text{-}33)$$

可见β_j（j=1，2，…，m）的含义是指：当其他变量固定时，X_j每改变一个单位所引起的风险比对数值的改变量。风险比对数值与时间无关，如果该假定不满足，也就是说协变量的作用是随时间而变化的，此时 Cox 模型显然不妥，可考虑用非比例风险模型（nonproportional hazard model）来解决（参看其他相关著作）。

（三）Cox 模型的参数估计

为了绕过 h_0（t）这部分无法估计参数的困境，Cox 回归不直接利用生存时间作为回归方程的因变量，而是用风险函数的相对比值 h（t，x）/h_0（t）（即 hazard ratio，HR）作为因变量。同时正是由于 h_0（t）的分布未作定义，普通的最大似然法估计参数失效，Cox 回归提出了偏似然函数（partial likelihood function）的概念，基于样本数据用 Newton-Raphson 迭代求出β_j的最大偏似然估计值 b_j，得到 Cox 回归方程式（15-34）。Cox 模型的参数估计公式非常复杂，手工计算几乎是无法实现的，只能借助 SPSS、SAS、Stata 等统计软件实现。

$$\ln \mathrm{HR} = b_1 X_1 + b_2 X_2 + \cdots + b_m X_m \qquad (15\text{-}34)$$

（四）Cox 模型的假设检验

其假设检验常见的有记分检验（score test）、Wald 检验和似然比检验。这三种检验是渐近等价的，当样本含量较大时，三种检验的结论一致。一般认为记分检验更适合于新变量的引入，Wald 检验更适合于模型中原有变量的剔除，而似然比检验对新变量的引入和模型中原有变量的剔除均能胜任。

（五）Cox 模型的条件与诊断

Cox 模型诊断的最重要的方面是相对危险度对数值必须与时间无关，又称比例风险假定，判断某个变量是否满足比例风险假定，可以分析该变量不同分组条件下的生存曲线有无交叉，若有明显交叉则表示不满足风险比例假定，若没有明显交叉则表示满足风险比例假定。Cox 回归中各个协变量之间要求不存在多重共线性（可参看多元线性回归的要求和检验方法）。Cox 回归中样本含量的要求至少是协变量个数的 10～15 倍。

（六）Cox 回归分析的结果解释

1. 偏回归系数的含义

（1）当回归方程中只有一个协变量 X 时，Cox 回归方程中 b 称为回归系数。若 X 为二分类变量，X=1 表示暴露于某危险因素，X=0 表示未暴露。HR 表示暴露的风险是不暴露的 e^b 倍。若 X 为有序分类变量或者连续型变量，则 e^b 表示 X 每增加一个等级或每增加一个单位的相对于不增加时的风险比。

（2）当回归方程中有多个协变量时，e^{b_j} 表示当其他协变量固定，某协变量 X_j 每增加一个等级或每增加一个单位的相对于不增加时的风险比。

2. 预后指数

预后指数（prognosis index，PI）又叫危险指数，用于对个体的预后进行评价，预后指数越大，

预后就越差。在 Cox 回归方程中第 i 个观察对象的预后指数为

$$PI_i = b_1X_{i1} + b_2X_{i2} + \cdots + b_mX_{im} \tag{15-35}$$

上式中 X_{ij} 是指第 i 个观察对象的第 j 个协变量的取值。可以根据所有观察者的预后指数求出若干百分位数，将观察对象分为低危组、中危组和高危组等，从而采取有针对性的治疗方案，提高生存率。

二、Cox 回归模型的应用

（一）Cox 回归模型的用途

Cox 回归模型可以用来建立多个风险因素估计生存或死亡的风险模型，并且该模型可以估计各个风险因素的相对危险度（HR 值）。同时 Cox 回归模型可以估计患病后的预后指数（PI）值和患者随时间变化的生存率。

（二）Cox 回归实例分析

例 15-6 某临床研究想比较 A、B 两种治疗方案对某疾病的治疗效果。A 组（分组=0）观察 12 例患者，B 组（分组=1）治疗 13 例患者；每组患者检验其肾功能（肾功能正常者记录为 0,肾功能不正常者记录结果为 1）；记录每个患者的生存时间（天）和观察结果（观察结果是死亡的记作 1，观察结果是截尾的记作 0）。资料整理见表 15-6，问不同的治疗方案和肾功能对患者的生存时间是否有影响？

表 15-6 25 例某疾病患者在两种治疗方案下的生存时间（天）

编号	分组	肾功能	生存时间	观察结果	编号	分组	肾功能	生存时间	观察结果
1	0	1	8	1	14	1	0	632	1
2	0	0	852	0	15	1	0	2240	0
3	0	1	52	1	16	1	0	195	1
4	0	0	220	1	17	1	0	76	1
5	0	1	63	1	18	1	0	70	1
6	0	0	8	1	19	1	1	13	1
7	0	0	1976	0	20	1	1	23	1
8	0	0	1296	0	21	1	0	1296	1
9	0	0	1460	0	22	1	0	210	1
10	0	1	63	1	23	1	0	700	1
11	0	0	1328	0	24	1	1	18	1
12	0	0	365	0	25	1	0	1990	0
13	1	0	180	1					

Cox 回归的运算与多元线性回归类似，工作量大，且涉及自变量筛选、回归诊断等，通常需要借助专业统计软件，如 SPSS、赛仕（SAS）等。

分组、肾功能、生存时间、观察结果分别命名为 X_1、X_2、time、state 进行 Cox 回归分析，结果如表 15-7。

表 15-7 25 例某疾病患者的多因素 Cox 回归分析结果

变量	偏回归系数（b_j）	SE（b_j）	Wald	P 值	HR	总体 HR 的 95.0%CI	
						下限	上限
X_2	4.105	1.165	12.429	0.000	60.670	6.190	594.605
X_1	1.243	0.599	4.302	0.038	3.466	1.071	11.220

Wald 检验的结果表示 X_1、X_2 均有统计意义，两个变量对生存时间均有影响。Cox 回归方程如下所示：

$$\mathrm{HR}=\mathrm{e}^{(1.243X_1+4.105X_2)}$$

或

$$\ln \mathrm{HR}=1.243X_1+4.105X_2$$

$\mathrm{HR}=\mathrm{e}^{1.243}=3.466$ 的含义：当患者肾功能相同时，治疗方案 B 死亡的风险是方案 A 的 3.466 倍，即治疗方案 B 相对于方案 A 患者死亡的风险增加 2.466 倍，即 A 方案优于 B 方案。

$\mathrm{HR}=\mathrm{e}^{4.105}=60.67$ 的含义：肾功能不正常的患者死亡风险是肾功能正常患者的 60.67 倍，即肾功能不正常的患者相对于肾功能正常的患者死亡风险增加 59.67 倍。

$\mathrm{HR}=\mathrm{e}^{1.243+4.105}=210.148$ 的含义：肾功能不全患者使用治疗方案 B 的死亡风险是肾功能正常患者使用 A 方案治疗的 210.148 倍，也就是肾功能不全患者使用治疗方案 B 的死亡风险比肾功能正常患者使用 A 方案治疗增加 209.148 倍。

本例题中第一个观察对象的预后指数 $\mathrm{PI}_1=1.243\times0+4.105\times1=4.105$，其余观察对象类似可以求解，最后求出 25 个观察对象的预后指数在 0.000～5.348 之间。PI_1 比较大，靠近最大值 5.348，说明第一个观察对象的预后较差，属于高危组，余类推。

（三）Cox 回归中自变量的筛选

Cox 回归方程中自变量筛选在 SPSS 软件中有多种方法，如 Enter 法（强制进入法）、Forward-Conditional 法（基于条件参数估计的前进法）、Forward-LR 法（基于偏最大似然估计的前进法）、Forward-Wald 法（基于 Wald 统计量的前进法）、Backward-Conditional 法（基于条件参数估计的后退法）、Backward-LR 法（基于偏最大似然估计的后退法）、Backward-Wald 法（基于 Wald 统计量的后退法）。这些方法中基于偏最大似然估计的方法比较可靠，通用性强，基于 Wald 统计量的方法由于未考虑自变量间的相互作用，所以当自变量有明显共线性时，结果并不可靠。

（唐艳林　刘丽群）

第十六章　常用综合评价方法

内容提要

综合评价方法在医疗卫生实践的各个领域都有着广泛的应用，在医疗保险研究和实践中尤为重要。学习和掌握常用的综合评价方法对医疗保险实践和科学研究有着十分重要的理论与实际意义。本章分别介绍了综合评价方法的概念、评价步骤、常用综合评价方法以及评价指标的选择和权重的确定。

第一节　综合评价概述

评价是人类社会中一项经常性的极为重要的认识活动。现实社会生活中，对一个事物的评价常常要涉及多个因素或多个指标，评价是在多因素相互作用下的一种综合判断。比如要判断哪个高校的综合实力强，就需要从若干个高校的在校学生规模、教学质量、科研成果等多个方面进行综合比较；要判断哪个企业的综合业绩好，就得从若干个企业的财务管理、营销管理、生产管理、人力资源管理、研发能力等多方面进行综合比较等。随着人们活动领域的不断扩大，人们所面临的评价对象日趋复杂，人们不能只考虑被评价对象的某一方面，必须全面地从整体的角度考虑问题。因此，对复杂事物的评价常常需要从综合评价的角度进行。

我们知道，评价的依据就是指标。由于影响评价事物的因素往往是众多而复杂的，如果仅从单一指标上对被评价事物进行评价不尽合理，因此往往需要将反映评价事物的多项指标的信息加以汇集，得到一个综合指标，以此来从整体上反映被评价事物的整体情况。这就是多指标综合评价方法。多指标综合评价方法是对多指标进行综合的一系列有效方法的总称。通常具备以下特点：评价包含了若干个指标，分别说明被评价事物的不同方面；评价方法最终要对被评价事物做出一个整体性的评判，用一个总指标来说明被评价事物的一般水平。

一、综合评价的概念

所谓综合评价，是利用一定的统计指标体系，采用特定的评价模型和方法，对被评价对象多个方面的数量特征进行高度的抽象和综合，转化为综合评价值，进而确定被评价现象的优劣、类型或对被评价现象进行排序的一种统计方法。综合评价方法通常就是指多指标综合评价技术，是综合考察多个有关因素，依据多个有关指标进行整体评价的方法。

综合评价包括五大要素：被评价对象、评价指标（体系）、权重系数、综合评价模型和评价者。综合评价不等同于多个指标的简单相加，而是评价者依据一定的评价目的，收集大量的数据资料，建立评价指标体系，确定指标权重系数，然后将各评价指标的信息集中，依据其内在联系进行适当加工提炼，并结合工作实践，用数理统计方法制定出恰当的综合评价模型，最终对被评价对象的优劣等级进行较为客观的判断，这种定量分析技术已经得到了广泛的认同，它为人们正确认识事物、科学决策提供了有效的手段。

二、综合评价的类型与常用方法

根据评价目的，综合评价分为对多个研究对象分类、比较排序和对某一对象整体评价；根据指标定量化程度可分为定量评价、定性评价；根据评价领域可分为临床评价、卫生评价、管理评价、医疗保险评价等；根据评价的时间可分为预评价、中期评价、期末评价。

综合评价有许多不同的方法，如综合指数法、TOPSIS 法、层次分析法、秩和比（RSR）法、主成分分析和因子分析法、模糊综合评价法、灰色系统法、神经网络法等，这些方法各具特色，各有利弊。

三、综合评价的步骤

进行多因素综合评价，实质上就是一个科学研究和决策的过程，原则上应该包括设计、收集资料、整理资料、分析资料等阶段，一般包括以下几个步骤。

1. 明确评价的目的和对象

不同的研究目的，不同的评价对象其选择的方法和指标应该是不同的。

2. 根据目的建立评价指标体系

这是综合评价中最基本也最重要的内容，是综合评价的基础和依据，目前较多的是采用目标分解的方法构建不同层次的评价指标。包括选择评价指标、确定指标的评价等级和界限标准、预处理评级指标等。

3. 选择评价方法及其模型

根据评价目的、资料的数据特征，结合评价方法的特点选择恰当的评价方法，根据已掌握的历史资料建立评价模型。包括指标权重构造、标准值和评价规则的确定等，这是综合评价研究中最复杂也是内容最为丰富的部分。

4. 对预处理的数据实施评价

综合评价过程不是逐个指标顺次完成的，而是通过一些特殊方法将多个指标的评价同时完成的；在综合评价过程中，一般要根据指标的重要性进行加权处理；评价结果不再是具有具体含义的统计指标，而是以指数或分值表示参评单位“综合状况”的排序。指标值综合方法常用的有乘法综合法、线性加权综合法等。

5. 完善综合评价模型

在实践中，对综合评价模型进行考评，不断补充、修正、完善，使之具有一定的科学性、实用性、先进性，然后推广应用。

例如，对医院的医疗质量进行综合评价。首先，根据评价医院医疗质量的目的，由相关专家根据医疗质量管理的理论知识和实践经验，选择适宜的一级指标，采用目标分解的方法逐级分解，获得多级指标的评价指标体系。然后，确定指标的等级、界限、权重，并对指标进行方向一致性、无量纲处理等。最后，对采集到的评价资料进行预处理后，利用评价指标体系进行综合评价、等级排序。

四、评价指标的选择和权重的确定

（一）指标选择的方法

需要注意的是，指标体系的确定具有很大的主观随意性。虽然指标体系的确定有经验确定法和数学方法两种，但多数研究中均采用经验确定法。当然，确立指标体系的数学方法可以降低选取指标体系的主观随意性，但由于所采用的样本集合不同，也不能保证指标体系的唯一性。

1. 经验确定法

经验确定法是根据研究目的的要求和研究对象的特征，利用专家的经验和专业知识，通过推理性判断分析来确定评价指标的方法。使用经验确定法选取评价指标时应该注意以下三点。

（1）要明确综合评价方法的目的和目标，要弄清楚评价的主题是什么。明确这一点非常重要，它能保证最终的评价结果符合综合评价的目的和要求。

（2）对评价目标进行定性分析，找出影响评价目标的各层次因素，建立评价指标体系。最常见的是从总目标、分目标、指标三个层次对评价目标进行因素分析。

（3）由于被评价对象的各个方面是一个不可分割的有机整体，所以应当充分考虑各个指标之间的有机联系。正是基于指标之间的不同联系，才导致不同的评价方法。

在实际应用中，专家调研法是一种常用的方法。即向专家发函，征求其意见，评价者可根据评价目标及评价对象的特征，在所涉及的调查表中列出一系列的评价指标，分别征询专家对所设计的评价指标的意见，然后进行统计处理，并反馈咨询结果，经几轮咨询后，如果专家意见趋于集中，则由最后一次咨询确定出具体的评价指标体系。该方法是一种多专家多轮咨询法，具有以下三个特征。

（1）匿名性。向专家们分别发送咨询表，参加评价的专家互不知晓，完全消除了相互间的影响。

（2）轮间情况反馈。协调人对每一轮的结果做出统计，并将其作为反馈材料发给每个专家，供下一轮评价时参考。

（3）结果的统计特性。采用统计方法对结果进行处理，可以说对专家意见的定量处理是它的一个重要特点。

此法可适用于所有评价对象，它的优点是专家不受任何心理因素的影响，可以充分发挥自己的主观能动性，在大量广泛信息的基础上，集中专家们的集体智慧，最后就可以得到合理的评价指标体系。这种方法的主要缺点是它所需要的时间较长，耗费的人力物力较多。该法的关键是物色专家以及确定专家的人数。

除了专家调研法外，有的干脆直接利用实践经验来选择，或者参考规范或惯例来选择决定评价指标体系，比如按照文献资料分析来选择。应该说，由于专家和实践工作者的专业知识和经验都有很强的科学性、客观性和实用性，所以这样确定的评价指标体系一般不会出现大的偏差，而且简单、明了，容易理解。但是，其主观影响比较大，对于复杂性问题往往不容易解决。

2. 统计学方法

使用统计学方法选取指标体系是指在备选的指标集合中，应用统计方法进行分析来确定评价指标的方法。它是对指标之间的相似性判断和关联性进行数量分析后，来确定评价指标的方法。在实际应用中，为了全面反映被评价对象的情况，评价者总希望所选取的评价指标越多越好。但是，过多的评价指标不仅会增加评价工作的难度，而且会因为评价指标间的联系造成评价信息相互重叠、相互干扰。因此，需要从初步构建的评价指标体系中选取一部分有代表性的评价指标来简化原有的指标体系，这项工作叫指标体系优化。解决这一问题有两条途径，一是定性分析各指标间的相互关系，从而实现优化；二是根据指标间的关系，用定量的方法，选取代表性的指标。比如采用多元相关分析法、多元回归分析法、主成分分析方法、因子分析法、聚类分析方法等。

（二）指标筛选的标准

一般说来，指标的筛选要遵循以下的原则：重要性和实用性、有效性、特异性、敏感性、代表性、可靠性、可获得性、导向性等。指标宜少不宜多，宜简不宜繁。综合性指标可减少指标数量，简化指标体系，应优先选择。

1. 指标应具有简约性

指标宜少不宜多，宜简不宜繁。评价指标并非多多益善，关键在于评价指标在评价过程中所起作用的大小。目的性是出发点。指标体系应涵盖为达到评价目的所需的基本内容，能反映对象的全部信息。当然，指标的精练可减少评价的时间和成本，使评价活动易于开展。

2. 指标应具有独立性

每个指标要内涵清晰、相对独立；同一层次的各指标间应尽量不相互重叠，相互间不存在因果关系。指标体系要层次分明，简明扼要。整个评价指标体系的构成必须紧紧围绕着综合评价目的层层展开，使最后的评价结论确实反映评价意图。

3. 指标应具有代表性

指标应具有代表性，能很好地反映研究对象某方面的特性。所以，应该在分析研究的基础上，选择能全面反映研究对象各个方面的指标。

4. 指标应具有可比性

指标间应具有明显的差异性。而且，评价指标和评价标准的制定要客观实际，便于比较。

5. 指标应具有可行性

指标应可行，符合客观实际水平，有稳定的数据来源，易于操作，也就是应具有可测性。评价指标含义要明确，数据要规范，口径要一致，资料收集要简便易行。

在强调上述几条原则的同时，还要注意指标的层次性，区分好包含关系、上下层级关系，这样有利于确定每层重点，并有效地进行关键指标分析评价，以及评价的可操作性。实际的评价活动中，最好定量指标与定性指标相结合，这样可以利用两者的优势，弥补双方的不足，以保证评价的全面性、客观性。

（三）指标权重的确定

用若干个指标进行综合评价时，其对评价对象的作用，从评价的目标来看，并不是同等重要的。为了体现各个评价指标在评价指标体系中的作用地位以及重要程度，在指标体系确定后，必须对各指标赋予不同的权重系数。权重是以某种数量形式对比、权衡被评价事物总体中诸因素相对重要程度的量值。评价指标的权重也即各个评价指标在整个评价指标体系中相对重要性的数量表示，权重确定的合理与否对综合评价结果和评价工作质量有决定性影响，权重值的变动可能引起被评价对象优劣顺序的改变。因此，科学地确定权重在综合评价中具有决定性的作用。

指标的权重应是指标评价过程中其相对重要程度的一种主客观度量的反映。一般而言，指标间的权重差异主要是由以下三方面的原因造成的：①评价者对各指标的重视程度不同，反映评价者的主观差异；②各指标在评价中所起的作用不同，反映各指标间的客观差异；③各指标的可靠程度不同，反映了各指标所提供的信息的可靠性不同。既然指标间的权重差异主要是由上述三方面所引起的，因此我们在确定指标的权重时应从这三方面来考虑。对实际问题在确定各指标的权重时，从大的方面来说有主观赋权法和客观赋权法。

1. 主观赋权法

在某些评价系统中，可以直接由专家根据经验和实际情况辨别指标的重要性程度。主观赋权法是相对成熟的方法，有德尔菲法、层次分析法、特征值法等。德尔菲法在公共管理应用较为广泛，因此，本章以德尔菲法为例介绍主观赋权法。

德尔菲法又称专家咨询法，通过专家个人判断或者专家会议的形式。由专家给各评价指标的相对重要程度打分，通常用百分制或十分制，有时候也可以采用等差或等比评分法。然后计算每一评价指标的平均分，如果不考虑专家的权威程度，则应计算每一指标的加权平均分数，作为各指标的权重。实际上，大多数情况下由于专家的擅长领域有差别，还需要根据擅长系数和专家意见一致性系数来估计专家评分的合理性。

（1）专家擅长系数：理论上是指某一专家对擅长领域中所提问题做出正确应答的概率。计算方式为

$$q=1-2p \tag{16-1}$$

其中，q 为擅长系数，p 为错答率，通常 q 不应小于 0.80。实践中常由专家自我评价。

（2）专家意见一致性系数：设参与评价的专家数为 m，待评价指标数为 n，则反映全部专家对全部 n 个指标权重评估的一致程度的指标称为一致性系数，以 w 表示。一致性系数在 0～1 之间，越接近 1，专家对全部指标评分的协调程度越好。

具体计算步骤如下：

（1）先按专家对 n 个指标的评分编秩 R_{ij}（第 i 个指标第 j 个专家的评分秩），遇到相同评分计算平均秩，分别计算第 i 个指标的秩和 T_i，最后再计算各指标的平均秩和 $\overline{T}$ 。

$$T_i = \sum R_{ij},\quad \overline{T} = \frac{\sum_{i=1}^{n} T_i}{n} \tag{16-2}$$

（2）计算一致性系数：

$$w = \frac{\sum d_i^2}{\left(\sum d_i^2\right)_{\max}} \tag{16-3}$$

式中 $\sum d_i^2 = \sum (T_i - \overline{T})^2$ ，$(\sum d_i^2)_{\max} = \dfrac{m^2(n^3 - n)}{12}$ 。

当有相同秩时，要对一致性系数 w 校正：

$$w_c = \frac{12\sum d_i^2}{\left[m^2(n^3 - n) - m\sum (t_k^3 - t_k)\right]} \tag{16-4}$$

式中 t_k 为第 k 个相同秩的个数。

德尔菲法是一个调查、征集意见、汇总分析、反馈、再调查不断反复的过程。专家们处于互不知情的隔离状态，每个人的信息是自己的知识、经验、专长以及调查机构反馈给他们的汇总情况的集中体现，这就便于集中智慧。因此，不少方法也都或多或少地借用这一想法，反复比较，以求得较好的结果和比较一致的意见。

2. 客观赋权法

在实际应用中，利用主观赋权法所确定的权重系数受相关专家的知识、经验与偏好对其有很大程度的影响，所以，为了弱化在确定权重系数时专家人为因素的影响，可选择偏重数学推理的客观赋权法。客观赋权法的核心思想：指标权重的确定侧重测度某一评价指标对其他指标的影响能力或该指标取值的波动程度在总体指标系统中的高低更有指导意义。限于篇幅，读者可参阅相关专著。

主观赋权法的优点是专家可以根据实际问题，合理确定各指标权重系数之间的排序，应该说有客观的基础，主要缺点是主观随意性较大；客观赋权法则不需征求专家的意见，切断了权重系数主观性的来源，使系数具有绝对的客观性，但一个不可避免的缺陷是确定的权数有时与指标的实际重要程度相悖。这里需要说明的是，并不是只有客观赋权法才是科学的方法，主观赋权法也同样是科学的方法。在实际评价赋权时可以根据情况，将主观赋权法与客观赋权法结合使用，从而使评价结果更科学合理。

第二节　综合评分法

综合评分法，是建立在专家评价基础上的一种综合评价方法。这种方法用于评价指标无法用统一的量纲进行定量分析的场合，而采用无量纲的分数进行综合评价。

综合评分法是先分别按不同指标的评价标准对各评价指标进行评分，然后采用加权相加，求得总分。首先，确定评价项目，即哪些指标采取此法进行评价。其次，制定出评价等级和标准。先制定出各项评价指标统一的评价等级或分值范围，然后制定出每项评价指标每个等级的标准，一般是定性与定量相结合。再次，制定评分表。内容包括所有的评价指标及其等级区分和打分。第四，根据指标和等级评出分数值。评价者收集和指标相关的资料，对评价对象打分。第五，数据处理和评价。确定各单项评价指标得分；计算各组的综合评分和评价对象的总评分。最后，评价结果的运用。将各评价对象的综合评分，按原先确定的评价目的，予以运用。

一、评价指标的等级分值确定方法

1. 专家评分法

由专家或专家组根据专业知识或者实践经验，确定各等级的分值。一般按照评价等级的优劣顺序采取从高分到低分的原则，高分为优，低分为劣。多用于定性和半定量资料的评分。

2. 离差法

对于定量资料的均数、标准差可以计算得到的情况下，采用均数加减标准差的方式划分评价等级并赋值。多用于近似正态分布的定量资料评价。

3. 百分位数法

在计算某指标的不同百分位数的基础上，采用某些特定的百分位数值来划分等级，并分别赋以适当的分值。多用于分布不明或偏态分布的定量资料的评分。

4. 标准分法

其原理与离差法相同，但是评价等级可以更多更细。

二、综合评分计算方法

（一）指标值的无量纲化

为消除指标之间不同计量单位对指标数值的影响，需要把不同量纲的指标值转化为可以直接相加的无量纲数值。常用的方法有标准化法、极值差法、功效系数法等。

设有 n 个被评价对象 A_i（$1 \leqslant i \leqslant n$），$p$ 个评价指标 f_j（$1 \leqslant j \leqslant p$），$X_{ij}$（$1 \leqslant i \leqslant n$，$1 \leqslant j \leqslant p$）表示第 i 个被评价对象的第 j 个评价指标的实际值，经无量纲化处理后的指标值 X'_{ij}。

（1）标准化法　按照式 $X'_{ij}=\dfrac{(X_{ij}-\bar{X}_j)}{S_j}$ 变换，消除原指标的度量单位，使其无量纲化。式中 $\bar{X}_j$，S_j 分别为各指标值的均数和标准差。

（2）极值差法　按照式 $X'_{ij}=\dfrac{(X_{ij}-m_j)}{(M_j-m_j)}$ 变换，式中 M_j 为第 j 个指标的最大值，m_j 为第 j 个指标的最小值。

（3）功效系数法　首先对每个指标确定阈值，即确定满意值（上限值）和允许值（下限值），常使用被评价对象中的最优值和最劣值。然后按照公式 $X'_{ij}=c+d\dfrac{(X_{ij}-m_j)}{(M_j-m_j)}$ 变换，式中 M_j，m_j 分别为第 j 个指标的最优值（最大值）、最劣值（最小值），c，d 为常数且满足 $c+d=1$，一般取 0.6 和 0.4，主要取决于使用者的设计，也可以是 0.7 和 0.3、0.8 和 0.2 等。

（二）指标值的同向一致化

指标值的同向一致化是为了使指标的变化指向相同的方向。一般情况下，经过指标的同向一致化处理，全部指标均变为高优指标。

定性指标一般通过专家评价的方式获得评分值，分值越高越好。或者构造模糊隶属函数进行定性指标的量化，但要使得到的模糊隶属函数数值越大越好。

定量指标分为判断型指标和数值型指标。判断型指标只能通过分析指标合格与否做出基本判断，指标值为合格或不合格，合格为满分，不合格为最低分。数值型指标分为：

（1）极大型指标　即期望取值越大越好，也称高优指标。

（2）极小型指标　即期望取值越小越好，也称低优指标。一般逆指标转换即可变为正向指标，如倒数法等。

（3）中间型指标　即期望取值为适当中间值最好，也称适度指标。可按照下式变换：

$$X' = \begin{cases} \dfrac{2(X-m)}{(M-m)}, & m \leqslant X \leqslant \dfrac{(M+m)}{2}, \\ \dfrac{2(M-X)}{(M-m)}, & \dfrac{(M+m)}{2} \leqslant X \leqslant m \end{cases} \tag{16-5}$$

其中，M，m 为可能取值的最大值、最小值。

（4）区间型指标，即期望取值落在某个确定的区间最好。可按照下式变换：

$$X' = \begin{cases} 1-\dfrac{(a-X)}{c}, & X<a, \\ 1, & a \leqslant X \leqslant b, \\ 1-\dfrac{(X-b)}{c}, & X>b \end{cases} \tag{16-6}$$

其中，$[a, b]$为最佳区间，$c=\max\{a-m, M-b\}$，M，m 为可能取值的最大值、最小值。

（三）总评分计算方法

（1）累加法　将各评价指标所得分数直接相加，以其总和为总分，然后按照总分高低顺序确定各评价对象的优劣。简单易行，有时不够灵敏。

（2）连乘法　将各评价指标所得分数相乘，以其连乘积为总分，然后按照总分高低顺序确定各评价对象的优劣。此法使各评价对象的差距放大，灵敏度较高。

（3）加乘法　将各评价指标按其内在的联系分成若干亚组，首先计算各亚组评分之和，再将各亚组的评分值连乘，以其连乘积为总分，据此确定各评价对象的优劣。

（4）加权法　对评价指标按其相对重要性分配权重系数，然后以上面的方法进行累计总分，据总分高低确定各评价对象的优劣。该法使得重点突出，结果较为可靠；不足之处，权重计算较繁琐。

三、应 用 举 例

某保险公司对 7 名员工进行综合测评，评价指标分别为工作能力、工作态度、工作质量、工作效率，权重分别为 0.3，0.2，0.3，0.2。员工各项得分如表 16-1。

用加权法计算，员工 A 的综合得分=70×0.3+80×0.2+90×0.3+60×0.2=76。

用同样的方法计算得出其余员工综合得分。

表 16-1　某保险公司 7 名员工测评得分

员工	工作能力	工作态度	工作质量	工作效率	综合得分
A	70	80	90	60	76
B	80	70	80	80	78
C	90	60	60	90	75

续表

员工	工作能力	工作态度	工作质量	工作效率	综合得分
D	60	90	80	70	74
E	70	80	70	60	70
F	80	70	90	90	83
G	90	60	80	80	79

第三节 综合指数法

指数是一种特殊的相对数。广义的概念可以理解为，用来测定一个变量（或一组变量）相对于某个（或某些）特定变量值大小的相对数，也就是说，各种相对指标都可以称为指数；狭义的指数是用来反映那些不能直接相加的各种事物组成的某种现象或者结果的综合变动的相对数。综合指数法综合了多个指标的报告期数据（或监测数据）和基期数据（或标准数据）的信息，定量地反映多个指标的综合平均变动程度。一方面可以利用综合指数进行多因素分析，固定其中某一个或几个指标，观察另外指标的变动程度；另一方面，也可以综合观察多个指标同时变动时，对某一结果或现象的影响方向和程度，进而评价其优劣。

一、指 数 分 类

（一）按照反映的总体范围不同可分为个体指数和总指数

个体指数，反映某一事物或者某一现象的动态变化，例如门诊专家挂号费价格指数。个体指数计算简单，为单因素指数，只要计算报告期（或监测）数据与比较数据（或标准数据）的比值就可以了。

总指数，说明多种不同事物或现象在不同时间的总变动，实质上是反映多种不同事物的平均变动的方向和程度的相对数，是一种多因素的指数，计算较为复杂。

（二）按照所反映的现象的性质的不同可分为数量指标指数和质量指标指数

数量指标指数主要反映规模水平的变化，如门诊工作量指数等。

质量指标指数主要反映工作质量好坏，管理水平的高低变化等，如治疗效果指数等。

（三）按照事物或现象对比时间的不同可分为动态指数与静态指数

动态指数说明现象或事物在不同时间的发展变化，如物价变动指数。

静态指数说明现象或事物在同一时间条件下的对比状况，如不同类别的商品的价格指数等。

二、综合指数法计算步骤

（一）选择适当的指标

在占有大量可靠的历史资料的基础上，选择恰当的评价指标，既要少而精，又要能全面反映评价对象的某现象或某结果的质量特征。

（二）确定权重

根据本章权重确定方法确定指标权重系数。

（三）确定综合指数的计算模式

根据实测数据与规定标准，综合考虑，确定综合指数计算模式，原则上分子分母包含的总体范围要一致；反映的现象（或结果）的变动程度限于它所综合的资料范围内的变动程度。

（四）合理划分评价等级

一般情况下可以直接比较综合指数，确定待评价对象的优劣等级。有时候，根据实际情况和工作需要，应规定评价对象的指数值范围，将评价对象划入相应的等级。

（五）检验评价模式的可靠性

用已知评价结果的历史资料的有关指标测量值代入评价模型，计算综合指数，对比其符合程度。只有符合程度高时，才有推广价值。

第四节　层次分析法

一、层次分析法的原理

当评价对象为单目标时，其评价工作是容易进行的；当评价对象为多目标时，这项工作就困难多了。目标可以细化为指标。例如：在一群人之中要评选个子最高的很容易办到，要评选最胖的也还不难，但要评选一个最高又最胖的，而且是最健康的就不容易了。评价的困难主要有以下两项：有的指标没有明确的数量表示，甚至只与使用人或评价人的主观感受与经验有关；不同的方案（也即被评价对象）可能各有所长，指标越多，方案越多，问题就越是复杂。人们有必要认真研究在决策中进行选择和判断的规律，于是在这种背景下产生了层次分析法。

层次分析法（analytic hierarchy process，AHP）是美国著名的运筹学家萨蒂（T. L. Saaty）等人在 20 世纪 70 年代提出的一种定性与定量分析相结合的多准则决策方法。这一方法的特点，是在对复杂决策问题的本质、影响因素以及内在关系等进行深入分析之后，构建一个层次结构模型，然后利用较少的定量信息，把决策的思维过程数学化，从而为求解多目标、多准则或无结构特性的复杂决策问题，提供一种简便的决策方法。具体地说，它是指将决策问题的有关元素分解成目标、准则、方案等层次，用一定标度对人的主观判断进行客观量化，在此基础上进行定性分析和定量分析的一种决策方法。它把人的思维过程层次化、数量化，并用数学为分析、决策、预报或控制提供定量的依据。它尤其适合于人的定性判断起重要作用的、对决策结果难以直接准确计量的场合。

比如说我们要研究区域污染治理系统。这就是一个十分复杂的系统，它要涉及大量的相关因素，如区域污染状况、治理现状、治理目标、治理途径、需投入的资金、人力以及治理后所可能取得的社会、环境和经济效益等。面对这样一个复杂的系统和如此庞杂的因素，单用定性的方法来研究肯定行不通，但如果用定量方法来研究的话，就需要构造一定的数学模型来模拟。在构造模型的过程中需要大量的数据资料，但还有很多因素是不能单纯用数据来表示的，同时这个系统内部的很多因素并不能用单纯的量化关系来表达，所以在这种情况下，就要把这个大系统分为若干个相互关联的子系统，然后再根据同一子系统内部不同要素的重要性做出评价，进行进一步分析和资料的收集、处理。人们在进行社会的、经济的以及科学管理领域问题的体系分析中，面临的经常是一个相互关联、相互制约的众多因素构成的复杂系统。层次分析法为分析这类复杂的社会、经济以及科学管理领域中的问题提供了一种新的、简洁的、实用的决策方法。应用层次分析法分析问题时，首先要把问题层次化。根据问题的性质和要达到的总目标，将问题分解为不同组成因素，并按照因素间的相互关联影响以及隶属关系将因素按不同层次聚集组合，形成一个多层次的分析结构模型。并最终把系统分析归结为最低层（供决策的方案、措施等），相对于最高层（总目标）的相对重要性权值的确定或相对优劣次序的排序问题。

层次分析法需要聘请熟悉该研究主题的专家，从上到下逐层采用 1～9 标度法，通过经验分析，确定出因素间两两比较相对重要性的比值，并写成矩阵形式，通过计算矩阵的标准化特征向量并进行一致性检验，即可得到比较令人信服的某一层因素相对于上一层因素的相对重要性权重；在此基础上，再与上一层因素本身的权值进行加权综合，即可计算出该层因素相对于上一层整个层次的相对重要性权值，即层次总排序权值。这样，依次由上至下即可逐层计算出最低层因素即具体评价指标相对于最高层的目标的相对重要性权值。

作为一种有用的决策工具，层次分析法有如下的优点：

（1）应用简单。决策时输入的数据信息来自于决策者的判断，决策者容易把握，另外层次分析法的步骤简单，决策过程清晰，无须特有的专业知识，就可掌握其基本原理和步骤，用 AHP 进行决策分析，所得的结果简单明确，非常清晰。

（2）实用性强。层次分析法把定性和定量方法结合起来，能处理许多用传统的最优化技术无法解决的实际问题，应用范围很广。同时，这种方法将决策者和决策分析者相互沟通，这就增加了决策的有效性。

（3）科学性强。用层次分析法进行决策时，先通过专家组评定，统计分析评价结果的相对重要性，然后建立评价指标之间的比较判断矩阵，最后由矩阵算出评价指标的权重，整个工作都基于专家评定，且更准确地进行定量分析，将评分中的主观性降到最低。

（4）系统性强。层次分析法把研究对象作为一个系统，按照分解、比较矩阵、综合的思维方式进行决策，成为继机理分析、统计分析之后发展起来的系统分析的重要工具。

二、层次分析法的模型和步骤

下面以一个保险公司资金合理使用为例，来说明用层次分析法求解决策问题的过程。假设某一保险公司经过发展，有一笔利润资金，要公司高层领导决定如何使用。公司领导经过实际调查和员工建议，现有如下方案可供选择：

- 作为奖金发给员工；
- 扩建员工宿舍、食堂等福利设施；
- 办员工进修班；
- 修建图书馆、俱乐部等；
- 引进新技术设备进行企业技术改造。

从调动员工工作积极性、提高员工技术水平和改善员工的物质文化生活状况来看，这些方案都有其合理因素。如何使得这笔资金更合理地使用，就是企业领导所面临需要分析的问题。我们首先需要对问题有明确的认识，弄清问题的范围、所包含的因素以及因素之间的相互关系、需要得到的解答，并了解所掌握的信息是否充分。

（一）构造层次分析结构

应用层次分析法分析社会的、经济的以及科学管理领域的问题，首先要把问题条理化、层次化，构造出一个层次分析结构的模型。构造一个好的层次结构对于问题的解决极为重要，它决定了分析结果的有效程度。通过仔细分析，上述这些方案其目的都是为了更好地调动员工工作积极性、提高企业技术水平和改善员工物质文化水平，而这一切的最终目的都是促进企业进一步发展，增强企业在市场经济中的竞争力。根据这个分析，我们可以建立如图 16-1 所示的层次分析结构。

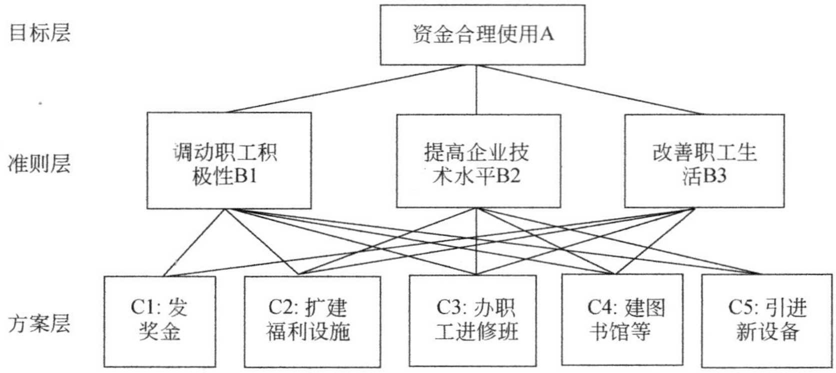

图 16-1　某保险公司资金合理使用的层次分析结构图

目标层：表示解决问题的目的，即应用 AHP 所要达到的目标。

准则层：实现预定目标所涉及的中间环节。

方案层：表示解决问题的具体方案。

也就是说，对于资金使用这个问题来说，层次分析模型主要分为三层。最高目标层即合理使用资金，更好地促进企业发展；中间为准则层，即合理使用资金三方面的准则：调动职工积极性、提高企业技术水平和改善职工生活；最下一层为方案层，即可供选择的方案。

建立层次分析结构后，问题分析即归结为各种使用企业利润留存方案相对于总目标考虑的优先次序或利润使用的分配问题。

对于更一般的问题来说，建立问题的层次结构模型是 AHP 法中最重要的一步，把复杂的问题分解成称为元素的各个组成部分，并按元素的相互关系及其隶属关系形成不同的层次，同一层次的元素作为准则对下一层次的元素起支配作用，同时它又受上一层次元素的支配。最高层次只有一个元素，它表示决策者所要达到的目标；中间层次一般为准则、子准则，表示衡量是否达到目标的判断准则；最低一层表示要选用的解决问题的各种措施、决策、方案等。层次之间元素的支配关系不一定是完全的，即可以存在这样的元素，它并不支配下一层次的所有元素。即除目标层外，每个元素至少受上一层一个元素支配；除方案层外，每个元素至少支配下一层一个元素。层次数与问题的复杂程度和需要分析的详尽程度有关。每一层次中的元素一般不超过 9 个，因同一层次中包含数目过多的元素会给两两比较判断带来困难。

层次结构建立在决策者（或分析者或评价者）对问题全面深入认识的基础之上。如果在层次的划分和确定层次的支配关系上举棋不定，最好的办法是重新分析问题。根据对问题的初步分析，将问题包含的因素按照是否共有某些特性将它们聚集成组，并将它们之间的共同特性看作为系统中新的层次中的一些因素；而这些因素本身也按照另外一组特性被组合，形成另外更高层次的因素，直到最终形成单一的最高因素，这往往可以看作我们决策分析的目标。这样即构成目标层、若干准则层和方案层的层次分析结构模型。

（二）构造判断矩阵

建立层次分析模型之后，我们就可以在各层元素中进行两两比较，构造出比较判断矩阵。层次分析法主要是人们对每一层次中各因素相对重要性给出的判断，这些判断通过引入合适的标度用数值表示出来，写成判断矩阵。判断矩阵表示针对上一层次因素，本层次与之有关因素之间相对重要性的比较。判断矩阵是层次分析法的基本信息，也是进行相对重要程度计算的重要依据。下面探讨一下如何建立起两两比较判断矩阵。

假定上一层次的元素 B_k 作为准则，对下一层元素 C_1，C_2，…，C_n 有支配关系，我们的目的是要在准则 B_k 下按它们的相对重要性赋予 C_1，C_2，…，C_n 相应的权重。在这一步中要回答下面的问题：针对准则 B_k，两个元素 C_i，C_j 哪个更重要，重要性的大小。需要对“重要性”赋予一定的数值。赋值的根据或来源，可以是由决策者直接提供，或是通过决策者与分析者对话来确定，或是由分析者通过某种技术咨询而获得，或是通过其他合适的途径来酌定。一般来说，判断矩阵应由熟悉问题的专家独立地给出。

对于 n 个元素来说，我们得到两两比较判断矩阵 $C=(C_{ij})_{n\times n}$。其中 C_{ij} 表示因素 i 和因素 j 相对于目标重要值。一般来说，构造的判断矩阵为如下形式：

B_k	C_1	C_2	…	C_n
C_1	C_{11}	C_{12}	…	C_{1n}
C_2	C_{21}	C_{22}	…	C_{2n}
⋮	⋮	⋮		⋮
C_n	C_{n1}	C_{n2}	…	C_{nn}

矩阵 C 具有以下性质：① $C_{ij}>0$；② $C_{ij}=\dfrac{1}{C_{ji}}(i\neq j)$；③ $C_{ii}=1(i,j=1,2,\cdots,n)$。

在层次分析法中，为了使决策判断定量化，形成上述数值判断矩阵，常根据一定的比率标度将判断定量化。下面给出 Saaty 等提出的一种常用的 1～9 标度方法，如表 16-2 所示。

表 16-2 判断矩阵标度含义表

重要性标度	含义
1	表示两个元素相比，具有同等重要性
3	表示两个元素相比，前者比后者稍重要
5	表示两个元素相比，前者比后者明显重要
7	表示两个元素相比，前者比后者强烈重要
9	表示两个元素相比，前者比后者极端重要
2，4，6，8	表示上述判断的中间值
	若元素 i 与元素 j 的重要性之比为 C_{ij}，则元素 j 与元素 i 的重要性之比为倒数 $C_{ji}=\dfrac{1}{C_{ij}}$

采用 1～9 的比例标度的依据是：①心理学的实验表明，大多数人对不同事物在相同属性上差别的分辨能力在 5～9 级之间，采用 1～9 的标度反映了大多数人的判断能力；②大量的社会调查表明，1～9 的比例标度早已为人们所熟悉和采用；③科学考察和实践表明，1～9 的比例标度已完全能区分引起人们感觉差别的事物的各种属性。

构造出上述的比较判断矩阵后，即可对判断矩阵进行单排序计算。在各层次单排序计算的基础上还需要进行各层次总排序计算。不过其中存在一个判断矩阵的一致性检验问题。

（三）层次单排序与判断矩阵的一致性检验

计算出某层次因素相对于上一层次中某一因素的相对重要性，这种排序计算称为层次单排序。具体地说，层次单排序是指根据判断矩阵计算对于上一层某元素而言本层次与之有联系的元素重要性次序的权值。

理论上讲，层次单排序计算问题可归结为计算判断矩阵的最大特征根及其特征向量的问题。但一般来说，计算判断矩阵的最大特征根及其对应的特征向量，并不需要追求较高的精确度。这是因为判断矩阵本身有相当的误差范围。而且，应用层次分析法给出的层次中各种因素优先排序权值从本质上来说是表达某种定性的概念。因此，一般用迭代法在计算机上求得近似的最大特征值及其对应的特征向量。这里给出一种简单的计算矩阵最大特征根及其对应特征向量的方根法的计算步骤。

（1）计算判断矩阵每一层初始权重系数 W_i'

$$W_i' = \sqrt[n]{a_{i1} \cdot a_{i2} \cdots a_{in}} \quad (i=1,\ 2,\ \cdots,\ n) \tag{16-7}$$

（2）计算归一化权重系数 w_j

$$w_i = \frac{W_i'}{\sum_{i=1}^{n} W_i'} \quad (i=1,\ 2,\ \cdots,\ n) \tag{16-8}$$

（3）求最大特征根 $\lambda_{\max}$

$$\lambda_{\max} = \frac{1}{n}\sum_{i=1}^{n}\frac{\sum_{j=1}^{n} a_{ij} w_j}{w_i} \quad (i,\ j=1,\ 2,\ \cdots,\ n) \tag{16-9}$$

（四）判断矩阵的一致性检验

计算一致性系数（consistency index，CI）：$\mathrm{CI} = \frac{(\lambda_{\max} - n)}{(n-1)}$。显然，当判断矩阵具有完全一致性时，CI=0。$\lambda_{\max} - n$ 越大，CI 越大，判断矩阵的一致性越差。

计算一致性比率（consistency ratio，CR）：$\mathrm{CR} = \frac{\mathrm{CI}}{\mathrm{RI}}$，RI 为平均随机一致性指数，见表 16-3。对于 1 阶、2 阶判断矩阵，RI 只是形式上的，1 阶、2 阶判断矩阵总是完全一致的。当阶数大于 2 时，判断矩阵的一致性指标 CI，与同阶平均随机一致性的指标 RI 之比即为判断矩阵的随机一致性比率。CI 值越大，表明判断矩阵偏离完全一致性的程度越大；CI 值越小（接近于 0），表明判断矩阵的一致性越好。显然，当判断矩阵具有完全一致性时，CI=0。反之亦然。从而我们有 CI=0，$\lambda_1 = \lambda_{\max} = n$，判断矩阵具有完全一致性。当 CR＜0.1 时认为判断矩阵的一致性是可接受的；当 CR≥0.1 时，应该对判断矩阵适当修正。

表 16-3　1～9 阶矩阵的平均随机一致性指数

阶数	1	2	3	4	5	6	7	8	9
RI	0.00	0.00	0.58	0.90	1.12	1.24	1.32	1.41	1.45

三、层次分析法的优点和局限性

层次分析法的优点主要表现在①系统性，层次分析法把研究对象作为一个系统，按照分解、比较判断、综合的思维方式进行决策，成为继机理分析、统计分析之后发展起来的系统分析的重要工具。②实用性，层次分析法把定性和定量方法结合起来，能处理许多用传统的最优化技术无法着手的实际问题，应用范围很广。同时，这种方法使得决策者与决策分析者能够相互沟通，决策者甚至可以直接应用它，这就增加了决策的有效性。③简洁性，具有中等文化程度的人即可以了解层次分析法的基本原理并掌握该法的基本步骤，计算也非常简便，并且所得结果简单明确，容易被决策者了解和掌握。

局限性主要表现在以下几个方面。①只能从原有的方案中优选一个出来，没有办法得出更好的新方案。②该法中的比较、判断以及结果的计算过程都是粗糙的，不适用于精度较高的问题。③从建立层次结构模型到给出成对比较矩阵，人主观因素对整个过程的影响很大，这就使得结果难以让所有的决策者接受。当然采取专家群体判断的办法是克服这个缺点的一种途径。

四、应 用 举 例

某医院对2016～2020年工作质量利用层次分析法进行综合评价。

（1）构建层次结构模型　该例一级指标1项，二级指标3项，三级指标7项（m=7）。总目标（一级指标）：医院工作质量；二级目标：医疗质量、医疗工作量、医疗工作效率；三级目标：出院患者治愈有效率、病房病死率、急诊人数占总诊疗百分比（此3项隶属于医疗质量），平均每日住院人数、平均每日门诊人次数（此2项隶属于医疗工作质量），病床利用效率值、实际病床使用率（此2项隶属于医疗工作效率）。

（2）构建判断矩阵　对各元素对比打分，计算权重系数。如二级指标权重见表16-4。

表16-4　二级指标权重判断矩阵

	医疗质量	医疗工作量	医疗工作效率
医疗质量	1	2	3
医疗工作量	1/2	1	2
医疗工作效率	1/3	1/2	1

（3）计算各层指标初始权重系数和归一化权重系数　如二级指标权重计算结果见表16-5。

表16-5　二级指标权重计算结果

顺序	初始权重系数 W_i'	归一化权重系数 W_i	特征根 λ_i
1	1.8171	0.5396	3.0093
2	1.0000	0.2970	3.0888
3	0.5503	0.1634	3.0092

（4）求出各项指标的组合权重系数　见表16-6。

表16-6　某医院2016～2020年工作质量层次分析法综合评价结果

指标名称（X_i）	组合权重系数（C_i）	2016年	2017年	2018年	2019年	2020年	均数（$\bar{x}_i$）
有效率（X_1）	0.2283	95.8	96.1	95.5	95.2	95.2	95.6
病死率（X_2）	0.1596	1.9	2.0	1.3	1.2	1.4	1.6
急诊占总诊比（X_3）	0.0879	7.3	7.4	7.8	7.7	8.1	7.7
平均每日住院人数（X_4）	0.1980	46.4	41.2	69	63.1	61.2	61.2
平均每日门诊量（X_5）	0.0990	1402	1592	1664	1714	1788	1632
病床利用效率（X_6）	0.1090	6863.9	5152.0	5441.5	10648.8	7144.2	7050.1
实际病床使用率（X_7）	0.0545	99.7	84.5	91.4	108.1	102.4	97.2
综合指数（V）		0.900	0.870	0.906	0.968	0.934	
排序结果		4	5	3	1	2	

病死率为负向指标，故设$V_i=\dfrac{\overline{X}_i}{X_i}$，其他正向指标$V_i=\dfrac{X_i}{\overline{X}_i}$，最后综合指数为$V=\sum\limits_{i=1}^{m}V_i\times C_i$，根据此指数可对工作质量进行评价排序。另外，每一层指标尚可计算一致性比率 CR，限于篇幅，此处略。

第五节 模糊综合评判法

一、基本原理

在客观世界中，存在着大量的模糊概念和模糊现象。一个概念和与其对立的概念无法划出一条明确的分界，它们是随着量变逐渐过渡到质变的。例如“年轻”和“年老”就是如此，人们无法划出一条严格的年龄界限来区分“年轻”和“年老”。生活中，类似这样的事例很多，“高与矮”、“胖与瘦”和“美与丑”等，这些没有确切界限的对立概念都是所谓的模糊概念。

凡涉及模糊概念的现象被称为模糊现象。现实生活中的绝大多数现象，存在着中间状态，并非非此即彼，表现出亦此亦彼，存在着许多甚至无穷多的中间状态。模糊性是事物本身状态的不确定性，或者说是指某些事物或者概念的边界不清楚，这种边界不清楚，不是由于人的主观认识达不到客观实际所造成的，而是事物的一种客观属性，是事物的差异之间存在着中间过渡过程的结果。

模糊综合评判法是指当一个事物受多个要素作用时，对其进行的一种多要素综合评价方法。当我们对一个事物进行评价时，为了保证评价结果的全面客观，往往从多方面入手综合考虑。例如，对学生进行考评，应该考虑到各门功课的成绩，也不能忽略品行和健康，但品行和健康的范围是没有清晰界限的。模糊综合评判法能够根据最大隶属度原则将定性指标转变为定量指标，从而对受多个要素影响的事物进行综合评价，该方法的评判结果比人为主观因素的决策更有依据，结果更为客观，各种非确定问题的决策宜采用此方法。

模糊综合评判包括单层模糊综合评判和多层模糊综合评判。在复杂系统中，因素很多，如果权重的分配比较均衡，当因素大于 10 时，就会有多个权重小于 0.1，当权重过于微小时，就会掩盖该因素的作用，此时就不能得到客观的结论。当遇到这种情况时，可以根据问题的特征将影响因素分层，先求出一层内部的评判结论，再根据得到的 N 个一层结论再次求解，这个过程就是多层次模糊综合评判。例如，对高等学校的综合评估可以看成两层的综合评判问题：

因素集为 U= {U_1= 校风，U_2 =教学，U_3 =科研，U_4 =后勤}；

评语集为 V= {V_1= 很好，V_2 =较好，V_3 =一般，V_4 =较差}。

因素 U_2 又由下面的因素决定，U_2 = {师资队伍、教学设施、学生质量}，为节省篇幅，校风、科研、后勤等因素均未写出。

先对每个 U_1 的多个因素进行综合评判，再进行 U 的总体综合评判，最后的结果就是两级综合评判的结果。

在用精确数学工具和方法评价实际问题时，本身也有许多的局限性，其中之一就是如何处理实际问题中具有“模糊”性质的因素。用精确的数学方法和数据，依据严谨的推理过程来评价实际问题时，往往发现事与愿违，常常造成量化对象勉强、量化过程简单，其结论可能与实际情况相去甚远，从而影响评价的客观性和准确性。复杂化和精确性有时是难以统一的，尤其是在经济领域。因此，当涉及的因素都是模糊概念时，传统的方法就不适用了，需要采用模糊综合评价法，它恰恰适应评价指标的模糊性。

所谓“模糊性”，主要是指客观事物中间过渡中的“不分明性”。例如，“年轻”与“年老”是有本质区别的两个概念，但是它们的区别是逐渐的，而不是突变的，两者之间并不存在显著的年龄界限。也就是说，这两者带有某种程度的模糊性。同样，大与小这两个对立概念之间也不存在绝对分明的界限，具有模糊性。同时，大与小是在一定范围内与某种标准模式识别的结果，因此，评价实际问题本质上是确定被评价对象的隶属度。为了使评价更接近实际情况，就必须考虑这些不确定的、模糊的因素。然而迄今为止，几乎所有的评价模型都是建立在精确数学的基础之上，过分强调能够定量的指标，不得不放弃许多重要但难以量化的指标。如果建立基于模糊数学的评价模型，用模糊集合论描述这些因素，则评价更具有全面性、综合性和客观性。模糊综合评价法是基于模糊数学理论对评价对象进行综合评价的一种方法，符合现象的模糊性，并且能较全面地汇集各评价人员的意见。

模糊综合评价法是对受多种因素影响的事物进行全面评价的一种十分有效的多因素决策方法，该方法既有严格的定量刻画，又有对难以定量分析的模糊现象进行主观上的定性描述，把定性描述和定量分析紧密地结合起来，应用面广，对主观指标、客观指标都适用，其最大优点是不仅能处理现象的模糊性，综合各个因素对总体的影响作用，而且能用数字反映人的经验。凡是涉及多因素的综合判断问题，都可以用模糊综合评价法来解决。因此，在全面考虑实际问题评价指标的模糊性后，倾向于运用科学规范、客观公正、简便易行、广泛适应的模糊综合评价法对实际问题进行综合评价。

二、基本步骤

（1）确定评价对象的因素论域。

可以设 n 个评价指标，$X=(X_1, X_2, \cdots, X_n)$。

（2）确定评语等级论域。

设 $A=(W_1, W_2, \cdots, W_n)$，每一个等级可对应一个模糊子集，即等级集合。

（3）建立模糊关系矩阵。

在构造了等级模糊子集后，要逐个对被评事物从每个因素 X_i（$i=1, 2, \cdots, n$）上进行量化，即确定从单因素来看被评事物对等级模糊子集的隶属度 $(R|X_i)$，进而得到模糊关系矩阵

$$R=\begin{pmatrix}(R|X_1)\\(R|X_2)\\\vdots\\(R|X_i)\end{pmatrix}=\begin{pmatrix}r_{11}&r_{12}&\cdots&r_{1m}\\r_{21}&r_{22}&\cdots&r_{2m}\\\vdots&\vdots&&\vdots\\r_{n1}&r_{n2}&\cdots&r_{nm}\end{pmatrix}\tag{16-10}$$

其中，第 i 行第 j 列元素，表示某个被评事物 X_i 从因素来看对 W_j 等级模糊子集的隶属度。

（4）确定评价因素的权向量。

在模糊综合评价中，确定评价因素的权向量：$U=(u_1, u_2, \cdots, u_n)$。一般采用层次分析法确定评价指标间的相对重要性次序，从而确定权系数，并且在合成之前归一化。

（5）合成模糊综合评价结果向量。

利用合适的算式将 U 与各被评事物的 R 进行合成，得到各被评事物的模糊综合评价结果向量 B 即

$$U\cdot R=(u_1,u_2,\cdots,u_n)\begin{pmatrix}r_{11}&r_{12}&\cdots&r_{1m}\\r_{21}&r_{22}&\cdots&r_{2m}\\\vdots&\vdots&&\vdots\\r_{n1}&r_{n2}&\cdots&r_{nm}\end{pmatrix}=(b_1,b_2,\cdots,b_n)=B\tag{16-11}$$

其中，b_i 表示被评事物从整体上看对 W_j 等级模糊子集的隶属程度。

（6）对模糊综合评价结果向量进行分析。

实际中最常用的方法是最大隶属度原则，但在某些情况下使用会有些勉强，损失信息很多，甚

至得出不合理的评价结果，提出使用加权平均求隶属等级的方法，对于多个被评事物可以依据其等级位置进行排序。

三、应用举例

根据专家访谈法构建了一个农村居民重大疾病保障实施效果评价指标体系，最终形成了一个三级模糊评判的数学模型见表 16-7。

表 16-7　农村居民重大疾病保障实施效果评价指标体系的三级模型

第一级指标	第二级指标	第三级指标
大病保险筹资 u_1（0.1）	新农合人均筹资水平 u_{11}（0.25）	
	大病保险人均筹资水平 u_{12}（0.25）	
	大病保险筹资总额中新农合基金意外的筹资所占比例 u_{13}（0.25）	
	大病保险人均筹资水平占当地农民年人均纯收入的比例 u_{14}（0.25）	
大病保险人数覆盖 u_2（0.2）		
大病保险基金支出 u_3（0.3）		
大病保险患者医疗费用 u_4（0.2）	新农合次均住院费用增长率 u_{41}（0.1）	
	大病保险患者人均医疗费用占农民年人均纯收入的比例 u_{42}（0.1）	
	大病保险患者人均自付医疗费用 u_{43}（0.4）	
	大病保险患者人均自付医疗费用占农民年人均纯收入比例 u_{44}（0.4）	
大病保险补偿 u_5（0.2）	补偿比 u_{51}（0.4）	新农合实际住院补偿比 u_{511}（1/3）
		大病保险患者实际补偿比 u_{512}（1/3）
		新农合住院补偿受益面 u_{513}（1/3）
	大病保险人均补偿 u_{52}（0.3）	大病保险人均补偿金额 u_{521}（0.5）
		大病保险人均补偿金额占农民年人均纯收入的比例 u_{522}（0.5）
	大病保险受益人数占新农合受益人数的比例 u_{53}（0.2）	
	大病保险受益人数占大病保险参保人数的比例 u_{54}（0.1）	

因素集 U 分为三层。

第一层为 $U=\{u_1,u_2,u_3,u_4,u_5\}$。

第二层为 $u_1=\{u_{11},u_{12},u_{13},u_{14}\}$； $u_4=\{u_{41},u_{42},u_{43},u_{44}\}$； $u_5=\{u_{51},u_{52},u_{53},u_{54}\}$。

第三层为 $u_{51}=\{u_{511},u_{512},u_{513}\}$； $u_{52}=\{u_{521},u_{522}\}$。

假设对 8 个不同地区的重大疾病保障实施效果进行评价，决断集 $V=\{A,B,C,D,E,F,G,H\}$ 代表 8 个不同地区的评分结果，数据进行处理后得到诸因素的模糊综合评判如表 16-8 所示。

表 16-8　某区域的模糊综合评判

因素	A	B	C	D	E	F	G	H
u_{11}	0.91	0.85	0.87	0.98	0.79	0.60	0.60	0.95
u_{12}	0.93	0.81	0.93	0.87	0.61	0.61	0.95	0.87
u_{13}	0.88	0.82	0.94	0.88	0.64	0.61	0.95	0.91

续表

因素	*A*	*B*	*C*	*D*	*E*	*F*	*G*	*H*
u_{14}	0.90	0.83	0.94	0.89	0.63	0.71	0.95	0.91
u_2	0.95	0.90	0.90	0.94	0.60	0.91	0.95	0.94
u_3	0.90	0.90	0.87	0.95	0.87	0.65	0.74	0.61
u_{41}	0.60	0.95	0.60	0.95	0.95	0.95	0.95	0.95
u_{42}	0.60	0.69	0.92	0.92	0.87	0.74	0.89	0.95
u_{43}	0.95	0.69	0.93	0.85	0.60	0.60	0.94	0.78
u_{44}	0.75	0.60	0.80	0.93	0.84	0.84	0.60	0.80
u_{511}	0.60	0.71	0.77	0.60	0.82	0.95	0.65	0.76
u_{512}	0.60	0.71	0.70	0.60	0.80	0.95	0.65	0.76
u_{513}	0.91	0.90	0.93	0.91	0.95	0.93	0.81	0.89
u_{521}	0.92	0.90	0.93	0.91	0.95	0.93	0.81	0.89
u_{522}	0.87	0.87	0.64	0.71	0.95	0.61	0.74	0.65
u_{53}	0.81	0.94	0.89	0.60	0.65	0.95	0.95	0.89
u_{54}	0.90	0.60	0.92	0.60	0.60	0.84	0.65	0.81

（1）分层作综合评判。

$u_{52}=\{u_{521},u_{522}\}$，权重 $A=\left\{\frac{1}{3},\frac{1}{3},\frac{1}{3}\right\}$，由表 16-8 对 u_{511}，u_{512}，u_{513} 的模糊评判构成单因素评判矩阵：

$$R_{51}=\begin{pmatrix}0.60&0.71&0.77&0.60&0.82&0.95&0.65&0.76\\0.60&0.71&0.70&0.60&0.80&0.95&0.65&0.76\\0.91&0.90&0.93&0.91&0.95&0.93&0.81&0.89\end{pmatrix}$$

用模型算子 M（·，+）计算得

$$B_{51}=A_{51}\cdot R_{51}=(0.703,0.773,0.8,0.703,0.857,0.943,0.703,0.803)$$

类似地，$B_{52}=A_{52}\cdot R_{52}=(0.895,0.885,0.785,0.81,0.95,0.77,0.775,0.77)$

$$B_5=A_5\cdot R_5=(0.4\quad 0.3\quad 0.2\quad 0.1)\cdot\begin{pmatrix}0.703&0.773&0.8&0.703&0.857&0.943&0.703&0.803\\0.895&0.885&0.785&0.81&0.95&0.77&0.775&0.77\\0.81&0.94&0.89&0.60&0.65&0.95&0.95&0.89\\0.90&0.60&0.92&0.60&0.60&0.84&0.65&0.81\end{pmatrix}$$

$$=(0.802,0.823,0.826,0.704,0.818,0.882,0.769,0.811)$$

$$B_4=A_4\cdot R_4=(0.1\quad 0.1\quad 0.4\quad 0.4)\cdot\begin{pmatrix}0.60&0.95&0.60&0.95&0.95&0.95&0.95&0.95\\0.60&0.69&0.92&0.92&0.87&0.74&0.89&0.95\\0.95&0.69&0.93&0.85&0.60&0.60&0.94&0.78\\0.75&0.60&0.80&0.93&0.84&0.84&0.60&0.80\end{pmatrix}$$

$$=(0.8,0.68,0.844,0.899,0.758,0.745,0.8,0.822)$$

$$B_1=A_1\cdot R_1=(0.25\quad 0.25\quad 0.25\quad 0.25)\cdot\begin{pmatrix}0.91&0.85&0.87&0.98&0.79&0.60&0.60&0.95\\0.93&0.81&0.93&0.87&0.61&0.61&0.95&0.87\\0.88&0.82&0.94&0.88&0.64&0.61&0.95&0.91\\0.90&0.83&0.94&0.89&0.63&0.71&0.95&0.91\end{pmatrix}$$

$$=(0.905,0.828,0.92,0.905,0.668,0.633,0.863,0.91)$$

（2）作高层次的综合评判。

$U=\{u_1,u_2,u_3,u_4,u_5\}$，权重 $A=\{0.1,0.2,0.3,0.2,0.2\}$，则综合评判

$$B=A\cdot R=A\cdot\begin{pmatrix}B_1\\B_2\\B_3\\B_4\\B_5\end{pmatrix}$$

$$=(0.1\quad 0.2\quad 0.3\quad 0.2\quad 0.2)\cdot\begin{pmatrix}0.905 & 0.828 & 0.92 & 0.905 & 0.668 & 0.633 & 0.863 & 0.91\\0.95 & 0.90 & 0.9 & 0.94 & 0.60 & 0.91 & 0.95 & 0.94\\0.90 & 0.90 & 0.87 & 0.95 & 0.87 & 0.65 & 0.74 & 0.61\\0.8 & 0.68 & 0.844 & 0.899 & 0.758 & 0.745 & 0.8 & 0.822\\0.802 & 0.823 & 0.826 & 0.704 & 0.818 & 0.882 & 0.769 & 0.811\end{pmatrix}$$

$$=(0.871,0.833,0.867,0.884,0.763,0.766,0.812,0.789)$$

由此可知，8 个不同地区的综合评判结果的排序为：*D*，*A*，*C*，*B*，*G*，*H*，*F*，*E*，可以认为 *D* 地区的农村居民重大疾病保障实施效果最好。

这里介绍的计算模型由于对权重集进行归一化处理，采用加权求和型，将评价结果按照大小顺序排列，决策者从中选出估计值较高的地区作为模板区域即可，方法简便。

第六节　主成分分析法

一、主成分的定义与性质

（一）主成分的定义

测得 *n* 例儿童的身高（X_1）与体重（X_2）的资料，对其进行标准变换后的变量为 Z_1 和 Z_2，显然这两个指标是高度相关的，这些散点分布在一条直线的近旁，若以此直线为 C_1 轴，另取一条垂直于 C_1 轴的直线为 C_2 轴。在 C_1C_2 平面上，这 *n* 个点是沿着 C_1 轴散开的；又由于 C_2 轴与 C_1 轴垂直，故 C_2 不随 C_1 的变化而变化（即两者不相关）。也就是说这 *n* 个点的变异主要反映在 C_1 方向上，在 C_2 轴方向的变异很小（图 16-2 所示）。所以研究这 *n* 个点的变异主要考虑 C_1 值的大小，可以忽略 C_2 值的差异。也就是用 C_1 一个指标替代了原来的 Z_1 和 Z_2 两个指标来分析这 *n* 个对象的变异。C_1，C_2 与 Z_1，Z_2 有如下数学关系：$C_1=l_{11}Z_1+l_{12}Z_2$；$C_2=l_{21}Z_1+l_{22}Z_2$。

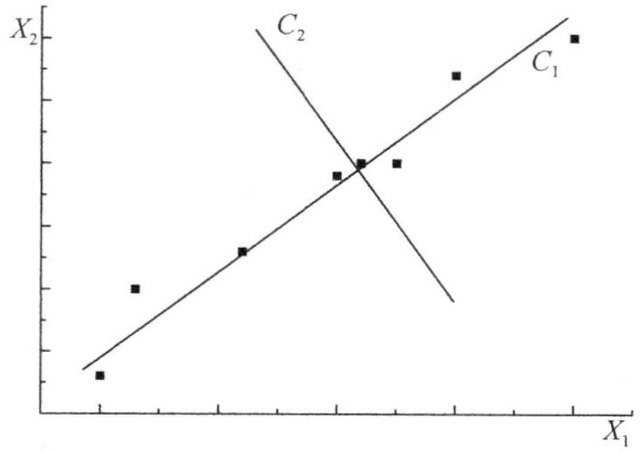

图 16-2　主成分示意图

新变量是原变量的线性函数，C_1，C_2即为原变量的主成分，且将C_1称为X_1，X_2的第1主成分，提供原指标信息最多，C_2为X_1，X_2的第2主成分，提供的信息次之。若有p个观察指标，则可求得p个主成分，依次称为第1主成分，第2主成分，…，所提供的信息也依次减少，称这种统计分析方法为主成分分析。

（二）主成分的性质

对n个对象测得p个指标，当p个指标间存在相关关系时，一般可通过一定的数学变换找到p个新变量C_1，C_2，…，C_p，它们满足：

（1）各C_i是原指标的线性组合，且它们彼此垂直（正交）；

（2）各C_i间互相独立，即i不等于j时，Cov（C_i，C_j）=0；

（3）各C_i的方差是原指标相关矩阵的特征值（eigenvalue，有时也称特征根），$\text{var}(C_i)=\lambda_i$；

（4）各C_i的方差之和是原指标的个数，$\sum_{i=1}^{p}\text{var}(C_i)=p$；

（5）各C_i对应的系数平方和为1，$l_{i1}^2+l_{i2}^2+\cdots+l_{ip}^2=1$（$i$=1，2，…，$p$）；

所有的C_i包含了原变量的所有信息，C_1提供的信息最多，C_2次之，…，C_p最少，分别称为原指标的第i个主成分。

二、主成分的求法

（1）首先，对所研究的样本进行变量的无量纲化，标准化是其最常用的无量纲化的方法。记$\bar{X}_i$与S_i为变量X_i的样本均数和样本标准差（i=1，2，…，p）。

$$Z_i=\frac{X_i-\bar{X}_i}{S_i} \tag{16-12}$$

显然，Z_i服从均数为0、标准差为1的正态分布。

（2）对变换后的变量Z_i求相关矩阵R

$$R=\begin{pmatrix} r_{11} & \cdots & r_{1p} \\ \vdots & & \vdots \\ r_{p1} & \cdots & r_{pp} \end{pmatrix} \tag{16-13}$$

（3）求R的特征根λ_i，并将它们从大到小排列

$$\lambda_1 \geqslant \lambda_2 \geqslant \cdots \geqslant \lambda_p$$

（4）求R关于λ_i的满足正规条件下的特征向量（eigenvector）：$L_i=\left(l_{i1},l_{i2},\cdots,l_{ip}\right)$，写出主成分$C_i$与变量$Z_i$的线性表达式

$$C_i=L_iZ=\sum_{j=1}^{p}l_{ij}Z_i \tag{16-14}$$

（5）计算各主成分C_i的贡献率和累计贡献率；

（6）确定主成分个数，根据累计贡献率大小和特征根大小确定主成分个数；

（7）解释主成分的实际意义。

三、应用实例

某医院测得20名肝病患者的4项肝功能指标，分别为转氨酶、肝大指数、硫酸锌浊度、甲胎球蛋白，数据见表16-9。试作主成分分析。

表 16-9　20 名肝病患者 4 项肝功能指标

病例号	转氨酶	肝大指数	硫酸锌浊度	甲胎球蛋白	病例号	转氨酶	肝大指数	硫酸锌浊度	甲胎球蛋白
1	40	2.0	5	20	11	180	3.5	14	40
2	10	1.5	5	30	12	130	2.0	30	50
3	120	3.0	13	50	13	220	1.5	17	20
4	250	4.5	18	0	14	160	1.5	35	60
5	120	3.5	9	50	15	220	2.5	14	30
6	10	1.5	12	50	16	140	2.0	20	20
7	40	1.0	19	40	17	220	2.0	14	10
8	270	4.0	13	60	18	40	1.0	10	0
9	280	3.5	11	60	19	20	1.0	12	60
10	170	3.0	9	60	20	120	2.0	20	0

本例按主成分的求法得到的主要结果见表 16-10 和表 16-11。由表 16-10 可知，只有 2 个特征值大于 1，即 1.718 和 1.094，如果提取前两个主成分，累计贡献率只有 70.295%，偏小；如果提取前三个主成分，累计贡献率可达到 94.828%，即前三个主成分包含了原来 4 个指标的 94.828%的信息。因此，本题提取有前三个主成分较为合理。

由表 16-11，根据主成分所对应的特征向量，可得前三个主成分为

$$Z_1 = 0.700X_1 + 0.690X_2 + 0.088X_3 + 0.163X_4$$
$$Z_2 = 0.095X_1 - 0.284X_2 + 0.903X_3 + 0.305X_4$$
$$Z_3 = -0.204X_1 + 0.059X_2 - 0.271X_3 + 0.931X_4$$

其中，X_1，X_2，X_3，X_4 为标准化指标变量。

表 16-10　相关矩阵的特征值

主成分	特征值	贡献率（%）	累计贡献率（%）
Z_1	1.718	42.956	42.956
Z_2	1.094	27.338	70.295
Z_3	0.981	24.534	94.828
Z_4	0.207	5.172	100.00

表 16-11　特征向量

变量	Z_1	Z_2	Z_3	Z_4
X_1	0.700	0.095	−0.240	−0.666
X_2	0.690	−0.284	0.059	0.664
X_3	0.088	0.903	−0.271	0.319
X_4	0.163	0.305	0.931	−0.121

四、主成分个数的确定及其实际意义

主成分分析的目的之一是简化数据结构，用比较少的主成分 C_1，C_2，⋯，C_m 代替原 p 个观测指标（$m \leqslant p$），此时要求 m 个主成分保留的信息与原 p 个观测指标的信息相近。每个主成分都是 p 个指标的线性组合，因此各主成分的实际意义是不明确的。因此，主成分分析的任务不仅要决定保

留几个主成分，还要对所保留的主成分的实际意义做出合理的解释。

（一）主成分个数的确定

一个综合指标应尽可能多地反映原变量数据的“信息”，所谓数据信息主要反映在数据的方差上，方差越大，包含的信息就越多。p 个标准化量的方差之和为 p，p 个主成分的方差亦为 p，每个主成分的方差为其特征根，且有 $\sum\lambda_i=p$。若 p 个主成分全部保留，则原数据的全部信息都将被保留。

$Q=\dfrac{\lambda_k}{\sum_{i=1}^{p}\lambda_i}=\dfrac{\lambda_k}{p}$ 为第 k 个主成分的贡献率，表示第 k 个主成分（k=1，2，…，m）提供的信息量在总的信息量中所占的比例，显然第一主成分的贡献率最大。

累计贡献率为前 m 个主成分贡献率之和，即 $\dfrac{\sum_{k=1}^{m}\lambda_k}{p}$。累计贡献率越大，说明 m 个变量保留原变量的信息越多，但累计贡献率与保留的主成分的个数多少亦有关系，因此要权衡利弊。一般而论，累计贡献率不低于 80%可以接受；也有人主张保留特征值大于 1 的主成分。在实际工作中，可从研究者希望得到的累计贡献率并结合特征值大小来确定所需的主成分个数。

（二）实际意义

主成分 C_1，C_2，…，C_m 是对原变量的综合，原变量都是有明确的实际意义的，那么线性组合后的新变量（即主成分）的实际意义是什么呢？对于主成分的解释可以帮助我们分析影响系统结构的主要因素和系统特征。如上例前三个主成分包含了原来 4 个指标的 94.828%的信息。

需说明的是，对主成分的解释首先要求分析工作者对所分析的系统有很好的了解，其次能够协助专业人员进行主成分命名的数学手段主要依赖于测量该主成分与原变量系统的相关性。

（鲁志鸿）

第十七章　常用统计预测方法

内容提要

在现代商业医疗保险中，为了改善保险核定和保险定价、制定合理的市场营销策略，统计预测被广泛地应用于分析各类危险因素。统计预测可以帮助保险公司有效地进行商业运作，使得医疗保险的价格制定和市场营销策略建立在定量的数据分析基础上，而不再是只凭直觉进行。本章主要介绍在医疗保险预测中常用的统计预测模型——时间序列模型，包括移动平均模型、指数平滑模型和博克斯–詹金斯模型。

第一节　统计预测概述

预测是研究客观事物未来发展方向与趋势的一门科学。统计预测是以统计调查资料为依据，以经济、社会、科学技术理论为基础，以数学模型为主要手段，对客观事物未来发展所作的定量推断和估计。预测是制定政策、编制规划和计划、组织生产经营活动的科学基础。根据社会、经济、科技的预测结论，人们可以调整发展战略，制定管理措施，平衡市场供求，进行各种各样的决策。人类社会生产力水平的不断提高和科学技术的进步，特别是近年来以计算机为主的信息技术的飞速发展，进一步推动了预测技术在国民经济、社会发展和科学技术各个领域的应用。

一、统计预测模型在医疗保险统计中的作用

统计预测模型就是通过收集和分析积累的实际数据，从中找出数据之间的潜在关系，归纳出对于保险市场定价和市场营销有用的结论。具体而言，统计预测模型将在以下方面改善医疗保险市场的运营。

（一）发现未知的或不准确的危险性

现代统计预测模型应用多元统计模型，在分析大量实际数据的基础上检验现有保险定价和运营的假设条件是否确实成立。比如在考虑保险赔付时是否对不同年龄段的危险性给予足够的重视。年轻人通常多数疾病的发病率都较低，假如投保人群中老年人的比例偏高，则各种疾病的发病率和就诊率也会偏高，保险赔付也就会相应增加。又如原先假设的疾病发病率或就诊率是否与实际吻合。如果偏低，则保险赔付额就会大于原来的预测，保险利润就会减少。相反地，如果原先假设的疾病发病率或就诊率偏高，则保险价格就会偏高，这有可能会影响市场拓展导致份额偏低。

（二）发现同质人群和异质人群

统计预测模型的目的之一就是区分同质人群与异质人群，从而对各同质人群的危险性进行定量分析。例如，对于相同年龄段的学生人群，如果生活在条件较好的城市并养成了良好的生活习惯，则他们的发病率和医院就诊率就会较低；而对于生活在卫生条件较差地区的学生，发生各种疾病的概率就会增大，因此而产生的就诊费用就会增加。

随着现代计算技术的迅猛发展，现在可以对大量数据进行复杂的统计运算。这种统计分析

不仅有助于发现与人群健康相关的新的因素（比如空气污染）以及各变量之间的新的关系，而且能及时对这种关系进行量化分析，从而能很快地应用到价格预测和市场营销上。

二、医疗保险统计预测的一般步骤

（一）设定所要研究的问题及适用范围

在进行医疗保险统计预测分析时，第一步就是要确立研究问题并明确适用范围。例如，我们可以建立一个统计预测模型来预测下一年度冬季本地区学生中上呼吸道感染的发病率及相应的就诊费用和赔付额。这个例子中就诊费用包括门诊、急诊、住院治疗以及处方药的费用。就诊费用越高，保险赔付额也越高。该例的适用范围包含两个方面：其一是时间，这里限定为冬季（一般我国将每年的 11 月至次年的 2 月定义为冬季），其他月份发生的上呼吸道感染将不包括在内；其二是人群，这里限定为本地的在校大学生。

（二）收集和整理数据

统计预测离不开数据。数据的质量是预测模型可靠与否的先决条件。一旦确定研究的目的和应用范围，就需要着手收集适用的原始数据。常见的数据包括医院就诊数据、保险公司赔付数据、人口调查数据等。

确定数据来源后，接下来就是要从中提取适用的数据并核实这些数据，必要时还要对数据进行整理。在这一过程中要务必小心，不要把有用的数据忽略或排除在外，忽略有用的数据经常会导致统计预测模型的失准。

（三）建立模型

在预测实践中有许多行之有效的预测理论和方法，但以概率统计理论为基础的统计模型预测方法是最基本和最常用的。可用于医疗保险统计预测的统计模型有很多种，包括线性模型、广义线性模型、决策树、人工神经网络、时间序列模型等。究竟选择哪种模型取决于研究目的以及数据的类型和结构。本章介绍其中的时间序列分析预测法。此方法是根据预测对象过去的统计数据找到其随时间变化的规律，建立模型以推断未来数值。

（四）模型的评价与验证

统计预测模型是多种多样的，各适用于不同的预测对象，并具有不同的作用。因此，一方面需要根据模型的合理性、稳定性、实用性及预测能力等准则评价模型；另一方面，把模型运用于实际预测中，计算实际的观察值与模型的预测值之间的差异（即预测误差），若差异大，则表明模型的预测准确度低，需要对模型做适当调整或选择其他更有效的模型。

第二节　时间序列分析概述

医疗保险统计预测最常见的应用是利用历年来的医疗保险数据（包括投保人及所有保险受益人的个人资料、健康状况、医疗就诊资料以及保险赔付额等）预测在未来一段时间内的医疗保险赔付额。本节将通过实例介绍时间序列模型在医疗保险统计预测中的应用。

一、时间序列数据

（一）时间序列

所谓时间序列（time series）是指将同一现象在不同时间的观测值，按时间先后顺序排列所形成的数列。时间序列一般用 y_1，y_2，…，y_n 来表示，可以简记为 $\{y_i\}$ 。它的时间单位可以是分钟、时、日、周、旬、月、季、年等。

时间序列数据来源于一段时间内对某一指标的连续观察，在医疗保险统计分析中常见的时间跨度有一周、一个月、一个季度、一年、连续若干年或更长时间。数据收集的时间越长，数据越丰富，就越能做出可靠的预测。观察的指标可以多种多样，比如某特定人群夏季一个月中腹泻的发病率，一个月内的胃肠道疾病的住院率等。以夏季胃肠道疾病的门诊量为例，其数据收集可以按天，也可以按周、月或季度收集，然后进行分析。

（二）时间序列数据的特点

时间序列数据下一时点的数据与上一时点的数据通常是高度相关的。随着外延时间跨度的增加，这种相关性随之减弱。正是因为这种邻近时段数据的高度相关性，我们才可以利用现有的数据来预测将来的情况。这是利用时间序列模型进行统计预测的基本出发点。此外，时间序列数据还存在变异性，通常的变异来源有：趋势性、周期性、季节性以及不规则性。

1. 趋势性

当时间序列数据积累到一定程度后，我们经常可以看出其中的时间变化趋势。这些变化趋势可能是持续上扬、持续下降、保持基本稳定等。例如，图 17-1 显示的是 2010～2019 年中国 GDP 的变化。从图中可以看出，2010～2019 年十年间，中国的 GDP 呈稳定增长趋势。

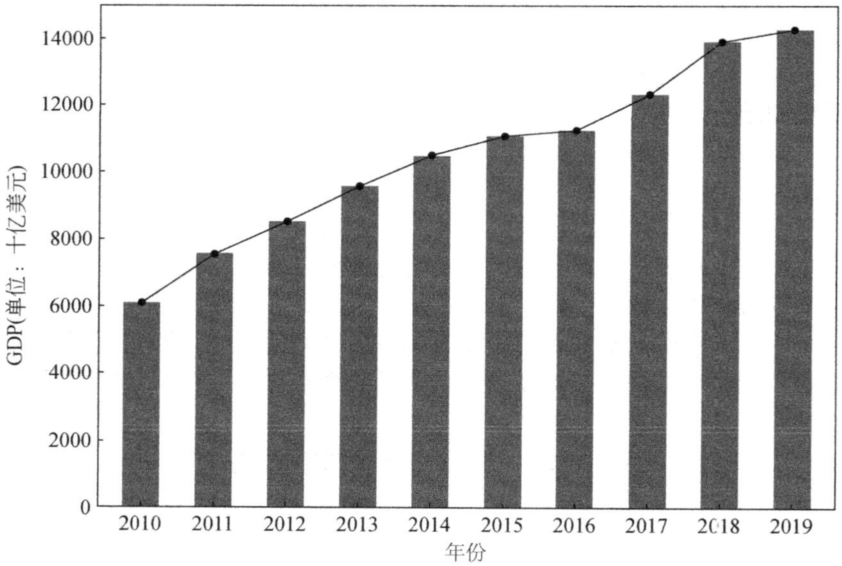

图 17-1　2010～2019 年中国 GDP 的变化趋势

（数据来源：全球经济指标数据网）

2. 周期性

周期性通常是由商业和经济活动引起的，它不同于趋势性，不是朝着单一方向的持续运动，而是涨落相间的交替波动。例如流感在世界范围内每隔十年左右出现一次流行，呈现周期性的变动规律。

3. 季节性

季节性变化亦称为季节变动。这种季节变动可能由多种因素造成的，如天气的周期性变动，即季节的周期往复。图 17-2 显示的是 2008～2020 年某单位各季度医疗保险处方药赔付额的变化趋势，从中可以看到几乎在每一年里都是第一季度的赔付额最低，第四季度的赔付额最高。此外，赔付额呈逐年上升的趋势。

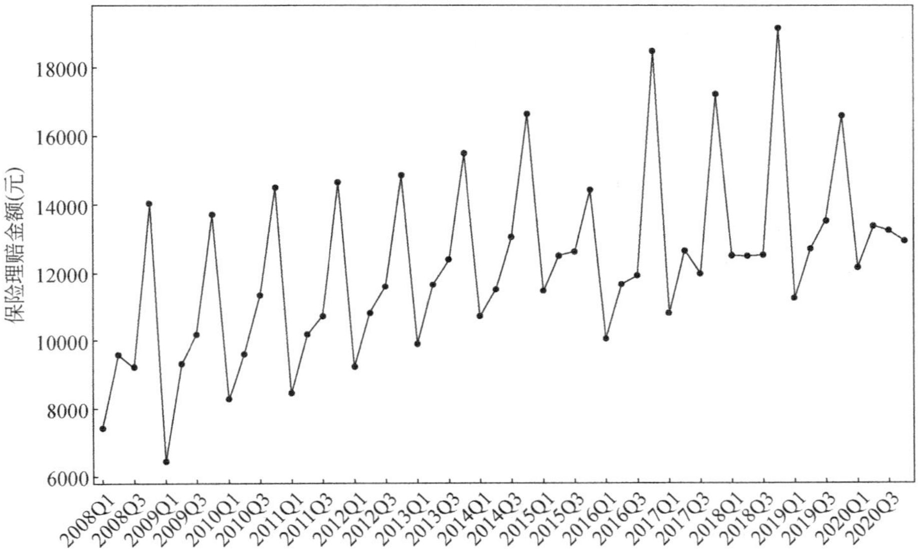

图 17-2　2008～2020 年某单位每季度医疗保险处方药赔付额的变化趋势

在时间序列数据分析中，这种季节性的变化经常只是对潜在趋势的干扰。例如，某些上呼吸道感染的发病率受季节因素的影响，或更准确地说是受气温的影响。因此，在时间序列数据分析中经常要对这种季节性变化做出调整，以便发现隐藏在这种季节性变化背后的真实发病率的变化趋势，并对在未来几年内因上呼吸道感染而需要支付的医疗保险赔付做出准确的预测。

4. 不规则性

时间序列的不规则性变化可以分解成两个部分。一是受偶然事件影响引起的变化，这类变化一般很难预测，但通常比较容易识别。常见的这类偶然事件有气温严重异常（偏高或偏低）、传染病暴发、地震等；二是存在于数据中的随机变化，有时人们将其称为数据中的噪声。噪声存在于任何时间序列数据之中。

时间序列数据分析的目的在于从大量现有数据中发现潜在的规律和趋势。时间序列模型包含了一些较为复杂的数学理论，尤其是我们还必须考虑到数据的周期性变动和其他一些随机变化。随着计算机技术的迅猛发展，借助于一些高级的或专用的统计软件，时间序列数据分析已被广泛应用到医疗保险统计预测的实际工作中。

二、时间序列的分类

时间序列分类是从研究者不同的角度进行的，可以从研究的对象多少来分，也可以按时间的连续性来分，也可以从时间序列的统计特性或按时间序列分布规律等进行分类。

（一）按研究的对象多少分类

如果所研究的对象是一个变量，如某个国家的国内生产总值，即为单变量时间序列；如果所研究的对象是多个变量，如按年、月顺序排列的气温、气压、雨量数据，为多变量时间序列。多变量时间序列不仅描述了各个变量的变化规律，而且还表示了各变量间相互依存关系的动态规律性。

（二）按时间的连续性分类

如果某一序列中的每一个序列值所对应的时间参数为间断点，则该序列属于离散型时间序列；如果某一序列中的每个序列值所对应的时间参数为连续函数，则该序列就属于连续型时间序列。

（三）按序列的统计特性分类

如果某个时间序列的概率分布与时间 t 无关，则称该序列为严格的（狭义的）平稳时间序列；如果时间序列的一阶矩和二阶矩均存在，且对于任意时刻 t 满足：①均值为常数；②协方差为时间间隔的函数，则称该序列为宽平稳时间序列，也叫广义平稳时间序列；如果时间序列不具有平稳性，即序列均值不为常数或协方差与时间相关的序列称为非平稳序列。

（四）按序列的分布规律分类

服从正态分布（高斯分布）的时间序列叫做高斯型时间序列，否则叫做非高斯型时间序列。对于一些非高斯时间序列，往往可以通过适当的数据变换转化成高斯型时间序列。

三、常用的时间序列分析法

时间序列分析分为确定性时间序列分析法和随机性时间序列分析法两大类。若一个时间序列的值可以被某一个数学函数严格定义，例如具有 $Y=\cos(2\pi f(t))$ 这种形式，则称该时间序列为确定性时间序列。确定性时间序列分析的方法主要包括移动平均法、一次指数平滑法、二次指数平滑法等。

若一个时间序列的值只能用概率分布加以描述，则称之为非确定性时间序列或随机时间序列。随机时间序列模型主要包括自回归模型（auto-regression model，AR 模型）、滑动平均模型（moving average model，MA 模型）和自回归滑动平均模型（auto-regressive moving average model，ARMA 模型）等。随机时间序列分析以随机过程理论作为其数学基础，通过对时间序列数据进行分析，完成对时间序列系统的建模、预测和控制。

四、时间序列分析的建模步骤

时间序列模型最主要的特征就是承认观测值之间的依赖关系和相关性，它是一种动态模型，能够应用于动态预测。下面介绍时间序列预测方法的一般步骤。

1. 确定预测目标

明确预测的目标是进行有效预测的前提。有了明确具体的预测目标，才能有的放矢地收集资料。预测目标不同，所需的资料和采用的预测方法也有所不同。预测目标的确定应尽量明细化、数量化，以利于预测工作的顺利开展。

2. 收集资料并进行数据的预处理

准确调查的统计资料是统计预测的基础。预测之前，必须掌握大量的、全面的、准确有用的数据和情况。为保证统计资料的准确性，必须对资料进行审核、调整和推算。比如缺损值问题，它破坏了系统运行的连续性，特别是对于时间序列来说，缺损值违背了时间序列“顺序的重要性”原则。严格来说，不能依据一个“残缺”的序列进行分析，即使强制进行了分析，其结果也是无意义的。因此必须对缺损值进行预处理：如缺失较少，且缺失数据前后无大的波动，则可用平滑法、发展速度推算法、比例推算法、插值估算法等方式填充数据。这些方式既完善了数据，也不会使数据信息丧失太多。对于数据缺失较多的情况，如时间序列中连续一段时间缺失数据，就不能简单地用平滑的方式填充，因为这样可能丧失很重要的信息，这种情况下建模毫无意义，只能通过其他途径重新收集资料。此外，还要对序列中每一个数据的指标口径、计算方法、计量单位等进行认真检查，若存在不一致，则要运用科学的方法进行调整，使整个序列中的每一个数据除时间属性不同之外，其所代表的实际意义完全一致。

3. 对资料进行描述分析

对经审核的数据应进行描述分析，画出统计图形，以观察统计数据的性质和分布，以此作为选择适当预测模型的依据。对于描绘出的统计图形，主要从以下两个方面进行观察：①观察数据是否具有大的波动，如果存在，可能是数据采样时的误差，也可能是某些经济、政治等偶然性因素的冲击。这种冲击或误差造成的结果可能是结构性突变，在统计图形上就表现为突然的持续上涨或下降。不论是什么原因引起的，如果建模时忽略结构性突变，可能会得到虚假的结论；②观察数据的大致走势，是否具有趋势性、季节性、周期性或随机性的特征，以初步判断数据适用于哪种时间序列预测模型。

4. 选择预测方法

一方面，通过对资料数据的整理、分析，清楚地了解到预测对象的变化情况；另一方面，通过对各种时间序列预测方法在合适性、费用和精确度方面的综合衡量，我们就可以选择出适当的预测方法。

5. 预测和结果评价

进行预测时，不能简单地依靠某一理论或套用某一模型加以预测，要综合考虑各方面的情况，因为实际情况错综复杂，影响因素众多。借助于经验判断、逻辑推理、统计分析等方面的预测判断，能够使预测的结果更为合理，从而得出最后的预测结果。对预测结果的评价主要是通过对预测误差的分析进行的。分析预测的误差时要考虑以下两种情况：一是理论预测误差，即在选用预测方案之前，利用数学统计模型所估计的理论预测值，与同期的实际观察值相比而产生的误差，然后分析、改进，选择较为合适的数学统计模型。二是实际预测误差，即在选用预测方案之后，追踪、检查预测方案的结果是否合乎实际的情况，分析预测误差的大小及其原因，总结经验教训，进一步改进今后的预测工作。对预测结果的评价，主要从统计检验和直观判断两个方面着手来判断预测结果的可信度、是否跟实际情况相吻合等，然后根据对预测结果的分析与评价，确定最终的预测值。

五、时间序列预测的优缺点

时间序列预测法只需要一个变量在不同时刻的观测值即可建模，因而得到广泛应用。时间序列预测法没有过于严格的假定条件。应用随机时间序列分析时，无需一开始就假设一个固定的模式，而是先假设一个试用模式，然后根据误差等各种信息来判断初步假设的模式是否恰当。如果恰当，则进行预测；如不恰当，则修正模型。反复这个过程，可在基本模式方面获得一个最优预测模型，使误差最小。所以随机时间序列预测方法特别适合于处理复杂的时间序列，以及存在多种模式的预测情况，它能利用一套明确规定的准则来处理这些复杂的模式。此外，时间序列是一种精确度很高的短期预测方法，而且既可以做点预测，也可以做区间预测。

事实上，大多经济现象的变化发展是千变万化的，在一个较长时间，外界影响因素变化的可能性较大，而时间序列分析预测法是根据预测对象过去和现在的发展变化规律和趋势来预测未来的，所以它只能在较短时间做出有效预测。预测的超前时间一般不应超过时间序列历史区间的十五分之一。也就是说，假如时间序列采集的历史统计数据的时间区间是五年，那么最多只能在此后四个月内做出较为有效的预测，并且预测时间越长，预测误差越大。

第三节　移动平均模型

移动平均法（moving average method）是根据历史统计数据的变化规律，使用最近时期数据的平均数，利用上一个或几个时期的数据产生下一期的预测值。移动平均法不仅可以对时间序列数据作平滑处理（smoothing）以探索潜在的变化趋势，还可以大致描述数据中隐藏的季节性变化。

已知序列 y_1，y_2，…，y_n 是预测前的实际数据组成的时间序列。如果过早的数据已失去意义，不能反映当前数据的规律，那么可以用移动平均法来预测。即保留最近一个时间区间的数据，用其算术平均数作为预测值。

设时间序列为 $\{y_t\}$，取移动平均的项数为 m，则第 t+1 时刻的预测值的计算公式为

$$\hat{y}_{t+1}=M_t^{(1)}=\frac{y_t+y_{t-1}+\cdots+y_{t-m+1}}{m}=\frac{1}{n}\sum_{j=1}^{m}y_{t-m+j} \tag{17-1}$$

其中 y_t 表示第 t 时刻的实际值，$\hat{y}_{t+1}$ 表示第 t+1 时刻的预测值（$t\geqslant 0$）。

预测标准误差为

$$S=\sqrt{\frac{\sum\left(y_{t+1}-\hat{y}_{t+1}\right)^2}{n-m}} \tag{17-2}$$

其中 n 为时间序列 $\{y_t\}$ 所含原始数据的个数。

当预测目标的基本趋势是在某一水平上下波动时，可用一次移动平均法建立预测模型，即用最近 m 个时刻序列值的平均值作为未来各时刻的预测结果。项数 m 的数值，要根据时间序列的特点而定，不宜过大或过小。m 过大会降低移动平均数的敏感性，影响预测的准确性；m 过小，移动平均数易受随机变动的影响，难以反映实际趋势。一般取 m 的大小能包含季节变动和周期变动的时期为好，这样可消除它们的影响。对于没有季节变动和周期变动的时间序列，项数 m 的取值要视历史数据的趋势类型而定。一般来说，如果历史数据的类型呈水平型的发展趋势，则项数 m 的数值可取较大的数；如果历史数据的类型呈上升（或下降）的发展趋势，则项数 m 的数值应取较小的数，这样能够取得较好的预测结果。

移动平均法适用的时间序列数据必须是具有线性变化趋势的数据，其变化必须具有一定的周期性或称重复性（例如每三年为一周期）。在下面的例子中我们将采用一个模拟的数据来介绍移动平均法在时间序列数据分析中的应用。

例 17-1　某医疗机构在 2006～2018 年间门诊患者的医疗保险赔付额如表 17-1 所示。试用移动平均法计算每年的医疗保险赔付额的预测值。

表 17-1　三年移动平均法计算门诊患者医疗保险赔付额（元）

年份	门诊患者医疗保险赔付额	3 年总和	3 年平均
2006	28560	—	—
2007	28895	—	—
2008	31105	88560	29520
2009	30555	90555	30185

续表

年份	门诊患者医疗保险赔付额	3 年总和	3 年平均
2010	34245	95905	31968
2011	35335	100135	33378
2012	37205	106785	35595
2013	36725	109265	36422
2014	40180	114110	38037
2015	40915	117820	39273
2016	46645	127740	42580
2017	48480	136040	45347
2018	46853	141978	47326

在计算三年移动平均值时，第一步是计算出第一个三年期的合计，也就是将 2006 年、2007 年和 2008 年的数据相加得到合计值，为 88560 元。将这一合计值除以 3 得到这三年的平均值 29520 元（计算结果四舍五入，下同），即为这三年期的中间一年，即 2007 年的预测值。按同样的方法即可计算出 2008～2017 年的三年移动平均值，见表 17-1 第四列。

除了三年移动平均法之外，常用的还有五年移动平均法和七年移动平均法等，但一般不用偶数年的移动平均法，即二年、四年或六年移动平均法等。

在使用移动平均法时需要注意数据的时间跨度。如果数据是以季度为时间单位收集的，通常应该计算每个季度的移动平均值。如果数据是以一周内每天为时间单位，则通常要计算每天的移动平均值。例如，要观察第一年 11 月至来年 2 月间某医院上呼吸道感染的门诊患者数的变化趋势，就要分别计算出周一、周二至周五的移动平均值。这是因为人们在周一至周五的集聚性不同于周末，从周一到周五，人们在白天主要与同事或同学在一起，而周末则与家人在一起。因此需要分别计算在这一观察期内周一至周日每天的三周移动平均值。如果周一和周二的门诊患者较多，表明家庭可能是主要的传染途径；相反地，如果周三至周六的门诊患者较多，则可能反映工作场所或学校是主要的传染源。

第四节　指数平滑模型

与移动平均预测法不同，指数平滑法采用了更切合实际的方法，即对各期观测值依时间顺序进行加权平均作为预测值。本节主要介绍一次指数平滑法和二次指数平滑法。

一、一次指数平滑模型

一次指数平滑法是利用前一时期的数据进行预测的方法。它适用于变化比较平稳，增长或下降趋势不明显的时间序列数据的预测问题。其模型表达式为

$$\hat{y}_t = ky_{t-1} + (1-k)\hat{y}_{t-1} \tag{17-3}$$

其中，y_{t-1} 表示 t−1 时期的实际值；$\hat{y}_t$ 表示 t 时期的预测值；k 称为平滑系数，$0 \leqslant k \leqslant 1$。

式（17-3）说明只需前一时期的观测值及预测值即可预测当前时期的值。每一时期的预测值虽然只用了上一时期的观测值和预测值，但实际上包含了以前各个时期数据的影响。因此，指数平滑法可看成是移动平均法的推广。

模型中的平滑系数 k 的取值对预测值的影响较大，但目前还没有一个统一的选值方法，一般是

根据经验来确定的。当时间序列数据是水平的发展趋势类型，k 可以取较小的值，一般在 0 至 0.3 之间；当时间序列数据是上升（或下降）的发展趋势类型，k 应取较大的值，一般在 0.6 至 1 之间。在进行实际预测时，可选不同的 k 值进行比较，看哪个预测误差小，就选用哪个。

在实际预测时，还需要确定初始值。一般来说，如果只有一个时期的数据或少量数据，可以取序列的第一个数据为初始值；如果数据较多，可以取前几个时期的数据或前一半的数据的平均值作为初始值；也可以用专家估计方法或其他预测方法预测出的第一个时期的数据作为初始值。

例 17-2 某公司 2019 年 1 月至 12 月某类保险的销售额如表 17-2 所示。假设 2018 年该类保险的月平均销售额为 50 万元，将其作为初始值用一次指数平滑法预测 2020 年 1 月该类保险的销售额。

表 17-2 某公司 2019 年某类保险的销售额（万元）

月份	1	2	3	4	5	6	7	8	9	10	11	12
销售额	52	53	55	51	50	49	56	52	48	49	51	54

根据式（17-3），并取不同平滑系数 k=0.2，0.5，0.8，计算可得每个月的预测数据，如表 17-3 所示。

表 17-3 保险月实际销售额与预测值（万元）

时间	实际销售额	预测值		
		k=0.2	k=0.5	k=0.8
2019 年 1 月	52	50	50	50
2019 年 2 月	53	50.40	51.00	51.60
2019 年 3 月	55	50.92	52.00	52.72
2019 年 4 月	51	51.74	53.50	54.54
2019 年 5 月	50	51.59	52.25	51.71
2019 年 6 月	49	51.27	51.13	50.34
2019 年 7 月	56	50.82	50.06	49.27
2019 年 8 月	52	51.85	53.03	54.65
2019 年 9 月	48	51.88	52.52	52.53
2019 年 10 月	49	51.11	50.26	48.91
2019 年 11 月	51	50.68	49.63	48.98
2019 年 12 月	54	50.75	50.31	50.60
2020 年 1 月		51.40	52.16	53.32

从表 17-3 可以看出，对于不同的平滑系数 k，预测值是不同的。究竟 k 取何值好，可以通过计算它们的平均预测误差，选取使平均预测误差较小的那个 k 值。将表中第三、四、五列预测值分别减去第二列的实际值，并取绝对值后计算算术平均值，得到 k=0.2，0.5，0.8 时的平均预测误差分别为 2.35，2.64，2.64。因此，选取 k=0.2，预测 2020 年 1 月的销售额为 51.40 万元。

二、二次指数平滑模型

二次指数平滑预测法是对一次指数平滑值再作一次指数平滑来进行预测的一种方法，但 t+1 时期的预测值并非 t 时期的二次指数平滑值，而是采用下列计算公式进行预测：

$$\begin{cases} S_t^{(1)} = ky_t + (1-k)S_{t-1}^{(1)}, \\ S_t^{(2)} = kS_t^{(1)} + (1-k)S_{t-1}^{(2)}, \\ \hat{y}_{t+T} = a_t + b_t T \end{cases} \tag{17-4}$$

其中，$S_t^{(1)}$ 表示 t 时期的一次指数平滑值；$S_t^{(2)}$ 表示 t 时期的二次指数平滑值；y_t 表示 t 时期的实际值；$\hat{y}_{t+T}$ 表示 $t+T$ 时期的预测值；k 表示平滑系数；$a_t = 2S_t^{(1)} - S_t^{(2)}$；$b_t = \dfrac{k}{1-k}\left(S_t^{(1)} - S_t^{(2)}\right)$。

初值 $S_0^{(1)}$，$S_0^{(2)}$ 的取值方法与 $\hat{y}_1$ 的取值方法相同。

例 17-3　表 17-4 中第 2 列数据是某股票在 8 个连续交易日的收盘价，试用二次指数平滑法预测第 9 个交易日的收盘价（这里取 $S_0^{(1)} = S_0^{(2)} = y_1$，$k = 0.4$）。

表 17-4　某股票价格（元）

t	y_t	$S_t^{(1)}$	$S_t^{(2)}$	$\hat{y}_t$	$y_{t+1} - \hat{y}_{t+1}$	$(y_{t+1} - \hat{y}_{t+1})^2$
1	16.41	16.41	16.41	16.41	0.00	0.00
2	17.62	16.89	16.60	16.41	1.21	1.46
3	16.15	16.59	16.60	17.37	−1.22	1.49
4	15.54	16.17	16.43	16.57	−1.03	1.06
5	17.24	16.59	16.49	15.73	1.51	2.28
6	16.83	16.68	16.57	16.85	−0.02	0.00
7	18.14	17.26	16.85	16.86	1.28	1.64
8	17.05	17.18	16.98	17.94	−0.89	0.79
9				17.51		
$\sum$						8.72

利用公式（17-4）计算得到的一、二次平滑值如表 17-4 中第 3 列和第 4 列所示。因此，

$$a_8 = 2S_8^{(1)} - S_8^{(2)} = 2\times17.18 - 16.98 = 17.38$$

$$b_8 = \frac{k}{1-k}\left(S_8^{(1)} - S_8^{(2)}\right) = \frac{0.4}{1-0.4}\times(17.18 - 16.98) \approx 0.13$$

于是有

$$\hat{y}_{8+T} = a_8 + b_8 T = 17.38 + 0.13T$$

取 T=1，得到

$$\hat{y}_{8+1} = a_8 + b_8 T = 17.38 + 0.13 = 17.51 \text{（元）}$$

因此，第 9 个交易日收盘价的预测值为 17.51 元。

第五节　季节时间序列模型

许多时间序列数据中都隐藏着季节性变化，例如饮料销售、汽车销售、住宅销售等。在医疗保险领域，最突出的例子包括夏季的急性胃肠道疾病和冬春季的上呼吸道感染等数据。

一、季度指数

季度指数（seasonal index）是一个统称。分析资料的具体时间单位不同，其名称也不同，如时间单位为周时，可称为每周指数，时间单位为月时，则可称为月度指数。在医疗保险行业，通常需

要估算 12 个月份的指数来代表一年中每个月的变化情况，这些指数就是月份指数或月度指数。

季度指数是一个百分数，以全年平均为基础，将每个季度的实际数除以全年平均值。如果数值高于百分百，则说明这个季度的实际数高于全年平均；相反地，如果数值低于百分百，则表明本季度的实际数低于全年平均。

例 17-4 表 17-5 显示的是某单位 2008～2020 年每季度医疗保险处方药的赔付额，最后一列给出的是季度指数。表中数据显示，2008 年的季度指数表明前三季度赔付的处方药小于全年平均，尤其是第一季度，而第四季度则大大高于全年平均；而 2009 年和 2010 年的情况有所不同，第一和第二季度仍低于全年平均，但第三季度和第四季度都高于全年平均；在 2020 年，仍是第一季度的医疗保险处方药赔付额低于全年平均，第二和第三季度都高于全年平均，第四季度则与全年平均持平。

表 17-5 医疗保险处方药赔付额（元）的季度指数

年份/季度	医疗保险处方药赔付额	年度按季度平均	季度指数（%）
2008Q1	7430		74
2008Q2	9575		95
2008Q3	9220		92
2008Q4	14040	10066	139
2009Q1	6435		65
2009Q2	9305		94
2009Q3	10170		103
2009Q4	13695	9901	138
2010Q1	8280		76
2010Q2	9590		88
2010Q3	11325		104
2010Q4	14510	10926	133
2011Q1	8455		77
2011Q2	10165		92
2011Q3	10705		97
2011Q4	14660	10996	133
2012Q1	9235		79
2012Q2	10785		93
2012Q3	11590		100
2012Q4	14870	11620	128
2013Q1	9885		80
2013Q2	11640		94
2013Q3	12395		100
2013Q4	15495	12354	125
2014Q1	10705		83
2014Q2	11495		89
2014Q3	13030		100
2014Q4	16650	12970	128
2015Q1	11450		90

续表

年份/季度	医疗保险处方药赔付额	年度按季度平均	季度指数（%）
2015Q2	12495		98
2015Q3	12620		99
2015Q4	14435	12750	113
2016Q1	10035		77
2016Q2	11650		89
2016Q3	11920		92
2016Q4	18480	13021	142
2017Q1	10785		82
2017Q2	12645		96
2017Q3	11975		91
2017Q4	17235	13160	131
2018Q1	12495		88
2018Q2	12495		88
2018Q3	12520		88
2018Q4	19170	14170	135
2019Q1	11230		83
2019Q2	12690		94
2019Q3	13520		100
2019Q4	16605	13511	123
2020Q1	12165		94
2020Q2	13365		103
2020Q3	13235		102
2020Q4	12922	12922	100

二、移动平均比率法

在时间序列数据分析中，最常用的分析季节变化的方法称为移动平均比率法（ratio-to-moving-average method）。该方法能去除时间序列数据中潜在的趋势变化、周期性变化和不规则变化，有较广的应用范围。

下面我们将仍然用表 17-5 中的数据为例来介绍移动平均比率法。从表 17-5 可以看出几乎在每一年里都是第一季度的赔付额最低，第四季度的赔付额最高。此外，赔付额呈逐年上升的趋势。如图 17-2 所示。下面采用移动平均比率法分析该数据，步骤如下：

（1）计算四个季度的移动合计。2008 年是该时间序列数据的起始年，所以就将所有该年度四个季度的数据相加并将合计值放在第二和第三季度之间，然后将 2008 年第二至第四季度和 2009 年第一季度的数据合计，获得第二个合计值，同样放在这四个季度的中间位置，即 2008 年第三和第四季度之间。其余类推，重复这一运算过程，直至获得最后一个合计值，并将其放在 2020 年第二和第三季度之间。计算结果如表 17-6 第 3 列所示。

（2）将每年四个季度的移动合计值除以 4，即可计算出四个季度的移动平均值。计算结果见表 17-6 第 4 列。

（3）将相邻两个移动平均值相加和除以 2 即得移动平均值的中值。表 17-6 中第一和第二个移动平均值分别为 10066 元和 9818 元，相加后除以 2 即得 9942 元。由于这一均值来源于相邻的两个移动平均值，所以将这个均值放在这两个相邻移动平均值的中间。计算结果见表 17-6 第 5 列。

（4）计算移动平均比率法季度指数。方法是将表 17-6 中第 2 列的医疗保险处方药赔付额原始数据除以移动平均值的中值。以 2008 年第三季度为例，将 9220 元除以 9942 即得 0.927。计算结果见表 17-6 最后一列。

表 17-6　医疗保险处方药赔付额（元）的移动平均比率法季度指数

年份/季度	医疗保险处方药赔付额	四个季度合计	四个季度移动平均值	移动平均值的均值	移动平均比率法季度指数
2008Q1	7430				
2008Q2	9575				
		40265	10066		
2008Q3	9220			9942	0.927
		39270	9818		
2008Q4	14040			9784	1.435
		39000	9750		
2009Q1	6435			9869	0.652
		39950	9988		
2009Q2	9305			9944	0.936
		39605	9901		
2009Q3	10170			10132	1.004
		41450	10363		
2009Q4	13695			10398	1.317
		41735	10434		
2010Q1	8280			10578	0.783
		42890	10723		
2010Q2	9590			10824	0.886
		43705	10926		
2010Q3	11325			10948	1.034
		43880	10970		
2010Q4	14510			11042	1.314
		44455	11114		
2011Q1	8455			11036	0.766
		43835	10959		
2011Q2	10165			10978	0.926
		43985	10996		
2011Q3	10705			11094	0.965
		44765	11191		
2011Q4	14660			11269	1.301
		45385	11346		
2012Q1	9235			11457	0.806
		46270	11568		
2012Q2	10785			11594	0.930

续表

年份/季度	医疗保险处方药赔付额	四个季度合计	四个季度移动平均值	移动平均值的均值	移动平均比率法季度指数
		46480	11620		
2012Q3	11590			11701	0.990
		47130	11783		
2012Q4	14870			11889	1.251
		47985	11996		
2013Q1	9885			12097	0.817
		48790	12198		
2013Q2	11640			12276	0.948
		49415	12354		
2013Q3	12395			12456	0.995
		50235	12559		
2013Q4	15495			12541	1.236
		50090	12523		
2014Q1	10705			12602	0.849
		50725	12681		
2014Q2	11495			12826	0.896
		51880	12970		
2014Q3	13030			13063	0.997
		52625	13156		
2014Q4	16650			13281	1.254
		53625	13406		
2015Q1	11450			13355	0.857
		53215	13304		
2015Q2	12495			13027	0.959
		51000	12750		
2015Q3	12620			12573	1.004
		49585	12396		
2015Q4	14435			12291	1.174
		48740	12185		
2016Q1	10035			12098	0.830
		48040	12010		
2016Q2	11650			12516	0.931
		52085	13021		
2016Q3	11920			13115	0.909
		52835	13209		
2016Q4	18480			13333	1.386
		53830	13458		
2017Q1	10785			13464	0.801
		53885	13471		

续表

年份/季度	医疗保险处方药赔付额	四个季度合计	四个季度移动平均值	移动平均值的均值	移动平均比率法季度指数
2017Q2	12645			13316	0.950
		52640	13160		
2017Q3	11975			13374	0.895
		54350	13588		
2017Q4	17235			13569	1.270
2018Q1	12495	54200	13550	13618	0.918
2018Q2	12495	54745	13686	13928	0.897
		56680	14170		
2018Q3	12520			14012	0.894
		55415	13854		
2018Q4	19170			13878	1.381
		55610	13903		
2019Q1	11230			14028	0.801
		56610	14153		
2019Q2	12690			13832	0.917
		54045	13511		
2019Q3	13520			13628	0.992
		54980	13745		
2019Q4	16605			13829	1.201
		55655	13914		
2020Q1	12165			13878	0.877
		55370	13843		
2020Q2	13365			13382	0.999
		51687	12922		
2020Q3	13235				
2020Q4	12922				

为了分析历年相同季度的指数变化，下面将表 17-6 最后一列的数据重新排列。表 17-7 最后一行是移动平均比率法季度指数的结果。从这一指数来看，自 2008 年至 2020 年，每年的前三季度的医疗保险处方药赔付额都低于各季度的平均，其中第一季度最低，第二季度稍高，第三季度再高，而第四季度则大大高于各季度平均，达到季度平均的 128.1%。

表 17-7　医疗保险处方药赔付额（元）的移动平均比率法季度指数分析

年份	医疗保险处方药赔付额			
	第一季度	第二季度	第三季度	第四季度
2008			0.927	1.435
2009	0.652	0.936	1.004	1.317
2010	0.783	0.886	1.034	1.314
2011	0.766	0.926	0.965	1.301

续表

年份	医疗保险处方药赔付额			
	第一季度	第二季度	第三季度	第四季度
2012	0.806	0.93	0.99	1.251
2013	0.817	0.948	0.995	1.236
2014	0.849	0.896	0.997	1.254
2015	0.857	0.959	1.004	1.174
2016	0.830	0.931	0.909	1.386
2017	0.801	0.950	0.895	1.270
2018	0.918	0.897	0.894	1.381
2019	0.801	0.917	0.992	1.201
2020	0.877	0.999		
合计	9.756	11.175	10.679	14.086
平均值（$\bar{x}$）	0.813	0.931	0.971	1.281
季度指数（%）	81.3	93.1	97.1	128.1

三、数据的去季节化

季度指数或月份指数在分析时间序列数据中隐藏的季节性变化非常有用。原始数据经过季度指数调整后就可以进一步研究该数据中潜在的长期变化趋势和周期性变化。

下面仍用上述医疗保险处方药赔付额的数据介绍去季节化过程。表 17-8 中第 1 和第 2 列分别是年度/季度和原始的医疗保险处方药赔付额。第 3 列是计算所得的移动平均比率法季度指数。将第 2 列的原始医疗保险处方药赔付额除以第 3 列移动平均比率法季度指数，再乘以 100 即得去季节化后的医疗保险处方药赔付额。

表 17-8 医疗保险处方药赔付额（元）的去季节化分析

年度/季度	赔付额	移动平均比率法季度指数(%)	去季节化后的赔付额
2008Q1	7430	81.4	9128
2008Q2	9575	93.2	10274
2008Q3	9220	97.2	9486
2008Q4	14040	128.2	10952
2009Q1	6435	81.4	7905
2009Q2	9305	93.2	9984
2009Q3	10170	97.2	10463
2009Q4	13695	128.2	10683
2010Q1	8280	81.4	10172
2010Q2	9590	93.2	10290
2010Q3	11325	97.2	11651
2010Q4	14510	128.2	11318
2011Q1	8455	81.4	10387
2011Q2	10165	93.2	10907
2011Q3	10705	97.2	11013

续表

年度/季度	赔付额	移动平均比率法季度指数(%)	去季节化后的赔付额
2011Q4	14660	128.2	11435
2012Q1	9235	81.4	11345
2012Q2	10785	93.2	11572
2012Q3	11590	97.2	11924
2012Q4	14870	128.2	11599
2013Q1	9885	81.4	12144
2013Q2	11640	93.2	12489
2013Q3	12395	97.2	12752
2013Q4	15495	128.2	12087
2014Q1	10705	81.4	13151
2014Q2	11495	93.2	12334
2014Q3	13030	97.2	13405
2014Q4	16650	128.2	12988
2015Q1	11450	81.4	14066
2015Q2	12495	93.2	13407
2015Q3	12620	97.2	12984
2015Q4	14435	128.2	11260
2016Q1	10035	81.4	12328
2016Q2	11650	93.2	12500
2016Q3	11920	97.2	12263
2016Q4	18480	128.2	14415
2017Q1	10785	81.4	13249
2017Q2	12645	93.2	13568
2017Q3	11975	97.2	12320
2017Q4	17235	128.2	13444
2018Q1	12495	81.4	15350
2018Q2	12495	93.2	13407
2018Q3	12520	97.2	12881
2018Q4	19170	128.2	14953
2019Q1	11230	81.4	13796
2019Q2	12690	93.2	13616
2019Q3	13520	97.2	13909
2019Q4	16605	128.2	12952
2020Q1	12165	81.4	14945
2020Q2	13365	93.2	14340
2020Q3	13235	97.2	13616
2020Q4	12922	128.2	10079

因为季节性的变化已经被去除，所以表 17-8 第 4 列的去季节化后的医疗保险处方药赔付额反映了医疗保险处方药赔付额的真实变化趋势，包括趋势变化、周期性变化和不规则变化。图 17-3 显示了实际的医疗保险处方药赔付额和经去季节化后的医疗保险处方药赔付额的变化趋势。数据经

去季节化后，实际上去除了很多的干扰，将有助于我们进行长期趋势分析。

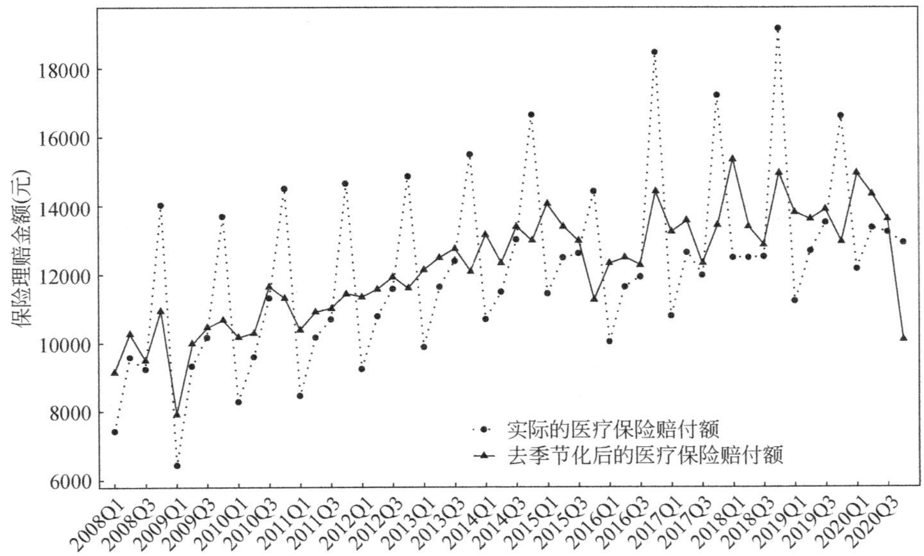

图 17-3　去季节化后的医疗保险处方药赔付额的变化趋势

四、线性回归预测模型

利用去季节化后的历史数据，可以借助回归模型进行统计预测。本书第十章已经介绍了线性回归模型，其基本形式为 $\hat{Y}=a+bt$ 。注意，在这一线性回归模型中自变量为时间 t。

根据去季节化后的医疗保险处方药赔付额数据，可以运用最小二乘法得到线性回归方程：

$$\hat{Y}=9950+84t$$

该方程的回归系数为 84，表明自 2008 年第一季度至 2020 年第四季度，去季节化后的医疗保险处方药赔付额在基线水平 9950 元的基础上平均每季度上涨了 84 元。

表 17-9　医疗保险处方药赔付额（元）的预测分析

年份/季度	时点（t）	赔付额	去季节化后的赔付额	预测值	预测误差
2008Q1	1	7430	9128	10034	906
2008Q2	2	9575	10274	10118	−156
2008Q3	3	9220	9486	10202	716
2008Q4	4	14040	10952	10286	−666
2009Q1	5	6435	7905	10370	2465
2009Q2	6	9305	9984	10454	470
2009Q3	7	10170	10463	10538	75
2009Q4	8	13695	10683	10622	−61
2010Q1	9	8280	10172	10706	534
2010Q2	10	9590	10290	10790	500
2010Q3	11	11325	11651	10874	−777
2010Q4	12	14510	11318	10958	−360

续表

年份/季度	时点（t）	赔付额	去季节化后的赔付额	预测值	预测误差
2011Q1	13	8455	10387	11042	655
2011Q2	14	10165	10907	11126	219
2011Q3	15	10705	11013	11210	197
2011Q4	16	14660	11435	11294	−141
2012Q1	17	9235	11345	11378	33
2012Q2	18	10785	11572	11462	−110
2012Q3	19	11590	11924	11546	−378
2012Q4	20	14870	11599	11630	31
2013Q1	21	9885	12144	11714	−430
2013Q2	22	11640	12489	11798	−691
2013Q3	23	12395	12752	11882	−870
2013Q4	24	15495	12087	11966	−121
2014Q1	25	10705	13151	12050	−1101
2014Q2	26	11495	12334	12134	−200
2014Q3	27	13030	13405	12218	−1187
2014Q4	28	16650	12988	12302	−686
2015Q1	29	11450	14066	12386	−1680
2015Q2	30	12495	13407	12470	−937
2015Q3	31	12620	12984	12554	−430
2015Q4	32	14435	11260	12638	1378
2016Q1	33	10035	12328	12722	394
2016Q2	34	11650	12500	12806	306
2016Q3	35	11920	12263	12890	627
2016Q4	36	18480	14415	12974	−1441
2017Q1	37	10785	13249	13058	−191
2017Q2	38	12645	13568	13142	−426
2017Q3	39	11975	12320	13226	906
2017Q4	40	17235	13444	13310	−134
2018Q1	41	12495	15350	13394	−1956
2018Q2	42	12495	13407	13478	71
2018Q3	43	12520	12881	13562	681
2018Q4	44	19170	14953	13646	−1307
2019Q1	45	11230	13796	13730	−66
2019Q2	46	12690	13616	13814	198
2019Q3	47	13520	13909	13898	−11
2019Q4	48	16605	12952	13982	1030
2020Q1	49	12165	14945	14066	−879
2020Q2	50	13365	14340	14150	−190
2020Q3	51	13235	13616	14234	618
2020Q4	52	12922	10079	14318	4239

将表中最后一列预测误差取绝对值后求算术平均，得到平均预测误差为 670 元。这一数值约为 2008 年第一季度至 2020 年第四季度所有医疗保险处方药赔付额（表中第 3 列）平均数（12182 元）的 5.5%。可以认为，该预测精度完全可以满足对季度数据进行预测的需要。

第六节　博克斯-詹金斯模型

自回归移动平均模型，简称 ARMA 模型，是由两位统计学家博克斯（G. Box）和詹金斯（G. Jenkins）提出，这一模型有时被称为博克斯-詹金斯模型（Box-Jenkins model）。ARMA 模型已被广泛地应用于大规模的存在高度自相关性的时间序列数据的分析和预测。

一、平稳与非平稳的时间序列

平稳性是时间序列数据分析中最重要的概念，它反映了时间序列数据的主要特点。平稳时间序列数据具有恒定的均值和方差，且它们不随时间而变化。不满足这一条件的时间序列数据就是非平稳时间序列数据。如图 17-4 所示。

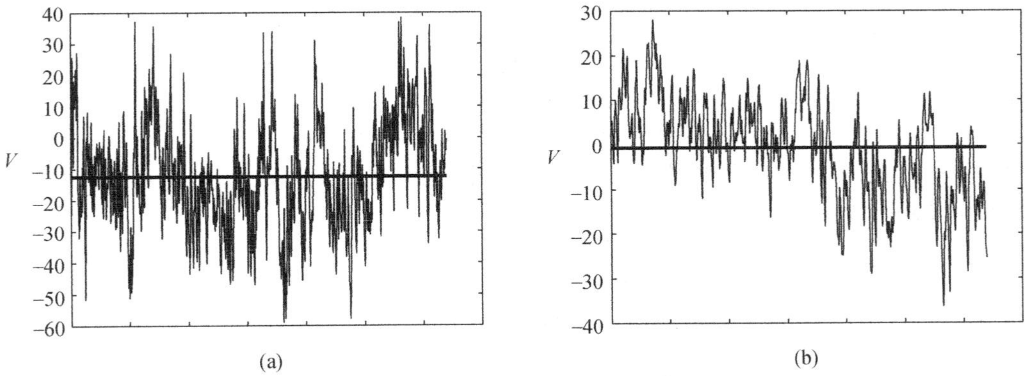

图 17-4　（a）平稳时间序列，（b）非平稳的时间序列

以 x_t 表示时间序列（$t=1, 2, \cdots, T$），它可以是平稳的也可以是非平稳序列；用 z_t 表示一个平稳时间序列（$t=1,2,\cdots,T$），其均值为 μ。

若定义 $w_t = z_t - \mu$（t=1，2，T），则 w_t 也是一个平稳序列，其均数等于 0。

二、平稳时间序列模型

基本的平稳时间序列模型包括：自回归模型、移动平均模型，以及两者的组合，自回归移动平均模型。在各种不同模型中，用记号（p，q）来区分，p 表示自回归系数，q 表示移动平均系数。

（一）自回归模型 AR（p）

在自回归模型中，平稳时间序列 w_t 与它最近的 p 项以及未知噪声 a_t 之间是线性关系，可以表示为

$$w_t = \phi_1 w_{t-1} + \phi_2 w_{t-2} + \cdots + \phi_p w_{t-p} + a_t \tag{17-5}$$

式中 ϕ_i $(i=1, 2, \cdots, p)$ 为自回归系数，噪声 a_t 是随机的，其均数为 0，方差为 σ^2。a_t 可以看作是由一些未知的、微小因素对平稳时间序列 w_t 的影响叠加所造成的误差。

最简单、经常碰到的自回归模型为 AR(1,0) 和 AR(2,0) 模型。此时式（17-5）分别可表示为

$$w_t = \phi_1 w_{t-1} + a_t \tag{17-6}$$

$$w_t = \phi_1 w_{t-1} + \phi_2 w_{t-2} + a_t \tag{17-7}$$

为了确保平稳的条件，在AR(1,0)模型中ϕ_1必须在−1到1之间取值；对AR(2,0)模型，相应的取值界限应满足：$-1<\phi_2<1$，$\phi_1+\phi_2<1$和$\phi_2-\phi_1<1$。

需要注意的是，由于$w_t = z_t - \mu$，故在模型的实际应用时，应该还原。还原后的模型为

$$\text{AR}(1,0):\quad z_t = \mu(1-\phi_1) + \phi_1 z_{t-1} + a_t$$

$$\text{AR}(2,0):\quad z_t = \mu(1-\phi_1-\phi_2) + \phi_1 z_{t-1} + \phi_2 z_{t-2} + \alpha_t$$

其更一般的形式为

$$z_t = \phi_0 + \phi_1 z_{t-1} + \phi_2 z_{t-2} + \cdots + \phi_p z_{t-p} + \alpha_t \tag{17-8}$$

（二）移动平均模型MA(*q*)

在移动平均模型中，平稳时间序列w_t与q个最近的、前一时段预测误差(α_{t-1}，α_{t-2}，…，α_{t-q})以及即时噪声α_t有关。设$\hat{z}_{t-j}$为z_{t-j}前一时段的预测值，则有

$$\alpha_{t-j} = z_{t-j} - \hat{z}_{t-j} \quad (j = 1,2,\cdots,q)$$

模型可表示为

$$w_t = -\theta_1 \alpha_{t-1} - \theta_2 \alpha_{t-2} - \cdots - \theta_q \alpha_{t-q} + \alpha_t \tag{17-9}$$

对于MA（0,1）和MA（0,2）两种最常出现的模型，通常表达为

$$w_t = -\theta_1 \alpha_{t-1} + \alpha_t \text{ 和 } w_t = -\theta_1 \alpha_{t-1} - \theta \alpha_{t-2} + \alpha_t \tag{17-10}$$

模型系数的允许取值区间同模型AR(2,0)。也应注意，由于$w_t = z_t - \mu$，所以建立的模型在实际应用时应该还原为

$$\text{MA（0,1）}:\quad z_t = \mu - \theta_1 \alpha_{t-1} + \alpha_t$$

$$\text{MA（0,2）}:\quad z_t = \mu - \theta_1 \alpha_{t-1} - \theta_2 \alpha_{t-2} + \alpha_t$$

对原始的时间序列，更一般地，MA（0,1）表示为

$$z_t = \theta_0 + \alpha_t - \theta_1 \alpha_{t-1} - \theta_2 \alpha_{t-2} - \cdots - \theta \alpha_{t-q} \tag{17-11}$$

（三）自回归移动平均模型ARMA(*p*，*q*)

在自回归移动平均模型中，需求项w_t与p个最近的项（$w_{t-1}, w_{t-2}, \cdots, w_{t-p}$）、$q$个最近的预测误差（$\alpha_{t-1}$，$\alpha_{t-2}$，…，$\alpha_{t-p}$）以及即时噪声$\alpha_t$有关。

$$w_t = \phi_1 w_{t-1} + \cdots + \phi_p w_{t-p} - \theta_1 \alpha_{t-1} - \cdots - \theta_q \alpha_{t-q} + \alpha_t \tag{17-12}$$

对原始的时间序列而言，有

$$z_t = \theta_0 + \phi_1 z_{t-1} + \cdots + \phi_p z_{t-p} - \theta_1 \alpha_{t-1} - \cdots - \theta_q \alpha_{t-q} + \alpha_t \tag{17-13}$$

三、自相关函数

自相关函数是w_1，w_2，…，w_t之间相关性的一种度量。滞后k个时段的自相关是w_t和w_{t-k}之间的相关。设ρ_k表示总体自相关函数，则当$k=0$时，$\rho_0=1$；而当$k>1$时，有$-1 \leqslant \rho_k \leqslant 1$。自相关函数表示在所有$k$值范围内，全部$\rho_k$值的关系。

对于最常用的五种模型，其总体自相关函数分别如下：

AR(1)：$\rho_k = \phi_1^k \quad (k \geqslant 1)$

AR(2)： $\rho_1=\frac{\phi_1}{(1-\phi_2)}$， $\rho_k=\phi_1\rho_{k-1}+\phi_2\rho_{k-2}\quad(k\geqslant 2)$

MA(1)： $\rho_1=\frac{-\theta_1}{(1+\theta_1^2)}$， $\rho_k=0\quad(k\geqslant 2)$

MA(2)： $\rho_1=\frac{-\theta_1(1-\theta_2)}{1+\theta_1^2+\theta_2^2}$， $\rho_2=\frac{-\theta_2}{1+\theta_1^2+\theta_2^2}$， $\rho_k=0\quad(k\geqslant 3)$

ARMA(1,1)： $\rho_1=\frac{(1-\theta_1\phi_1)(\phi_1-\theta_1)}{1+\theta_1^2-2\phi_1\theta_1}$， $\rho_k=\rho_{k-1}\phi_1\quad(k\geqslant 2)$

四、差　　分

上面提到的模型适用于平稳时间序列，但在实际工作中时间序列数据并非都符合这一要求。对于非平稳时间序列数据，可以用差分的方法将非平稳时间序列变换到平稳时间序列后进行分析。

差分算子用∇表示。对于需求项x_t，一阶差分为

$$\nabla x_t=x_t-x_{t-1}$$

再进行一次差分可以得到二阶差分：

$$\nabla(\nabla x_t)=\nabla x_t-\nabla x_{t-1}=x_t-2x_{t-1}+x_{t+2},$$

同理，三阶差分为

$$\nabla(\nabla^2 x_t)=\nabla x_t-2\nabla x_{t-1}+\nabla x_{t-2}=x_t-3x_{t-1}+3x_{t-2}-x_{t-3}$$

把原序列变换到平稳时间序列所需要的差分阶数用d表示，则平稳序列z_t与原序列x_t间有的关系为$z_t=\nabla^d x_t$。

例如，表 17-10 中第 1，2 列为非平稳时间序列数据（图 17-5）。表中第 3 列和第 4 列为经过一阶差分和二阶差分后的数据。

表 17-10　非平稳时间序列数据变换成平稳序列

t	x_t	∇x_t	$\nabla^2 x_t$
1	8	—	—
2	9	1	—
3	12	3	2
4	11	−1	−4
5	15	4	5
6	17	2	−2
7	20	3	1
8	25	5	2
9	31	6	1
10	34	3	−3
11	37	3	0
12	38	1	−2

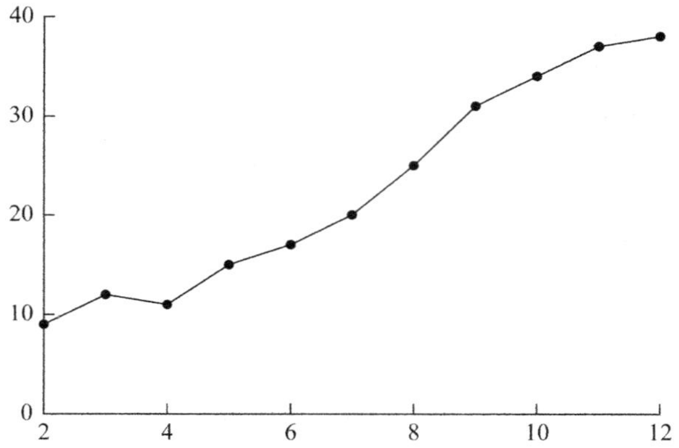

图 17-5　原始时间序列

经过一阶差分后，时间序列的平稳性仍不太理想，见图 17-6。而再进行一次差分（二阶差分）后时间序列已相当平稳，见图 17-7。

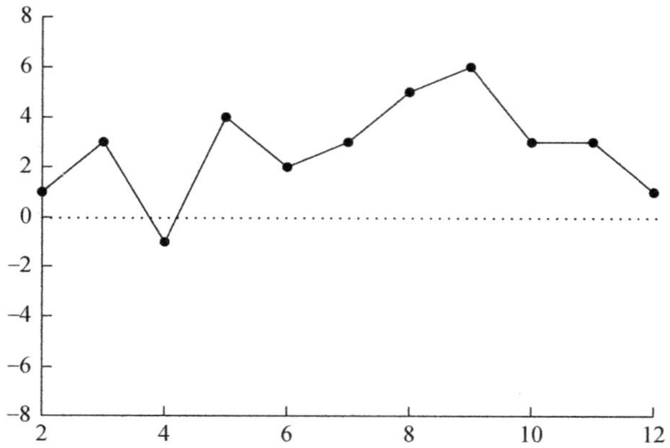

图 17-6　经过一阶差分后的时间序列

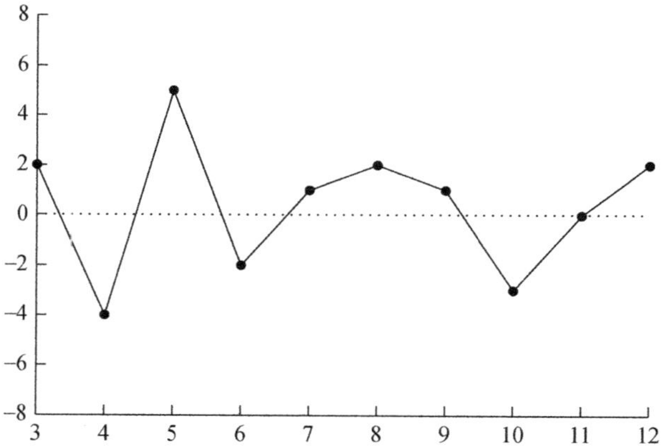

图 17-7　经过二阶差分后的时间序列

五、博克斯-詹金斯模型的一般形式

博克斯-詹金斯模型既适用于平稳时间序列，也适用于非平稳时间序列。模型可表示为ARMA（p，d，q）。其中，p表示自回归系数，d表示差分阶数，q表示移动平均系数。

ARMA$(1,d,0)$：$w_t=\phi_1 w_{t-1}+\alpha_t$。

ARMA$(2,d,0)$：$w_t=\phi_1 w_{t-1}+\phi_2 w_{t-2}+\alpha_t$。

ARMA$(0,d,1)$：$w_t=-\theta_1\alpha_{t-1}+\alpha_t$。

ARMA$(0,d,2)$：$w_t=-\theta_1\alpha_{t-1}-\theta_2\alpha_{t-2}+\alpha_t$。

ARMA$(1,d,1)$：$w_t=\phi_1 w_{t-1}-\theta_1\alpha_{t-1}+\alpha_t$。

其中，在上面的表达式中，$z_t=\nabla^d x_t$，且$w_t=z_t-\mu_0$。

博克斯-詹金斯模型的建模过程主要包括以下几个步骤。

（1）模型识别：根据给出的时间序列样本，判断时间序列的类型和差分阶数。一般可采用俭省原则，使所选择的模型，系数尽量少且残差平方和最小。对于所考虑的特定序列x_1，x_2,⋯，x_t，模型拟合的首要任务是要确定最能代表此序列的模型。这就要求根据需求的历史分析求出参数(p,d,q)的估计值。用于此目的的主要工具主要是自相关函数。

（2）参数估计：根据识别的模型及其阶数，用最大似然法或非线性最小二乘法对模型中的参数$(\phi_1,\cdots,\ \phi_p;\ \theta_1,\cdots,\ \theta_q)$进行估计，得到$(\hat{\phi}_1,\cdots,\ \hat{\phi}_p;\ \hat{\theta}_1,\cdots,\ \hat{\theta}_q)$。这一过程通常用计算机软件完成。

（3）模型检验：在上述基础上，应用拟合的结果来检查残差，一个良好的拟合所产生的残差是随机分布的、均数和方差恒定。

检验拟合优度，是利用残差$e_t=z_t-\hat{z}_t$来实现的（式中$\hat{z}_t$是z_t的拟合值）。由生成的残差可以通过残差自相关函数进行检验。

$$r_k=\frac{\sum(e_t-\bar{e})(e_{t-k}-\bar{e})}{\sum(e_t-\bar{e})^2} \tag{17-14}$$

检验自相关函数可以用χ^2检验：

$$\chi^2=n\sum_1^k r_k^2\ ,\quad \upsilon=k-(p+q) \tag{17-15}$$

式中$n=T-(p+q+d)$。若$P>0.05$，则拟合的方程可以被接受。

（4）预测：在运用模型进行预测时，首先需要将w_t序列模型变换成原始时间序列x_t的关系式。在变换时需要考虑差分阶数 d。当 d=0 时，$w_t=x_t-\bar{x}_t$；当$d=1$时，$w_t=x_t-x_{t-1}$；当$d=2$时，$w_t=x_t-2x_{t-1}+x_{t-2}$。

（5）预测指标的可信区间：由于时间序列数据分析的特点，在对未来邻近时段进行预测时准确性较高（可信区间较小）。随着预测向着未来逐步延伸时，其可靠性就逐渐变小，相应的可信区间就逐渐变大。同时可以计算未来第τ个时段预测值的可信区间。

例 17-5　表 17-11 所列的是某市 2001～2015 年居民肺癌死亡率（1 / 10 万）资料，分性别和合计统计（详见第 2、4、6 列）。试预测未来 2016～2020 年的死亡率趋势。

博克斯-詹金斯模型要求时间序列是平稳时间序列，而本例中的资料均为非平稳的，故采用了一级差分后的时间序列来建立ARMA（p，q）模型，称之为ARIMA（p，1，q）模型。

表 17-11　利用 ARIMA 模型预测 2016～2020 年某市肺癌死亡率（1/10 万）

年份	男性		女性		合计	
	实际值	拟合值	实际值	拟合值	实际值	拟合值
2001	24.64		12.29		18.74	

续表

年份	男性		女性		合计	
	实际值	拟合值	实际值	拟合值	实际值	拟合值
2002	30.35		11.50		21.35	
2003	28.63		12.67	12.63	21.01	
2004	27.64		12.75	13.20	20.54	20.92
2005	31.06	30.27	12.35	13.66	22.15	22.60
2006	35.44	33.22	14.93	14.03	25.68	24.56
2007	33.88	32.96	16.37	14.77	25.55	25.29
2008	31.93	32.74	15.84	15.50	24.27	24.36
2009	36.03	35.98	13.81	15.99	25.44	25.83
2010	37.55	39.47	16.92	16.18	27.71	28.30
2011	40.29	39.29	15.20	16.93	28.33	29.18
2012	39.27	39.64	16.89	17.18	28.59	29.16
2013	45.06	41.08	17.35	17.76	31.85	30.25
2014	42.53	42.46	18.28	18.25	30.99	31.89
2015	41.30	43.00	19.92	18.81	31.13	31.06
2016		47.08		19.51		33.63
2017		48.30		19.98		35.25
2018		48.24		20.51		35.17
2019		48.25		21.04		35.55
2020		51.72		21.57		37.14

表 17-12 列出了拟合模型的参数估计及假设检验的结果。

表 17-12 模型参数估计及模型检验

性别	模型	系数						残差平方和	R^2	P 值
		θ_0	θ_1	θ_2	ϕ_1	ϕ_2	ϕ_3			
男性	ARIMA(3,1,2)	1.346	−0.263	−0.666	−0.886	−0.689	−0.600	30.66	0.656	>0.05
女性	ARIMA(1,1,1)	0.533	−0.914	—	0.062	—	—	15.24	0.464	>0.05
合计	ARIMA(2,1,1)	0.938	−0.978	—	0.087	−0.686	—	6.64	0.752	>0.05

作为任何一种预测，误差应小到为人们所接受且有实际意义。本研究所建立的模型，其误差小，拟合效果较好（见表 17-12），足以作为有关决策的依据。

大多数与模型有关的统计方法都是假设观察数据是独立或不相关的。然而，在医学研究和保险研究领域，许多按时间排列的大量观察数据是不独立的或者说是相关的。事实上，这种数据之间的相互依存或相关性恰恰是最重要和最有用的特性。各种医疗保险数据，例如门诊患者医疗保险赔付额和医疗保险处方药赔付额以及肺癌死亡率随时间的变化趋势等，正是这样一种数据。时间序列分析正是分析随时间变化的随机数据序列的一种统计方法。

与回归分析模型不同，时间序列模型不是根据与其他变量的因果关系来预测一个变量的未来变化，而是根据被预测变量过去的变化规律来建立模型，然后利用这个模型来预测该变量在未来一段时间内的变化。因此，时间序列模型是一种比较先进的外推方法。利用时间序列模型不需要知道影响预测变量的因果关系。事实上，引起医疗保险数据变化的因素多种多样且随时间变化不断，故时间序列模型是一个较好的预测模型。

（赵　军　林　海）

第十八章　统 计 图 表

内容提要

统计图表是统计图和统计表的简称，是对统计资料进行描述的重要方法，是事物间对比、分析的重要工具。对原始资料进行分析并计算出各项指标后，列出统计表，能够集中而有序地表现数据信息。绘制统计图，则能够将数据展示得更为生动而具体，便于直观地观察，进而能够正确而深刻地理解和运用统计数据。统计图表具有避免冗繁文字叙述，便于阅读、分析比较等优点。在大数据的背景下，选择适当的统计图表以传达信息是医保研究和医保管理者的重要技能。

第一节　统　计　表

统计表（statistical table）是统计资料的一种重要表现形式，将统计数字资料用表格的形式列出，说明现象的数量特征及相互之间的联系。统计表能使统计资料系统化、条理化，简洁、明了、紧凑地反映现象之间的相互联系，便于计算和检查数据之间的完整性和准确性。统计表有广义和狭义之分，广义的统计表包括各种计算用表、搜集资料用表、整理资料的汇总表以及科学研究论文用表等。狭义统计表则特指科研报告或论文中出现的统计分析用表，本章仅介绍狭义的统计表。

一、统计表的基本结构

（一）统计表的内容结构

从统计表的内容结构上看，主要包括主辞和宾辞。主辞是统计表所说明的总体、总体的各组或各组的名称，宾辞是用于说明主辞的各种统计指标及其数值。一般而言，主辞在统计表的左方，列于横栏，宾辞在统计表的右方，列于纵栏。但主辞和宾辞的位置并非固定不变。如表 18-1，医疗保险的两个类型及其合计数是主辞，参保人数和构成比是宾辞。

表 18-1　2020 年我国基本医疗保险参保人数

医疗保险类型	参保人数（万人）	构成比（%）
职工基本医疗保险	34423	25.29
城乡居民基本医疗保险	101677	74.71
合计	136100	100.00

注：数据来源于国家医疗保障局官网。

一张设计比较好的统计表，将主辞和宾辞结合起来，可读成完整而通顺的句子，如表 18-1，职工医保的参保人数是 34423 万人，占总数的 25.29%。

（二）统计表的形式结构

统计表的基本构成包括标题及编号、标目、线条和数字等。其基本形式如表 18-1。

1. 标题及编号

统计表的标题是统计表的名称，应简明扼要地概括全表的主要内容，必要时注明资料所属的时间和空间范围，列在表格上方正中央位置。若有多张统计表，可将其编号，如表 1 、表 2 等按序排列，若只有一张表格，则可用附表表示。编号应放在标题前面，与标题同行。

2. 标目

统计表的标目是表格内的项目，标目有横标目与纵标目，有时还可有总标目。横标目列在表的左侧，向右说明各横行统计指标的含义，是表中被研究、被说明的事物，为表的主语；纵标目列在表的上端，向下说明各纵列数字的意义，横标目常表达被研究事物的各项统计指标，为表的谓语。主语和谓语连贯起来通常能读成一句完整而通顺的话。几个纵标目或横标目具有共同性质时，可冠以总标目。标目内容一般按照某一逻辑顺序排列，如从小到大、从先到后，便于说明规律性。标目应层次清楚，文字简明，分组符合逻辑，避免标目之间混淆或交叉；若有度量单位必须注明。

3. 线条

统计表的线条不宜过多，采用国际通用的“三线表”，即表上面的顶线、下面的底线和表头与表体之间的标目线（分隔线）。如有合计时，可在合计的上方加合计线；如果是复合表，总标目与纵标目之间应有横线。统计表原则上不用竖线和斜线，两端开口。如一张表中横标目的内容较多时可适当留空（一般设置为段前半行）。

4. 数字

数字是统计表的核心内容，用来说明总体及其各组成部分的数量特征。统计表内数字应准确无误，一律用阿拉伯字表示，同一指标的小数位数应一致，位次对齐（右对齐）。表中不能留空格，数字不存在或数字无意义的用“—”表示，数字缺省或未记录用“…”表示，数字为零则写明“0”。数字要标明计量单位，当各指标的计量单位一样时，可以将计量单位写在标题的后面，如果计量单位不一样，可将计量单位写在各纵标题的后边或者下方。计量单位切记不能写在数字后方。

5. 备注

表中不能出现文字说明，如需文字说明时，可用“*”等符号标出，并将注释写在统计表格底线下方位置。备注不是必需的，通常可以没有备注。

二、统计表的种类

（一）统计表按主辞分组

根据主辞（横标目）的复杂程度，统计表可大致分为简单表和复合表。

1. 简单表

主辞（横标目）不作任何分组，只是将总体标目的名称简单罗列或者将标目按照逻辑顺序排列成的统计表即为简单表，如表 18-2 所示。

表 18-2　2019 年全国保险系统机构数

机构类型	机构数（个）	构成比（%）
保险集团公司	14	5.96
中资保险公司	160	68.09
中外合资保险公司	61	25.96
合计	235	100.00

2. 复合表

主辞（横标目）或按两个或者两个以上的分组标志进行复合分组的统计表即为复合表，如表 18-3 所示。复合表可以反映所研究的现象受多种因素共同影响而发生的变化，对现象变化规律把握比较准确。

表 18-3　2019 年全国保险系统员工分布统计表

机构类型	性别	员工数（人）	构成比（%）
保险集团公司	男性	3512	0.28
	女性	2815	0.23
中资保险公司	男性	561194	45.51
	女性	603367	48.93
中外合资保险公司	男性	26803	2.17
	女性	35489	2.88
合计		1233180	100.00

（二）统计表按宾辞分组

1. 宾辞指标的简单设计

宾辞指标（纵标目）的简单设计是指将宾辞的各个指标平行排列设计，如表 18-4 所示。

表 18-4　2021 年 1 月我国医疗保险参保人数和基金收支情况

医保类型	参保人数（万人）	基金（亿元）	
		收入	支出
职工医保（含生育险）	34271.67	1296.29	983.17
居民医保	97352.09	1213.37	62.92
合计	131623.76	2509.66	1046.09

2. 宾辞指标的复合设计

宾辞指标的复合设计是将宾辞的各个指标结合在一起做重叠设计，这样能够更深入全面地描述研究纵标目的特征。具体采用何种设计形式，应根据研究目的及数据资料的具体情况来决定。在宾辞指标的复合设计中应避免将宾辞指标划分得过多过细，以免统计表显得庞杂混乱。如表 18-5 所示。

表 18-5　2018～2020 年我国基本医疗保险基金收支情况（亿元）

医保类型	基金收入			基金支出		
	2018 年	2019 年	2020 年	2018 年	2019 年	2020 年
职工医保	13259.28	14883.87	15624.61	10504.92	11817.37	12833.99
居民医保	7830.83	8451.00	9014.01	7102.73	8128.36	8115.27
合计	21090.11	23334.87	24638.61	17607.66	19945.73	20949.26

三、列表的基本原则

1. 重点突出，简单明了

一张表一般只说明一个中心内容，使人一目了然，不要包罗万象。

2. 主谓分明，层次清楚

表格的主辞（被说明的部分）与宾辞（需说明的部分）的位置不要错乱，标目的安排及分组要层次清楚，符合专业逻辑。

3. 数据准确，便于分析

数据是统计表的灵魂，统计表中的数据要准确无误，数据来源可靠，这是统计分析工作的根本。同时统计表的目的在于说明现象的数量特征及相互之间的联系，因此数据还应便于比较与分析。

四、统计表的常见错误类型

1. 标题不恰当

标题应当简明扼要确切地概括出统计表的内容。常见的问题是标题不恰当，包括位置不恰当和内容不恰当。前者是将标题置于表的下方，后者主要是文字累赘及意义上的含糊不清，难以体现表格中统计数据的时间、地点以及何种数据，例如“职工医保参保人员情况”，没有说明时间、人员情况的内涵。

2. 标目不合理

统计表主辞和宾辞的排列顺序不能体现内容上的逻辑关系、混乱无序、层次不清等，例如横标目和纵标目倒置、标目组合重复等，标目排列不符合逻辑。

3. 内容繁杂

最常见的现象是一张统计表中包含多个中心内容，特别是将多种不同类型的资料放置在一张表格中。例如一张体现不同医保类型患者自付费用差异的表格，又包含了不同等级医院不同就诊方式患者自付费用的差异。

4. 数字不规范

常见的数字不规范主要有同一指标的小数位数不一致；小数点的位数与测量精度不一致；不同位数的数据简单采用居中对齐；表中出现空格；数据中存在文字；计量单位重复；混淆了“0”和缺失值、无意义数字的差别。

5. 线条不规范

常见线条不规范主要有表格中出现竖线、斜线。

例 18-1 指出表 18-6 的缺陷，并作合理修改。

表 18-6 职工医保参保人员情况（原表）

职工医保参保总人数	企业		机关		其他	
	参保人数	构成比	参保人数	构成比	参保人数	构成比
32925 万人	22267 万人	67.6%	6232 万人	18.9%	4426 万人	13.4%

表 18-6 的目的是表达 2019 年我国职工基本医疗保险参保人员的结构，所以存在标题不明确的情况，表格从左至右阅读不顺畅是由于标目设计不合理导致，表格中出现了竖线，也不符合制表原则，表格中出现文字（万人）和重复（%）。表 18-7 对这些错误作了修改。

表 18-7 2019 年我国职工医疗保险参保人员结构（修改表）

项目	参保人数（万人）	构成比（%）
企业	22267	67.64
机关	6232	18.92
其他	4426	13.44
合计	32925	100.00

第二节 统 计 图

统计图（statistical chart）是用点的位置、线的升降、直条的长短、面积的大小等形式表达统计资料数量及其变化动态。其特点是形象、直观反映出事物间的数量关系，可以使复杂的统计数据简单化、通俗化和形象化，易于理解，让人一目了然、印象深刻，是数据可视化的重要方式，但较粗略。

一、统计图的制图通则

（一）统计图的要素

一张统计图，一般由如下 5 个要素构成。

1. 标题与图号

和统计表一样，统计图也应当有自己的名称，即标题和图号。标题要能反映图的内容，简明确切，一般要包括内容、时间和地点。与统计表的标题在表的上方不一样，统计图的标题在图域之外，且在图域的下方的正中位置。标题的左侧要有图的编号。

2. 图形

图形是统计图的主要部分，图形线条要清晰，一般除了图形线外，避免存在文字，若要表示不同的结果，用不同的图形线加以区别。

3. 标目

纵横两轴应有标目，即纵标目和横标目，并注明度量衡单位。

4. 尺度

统计图一般有纵横两轴，且纵横两轴都有尺度。横轴一般用于表示事物的内容，尺度自左至右，当表示连续型资料时，要标明刻度，尺度要定量，并从小到大；纵轴一般用于表示事物的数量，尺度自下而上，数值一律由小而大，且与纵轴上的刻度线对齐。纵横两轴的尺度间隔要宽松，等距划分。用算术尺度时，等长的距离应代表相等的数量。纵横两轴交点处为“0”。

5. 图例

图例非必须，当表示多种不同事务的数量多少需要用不同线条或颜色时，需用图例加以说明。图例在图的右上方空隙处或者在下方中央处。

（二）统计图的制图要求

（1）按资料的性质和分析目的选用适当的图形。
（2）要有简明扼要的标题，标题一般位于图的下方。
（3）一般有纵、横坐标，用纵标目和横标目表明纵、横轴所代表的事物，并注明单位。
（4）图的长宽比例一般为 7∶5 或 5∶7。
（5）比较不同事物时，宜选用不同的线条或颜色表示，并附图例加以说明。

二、常见统计图

统计图的类型众多，选择的依据在于所要表达的信息。

（一）条形图

条形图（bar graph），也称直条图，是宽度相等、以高度不同的条形表示相互独立事物的数值大小和对比关系的一种图形。条形图适用于相互独立的资料，数值可以是绝对数、相对数或均数等。为了便于比较，条形一般按照数值的大小进行排列。条形图可以横放，也可以竖放。条形图能让读者一眼看出数值的大小，便于比较数据之间的差异或者变化规律。条形图有简单条形图（图 18-1）和复合条形图（图 18-2）等。

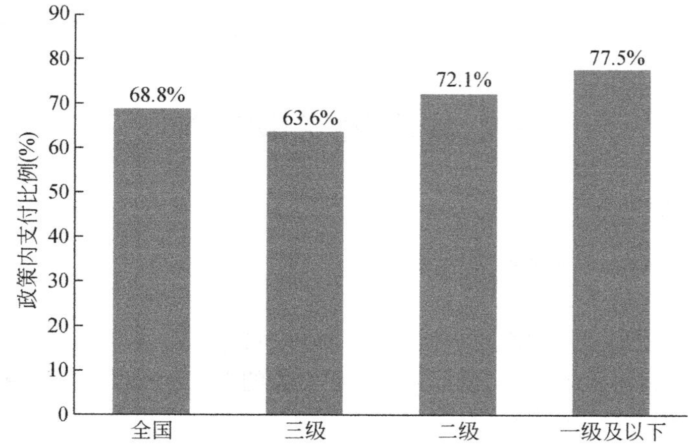

图 18-1　2019 年我国居民医保各级医疗机构政策内支付比例

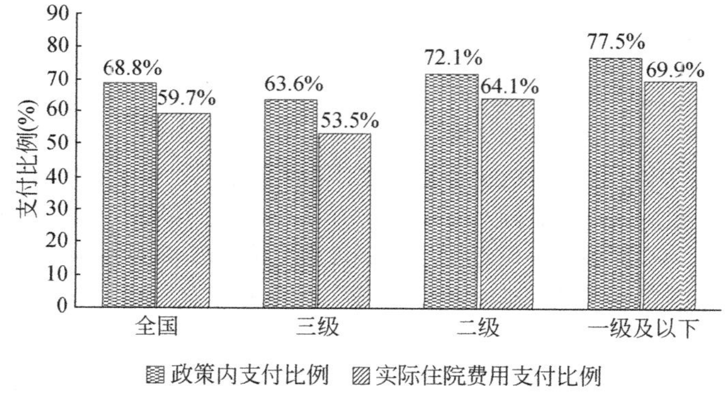

图 18-2　2019 年我国居民医保在各级医疗机构住院费用支付比例

绘制条形图的注意事项

（1）一般用横轴表示被分类的事物或者特征，为分类轴；纵轴表示事物的数值，为数量轴，数量轴的刻度必须从“0”开始，否则会改变各对比组间的比例关系；数量轴的刻度要等距。

（2）尽管条形的宽度没有特别含义，但各直条的宽度要一致。

（3）由于数据是离散型数据，直条不能相连，且各直条的间隔要相等。

（4）复合条形图中同一组内的直条间不留空隙。

（5）复合条形图要注意用不同颜色或纹理加以区分，并附上图例。

（二）直方图

直方图（histogram）是用矩形的面积来表示各组段的频数或频率分布的图形，用于表示连续变量的频数分布。在平面直角坐标中，横轴表示数据分组，纵轴表示频数或频率，这样，各组与相应的频数就形成了一个矩形，即直方图。通过直方图可以观察数据分布的大体形状，如分布是否对称等。如第三章图 3-1 所示。

直方图的绘制要求与条形图相似，但直条之间没有空隙。纵轴的刻度必须从“0”开始，横轴刻度依据实际情况定，但宽度与组距要一致，组距也应当相同。

尽管直方图与条形图在外观上有很多相似性，但直方图与条形图不同。首先，条形图中的每一矩形表示一个类别，其宽度没有意义，而直方图的宽度则表示各组的组距。其次，条形图中的矩形之间有间隔，而直方图中的矩形是连续排列的。最后，条形图主要用于绘制相互独立的组别间数据大小（多少）的图示，而直方图主要用于绘制定量数据（连续型资料）频数分布的图示。

（三）圆图

圆图（pie graph），也称为饼图，是以圆形的总面积代表事物的全部（100%），用圆内各扇形的面积所占的比例来表示事物内各组成部分所占的比例，适用于构成比资料的展示。用圆图可以更加直观地表示不同类别的构成结构及其相对频数大小。

在绘制圆图时，把圆看成时钟，从时钟 12 点的位置顺时针依次绘出构成比从大到小相对应的各个扇形，“其他”排在最后。在圆中对各部分扇形标不同颜色，并注上构成比大小，必要时附上图例。表 18-8 是 2019 年我国职工医疗保险参保人员的结构，绘制成饼图表示各类参保人员的构成，如图 18-3 所示。

表 18-8　2019 年我国职工医疗保险参保人员结构

项目	参保人数（万人）	构成比（%）
企业	22267	67.64
机关	6232	18.92
其他	4426	13.44
合计	32925	100.00

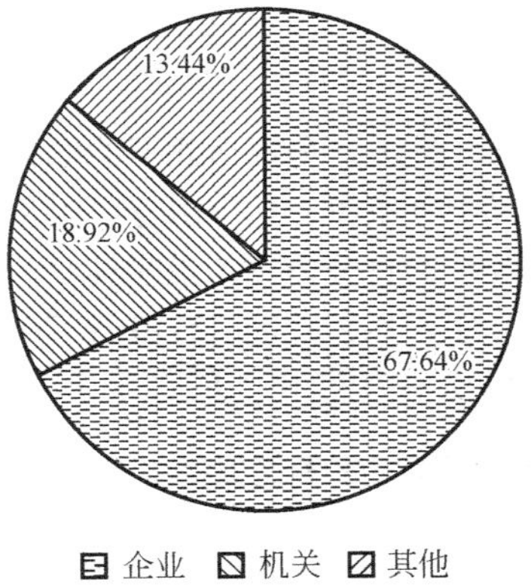

图 18-3　2019 年我国职工医疗保险参保人员结构圆图

（四）环形图

环形图（doughnut chart）是用于比较多个样本构成比的图形。当需要比较多个样本的构成时，可以绘制直径不一样的多个饼图，并将多个饼图叠放在一起，使圆心重合，然后挖去中间的部分，便形成一个空心的圆环。环形图比用多个独立的饼图展示的结果更加简洁、高效。

环形图与饼图类似，但又有区别。环形图中间有一个“空洞”，每个样本用一个环来表示，样本中每一类别的频数比例用环中的一部分表示。因此环形图可显示多个样本的构成比例，对多个样本构成进行比较研究。

表 18-9 是 2018～2019 年两个年份医疗保险当期基金结余，绘制环形图比较两个年份基金结余的构成，如图 18-4 所示。

表 18-9　2018～2019 年我国各项社会保险基金当期结余（亿元）

年份	合计	职工医保	居民医保	生育保险
2018	3500.46	2754.36	728.10	18.00
2019	3458.43	3066.50	322.64	69.29

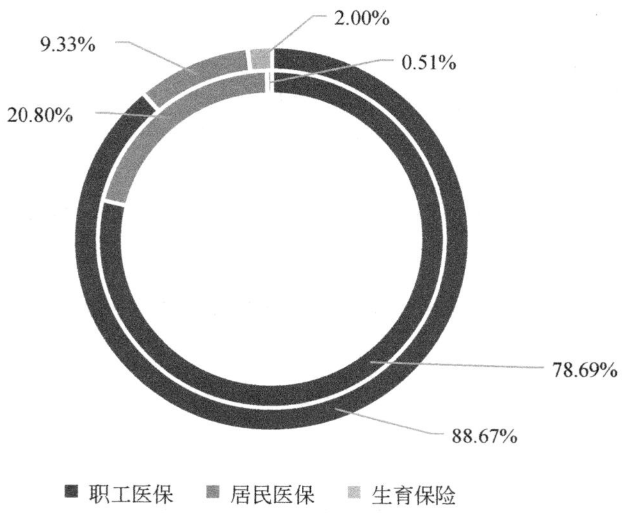

图 18-4　2018～2019 年我国各项社会保险基金当期结余比例

（五）百分条图

百分条图（percentage bar graph）是用一个矩形条子的面积表示事物的全部，用其中各段表示各构成部分，有单式百分条图和复式百分条图，其作用与饼图（单样本）和环形图（多样本）相同。百分条图可以竖排，也可以横排；竖排的百分条图，横坐标是分组，纵坐标是构成比，横排的百分条图，横坐标是构成比，纵坐标是分组。例如，表 18-10 是 2020 年某地医疗保障局对某医院开展稽查时发现的不合理用药情况，可以绘制为图 18-5 的百分条图。

表 18-10　2020 年某医院内外科医保稽查不合理用药处方数（张）

科别	用法用量	重复用药	给药途径	适应证
内科	984	456	230	140
外科	786	367	220	120

（六）线图

线图（line graph）是用线段的升降来表示统计指标的变化趋势，或某现象随另一现象的变迁情况，适用于随时间变化的连续型变量资料，用于分析某事物在时间上的发展变化趋势（变化幅度）。例如，图 18-6 是 2012～2019 年我国职工医保参保人员的住院率线图。

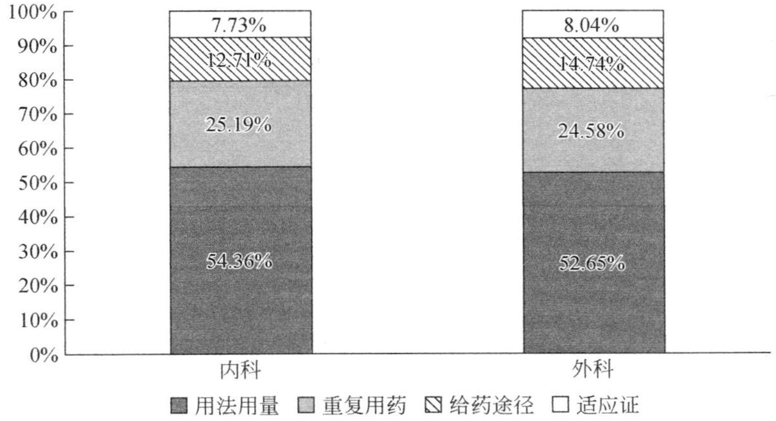

图 18-5 2020 年某医院内外科医保稽核不合理用药类型

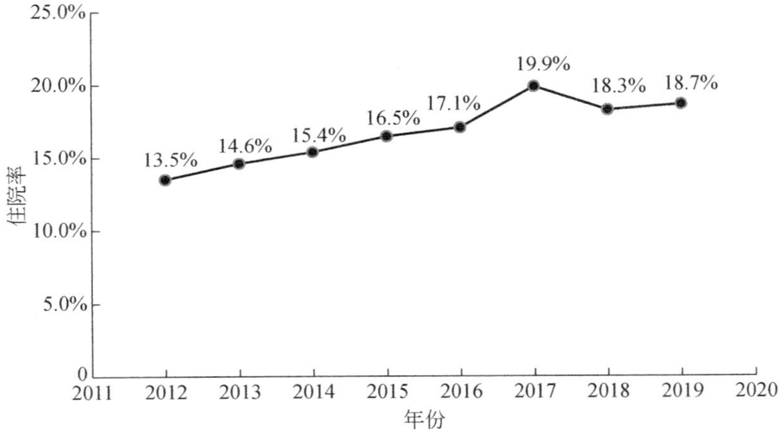

图 18-6 2012～2019 年我国职工医疗保险参保人员住院率线图

绘制线图时要注意：

（1）线图的纵横轴都是算术尺度，横轴通常为连续型的分组变量，如年份、年龄等，纵轴为统计指标值，如均数、频数、率等。

（2）纵轴通常从 0 开始，如果最小值与 0 差距很大，可在纵轴基部作断口，以求美观。横轴可以不从 0 开始，如果以组段为单位，则每组均以组段下限为起点，但绘制的坐标点应采用组段的中点。相邻的坐标点以直线相连，即按照实际数字绘制成折线，不可以绘制成光滑的曲线。

（3）纵横轴的比例要恰当，通常以 5∶7 为宜。

（4）若有两条以上线条时，要用不同颜色或线型加以区别，并附上图例。

（七）半对数线图

半对数线图（semi logarithmic line graph）是一种特殊的线图，其横轴为算术尺度，通常为连续型的变量如时间等，纵轴为对数尺度。适用于随时间变化的连续型资料，尤其是比较数值相差很大的多组资料比较，用于分析事物发展速度（或者是相对比）。表 18-11 是某地 1950～1966 年伤寒和结核病的死亡率，绘制成半对数线图，如图 18-7 所示。半对数线图的绘图要求与线图一致。

表 18-11　某地 1950 ~ 1966 年伤寒和结核病的死亡率

年份	伤寒死亡率（1/10 万）	结核死亡率（1/10 万）
1950	31.3	174.5
1952	22.4	157.1
1954	18.0	142.0
1956	9.2	127.2
1958	5.0	97.7
1960	3.8	71.3
1962	1.6	59.2
1964	0.8	46.0
1966	0.3	37.5

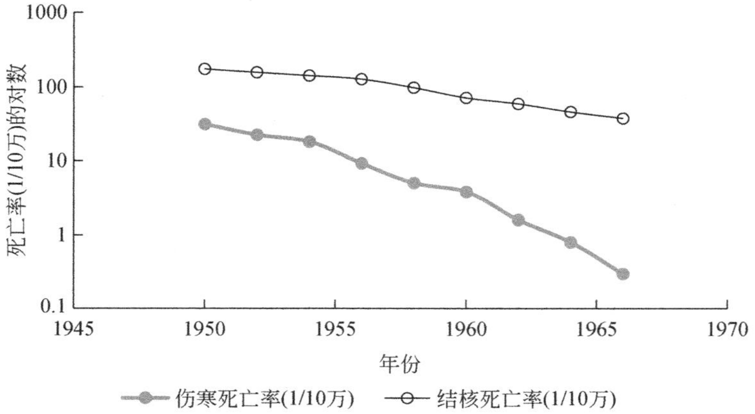

图 18-7　某地 1950～1966 年伤寒和结核病的死亡率半对数线图（纵轴为对数尺度）

（八）箱图

箱图（box chart）是由一组数据的最大值（maximum）、最小值（minimum）、中位数（median）、两个四分位数（quartiles）这 5 个值绘制而成的。它不仅可用于反映一组原始数据分布的特征，比如，分布是否对称，是否存在离群点等，还可以进行多组数据分布特征的比较，这也是箱线图的最大优点之一。绘制箱图时，首先找出一组数据的 5 个特征值，即最大值、最小值、中位数和两个四分位数（下四分位数和上四分位数），然后连接两个四分位数画出箱子，再将两个极值点与箱子相连接，中位数在箱子里面。例如，图 18-8 是 2018 年某地 45 岁以上职工医保参保人员体检时的收缩压和舒张压的箱图。

（九）散点图

散点图（scatter diagram）是用二维坐标展示两个变量之间关系的一种图形，它用点的密集程度和趋势表示两个变量间的相关关系；横轴与纵轴各代表一种事物（变量），纵轴与横轴尺度的起点，均不一定从 0 开始，每对数据在坐标轴中用一个点表示，*n* 对数据在坐标系中形成了 *n* 个散点，其图形称为散点图（详见相关分析）。

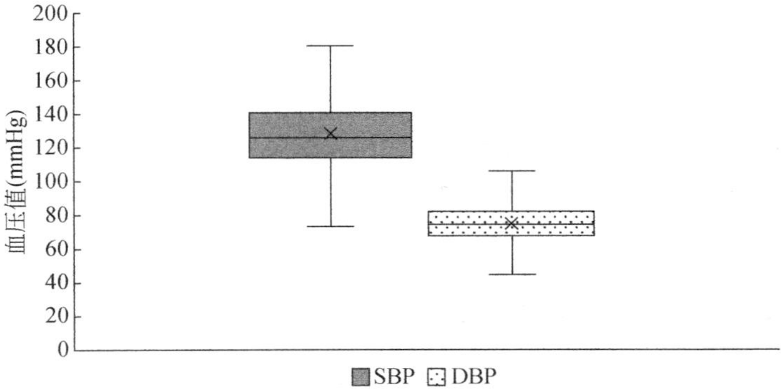

图 18-8 45 岁参保人群收缩压和舒张压箱图

（十）雷达图

雷达图（radar chart）是从一个点出发，用每一条射线代表一个变量，多个变量的数据点连接成线，即围成一个区域，多个样本围成多个区域。利用雷达图可以研究多个样本之间的相似程度。表 18-12 是 2019 年我国四个直辖市居民收入情况，绘制成雷达图，如图 18-9 所示。

表 18-12 2019 年我国四个直辖市居民收入结构情况

地区	工资性收入（元）	经营净收入（元）	财产净收入（元）	转移净收入（元）
北京	41214.1	1200.6	11257.0	14084.1
天津	27002.3	3095.5	3908.0	8398.4
上海	40024.7	2208.9	10055.1	17152.9
重庆	15474.7	4696.7	1792.4	6956.7

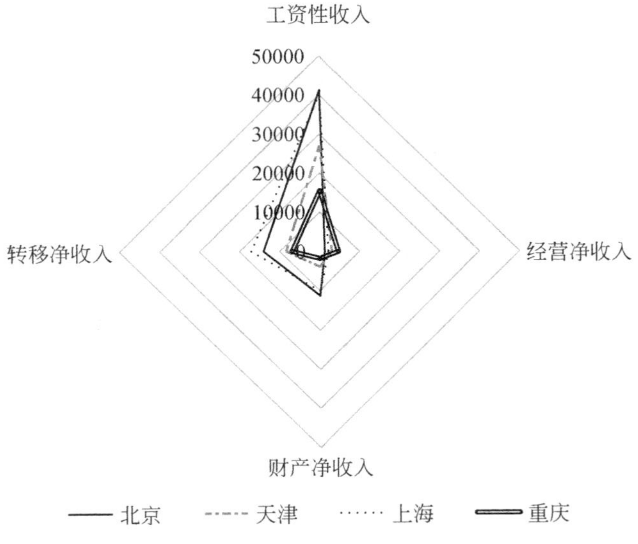

图 18-9 2019 年我国四个直辖市居民收入结构雷达图

（十一）双轴组合图

双轴组合图并不是统计图的一种，而是两种不同的统计图放在一起，其中一种作为主轴，另一种作为次轴，图 18-10 是 2013～2020 年我国职工医保对象次均医疗费用和费用的增长率。双轴组合图最常见的是条形图和线图或者是面积图和线图的组合。需要注意的是，双轴组合图的绘制必须遵循原图的绘图要求，如条形图和线图组合而成的双轴图，条形图部分需要按照条形图的绘图要求，线图部分要遵循线图的绘图要求。双轴组合图的优点在于将两组有关联的数据放在一起，可以增加对比，让读者快速从组合图中获得关联数据的信息，使结果的展示更加简洁、高效。

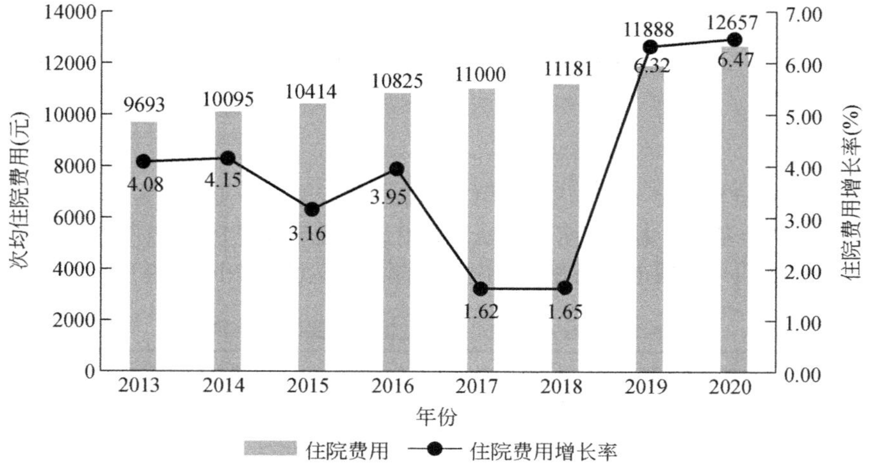

图 18-10　2013～2020 年我国职工医保对象次均医疗费用和费用的增长率

（十二）帕累托图

帕累托图（Pareto chart），也称为主次因素排列图，最早由意大利经济学家帕累托（V. Pareto）提出，目前广泛用于质量管理领域。帕累托图将影响质量的原因，按照影响的大小降序排列，并在同一张图中绘制出累积百分比图。帕累托图是双轴组合图，一种图是特殊的直方图（按大小顺序排列），另一种是累积频数分布图。帕累托图可以体现帕累托原则，即数据的大部分存在于很少的类别中，剩下的小部分数据分散在大部分类别中（二八定律）。帕累托图能方便管理者和研究者关注于影响质量的重要类别。表 18-13 是某地 2020 年医保部门对某家医院开展医保稽查时发现的超限用药的情况，绘制成帕累托图，如图 18-11 所示。

表 18-13　2020 年某医院医保稽查超限用药情况

超限用药类型	超限用药医嘱数（条）	构成比（%）
限适应证	2890	41.40
限二线用药	1987	28.46
限疗程	945	13.54
限特定医嘱	785	11.24
限用法用量	210	3.01
限年龄	89	1.27
限特殊人群	75	1.07
合计	6891	100.00

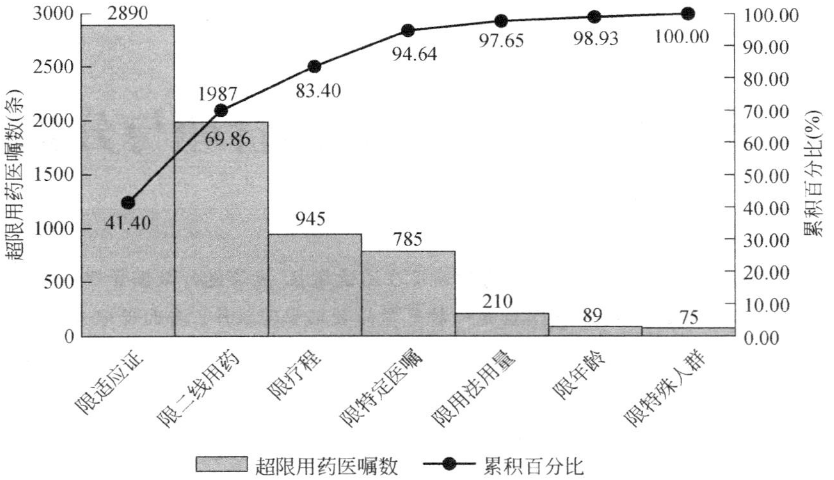

图 18-11　2020 年某医院医保稽核超限用药帕累托图

三、统计图选择原则

统计图类型繁多，如何选择合适的统计图是数据表达的关键。统计图的选择，主要依据资料的性质和分析目的，不同的资料类型和不同的分析目的，要选择合适的统计图，选择依据见表 18-14。

表 18-14　常见统计图的资料类型与作用

种类	资料类型	作用
直方图	连续型变量	描述资料的频数分布
线图	连续型变量	描述资料的统计指标变化趋势
半对数线图	连续型变量	描述资料的统计指标发展速度
箱图	连续型变量	描述资料的集中趋势和离散程度
散点图	连续型变量	描述两组资料的关系
条形图	离散型变量	描述资料统计指标数量大小
雷达图	离散型变量	描述不同样本之间构成差异
饼图	离散型变量	描述资料各部分的构成
环形图	离散型变量	描述多个资料各部分的构成

四、统计图与统计表的关系

统计表和统计图都是描述资料的重要方法，两者只是对同一数据的不同呈现形式。一般而言，先有统计表后有统计图，一般用统计表对资料进行初步整理后，对表中的数据，根据需要进行图形化和具体化，使之能更加清晰、直观地展示数据的特征。

但在一般的科技论文和报告中，对同一数据，一般不图表并用，即用了统计表后不再用统计图，用了统计图不再用统计表；如果要给读者以精确的数据，则用统计表；若给读者直观的数量关系，则用统计图。

一张好的统计图表，其共同的基本特征为①显示数据；②让读者把注意力集中在图形的内容上，而不是制作图表的程序上；③避免歪曲；④强调数据之间的比较；⑤一张图表说明一个问题；⑥有对图表的统计描述和文字说明。

（李跃平）

第十九章　计算机数据管理与分析

内容提要

随着科学技术的发展,数据量正以前所未有的速度在迅速增长。能够进行数据管理的软件很多,如Excel、Access、EpiInfo等，本章将要介绍的EpiData是一款免费的数据管理软件，自面世以来，以其强大的功能和简单的操作深受用户青睐，特别是其对调查表的数据录入和核查功能更是备受欢迎。数据分析软件也很多，有商用和免费软件，本章介绍的是SPSS，这是国际上最流行并具有权威性的统计分析软件之一，其最显著的特点是菜单和对话框的操作方式，易学易用，受到非统计学专业人员欢迎。

第一节　EpiData 3.1 数据管理

EpiData 数据管理软件由丹麦欧登塞组织开发，具有界面友好、操作简单、方便实用等特点。EpiData 软件可随时更新升级（www.epidata.dk/）。EpiData 4.6 是英文版，分成了数据管理（Manager）、数据录入（Entry Client）和数据分析（Analysis）三个模块，功能更加强大。本节着重介绍 EpiData 3.1 中文版软件的各项功能。

一、EpiData 软件概述

EpiData 3.1 软件最重要的功能是将纸质的调查问卷转化成为数字化的调查表，以方便进行数据的录入、管理及后续的统计分析。同时该软件可在数据录入的过程中及数据录入完毕后对数据进行核查，从而控制数据录入的质量。

EpiData 软件的安装、运行不依赖于系统文件夹中的任何文件，可以通过 setup.exe 文件在计算机中安装程序，也可以复制 EpiData.exe 文件到计算机中，直接使用。

二、EpiData 软件界面

EpiData 界面可分为菜单栏、工具条、按钮栏等部分，见图 19-1。

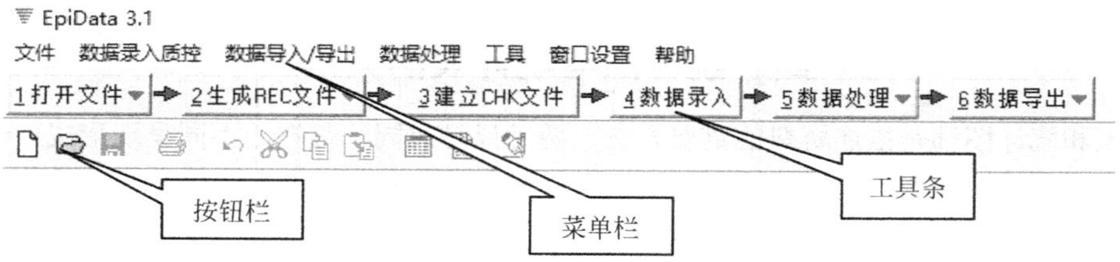

图 19-1　EpiData 3.1 操作界面

利用 EpiData 软件进行调查表输入，可以按照工具条所展现的步骤进行：①打开文件：打开已有的调查表文件，或者建立新的调查表文件（. qes），该文件决定数据库的结构；②生成 rec 文件：根据调查表文件建立空数据库文件（. rec），用于存放数据；③建立 chk 文件：建立数据核查文件（. chk），可存放数据的核对规则，控制数据的录入质量；④数据录入；⑤数据处理；⑥数据导出。

三、建立调查表文件

建立调查表文件是建立数据库、进行数据录入和管理的第一步。有三种方式可以进行调查表文件的建立：①单击菜单栏的“文件”→“生成调查表文件（.qes）”；②在工具条中单击“1 打开文件”→“建立新 qes 文件”；③单击按钮栏的 ，窗口中会自动显示一个空白的文档，可以调入调查表，即数据录入的框架。编辑完成后，保存该调查表文件，扩展名为“.qes”。

例 19-1　为了解农村老年人口对医疗保险的满意度及其影响因素，编制了如图 19-2 所示的调查表（部分项目），拟用 EpiData 3.1 建立数据库，并进行数据的录入。

1.所在地：____________ 乡镇/街道
2.性别：_____　①男　②女
3.出生年月：_____年_____月
4.目前的婚姻状况：_____
　　①在婚　②离异　③分居　④丧偶　⑤一直未结婚
5.文化程度_____
　　①文盲　②小学　③初中　④高中、中专及技校　⑤大专　⑥本科及以上
6.目前有几个健在的子女(包括亲生子女、继子女和养子女)_____
　　①0个　②1个　③2个　④3个及以上
7.平均每月收入有多少(包括退休金、养老金、子女给予、农业活动收入、个体经营等)_____
　　①≤500　②501~1000　③1001~2000　④≥2000

图 19-2　农村老年人口对医疗保险的满意度调查表（部分项目）

调查表文件的建立在 EpiData 文本编辑器中进行，可以自行编写调查表文件，也可以直接复制 word、txt 等版本的调查表后进行编辑，如图 19-3。编写完毕后，单击保存，生成以“.qes”为扩展名的调查表文件。

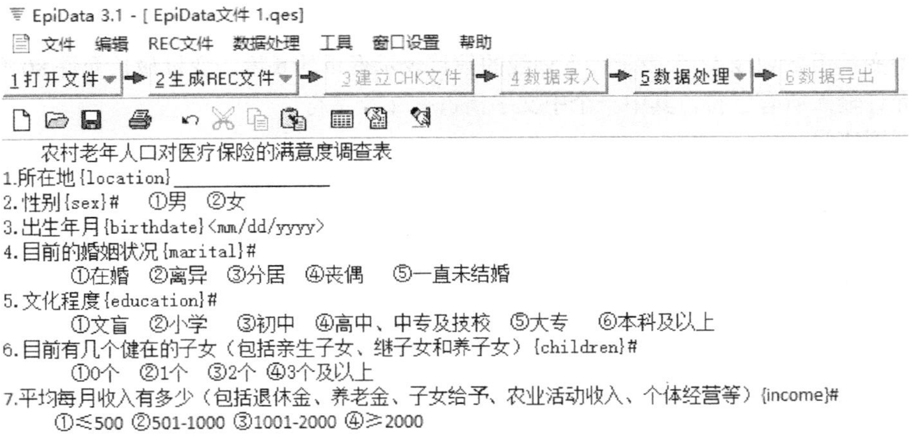

图 19-3　EpiData 文本编辑器（编写调查表文件界面）

（一）调查表文件的结构和内容

EpiData 调查表文件决定了数据库的数据结构和用户输入界面。调查表文件由三部分组成：①变量（字段）标签：是对变量进行解释和说明的文字部分。如例题中的第一个变量："所在地"即为变量标签，是对变量"location"进行说明的部分；②变量（字段）名：EpiData 文件中"{}"中的部分即为变量名。在同一数据库内，各个变量名必须唯一。详细的命名原则参见后续部分；③变量（字段）类型及录入格式：EpiData 文件中数值型变量用符号"#"表示，"#"的个数表示变量的长度，即可输入数字的个数。其余各种变量类型参见后续部分。

（二）变量类型

单击菜单"编辑"→"字段编辑器"，或者单击按钮栏，都可以打开变量类型选择列表，如图 19-4 所示。从中选择合适的变量类型插入即可。

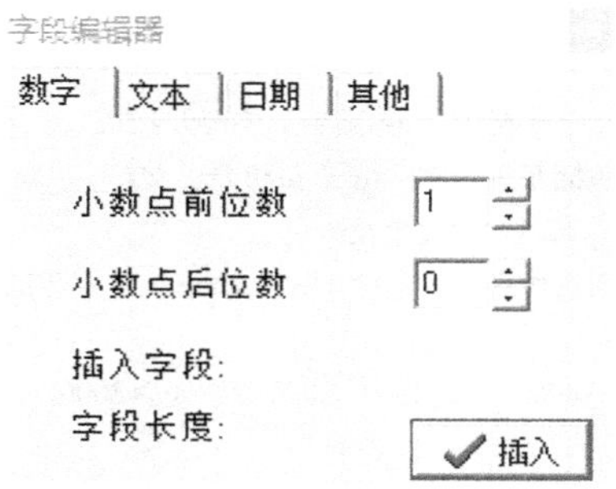

图 19-4　字段编辑器

1. 数值型变量

数值型变量用符号"#"表示，"#"的个数表示变量的长度，即可输入数字的个数。如输入"###"表示输入时最多只能输入三个数字。变量最长允许 14 个字符。EpiData 中，可以通过直接输入"#"来输入数值型变量，也可以如图 19-4 所示，将光标移至变量名后，调出字段编辑器，在对话框中设定小数点前后的长度，单击插入即可。

2. 字符型变量

字符型变量用下划线"_"表示，下划线的数目表示变量的长度，变量最长允许 80 个字符。字符型变量允许输入所有字符，其中一个中文字需占有 2 个字符。

3. 日期型变量

EpiData 3.1 中日期型变量有三种，变量形式分别为

欧式日期<dd/mm/yyyy>

美式日期<mm/dd/yyyy>

习惯的日期格式<yyyy/mm/dd>

录入日期的过程中允许输入数字和斜线"/"。日期变量的长度通常为 10 个字符，若输入字符不满 10 个，程序会进行自动转换。例如在欧式日期格式下输入 060514，程序会自动转换成 06/05/2014。

4. ID 号型变量

ID 号型变量是指能够自动生成 ID 号的变量，每录入一条记录，ID 号自动+1，用<IDNUM>表示。数据库中，记录号默认从 1 开始，也可自行修改起始 ID 编码。见图 19-5。

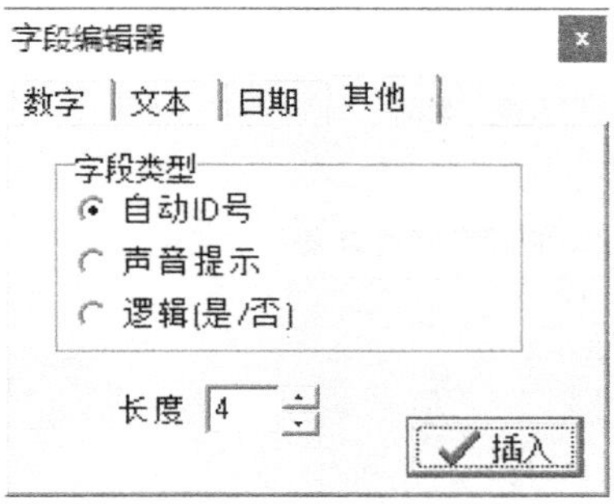

图 19-5　ID 号型变量

5. 逻辑变量

逻辑变量用<Y>表示，只允许输入 Y、N、1、0。输入“1”时，系统会自动转化为“Y”，如果输入其他字符，会出错。

（三）定义变量名

EpiData 中的变量名第一个字符一定为字母（A～Z），其余部分可以包含字母和数字，最多 10 个字符。变量名的命名方式有两种。①将第一个单词作为变量名。②使用“{}”内的内容自动添加变量名（字段名）。单击“文件”→“选项”→“生成 REC 文件”后可设置变量名，见图 19-6。也可单击图标▦，或者工具条“生成REC文件”→“数据格式预览”，可通过预览REC文件的方式了解程序采用的变量名、变量类型及长度，显示在文本编辑器的左下方，见图 19-7。此时，光标所在位置为变量“sex”，允许输入的数字为 1 和 2，变量长度为 1。数据预览格式即数据的录入界面，预览完毕后，可单击“文件”→“关闭数据表”关闭数据格式预览。

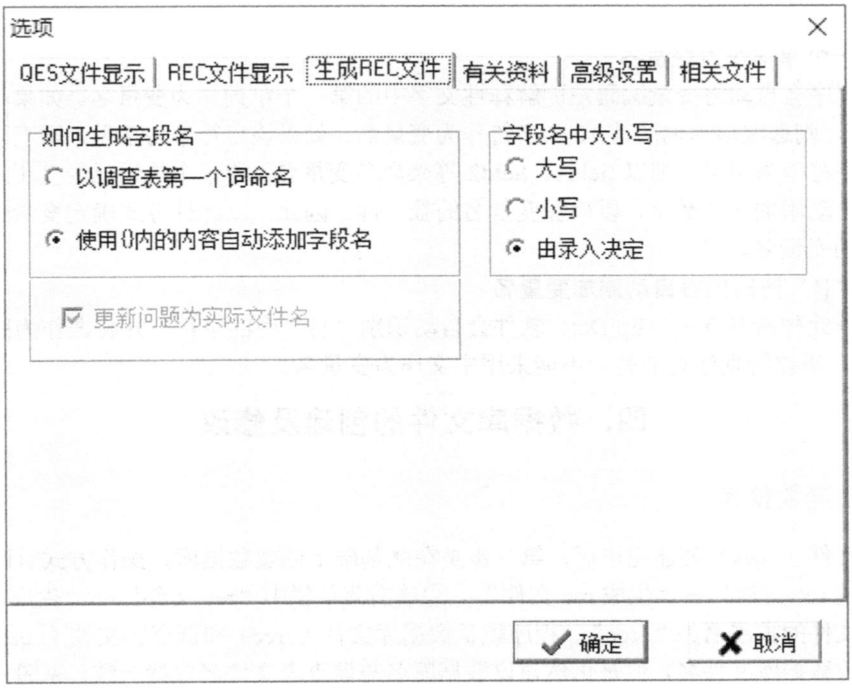

图 19-6　变量名定义方式及大小写的设置

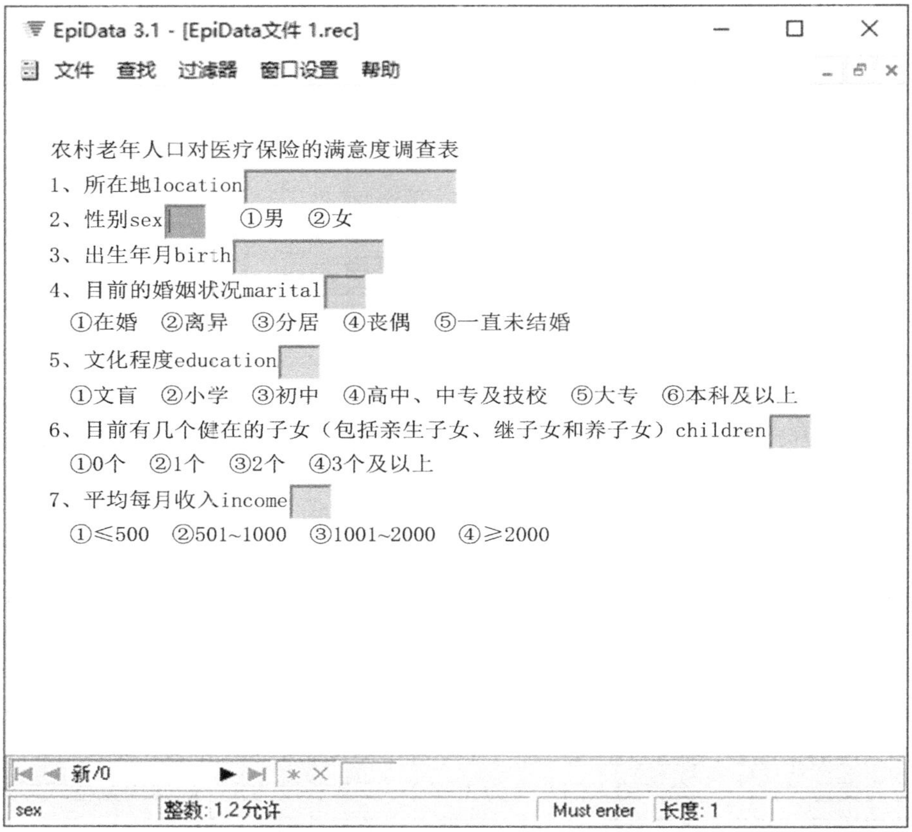

图 19-7 变量名、类型及长度

1. 将第一个单词作为变量名

此时，程序会自动将变量编码左侧解释性文字中的第一个单词作为变量名。如果单词的长度超过 10 个字符，则选取该单词的前 10 个字符作为变量名。如果该字符串为字母，则直接将其作为变量名；若该字符串为中文，则以 field1、field2 等来命名变量名。若一个单词已经使用过，再次出现时，程序会自动添加一个数字，以确保变量名的唯一性。因此，以此种方式确定变量名时，建议直接写出真正的变量名。

2. 使用“{}”内的内容自动添加变量名

强烈推荐此种命名方式。EpiData 软件会自动识别“{}”中的字符，并将之作为变量名，字符不能超过 10。需要特别注意的是，不能采用中文作为变量名。

四、数据库文件的创建及修改

（一）创建数据库

调查表文件（. qes）创建完毕后，第二步是在此基础上创建数据库，操作方式有两种：①单击工具条“生成 rec 文件”→“生成 rec 文件”；②单击菜单栏中“rec 文件”→“生成 rec 文件”。

数据库文件的扩展名为“. rec”，程序默认数据库文件（. rec）和调查表文件（. qes）名称相同，尽管可以修改数据库文件名，但是仍然建议数据库名与调查表文件名保持一致，见图 19-8。若新建的数据库与已有的数据库重名，程序会自动覆盖原先的数据库，则原有信息将丢失。若不想丢失原有数据库中的信息，可单击菜单栏“工具”→“根据修改的 qes 文件更新 rec 文件”。

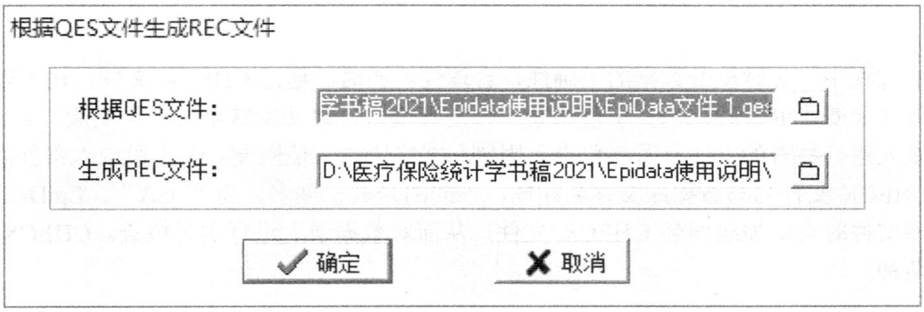

图 19-8　根据 qes 文件生成 rec 文件

生成数据库文件的过程中，可以加入一段简短的描述性文字（不超过 50 个字符），此为数据库标签，也可不输入数据库标签，直接单击“确定”即可。

（二）修改数据库

对于一个已经录有数据的调查表文件，可以修改数据库的结构，如增加/删减变量、修改变量的定义等。修改之后，原先的数据库以文件名“Filename. old. rec”存放在相同的文件夹中。具体操作如下：

（1）打开调查表文件（. qes），按照需要进行编辑，增加/删减变量等。

（2）保存修改后的调查表文件，然后关闭。

（3）单击菜单栏中“工具”→“根据修改的 qes 文件更新 rec 文件”。

（4）选择修改后的调查表文件和准备修改的数据库。

（三）重新定义变量名

具体操作为：“工具”→“字段重命名”，在弹出的对话框中进行修改，见图 19-9。重新定义变量名后，原有数据库会被另存为 Filename.old.rec，以备需要时恢复。

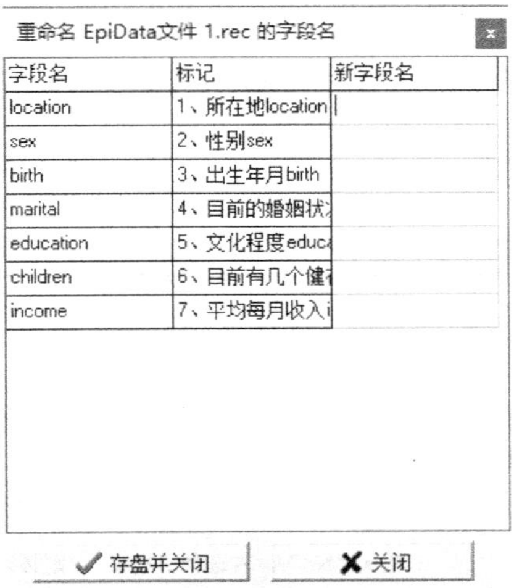

图 19-9　重新定义变量名

五、建立核查文件

在数据录入之前，可以设置核查文件，即 CHECK 文件，此时程序会自动根据设置的条件，在数据录入的过程中，实时检查数据的正确性、合理性。同时，通过 CHECK 文件，还可以控制数据录入的流程（如变量的跳转：当变量值为某一特定数值时，自动跳转至另一个变量）。EpiData 软件对数据录入进行核查的方法有①字段录入限制；②字段录入值限制；③字段录入条件限制；④逻辑检查。CHECK 文件名与数据库文件名相同，不同的是其扩展名，为“. chk”。EpiData 通常是在打开数据库文件时自动加载同名 CHECK 文件，从而对数据录入进行实时核查。CHECK 文件的创建方式有两种。

（一）菜单/工具条创建

关闭所有的“. qes”和“. rec”文件，单击菜单栏“数据录入质控”→“添加/修改录入质控程序”，或者单击工具条“3 建立 chk 文件”，选择需要建立 CHECK 文件的 rec 文件后，出现如下对话框，见图 19-10，该方式可以指定或修改变量的 CHECK 命令。

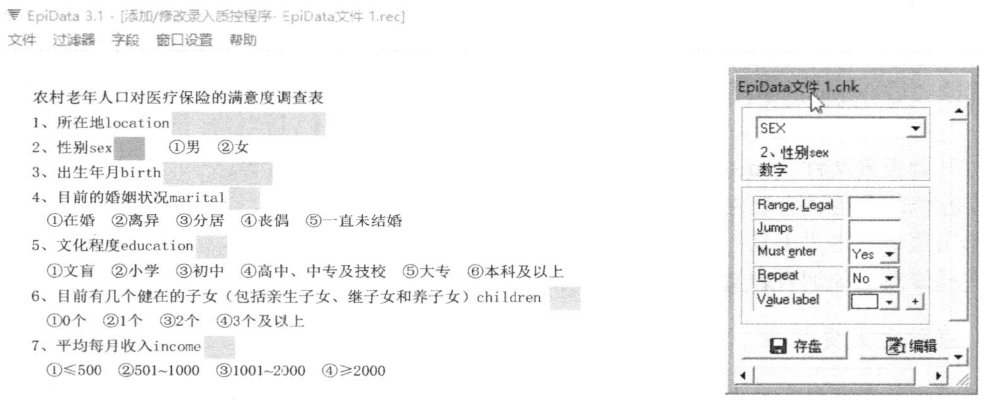

图 19-10 菜单中添加 CHECK 命令对话框

表 19-1 列出的是 CHECK 命令对话框的各个选项及定义方法。该对话框定义的是以变量为核查单位的实时 CHECK 命令，只针对特定的变量发挥作用。同时，针对同一变量的所有 CHECK 命令都可以组合使用。

表 19-1 CHECK 命令对话框各个选项的含义及其定义方法

项目	含义	定义方法
变量名	正在编写 CHECK 命令的变量	可通过下拉菜单的方式进行选择
Range	允许录入的数值范围	直接输入允许范围，形如“a-b”，上下限可以省略其中一个
Legal	允许值，允许录入的单个值列表	直接输入允许值，以“，”隔开。若既有范围，又有允许值，则范围必须在前
Jumps	变量跳转，输入后立即转到另一特定变量	形如“跳转值>目标变量命”。如 1>s5，表示当录入值为 1 时，跳转至变量 s5。或者输入完跳转值和大于号后，鼠标直接单击目标变量，也可以实现变量的跳转
Must enter	该变量必须输入数值	默认“No”，若选择“Yes”，则必须录入数值，否则无法进入下一个变量
Repeat	重复前次录入的数值	默认“No”，若选择“Yes”，则重复前一条记录当前变量的数值
Value label	数值标签	对录入的数值加上对应的文字注释，解释每个数值代表的含义。单击“+”，会弹出编辑器直接定义

针对数据库文件“EpiData 文件 1.REC”，编写 CHECK 命令见表 19-2。

表 19-2　CHECK 文件内容

变量名	变量含义	定义项目	定义内容
location	所在地	Must enter	Yes
sex	性别	Must enter	Yes
		Legal	1，2
birth	出生年月	Must enter	Yes
		Range	01/01/1900-01/01/1961
marital	婚姻状况	Must enter	Yes
		Range	1-5
education	文化程度	Must enter	Yes
		Range	1-6
children	子女数	Must enter	Yes
		Range	1-4
income	月收入	Must enter	Yes
		Range	1-4

（二）编辑器编写 CHECK 命令

上述第一种方法可以进行最基本的 CHECK 设置，使用编辑器可以添加更复杂的 CHECK 指令或者文件水平上的 CHECK 命令。这些命令包括公式计算、逻辑检查、数据录入完毕检查等。

1. CHECK 命令的结构

CHECK 文件中的所有命令都保存在块（blocks）中，EpiData 中有两种块：标签块和变量块。所有与某个变量相关的命令都保存在一个变量块中。变量块是以变量名开始，以命令 END 结束，用来进行变量水平的数据核查，见图 19-11。

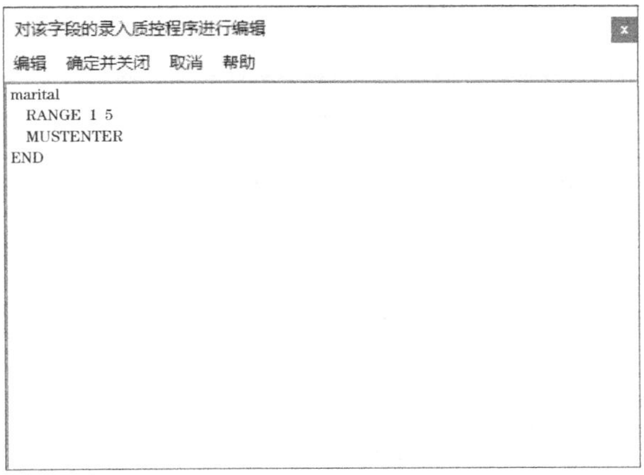

图 19-11　marital 的变量块

第一行表示一个变量名为 marital 的变量块开始，第二行表示输入范围 1-5，“Must enter”表示变量必须输入，“END”表示该变量块结束。

2. 常见的 CHECK 命令

（1）LEGAL/COMMENT LEGAL。是对变量允许录入的内容进行限定，在录入数据的过程中按 F9 键，程序会自动弹出一个允许值及其含义的列表，见图 19-12。如果录入过程中出现了非法值，程序会自动弹窗提示出错。LEGAL 命令形式如下：

LEGAL

　　值 1

　　值 2

END

（2）RANGE。为变量定义一组允许的数值。例如：

RANGE 0 10 ：允许录入 0 到 10 之间的数值；

RANGE-INFINITY 99：允许值为≤99。

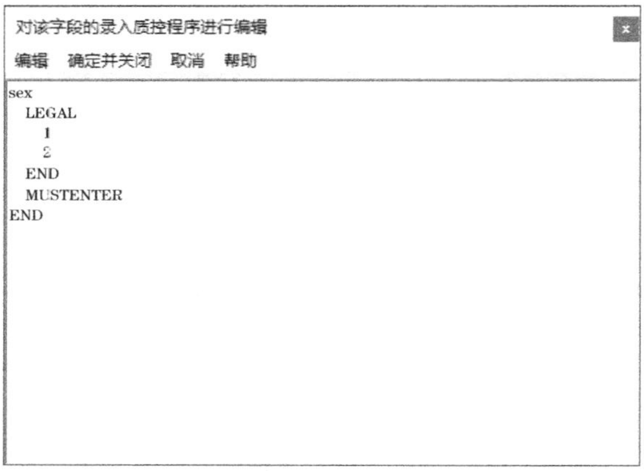

图 19-12　允许值及其含义列表

（3）JUMPS。即跳转命令。当本变量录入完成后，按照本变量指定值跳转到指定变量继续录入。JUMPS 是一个块命令，必须以 END 结束。在 JUMPS 和 END 之间，必须指定：当前变量可能录入的数值及与指定数值对应的、跳转的目标变量名。

（4）AOTUJUMPS/GOTO。当本变量录入完成后，直接跳转至指定变量继续录入。例如：

AUTOJUMPS v10 或者 GOTO v10；

AOTUJUMPS END 使光标直接跳转至该条记录的最后一个变量；

AOTOJUMPS WRITE 程序会弹出“是否存盘”的对话框。

（5）LET。赋值计算，使变量值等于某个数值或者某个算式的计算结果。LET 这个单词可以写也可以不写，例如：

LET v10=INTEGER（v4/v8）

需要注意：命令中等号左侧的变量名必须是数据库中已有的变量，否则该计算结果不能保存在数据库中。

（6）KEY。关键变量，指定某变量是数据库的关键变量，并作为识别数据记录的标志，这是建立数据库关联的关键。一个数据库可以设置多个关键变量，例如：

IDNUMBER

　KEY UNIQUE

END

指定“IDNUMBER”变量为该数据库的关键变量。KEY 命令为其所设置的变量创建了一个索引，可以加速寻找含有某个特定变量值的记录的过程。“KEY UNIQUE”表示该变量的录入值在数据库中是唯一的，防止数据重复录入，从而保证记录的唯一性。

（7）IF…THEN…ELSE…ENDIF。根据指定条件执行相应的命令。需要注意的是必须以 ENDIF

结束。命令中可嵌套其他的 IF…THEN 命令。例如：

IF（v4＞5）AND（v5＜8）THEN

条件表达式中必须有布尔逻辑结果（“真”或“假”）。条件表达式中可以包含几个部分，各部分之间用 AND 或者 OR 连接。每部分必须用“（）”括起来。

（8）AFTER ENTER。设置一个命令块，在当前变量录入完毕后执行，必须以 END 结束。例如：

```
ID
  MUSTTNEER
  AFTER ENTRY
  UID=V1*100+ID
  GOTO V4
  END
END
```

表示 ID 变量值必须录入，在录入完成后，变量 UID 的数值根据该赋值语句自动生成，然后，光标直接跳转至变量 v4。随后的 END 是 AFTERENTRY 命令的结束语，最后的 END 是 ID 变量块的结束语。

（9）BEFORE ENTER。设置一个命令块，其中的命令在当前变量激活但是尚未录入数据时执行，必须以 END 结束。

（10）HELP。使用该命令可以自动弹出一个消息框，消息框中的内容可以自行设定。例如：

HELP“是否继续（y/n）？”KEYS=“YN”。

六、输 入 数 据

调查表文件（. QES）、数据库文件（. REC）和 CHECK 文件（. CHK）创建完毕后，就可以开始输入数据了。输入数据有以下几种方式：

（1）单击菜单栏“文件”→“打开 EpiData 文件”，选择要打开的数据库（. REC）。

（2）单击菜单栏“数据导入/导出”→“数据录入/编辑”，选择要打开的数据库（.REC）。

（3）单击工具条“4. 数据录入”，选择要打开的数据库（. REC）。

数据录入界面见图 19-13。

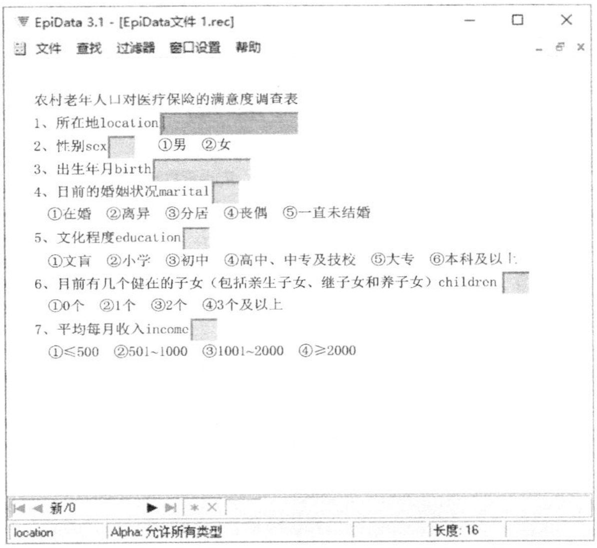

图 19-13 数据录入界面

数据录入界面中阴影部分为数据录入位置，其余内容与调查表内容基本相同。窗口下方可以看出该变量的录入控制提示。当一条记录中所有数据录入完毕，程序会自动提示录入员，是否保存该记录。若要终止录入，可以单击菜单中“文件”→“关闭数据表”或者单击窗口右上角的×。

（一）变量间的跳转

可在 CHECK 文件中事先建立变量间跳转的规则，使用 Enter 键、Tab 键或者↓键激活下一个变量。但是，如果在数据录入的过程中，使用鼠标实现变量间的跳转，则 CHECK 文件中的跳转规则会失效，因此，应尽量避免使用鼠标。

（二）记录之间的跳转

数据录入窗口的下方有一个导航条，可以实现记录的跳转，见图 19-14。

图 19-14　导航条

上图显示当前数据库中共有 2 条记录，可以输入新记录。可点击 、 、 等实现记录之间的跳转。

（三）查找记录

如果已知要查找的记录号，可以单击菜单栏“查找”→“定位记录”，后输入记录号即可；若不知道记录号，可以单击菜单栏“查找”→“查找记录”，程序会弹出如下对话框，见图 19-15。程序默认在当前变量上进行搜索。

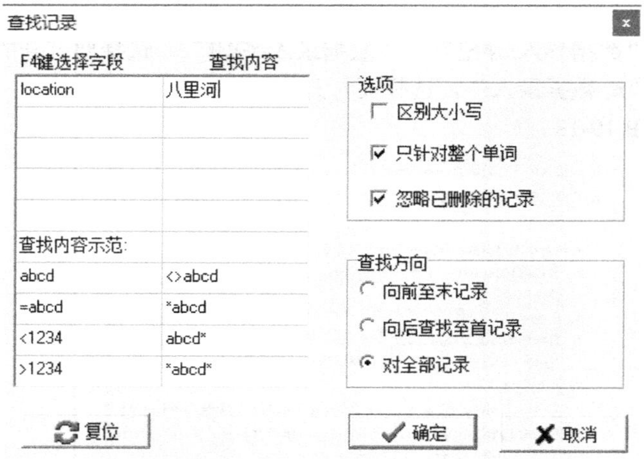

图 19-15　查找记录窗口

七、数据库管理

（一）双录入核对

为了保证数据录入的质量，通常要求双遍录入。双遍录入有两种情形，第一种是独立双录，即两个录入员分别录入同一份数据，保存为两个不同的数据库。第二种是实时双录，即第二次录入数据时实时与第一次录入的数据进行对比，即时核查、更正。

1. 独立双录

独立双录入时，单击菜单栏“工具”→“复制 REC 文件结构”，将已经建立好的数据库文件复制为另一个结构完全一样的新数据库文件，但是不包含已经录入的数据，见图 19-16，通常可以选择不复制字符型变量，如姓名、地址等。

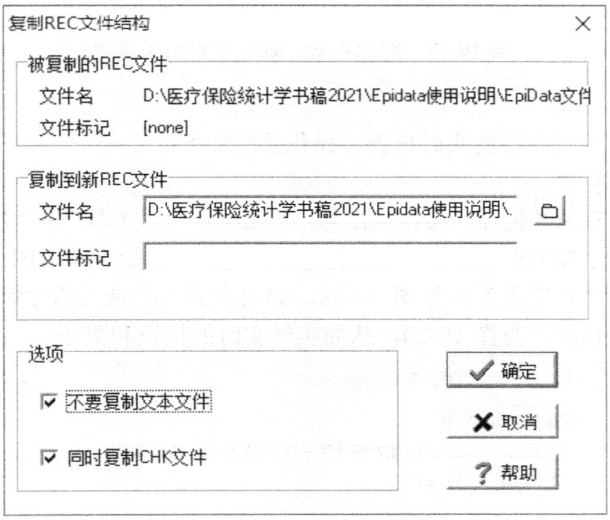

图 19-16　复制 REC 文件结构

2. 一致性检验

当双录入完毕后，单击菜单栏“数据处理”→“一致性检验（对调查表双录入后的差异比对）”，选择要进行比对的两个数据库文件名，并设置一些核查参数，见图 19-17，最后生成一致性检验报告，报告中可以提示双录入中不一致的部分，如图 19-18。

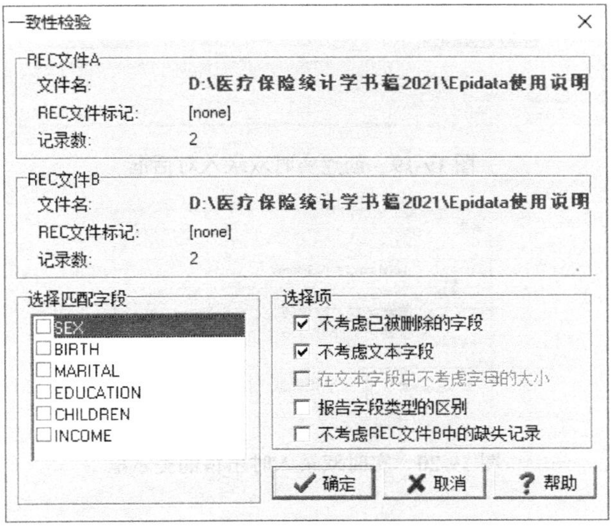

图 19-17　对两个数据库文件进行核查界面

REC文件A	REC文件B
记录 #1	记录 #1
date=06/06/1956	date=06/07/1956
记录 #3	记录 #3
sex=1	sex=2

图 19-18 双录入后一致性检验结果报告

3. 实时双录

可以实现第二遍录入过程中的实时核查。操作顺序如下：

（1）首先录入全部数据。

（2）其次创建实时双录数据库。具体操作为：单击菜单栏“工具”→“准备双录入实时校验”，选择数据库后单击“按字段匹配记录”，后选择关键字段（通常可采用 ID 号等唯一性变量），同时单击“双录入时忽略文本字段”，见图 19-19。如果在第二次录入的过程中出现了两次录入不一致的情形，程序会给出提示，见图 19-20，从而实现实时的检查和更正。

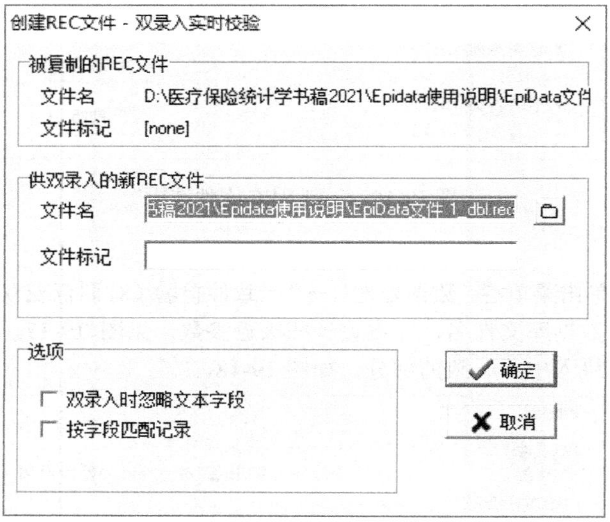

图 19-19 创建实时双录入对话框

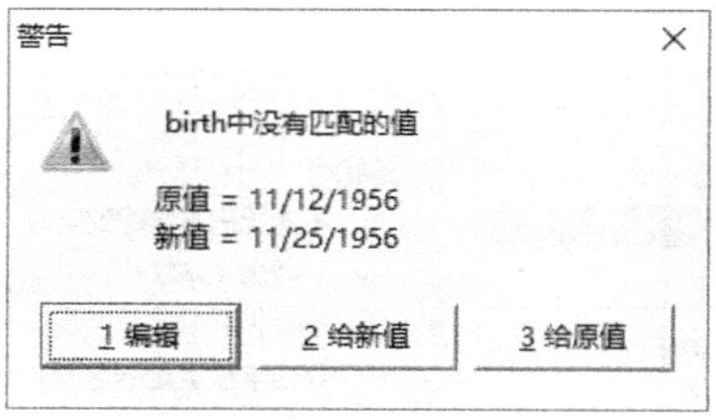

图 19-20 实时双录入时出错的提示框

（二）数据库的追加与合并

该功能可将两个数据库合并建立成另一个新的数据库。追加是将两个结构完全一样的数据库或者基本一样的数据库连接起来，相当于增加了记录数。合并是两个结构不同、但是有 1-3 个相同变量（通常选择 ID 变量或者 key 变量）的数据库进行合并，相当于增加了数据库的变量数。具体操作如下：

单击菜单栏“数据导入/导出”→“纵向追加记录/横向合并字段”，选择需要追加/合并的两个数据库，单击“确定”，见图 19-21。弹出的对话框中显示了两个数据库的情况。输入新的数据库文件名，选择追加 Append 或者合并 Merge。

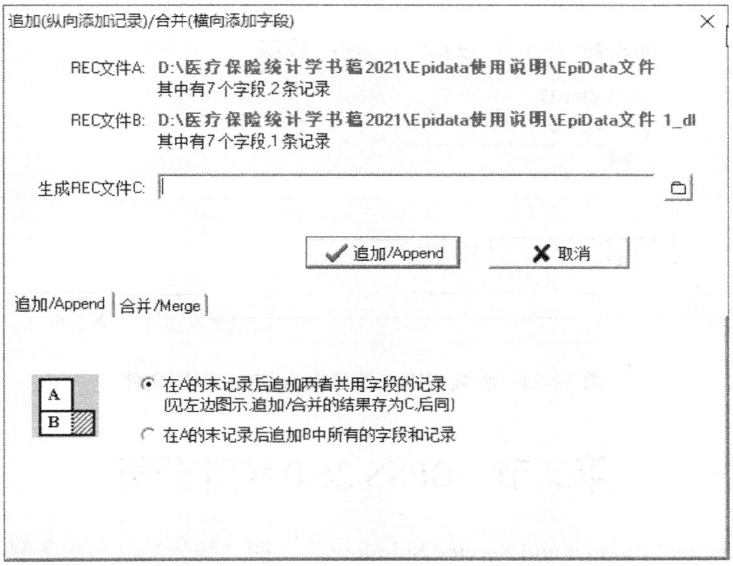

图 19-21　建立追加/合并数据库对话框

八、数据库的导出与导入

（一）数据库导出

该功能可以将数据库文件，即录入的记录导出为其他可供进一步分析和处理的文件类型，如 TXT 文件（文本文件）、DBF 文件（dBaseIII文件）、XLS 文件（Excel 文件）、DTA 文件（Stata 文件）、SPS 文件（SPSS 文件）、SAS 文件等。操作方式有两种，如下：

（1）单击菜单栏“数据导入/导出”→“数据导出”，选择所需的文件类型。

（2）单击工具条“6 数据导出”，选择所需的文件类型。

若采用 SPSS 软件进行数据的统计分析，导出 EpiData 数据库的方式如下：

（1）将 EpiData 数据库文件（.rec）导出为 SPSS 命令文件（后缀为.sps），见图 19-22。需要注意的是，该命令文件并不是 SPSS 数据库文件（.sav），需要在 SPSS 软件中进行正确的转化后，才能被调用并进行相应的统计分析，具体操作过程见下一节。

（2）将 EpiData 数据库文件（.rec）导出为 Excel 文件（.xls）、Stata 文件（.dta）等，打开 SPSS 软件并直接调用。

（二）数据导入

该功能可以将保存数据的其他类型的文件（EpiData 3.1 版本中支持 TXT 文本文件、DBF 文件、

SAS 文件），转换为 EpiData 的数据库文件。操作如下：单击菜单栏“数据导入/导出”，单击“导入数据”，选择相应的文件类型。

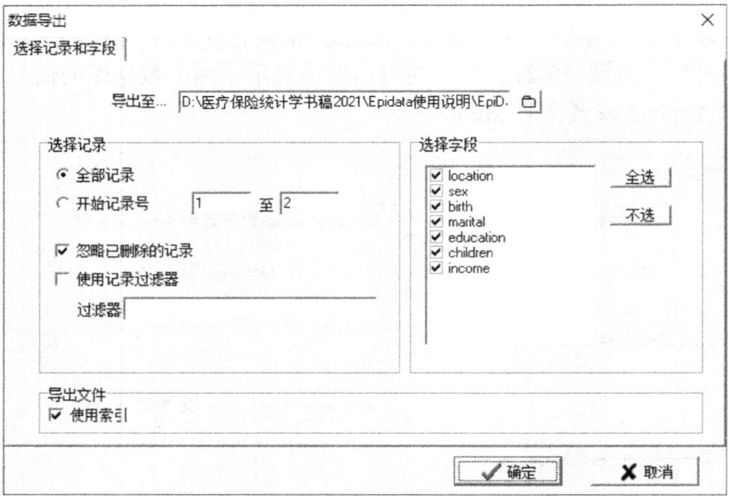

图 19-22　将数据库文件导出为 SPSS 程序文件

第二节　SPSS 26.0 统计分析

SPSS 指“Statistical Product and Service Solutions”，即“统计产品与服务解决方案”，是世界上最知名的统计分析软件之一，于 1968 年研制。目前广泛应用于自然科学、社会科学等各个领域并享负盛名。2009 年 IBM 收购 SPSS 公司后，推出了 IBM SPSS Statistics 多国语言版，使用者可以自行设置英文或简体中文操作界面，深受用户欢迎。其突出特点是操作方便，统计方法齐全，输出结果比较直观。当然，统计软件种类繁多，例如 SAS，被誉为国际上的标准软件系统，尤其是在多元统计分析、海量数据的管理等方面具有无可比拟的权威性，但其通过程序驱动的操作方式限制了非统计专业人员的使用。Stata 短小精悍、模块齐全，在生存数据分析、纵向数据分析等模块的功能甚至超过了 SAS，且在计量经济领域饱受赞誉。R 语言是一款免费的开源软件，其编程功能便捷而强悍，尤其是在基因分析中，可实现与在线基因数据库的连接，成为生态学研究者分析数据的不二选择。数据可视化是目前数据分析结果展示的趋势，Origin、Sigmaplot、Stata、R 等均具有强大的绘图功能。本文以 26.0 版本为例，介绍 SPSS 软件在本教材所涉及的基本统计分析和部分高级统计中的应用。

一、SPSS 窗口及菜单

（一）SPSS 窗口

1. 数据编辑窗口

数据编辑（Data Editor）窗口由数据窗口（Data View）和变量窗口（Variable View）组成，是一个标准的关系型数据库下的二维数据表，一行代表一个个案（记录），一列代表一个变量。数据窗口中可进行数据文件的录入、查看和编辑，每行代表一个个案的取值情况；变量窗口可用于变量的定义、编辑和显示，每行代表一个变量的具体属性。两个窗口可相互切换。如果同时打开了多个数据文件，则每个文件都有单独的数据编辑器窗口。数据文件的扩展名是“. sav”。

2. 结果输出窗口

显示计算输出的全部结果，并可对结果进行编辑和保存，以便查看。结果文件的扩展名是“. spv”。

3. 程序编辑窗口

可以通过编辑程序以实现不能通过对话框使用的特殊功能，或者保存已经执行过的命令，便于以后使用。打开程序编辑窗口的方式有两种：①单击菜单栏“File”→“New”→“Syntax”，打开程序编辑窗口（Syntax Editor）；②通过对话框进行统计分析时，单击 Paste 按钮，从而激活程序窗口。程序文件的扩展名是“. sps”。

这三个窗口是用户经常使用的，除此以外，还有透视表编辑器（主要用于修改显示在透视表中的输出，可以编辑文字、添加颜色、选择隐藏或显示结果等）、图表编辑器（可以对图表的分辨率、颜色、字体、大小等进行编辑）和文本输出编辑器（可以修改字体、颜色、大小）等。

（二）SPSS 菜单

SPSS 的菜单栏共有 11 个选项。①File：文件管理菜单，包括文件的建立、打开、保存、显示、重命名、存储库等。②Edit：编辑菜单，包括文本的复制、剪切、粘贴、查找、插入变量、插入记录及选项。在选项中可以进行不同语言之间的切换，方便读者使用。③View：视图菜单，包括状态栏、工具栏、菜单编辑器、字体、值标签等。④Data：数据管理菜单：包括变量的排序、选择、记录的筛选、数据库文件的合并和拆分、变量的赋权等。⑤Transform：转换菜单，包括变量值的计算、重新编码、缺失值替代、随机数字生成等。⑥Analyze：分析菜单，包括具体的统计分析过程。⑦Graphs：作图菜单，可以绘制各种不同的统计图。⑧Utilities：包括 OMS 控制面板、评分向导、定义变量集等。⑨Extensions：创建和编辑扩展束等。⑩Window：窗口菜单，包括窗口的显示、拆分和排列等。⑪Help：帮助菜单，提供帮助和指导。

二、SPSS 数据文件的建立

SPSS 软件中建立数据文件的方式有两种：一是读取其他格式的数据库文件；二是直接通过数据编辑器录入变量及其变量值，从而建立数据文件。

（一）读取其他数据库文件

直接读取其他格式的数据库文件，如.xls、.sta、.sas、.dat 等，如直接读取上一节中保存的 Excel 文件（.xls），具体操作为“File”→“Open”→“Data”，如图 19-23 所示。SPSS 软件与众多数据管理软件和统计分析软件具有良好的兼容性，也是其获得广泛使用的原因之一。

若是由 EpiData 生成的 SPSS 命令文件（.sps），需要在 SPSS 中进行相应的转化，才能读取数据，操作如下：

“File”→“Open”→“Syntax”，打开 SPSS 命令文件（.sps），提示在数据导出过程中生成了两个文件，分别是 SPSS 命令文件（.sps）和含有原始数据的 ASCII 文本文件（.txt）。

选中全部命令，单击“运行”，则可读取数据，见图 19-24。

（二）通过数据编辑窗口建立文件

1. 数据编辑窗口的组成

数据编辑窗口见图 19-24，由以下部分组成，分别是

图 19-23　SPSS 读取其他数据文件的操作界面

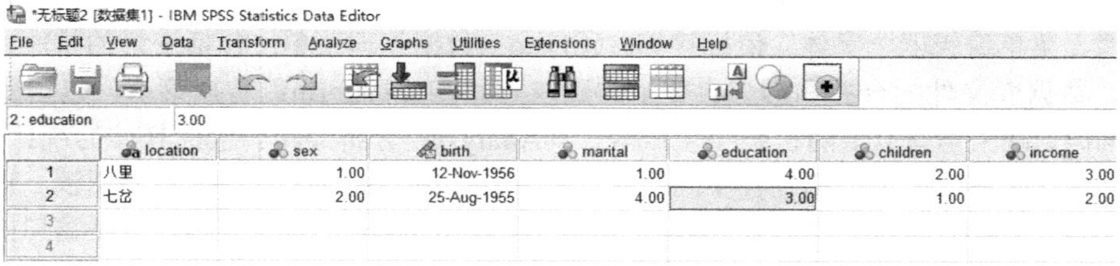

图 19-24　SPSS 数据库

（1）窗口标题栏。当 SPSS 启动成功后，屏幕最上方标有名为“IBM SPSS Statistics Data Editor”的窗口，当打开一个已经保存过的数据文件时，窗口标题栏显示该数据文件的名字。窗口标题栏下方依次为菜单栏和工具栏。

（2）当前数据栏。为工具栏下面左边一栏，显示当前光标位置上的变量名和记录号。

（3）数据输入栏。在当前数据栏右边，显示光标位置上的数据值，从键盘输入的数据先显示在该栏中，回车后，则显示在光标定位的单元格中。

（4）数据显示区。是当前数据栏下面的二维平面表格区域，表格顶部显示变量名，各单元格中显示各变量值。所选定的单元格边框被加黑，其数据将显示在数据显示栏中。

2. 数据文件的建立

录入数据的过程分为两个步骤。①录入数据之前，需对变量进行定义，包括定义变量名、变量类型、变量长度、变量标签（或变量值标签）及变量的格式（显示宽度、对齐方式、缺失值标记）等。②将每一个具体的变量值录入至数据库单元格内。输入了一个数据之后，回车或按↓，再输入第二个数据，……。

3. 修改变量名

数据编辑窗口中，鼠标单击左下方的“Variable View”菜单就可以打开定义变量的窗口。系统默认的第一个变量名 VAR00001，可以进行修改。变量名以字母或者汉字开头，其后可为字母、数字或除了“？”、“-”、“！”和“*”等特殊字符以外的字符。系统不区分变量名中英文字母的大小写，如 ABC 和 abc 被认为是同一变量。同时可对变量其他属性的默认值进行修改。

4. 变量类型与宽度

单击变量类型 Type 后的···按钮，可以展开 Variable Type 变量类型对话框，如图 19-25 所示。对话框左边显示有 9 种可供选择的变量类型，包括①Numeric 标准数值型；②Comma 带逗号的数值型，数值的整数部分从右向左每三位加一逗点；③Dot 加点数值型，无论数值大小，均以整数形式表示，每三位加一小点；④Scientific notation 科学计数型；⑤Date 日期型，可从软件指定的日期格式中加以选择；⑥Dollar 带有美元符号的货币数值型；⑦Custom currency 自定义型，可自定义数值宽度和小数位数；⑧String 字符型；⑨Restricted Numeric 受限制数值型，不使用数位分组的形式。其中，以标准数值型、日期型和字符型最为常用。参数框中 Width 表示数值的总宽度（默认为 8），Decimal 为小数位数（默认为 2），可根据需要进行修改。

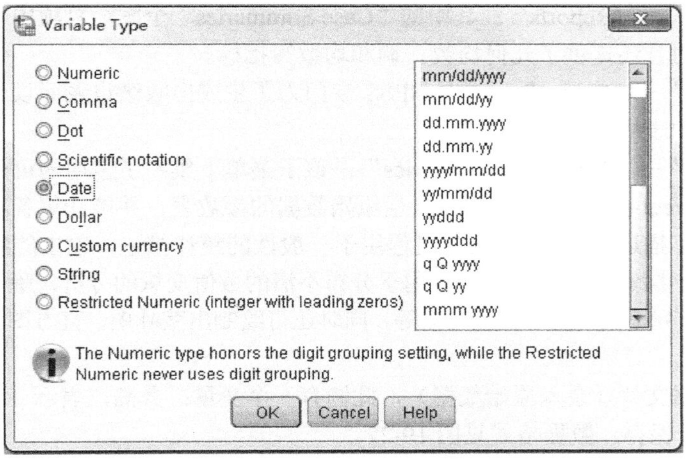

图 19-25　变量类型对话框

5. 变量标签及变量值标签

变量标签 Label 可对变量进行解释和说明，单击 Label 对应单元格直接填写标签内容。变量值标签 Value 是对变量的取值进行说明。例如，在输入性别变量时，“1”表示男性，“2”表示女性，见图 19-26。

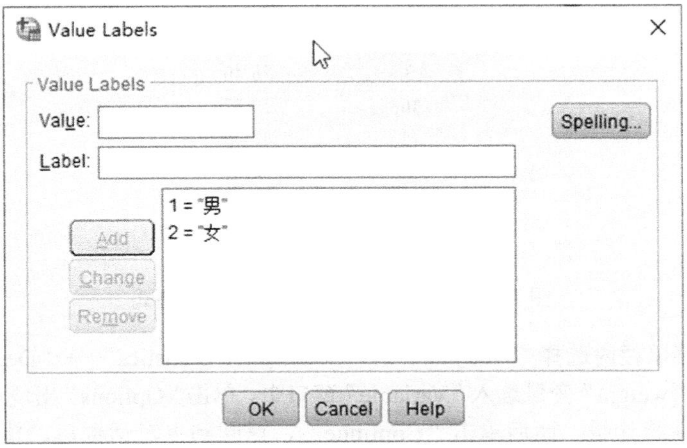

图 19-26　变量值标签对话框

除此以外，还可以定义变量的缺失值、数据列宽（默认是 8 个字符）以及数据窗口中变量值的对齐方式（左、中、右三种形式）。

三、数值变量资料的统计描述

对数值变量资料进行统计描述，可计算出均数、算术和、标准差、最大值、最小值、方差、极差及均数的标准误等统计量。

例 19-2 某市 2020 年测得 150 名 12 岁健康男童的体重（kg）（数据略），请对体重进行统计描述。

SPSS Statistics 中很多模块都具有统计描述的功能，除了各种统计推断的过程会附带描述性结果外，与统计描述相关的子菜单有

（1）“Analyze”→“Reports”：其中的“Case Summaries”个案汇总项中可以计算出一些常用的描述性统计量，而且还提供了几何均数、调和均数等指标。

（2）“Analyze”→“Tables”：这是 SPSS 专门为了生成出版级报表而设计的模块，可以根据用户需求生成复杂的表格。

（3）“Analyze”→“Descriptive statistics”：该子菜单下集中了常用的可用于数值变量统计描述的过程。频率（Frequencies）过程可以产生原始数据的频数表，并能计算各种百分位数、集中趋势和离散趋势指标。描述（Descriptive）过程用于一般性的统计描述，输出的统计量稍少，却是使用频率最高的过程。探索（Explore）过程用于分布不清的数值变量的分析，除了可以提供常见的描述性指标外，还可以列出极端值、截尾均数等，同时还可绘制出茎叶图、直方图、P-P 图、Q-Q 图等。

操作步骤如下：

（1）先建立数据文件（录入原始数据），此例有一个变量：身高，表示 12 岁男童的体重，并以文件名 weight.sav 保存，数据格式见图 19-27。

	weight
1	25.20
2	34.90
3	34.30
4	38.10
5	41.30
6	27.80
7	33.80
8	37.70
9	28.40
10	33.50
11	47.30
12	34.80
13	30.50
14	36.20

图 19-27 数值变量统计描述的数据格式

（2）在数据窗菜单栏内选择“Analyze”→“Descriptive Statistics”→“Descriptives”，展开对话框如图 19-28，将“weight”变量选入“Variable”窗口中，单击“Options”出现对话框，见图 19-29，根据需要选择描述性统计量，而后单击“Continue”，返回到主对话框后，单击“OK”，结果见表 19-3。

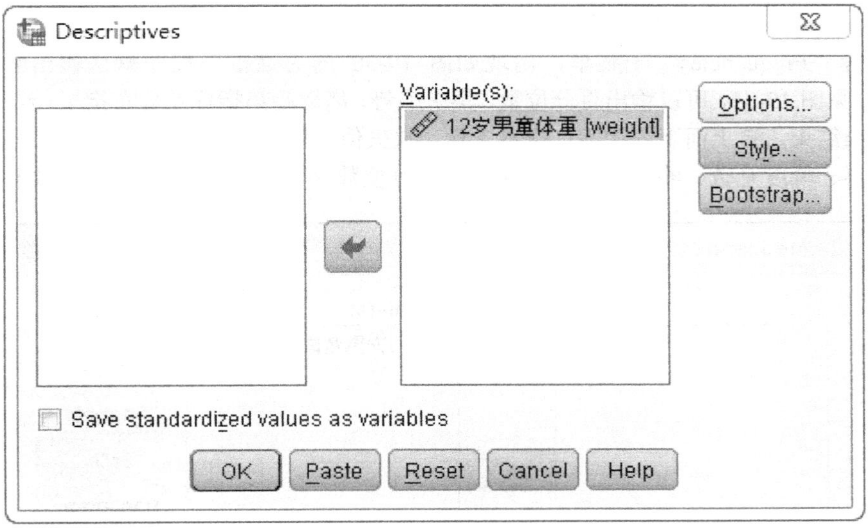

图 19-28　Descriptives 对话框

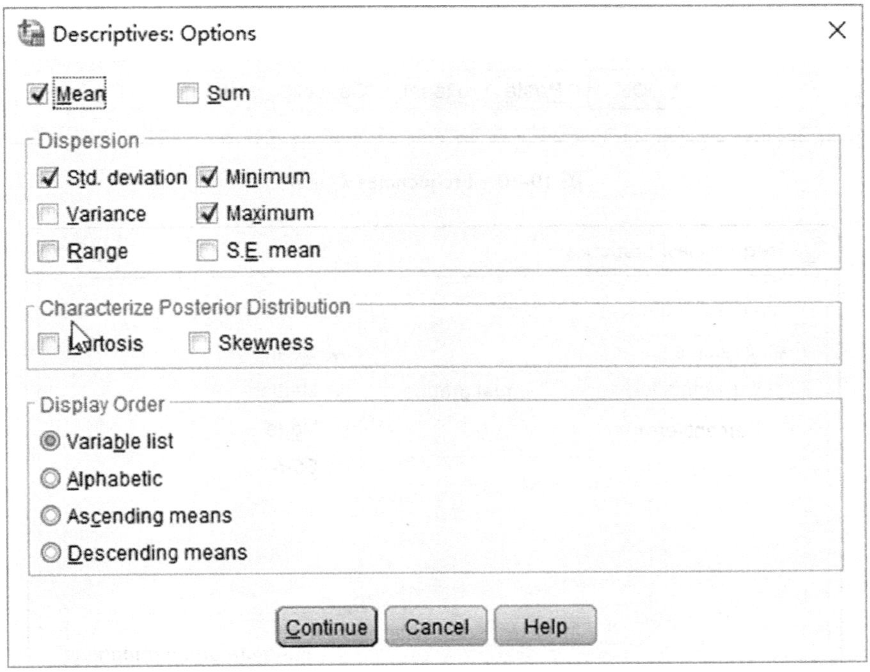

图 19-29　Descriptives 中 Options 对话框

表 19-3　数值变量统计描述结果表

	N	Minimum	Maximum	Mean	Std. Deviation
12 岁男童体重	150	20.10	51.20	36.0413	6.14981
Valid N（listwise）	150				

输出的结果依次是样本含量 150，最小值 20.1，最大值 51.2，样本均数 36.0413，标准差 6.14981。除了 SPSS 默认输出的这五个描述性指标，在“Descriptives”功能中还可以提供方差、求和、极差、

均数标准误、偏度系数和峰度系数等。

如果选择“Frequencies”子菜单，出现如图 19-30 的对话框，程序默认输出频数表。点击“Statistics”，见图 19-31，可以输出百分位数、集中趋势、离散趋势指标及分布指标，结果见表 19-4。

软件输出结果，自上而下依次为：样本含量、缺失值、均数、中位数、标准差、偏度系数、偏度系数标准误、峰度系数、峰度系数标准误、下四分位数 P_{25}，中位数及上四分位数 P_{75}。

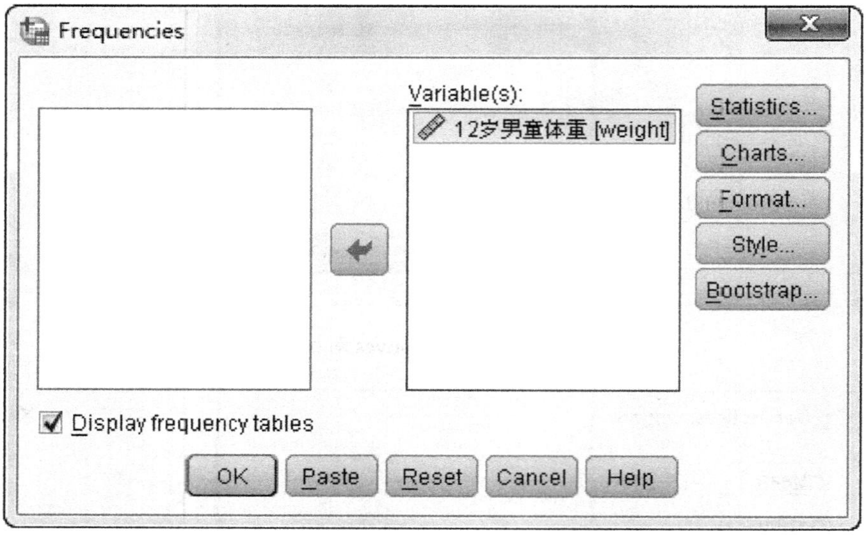

图 19-30 Frequencies 对话框

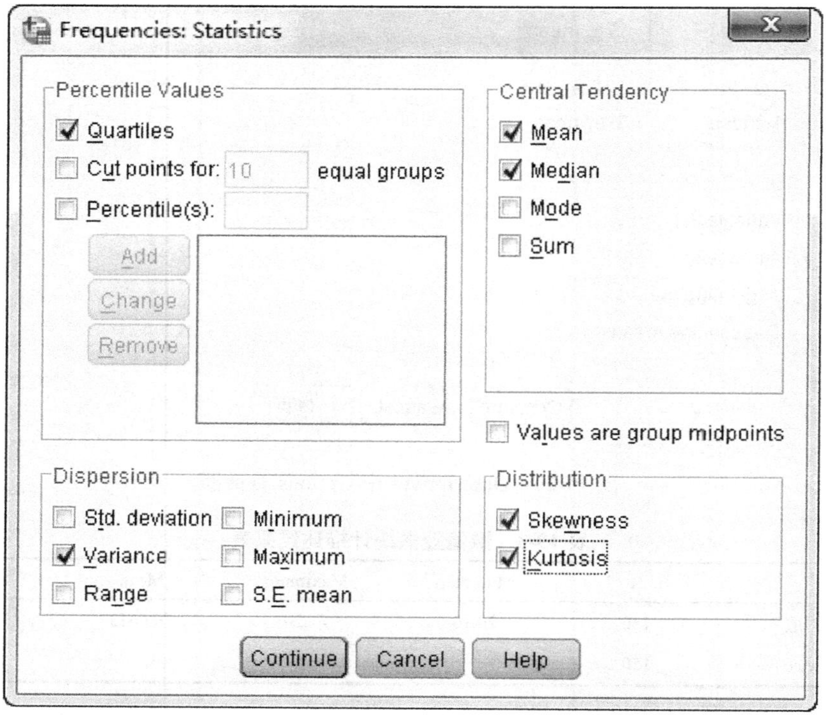

图 19-31 Frequencies 中 Statistics 对话框

表 19-4　数值变量统计描述结果表（frequencies 过程）12 岁男童体重

N	Valid	150
	Missing	0
Mean		36.0413
Median		36.2000
Variance		37.820
Skewness		-.050
Std. Error of Skewness		.198
Kurtosis		-.032
Std. Error of Kurtosis		.394
Percentiles	25	32.4000
	50	36.2000
	75	40.3000

四、数值变量资料的统计推断

数值变量资料的统计推断包含两个过程，一是参数估计，二是假设检验。

（一）总体均数的区间估计

例 19-3　以 12 岁男童体重数据为例，求其总体均数 95%的可信区间。

操作步骤如下：

依次单击“Analyze”→“Descriptive statistics”→“Explore”→“Statistics”，选择 Descriptives，结果见表 19-5。可知总体均数 95%的可信区间为 35.0491~37.0335kg。此外，Explore 过程还给出了其他描述性统计量。

表 19-5　Explore 过程分析结果

			Statistic	Std. Error
12 岁男童体重	Mean		36.0413	.50213
	95% Confidence Interval for Mean	Lower Bound	35.0491	
		Upper Bound	37.0335	
	5% Trimmed Mean		36.0644	
	Median		36.2000	
	Variance		37.820	
	Std. Deviation		6.14981	
	Minimum		20.10	
	Maximum		51.20	
	Range		31.10	
	Interquartile Range		7.90	
	Skewness		-.050	.198
	Kurtosis		-.032	.394

（二）*t* 检验

t 检验是对两个均数的差别有无统计学意义进行检验的过程。根据研究设计不同，共有三种不同的比较方式。

1. 单样本 *t* 检验

单样本 *t* 检验（One-Sample T Test）可用于推断样本代表的未知总体均数 μ 是否与一个已知的总体均数 μ_0 相同，μ_0 一般为理论值、标准值或经过大量观察所得的稳定值等。

例 19-4 利用例 19-2 的资料，假如该省 12 岁男孩平均体重为 35kg，问该市 12 岁男孩体重是否高于一般?

SPSS 软件操作步骤如下：

读取数据文件 weight.sav，或直接录入原始数据。

菜单栏中依次单击“Analyze”→“Compare Means”→“One-Sample T Test”，展开单样本 *t* 检验对话框，如图 19-32 所示，将变量“weight”选至“Test Variable（s）”框中，并在“Test Value”中填入已知的总体均数“35”，单击“OK”。结果见表 19-6。

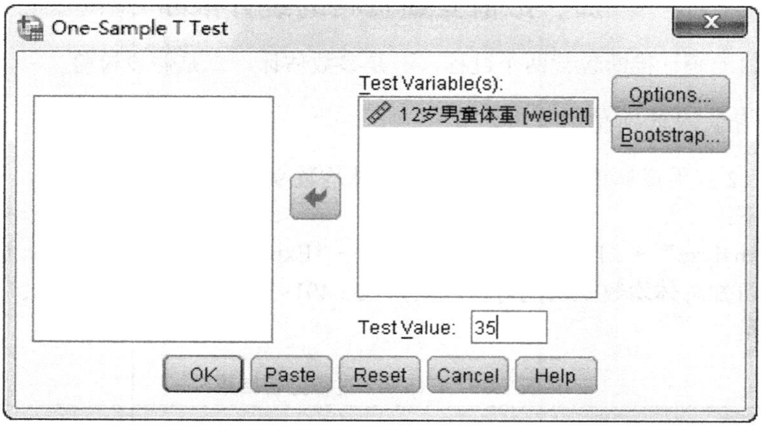

图 19-32 单样本 *t* 检验对话框

表 19-6 单样本 *t* 检验结果表

One-Sample Statistics

	N	Mean	Std. Deviation	Std. Error Mean
12 岁男童体重	150	36.0413	6.14981	.50213

One-Sample Test

	Test Value=35					
	t	df	Sig.（2-tailed）	Mean Difference	95% Confidence Interval of the Difference	
					Lower	Upper
12 岁男童体重	2.074	149	.040	1.04133	.0491	2.0335

表 19-6 中，首先给出了描述性统计量的结果，分别是样本含量、样本均数、标准差及样本均数的标准误。单样本 *t* 检验结果显示：t=2.074，自由度=149，*P* 值=0.040。两均数之差约为 1.04，差值的 95%可信区间（0.0491，2.0335），可知样本均数与总体均数的差异具有统计学意义，可以认为该市 12 岁男童体重不同于一般，可信区间显示，该市 12 岁男童的体重稍高。

2. 配对样本 *t* 检验

配对样本 *t* 检验（Paired-Sample T Test），用于配对设计中成对数据的差值与总体均数“0”的比较。

例 19-5 为研究尼莫地平的降压效果，现选用高血压患者 10 例，分别测得服药前与服药后一个疗程的舒张压（kPa），试分析此药对血压是否有影响。

SPSS 软件操作步骤如下：

建立数据文件：包含两个变量，分别是治疗前、治疗后的血压值，数据格式见图 19-33。

before	after
110.00	85.00
113.00	87.00
105.00	100.00
110.00	95.00
95.00	80.00
120.00	95.00
110.00	110.00
108.00	93.00
105.00	95.00
100.00	90.00

图 19-33 配对 *t* 检验数据格式

单击“Analyze”→“Compare Means”→“Paired-Samples T Test”，展开配对 *t* 检验对话框，如图 19-34 所示，将“before”和“after”变量指定为配对变量，单击“OK”，结果见表 19-7。

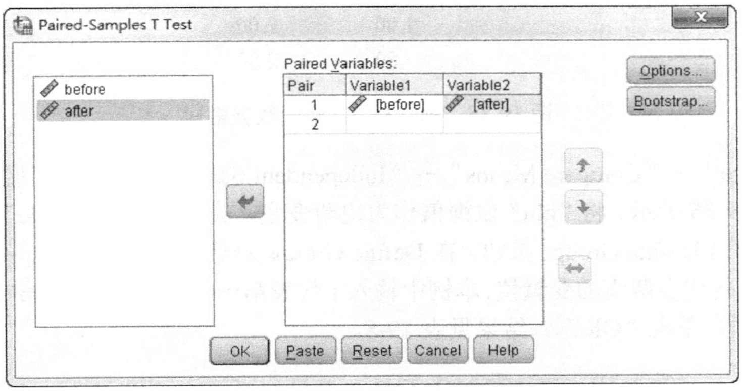

图 19-34 配对 *t* 检验对话框

表 19-7 配对 *t* 检验结果表

		Paired Differences					t	df	Sig.（2-tailed）
		Mean	Std. Deviation	Std. Error Mean	95% Confidence Interval of the Difference: Lower	Upper			
Pair 1	before - after	14.6000	8.78382	2.77769	8.31643	20.88357	5.256	9	.001

结果显示，用药前和用药后血压差值的均数为 14.6，差值的标准差为 8.78，差值均数的标准误为 2.78，差值 95%可信区间为（8.32，20.88）。配对 *t* 检验 t=5.256，自由度为 9，P=0.001，因此，

认为治疗前后血压值不同，治疗后血压值下降，该药有效。

3. 独立样本 *t* 检验

独立样本 *t* 检验（Independent-Samples T Test）主要用于完全随机设计中两个样本均数的比较。

例 19-6 某医院内分泌科为了观察某进口新药治疗Ⅱ型糖尿病患者的效果，将 20 名Ⅱ型糖尿病患者随机分成 2 组，一组接受该新药，另一组接受传统的Ⅱ型糖尿病药物二甲双胍，测得空腹血糖（mmol/L）降低值，问两药的疗效有无差别。

SPSS 软件操作步骤如下：

建立数据文件，此例中有两个变量：group（1-二甲双胍，2-进口药）和 glu-血糖值，数据格式见图 19-35。

glu	group
1.20	1.00
1.80	1.00
1.30	1.00
.70	1.00
1.30	1.00
1.70	1.00
1.20	1.00
1.00	1.00
.80	1.00
1.00	1.00
.70	2.00
.90	2.00
1.00	2.00
.80	2.00

图 19-35 独立样本 *t* 检验数据格式

单击“Analyze”→“Compare Means”→“Independent-Samples T Test”，展开独立样本 *t* 检验主对话框，如图 19-36 所示。将“glu”血糖值作为检验变量，放入“Test Variable”中；选择“group”作为分组变量，单击 Define Groups 按钮，在 Define Groups 对话框中选择 Use specified values，并在 Group 后面分别输入代表两组的变量值，本例中输入 1 代表第一组，输入 2 代表第二组，单击 Continue 按钮返回主对话框，单击“OK”。结果见表 19-8。

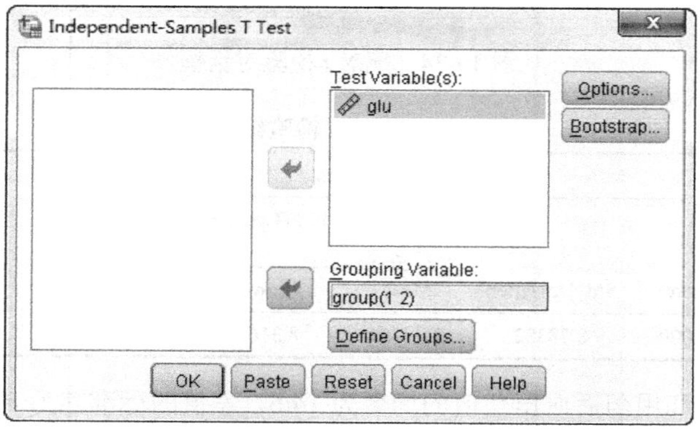

图 19-36 独立样本 *t* 检验对话框

表 19-8 中，首先是方差齐性检验的结果，F=3.034，P=0.099，因此资料满足方差齐性的要求。独立样本 t 检验的结果选取第一行即可，本例中，t=−0.615，自由度 df=18，P=0.546，因此进口药和二甲双胍疗效无差别。

表 19-8 独立样本 t 检验结果表

		Levene's Test for Equality of Variances		t-test for Equality of Means						
									95% Confidence Interval of the Difference	
		F	Sig.	t	df	Sig. (2-tailed)	Mean Difference	Std. Error Difference	Lower	Upper
glu	Equal variances assumed	3.034	.099	-.615	18	.546	-.13000	.21137	-.57407	.31407
	Equal variances not assumed			-.615	15.048	.548	-.13000	.21137	-.58040	.32040

（三）方差分析

1. 单向方差分析

单向方差分析（One-Way ANOVA）用于检验多个总体均数是否相等，该方法是两独立样本 t 检验的扩展。单向方差分析不考虑干扰因素的影响，对效应变量进行组间比较，主要用于完全随机设计多个样本均数比较的情景。

例 19-7 为了研究北京机关工作人员血脂水平，随机抽取了不同年龄男性各 10 名，检测他们的总胆固醇（TC）含量（mmol/L），问三个年龄组的总胆固醇平均含量之间是否有差别。

SPSS 软件操作步骤如下：

建立数据文件，此例中有两个变量：group（分组变量，1-青年组，2-中年组，3-老年组）和总胆固醇含量 X（效应变量），数据格式与独立样本 t 检验一致，见图 19-37。

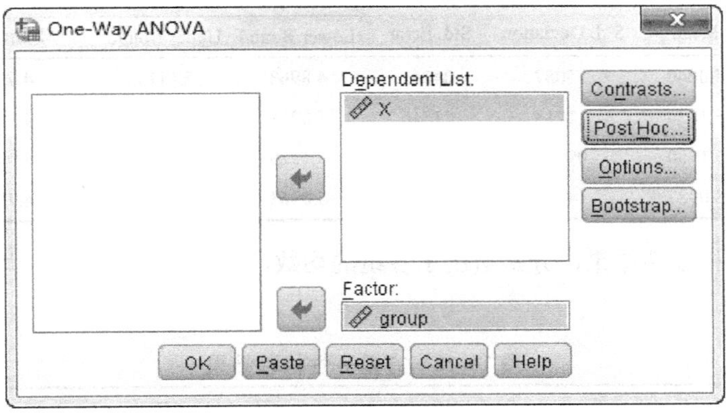

图 19-37 单向方差分析对话框

单击“Analyze”→“Compare means”→“One-Way ANOVA”，进入主对话框，将胆固醇含量 X 选入“Dependent List”，group 变量选入“Factor”，见图 19-38。

单击“Option”，选择“Descriptive”进行变量的描述性统计和“Homogeneity of Variance”进行方差齐性检验。

单击“Post Hoc”，选择多重比较的方法。单向方差分析中如果总体均数之间存在差异，就可以进行多重比较以确定哪些均数间存在差别。单向方差分析中提供的多重比较方法，见图 19-38。常见几种多重比较方法的优缺点如下：

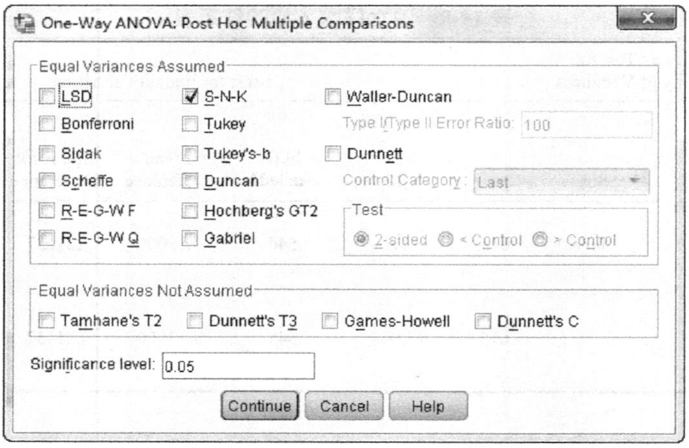

图 19-38 单向方差分析-多重比较

LSD 法：是最灵敏的方法，会犯假阳性的错误。

S-N-K 法：可以进行均数间全面的两两比较，有助于寻找同质亚组。

Dunnet-t 法：常用于多个试验组与一个对照组的比较。

Tukey 法：组别较多（4 组以上）时首选。

Scheffe 法：最为保守的方法。

分析结果见表 19-9～表 19-12。

表 19-9 单向方差分析描述性结果表

	N	Mean	Std. Deviation	Std. Error	95% Confidence Interval for Mean		Minimum	Maximum
					Lower Bound	Upper Bound		
1.00	10	5.0040	.15057	.04761	4.8963	5.1117	4.78	5.21
2.00	10	5.1020	.11213	.03546	5.0218	5.1822	4.89	5.25
3.00	10	5.1900	.09381	.02966	5.1229	5.2571	4.98	5.31
Total	30	5.0987	.14014	.02559	5.0463	5.1510	4.78	5.31

表 19-9 显示了描述性结果，分别给出了各组的均数、标准差、标准误、均数 95%可信区间、最大值和最小值等。

表 19-10 方差齐性检验结果

Levene Statistic	df1	df2	Sig.
1.937	2	27	.164

表 19-10 显示了方差齐性检验结果，Levene 统计量=1.937，P=0.164，因此满足方差齐性的要求。

表 19-11　单向方差分析结果

	Sum of Squares	df	Mean Square	F	Sig.
Between Groups	.173	2	.087	5.897	.008
Within Groups	.396	27	.015		
Total	.570	29			

表 19-11 分别给出了组间变异、组内变异、自由度、组间均方、组内均方，F=5.897，P=0.008，因此均数间存在差别，不同年龄组机关工作人员总胆固醇含量不同。

表 19-12　SNK 法结果

group	N	Subset for alpha = 0.05	
		1	2
1.00	10	5.0040	
2.00	10	5.1020	5.1020
3.00	10		5.1900
Sig.		.082	.116

多重比较的结果显示：青年组和中年组无区别，中年组与老年组无区别，青年组和老年组有区别。

2. 双向方差分析

双向方差分析用于随机区组设计，效应指标为数值变量资料，控制区组变量（干扰因素）的影响，对效应变量的组间进行比较。

例 19-8　将 18 名原发性血小板减少症患者按年龄相近的原则配为 6 个区组，每个区组中的 3 名患者随机分配到 A、B、C 三个治疗组中，测得患者治疗后的血小板升高值，问 3 种治疗方法的疗效有无差别。

SPSS 软件操作步骤如下：

建立数据文件，此例中有三个变量：X（血小板升高值，效应变量），treat（1-A 组，2-B 组，3-C 组）和 block（区组变量，表示 1-6 个区组），数据格式见图 19-39。

X	treat	block
3.80	1.00	1.00
4.60	1.00	2.00
7.60	1.00	3.00
8.60	1.00	4.00
6.40	1.00	5.00
6.20	1.00	6.00
6.30	2.00	1.00
6.30	2.00	2.00
10.20	2.00	3.00
9.20	2.00	4.00
8.10	2.00	5.00
6.90	2.00	6.00
8.00	3.00	1.00
11.90	3.00	2.00
14.10	3.00	3.00
14.70	3.00	4.00
13.00	3.00	5.00
13.40	3.00	6.00

图 19-39　随机区组设计方差分析数据格式

单击“Analyze”→“General Linear Model”→“Univariate”，将变量 X 选入“Dependent List”，将 treat 和 block 选入“Fixed factor”，单击“Model”，选择 Custom，单击“type”中的“Main Effect”，分析主效应。

结果见表 19-13。可知对 treat 治疗方式进行检验，F=79.338，P=0.000，因此不同治疗方式效果不同；对 block 进行检验，F=12.333，P=0.001，可知不同区组之间有差别。

表 19-13　双向方差分析结果表

Source	Type III Sum of Squares	df	Mean Square	F	Sig.
Corrected Model	179.135	7	25.591	31.477	.000
Intercept	1409.805	1	1409.805	1734.077	.000
treat	129.003	2	64.502	79.338	.000
block	50.132	5	10.026	12.333	.001
Error	8.130	10	.813		
Total	1597.070	18			
Corrected Total	187.265	17			

五、分类变量资料的统计推断

χ^2 检验是最常用于分类变量资料的假设检验方法，主要用于两个或多个样本率或构成比的比较，也可用于两个分类变量之间的关联性分析，及频数分布的拟合优度检验。

（一）四格表资料的 χ^2 检验

例 19-9　为了解城镇居民医疗保险参保情况，某研究者随机抽取甲、乙两社区进行调查，问两社区城镇居民的医疗保险参保率是否有差别。

SPSS 软件操作步骤如下：

建立数据文件：SPSS 可以作为记录数据的载体，在调查/实验完成后，可以将记录直接保存为 SPSS 的原始数据形式，此时，一条记录对应一个研究对象。另一种记录数据的形式是频数表格式，仅记录每一分类变量各类别的频数，这样的形式比较直观，但是在分析过程中需要采用赋权命令“Weight Cases”指定频数变量。

本例中应输入三个变量，r（行变量，表示不同社区）、c（列变量，表示参保和不参保），f（表示频数变量）。数据文件如图 19-40 所示。

row	column	freq
1.00	1.00	96.00
1.00	2.00	15.00
2.00	1.00	82.00
2.00	2.00	33.00

图 19-40　四格表资料卡方检验数据格式

指定 freq 为频数变量：单击“Data”→“Weight Cases”，选择 Weight Cases by[freq]。

单击“Analyze”→“Descriptive Statistics”→“Crosstabs”，选择变量 row 进入“Rows”，选择变量 column 进入“Columns”。

点击“Statistics”，选择“Chi-square”。结果见表 19-14。可知，本例中最小理论频数为 23.58，因此选择 Pearson 卡方检验的结果 χ^2=7.783，P=0.005，甲乙两社区参保率不同。

表 19-14　四格表资料卡方检验结果

	Value	df	Asymp. Sig.（2-sided）	Exact Sig.（2-sided）	Exact Sig.（1-sided）
Pearson Chi-Square	7.783	1	.005		
Continuity Correction	6.902	1	.009		
Likelihood Ratio	7.949	1	.005		
Fisher's Exact Test				.006	.004
Linear-by-Linear Association	7.748	1	.005		
N of Valid Cases	226				

（二）配对四格表 χ^2 检验

例 19-10　某研究者用两种不同方法对 81 份肺癌患者血清学样品进行检测，问两种血清学方法检测结果有无差异。

SPSS 软件操作步骤如下：

建立数据文件：本例应输入三个变量，freq 表示频数变量，a（表示甲法的检测结果，1-阳性，2-阴性），b（表示乙法的检测结果，1-阳性，2-阴性），数据格式见图 19-41。

a	b	freq
1.00	1.00	26.00
2.00	1.00	15.00
1.00	2.00	30.00
2.00	2.00	10.00

图 19-41　配对 χ^2 检验数据格式

指定 freq 为频数变量：单击“Data”→“Weight Cases”，选择 Weight Cases by［freq］，单击“Analyze”→“Nonparametric tests”→“Related samples”，单击 run，后进行设置：“Objective”中指定目标，“Fields”中指定要分析的变量，本例中为 a 和 b；“Settings”中可以设置选项，并对数据分析过程进行微调。

分析过程中也可以单击“Analyze”→“Nonparametric test”→“Legacy dialogs”→“2 Related Samples”，将变量 a，b 选入右侧 Test Pairs，选择 McNemar 法。结果见表 19-15 和表 19-16。

表 19-15　配对四格表

a	b	
	1.00	2.00
1.00	26	30
2.00	15	10

表 19-16　配对四格表 χ^2 检验结果

	a & b
N	81
Chi-Square	4.356
Asymp. Sig.	.037

由结果可知，χ^2=4.356，P=0.037，甲、乙两种方法检测结果不同。

（三）行×表资料的 χ^2 检验

例 19-11　某研究者将 241 例急性淋巴细胞白血病患者随机分为 3 组，分别采用 A、B、C 三种治疗方案进行治疗，问三种不同疗法白血病的缓解率有无差别。

SPSS 软件操作步骤如下：

建立数据文件：本例中应输入三个变量，method 表示方法，分别为 A 法、B 法和 C 法，result 表示结局，分别为缓解和未缓解，freq 表示频数，数据文件如图 19-42 所示。

method	result	freq
1.00	1.00	56.00
1.00	2.00	22.00
2.00	1.00	38.00
2.00	2.00	45.00
3.00	1.00	17.00
3.00	2.00	63.00

图 19-42　行×表 χ^2 检验的数据格式

指定 freq 为频数变量：单击“Data”→“Weight Cases”，选择 Weight Cases by Freq。

单击“Analyze”→“Descriptive Statistics”→“Crosstabs”，选择变量 method 进入“Rows”，选择变量 result 进入“Columns”。

单击“Statistics”，选择“Chi-square”，结果见表 19-17。结果显示所有的理论频数都大于 5，χ^2=40.615，P=0.000，因此三种方法的缓解率不同。

表 19-17　行×表 χ^2 检验的结果表

	Value	df	Asymp. Sig. （2-sided）
Pearson Chi-Square	40.615	2	.000
Likelihood Ratio	42.565	2	.000
Linear-by-Linear Association	40.435	1	.000
N of Valid Cases	241		

六、回归分析与相关分析

（一）直线回归

直线回归也称线性回归、简单回归，用回归方程的形式反映两个数值变量之间数量上的依存关系。这两个变量中，一个作为自变量（independent variable），一个作为因变量（dependent variable）。

例 19-12　某地测得 10 名 3 岁儿童的体表面积（m^2）与体重（kg）资料，试求由体重推算体表面积的直线回归方程。

SPSS 软件操作步骤如下：

建立数据文件：本例输入两个变量，第一列 X 表示体重，第二列 Y 表示体表面积。

绘制散点图：单击"Graphs"→"Legacy Dialog"→"Scatter/Dot"→"Simple"，指定自变量和因变量，绘制散点图。当散点图提示两变量间存在线性趋势时，直线相关和回归才有意义。本例中，体重和体表面积之间的散点图如图 19-43 所示，可见线性趋势存在。

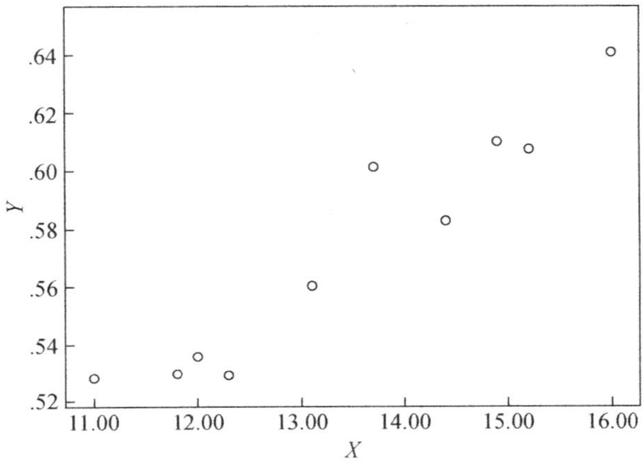

图 19-43　体重（X）和体表面积（Y）散点图

直线回归：单击"Analyze"→"Regression"→"Linear"，展开直线回归对话框，见图 19-44。

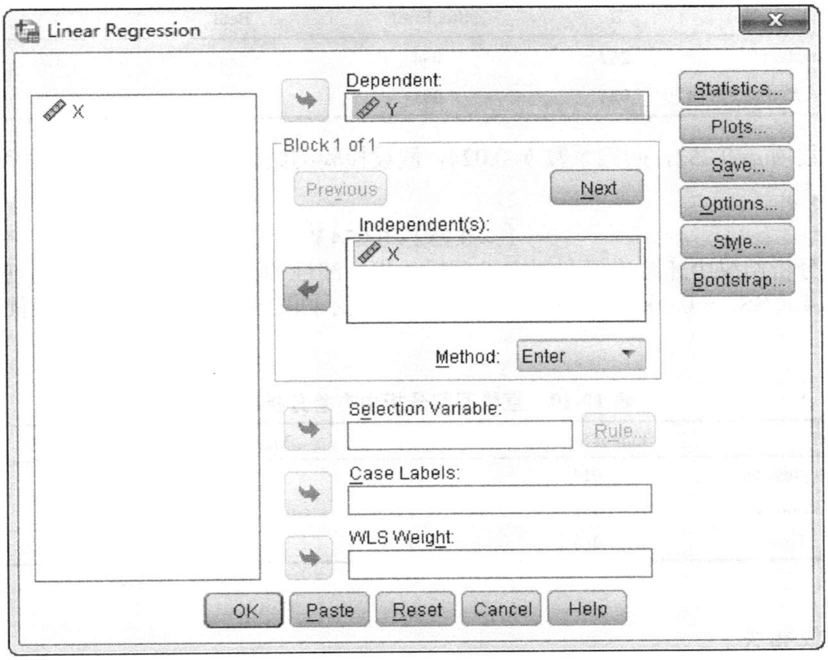

图 19-44　直线回归对话框

各部分说明如下：

Dependent 选入回归分析的因变量，本例中为体表面积（*Y*）。

Block 由 Previous 和 Next 两个按钮组成，用于将 Independent 框中选入的自变量进行分组。分组后的自变量可以采用不同的选入方式：前进、后退、逐步等。

Independent 选入回归分析的自变量，本例中为体重（*X*）。

Method 自变量的选入方法，有 Enter、Stepwise、Remove、Backward、Forward 五种。该选项对当前 Independent 框中的所有变量均有效。默认的选入方法为 Enter 法。

Enter：强行进入法，所有自变量全部纳入模型。

Stepwise：逐步法，可在 Options 选项中事先设定变量的纳入和排除标准。

Remove：强制剔除法，只出不进，筛选是以 Block 为单位，按照剔除标准将同一 Block 内的变量一次全部剔除。

Backward：后退法，对已经纳入方程的变量按照 *Y* 的贡献由小到大依次剔除，直到方程中所有变量均不符合剔除标准。

Forward：前进法，只进不出，对已经纳入方程的变量不再考虑其显著性，直到方程外所有变量均达不到入选标准。

Selection Variable 选入一个筛选变量，并利用右侧 Rule 建立一个选择条件，只有满足条件的记录才会进入回归分析。这一操作与“Date”菜单中的“Select Data”等价。

Case Labels 选择一个变量，其取值将作为每条记录的标签。通常使用记录 ID 号的变量。

WLS Weight≫ 可利用该按钮进行加权最小二乘法的回归分析。

单击“OK”。结果见表 19-18 和表 19-19。

表 19-18 直线回归分析结果表

Model		Unstandardized Coefficients		Standardized Coefficients		
		B	Std. Error	Beta	t	Sig.
1	(Constant)	.252	.034		7.370	.000
	X	.024	.003	.958	9.435	.000

可知，常数项 *a*=0.252，回归系数 *b*=0.024，假设检验的结果提示，直线回归关系存在，由此可以建立回归方程：

$$\hat{Y} = 0.252 + 0.024X$$

直线回归分析结果中还给出了利用方差分析法进行线性关系假设检验的结果。见表 19-19。可知 $SS_{回归} = 0.014$， $SS_{剩} = 0.001$，*F*=89.01，*P*=0.000，显示回归有意义，体重和体表面积之间的回归方程有意义。

表 19-19 直线回归分析中方差分析结果表

Model		Sum of Squares	df	Mean Square	F	Sig.
1	Regression	.014	1	.014	89.010	.000
	Residual	.001	8	.000		
	Total	.015	9			

（二）直线相关

例 19-13 以例 19-12 数据进行直线相关分析。

SPSS 软件操作步骤如下：

建立数据文件：本例输入两个变量，*X* 表示体重，*Y* 表示体表面积。

单击“Analyze”→“Correlate”→“Bivariate”，将变量 *X* 和 *Y* 移至 Variables 矩形框中。

对话框下部 Correlation Coefficients 栏中列出了三种相关系数，可根据资料的性质选用：

Pearson 相关复选项，即简单相关系数。

Kendall' s tau-b 复选项，即 Kendall 秩相关系数。

Spearman 相关复选项，计算等级相关系数。

直线相关分析的结果见表 19-20。结果显示，体重和体表面积之间的直线相关系数为 0.958，假设检验的结果显示 P=0.000，说明存在直线相关关系。

表 19-20　体重和体表面积直线相关分析结果表

		X	Y
X	Pearson Correlation	1	.958**
	Sig. （2-tailed）		.000
	N	10	10
Y	Pearson Correlation	.958**	1
	Sig. （2-tailed）	.000	
	N	10	10

**. Correlation is significant at the 0.01 level（2-tailed）

（三）多重线性回归

多重线性回归（multiple linear regression）是研究一个因变量与多个自变量之间线性关系的统计分析方法。

例 19-14　收集了某地 29 名 13 岁男童身高 *X*1（cm），体重 *X*2（kg），肺活量 *Y*（L）的信息，试建立肺活量与身高、体重的多重线性回归方程。

SPSS 软件操作步骤如下：

建立数据文件，本例中输入三个变量，分别是身高、体重和肺活量，数据结构见图 19-45。

X1	X2	Y
135.10	32.00	1.75
163.60	46.20	2.75
156.20	37.10	2.75
167.80	41.50	2.75
145.00	33.00	2.50
165.50	49.50	3.00
153.30	41.00	2.75
160.50	47.20	2.25
147.60	40.50	2.00
155.10	44.70	2.75
143.00	31.50	1.75
160.80	40.40	2.75
158.20	37.50	2.00
144.50	34.70	2.25
156.50	32.00	1.75

图 19-45　多重线性回归数据结构

单击“Analyze”→“Regression”→“Linear”，系统弹出主对话框如图 19-46。将肺活量（*Y*）放入 Dependent 框中，将身高（*X*1）和体重（*X*2）放入 Independent 框中。

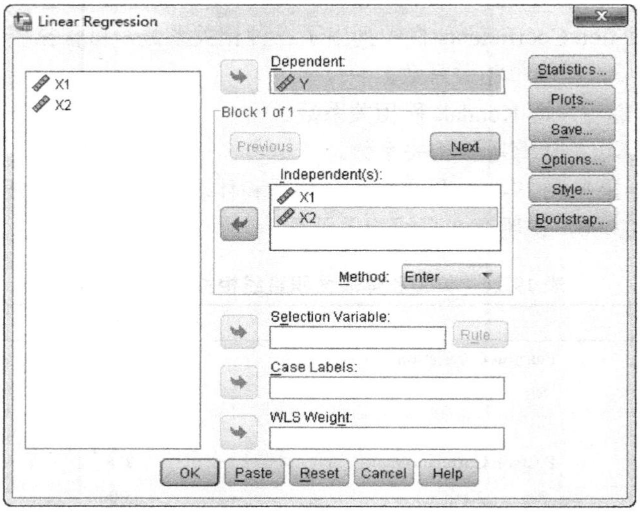

图 19-46　多重线性回归对话框

Method　自变量的选入方法，有 Enter、Stepwise、Remove、Backward、Forward 五种。该选项对当前 Independent 框中的所有变量均有效。默认的选入方法为 Enter 法。各种方法的说明及选择见直线回归。

Selection Variable　选入一个筛选变量，并利用右侧 Rule 建立一个选择条件，只有满足条件的记录才会进入回归分析。这一操作与“Date”菜单中的“Select Data”等价。

Case Labels　选择一个变量，其取值将作为每条记录的标签。通常使用记录 ID 号的变量。

WLS Weight≫　可利用该按钮进行加权最小二乘法的回归分析。

单击“Statistics”出现对话框，见图 19-47。

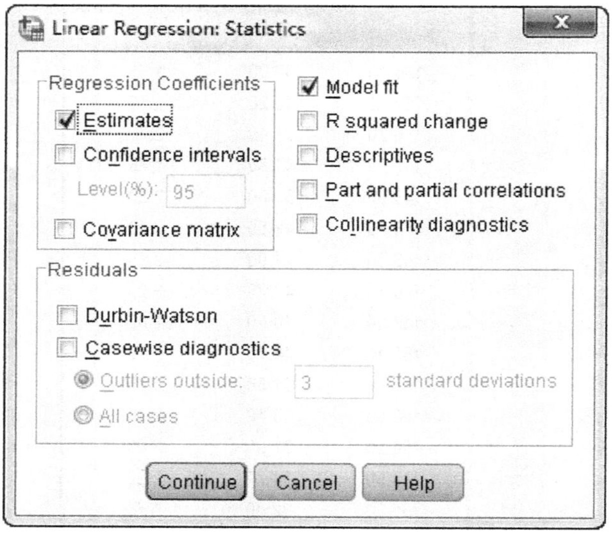

图 19-47　多重线性回归分析 Statistics 对话框

其中 Regression Coefficients 组：定义回归系数的输出情况，选中 Estimates 可输出回归系数及其标准误、*t* 值、*P* 值及标准化的回归系数 beta；选中 Confidence intervals 则输出每个回归系数的 95%可信区间。默认选中 Estimates。

Residuals 组：可输出残差诊断的信息，可选的有 Durbin-Watson 残差序列相关性检验、超出规定的 *n* 倍标准误的残差列表。

Model fit 框：模型拟合过程中进入、退出的变量列表，以及一些有关拟合优度检验的指标，如 R、R^2 和调整的 R^2、标准误及方差分析表。

R squared change 框：显示模型拟合过程中 R^2、F 值和 P 值的改变情况。

Descriptives 框：提供一些变量描述，如有效例数、均数、标准差等，同时还给出一个自变量间的相关矩阵。

Part and partial correlations 框：显示自变量间的相关、部分相关和偏相关系数。

Collinearity diagnostics 框：共线性诊断的统计量，如特征根（Eigenvalues）、方差膨胀因子（VIF）等。

Plots：可绘制回归分析诊断或预测图。

Save：可以存储中间结果，包括预测值系列、残差系列、距离（Distances）系列、预测值可信区间系列、波动统计量系列。

Options：可设置回归分析的一些选项，如纳入排除标准、是否在模型中放置常数项等。

多重线性回归分析结果见表 19-21～表 19-24。

表 19-21 多重线性回归分析结果-变量筛选方法

Model	Variables Entered	Variables Removed	Method
1	X2， X1	.	Enter

表 19-21 显示的是变量进入/退出模型的情况。本例中，进入模型的自变量为 X1 和 X2，没有移出的变量。变量的进入/退出方法是 Enter 法。

表 19-22 多重线性回归模型拟合情况

Model	R	R Square	Adjusted R Square	Std. Error of the Estimate
1	.739	.546	.511	.31366

表 19-22 显示的是模型的拟合优度情况。显示在该模型中，相关系数 R 为 0.739，决定系数 R^2 为 0.546，校正的决定系数为 0.511。其中校正决定系数可作为变量筛选的指标之一。

表 19-23 多重线性回归模型检验结果

Model		Sum of Squares	df	Mean Square	F	Sig.
1	Regression	3.076	2	1.538	15.632	.000
	Residual	2.558	26	.098		
	Total	5.634	28			

表 19-23 显示的是采用方差分析法进行模型检验的结果，$F = 15.632$, $P = 0.000$，模型具有统计学意义。在模型有意义的前提下，可进行偏回归系数的假设检验，结果如表 19-24。

表 19-24 多重线性回归方程参数表

Model		Unstandardized Coefficients B	Unstandardized Coefficients Std. Error	Standardized Coefficients Beta	t	Sig.
1	(Constant)	-.566	1.240		-.456	.652
	X1	.005	.011	.094	.474	.639
	X2	.054	.016	.667	3.382	.002

表 19-24 显示的是多重线性回归方程中各参数及假设检验的结果。本例采用默认的 Enter 法进行自变量的选择，因此全部自变量都在方程中，可知方程中自变量 X_1 无意义，X_2 有意义，多重线性回归方程如下：

$$\hat{Y} = -0.566 + 0.005X_1 + 0.054X_2$$

七、非参数统计

非参数统计方法不依赖于特定的总体分布类型，不对总体的分布类型作任何假设，比较的是总体的分布或者分布的位置是否相同，适用范围较广。非参数统计中体系相对完善、效能较高的方法是秩和检验。

（一）Wilcoxon 符号秩和检验

该方法用于配对设计数值资料差值的比较或者单个样本与已知总体中位数的比较。

例 19-15 某城市调查了两家定点医院急性单纯性阑尾炎、胆囊结石伴慢性胆囊炎、子宫肌瘤等 9 个单病种费用结算情况，试分析两家定点医院医疗费用结算情况是否一致。

SPSS 软件操作步骤如下：

建立数据文件，本例中输入两个变量，分别表示甲、乙两医院各病种的费用，数据结构同配对设计 t 检验，见图 19-33。

单击“Analyze”→“Nonparametric Tests”→“Legacy Dialogs”→“2 Related Samples”，弹出对话框后，将两变量放入“Test Pairs”，并在“Test Type”下勾选“Wilcoxon”，见图 19-48。

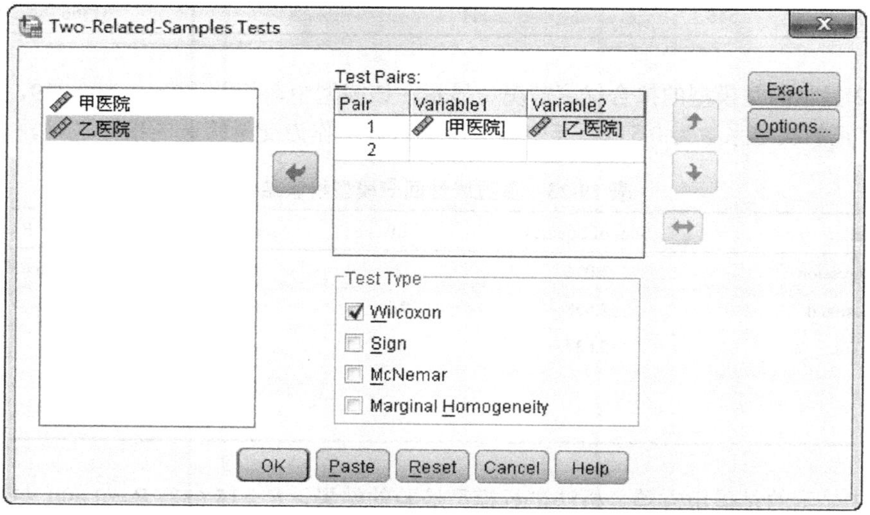

图 19-48 Wilcoxon 符号秩和检验对话框

单击“OK”后，结果见表19-25。可知甲乙两医院9个病种的费用经过比较，$Z = -0.352$, $P = 0.725$，差异无统计学意义，两医院费用结算情况一致。

表 19-25　配对符号秩和检验结果

	乙医院 - 甲医院
Z	-.352
Asymp. Sig. （2-tailed）	.725

（二）Mann-Whitney *U* 检验

该方法适用于两组独立数值变量资料或者等级资料的比较，推断两样本代表的总体分布是否相同。

例 19-16　某保险公司在两个营销部中调查20名营销员的年度营销额，试分析两个部门的营销额是否有差别。

SPSS 软件操作步骤如下：

建立数据文件，本例中输入两个变量，营销额和部门（1-部门1，2-部门2），数据结构类似两独立样本 *t* 检验，见图 19-35。

单击“Analyze”→“Nonparametric Tests”→“Legacy Dialogs”→“2 Independent Samples”，将变量“营销额”放入“Test Variable List”框中，将变量“部门”放入“Grouping Variable”中，并单击“Define Groups”完成两组别的指定。在“Test Type”下勾选“Mann-Whitney U”，见图 19-49，单击“OK”。

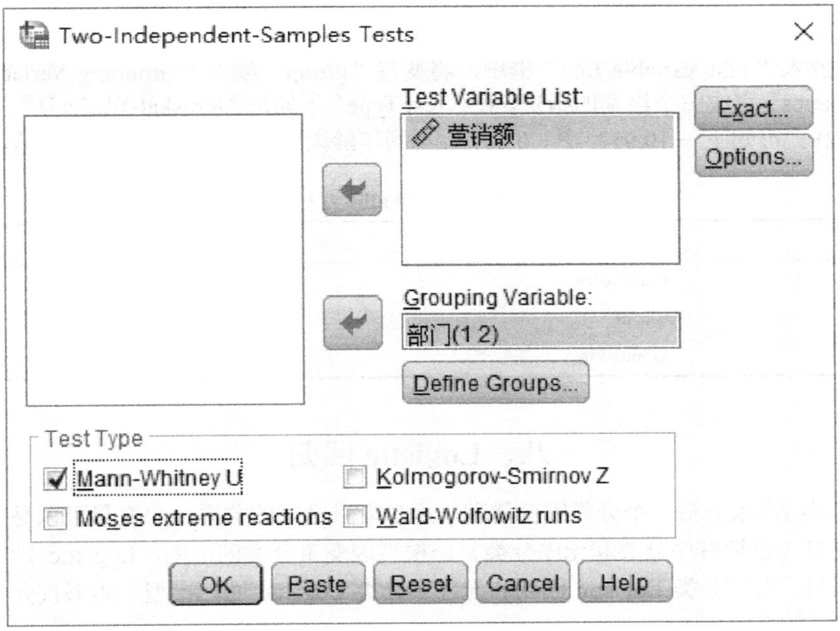

图 19-49　Mann-Whitney *U* 检验对话框

结果见表19-26和表19-27。表19-26给出了各组的秩和及平均秩次，表19-27给出了检验的结果，$Z = -1.439$, $P = 0.15$，因此两部门营销额无差别。

表 19-26 Mann-Whitney U检验描述性结果

	部门	N	Mean Rank	Sum of Ranks
营销额	1.00	10	8.60	86.00
	2.00	10	12.40	124.00
	Total	20		

表 19-27 Mann-Whitney U检验结果

	X
Mann-Whitney U	31.000
Wilcoxon W	86.000
Z	-1.439
Asymp. Sig. （2-tailed）	.150
Exact Sig. [2*(1-tailed Sig.)]	.165

（三）Kruskal-Wallis H 检验

该方法适用于多组数值变量资料或等级资料的比较，推断多个样本代表的总体分布是否相同。

例 19-17 某市医疗保险基金管理中心对不同年龄段参保职工的个人医保账户进行抽查，以了解个人账户资金结余情况，问不同年龄段参保职工个人账户结余是否有差异。

SPSS 软件操作步骤如下：

建立数据文件，本例中输入两个变量，X 表示个人账户结余，group 表示不同年龄组（1：<35 岁组，2：35~45 岁组，3：>45 岁组），数据结构同 Mann-Whitney U 检验。

单击“Analyze”→“Nonparametric Tests”→“Legacy Dialogs”→“K Independent Samples”，将变量“X”放入“Test Variable List”框中，将变量“group”放入“Grouping Variable”中，并单击“Define Groups”完成三个组别的指定。在“Test Type”下勾选“Kruskal-Wallis H”，单击“OK”。结果见表 19-28。可知 $\chi^2=10.057$，$P=0.007$，不同年龄段参保职工个人账户结余情况不同。

表 19-28 Kruskal-Wallis H检验结果

	X
Chi-Square	10.057
df	2
Asymp. Sig.	.007

八、Logistic 回归

Logistic 回归用来分析一个分类因变量和一组自变量之间的关系，自变量可以是数值变量，也可以是分类变量（包括有序分类和无序分类）。根据因变量分类的不同，Logistic 回归可分为两分类 Logistic 回归、有序分类 Logistic 回归和无序多分类 Logistic 回归模型。本书仅介绍最基本的两分类 Logistic 回归模型。

例 19-18 某医生拟研究冠心病是否与年龄、性别、心电图异常有关，收集相关数据，试构造 Logistic 回归模型分析哪些因素与冠心病有关。

SPSS 软件操作步骤如下：

建立数据文件：本例中输入 4 个变量，分别是 sex（sex=1 表示男性，sex=0 表示女性）、ctg（ctg=0 表示心电图正常，ctg=1 表示心电图轻度异常，ctg=2 表示心电图重度异常）、age（年龄）和 ca（ca=0 表示未患病，ca=1 表示患病），数据结构见图 19-50。

sex	ctg	age	因变量ca
0	0	28	0
1	0	42	1
0	1	46	0
1	1	45	0
0	0	34	0
1	0	44	1
0	1	48	1
1	1	45	1
0	0	38	0
1	0	45	0
0	1	49	0
1	1	45	1
0	0	41	1

图 19-50　Logistic 回归数据结构

单击“Analyze”→“Regression”→“Binary Logistic”，弹出二分类 Logistic 回归对话框，见图 19-51。将因变量 ca 放入“Dependent”框，将自变量 sex、ctg、age 放入“Covariates”框中。其余选项的说明可参考线性回归部分。

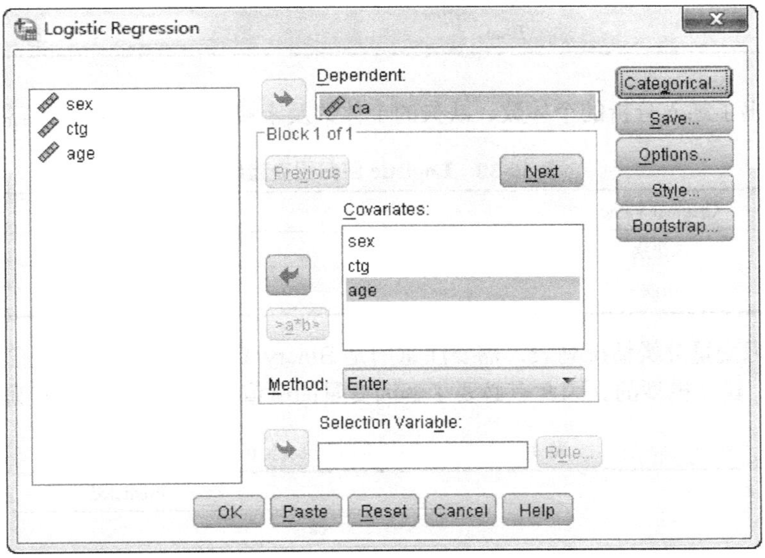

图 19-51　Logistic 回归对话框

特别需要注意的是“Categorical”选项，当自变量是多分类（尤其是无序多分类，即名义变量）时，应该采用该选项将这类变量转化为 k-1 个哑变量（k 为该变量的水平数），同时，还可定义以何水平作为比较的参照水平，见图 19-52。

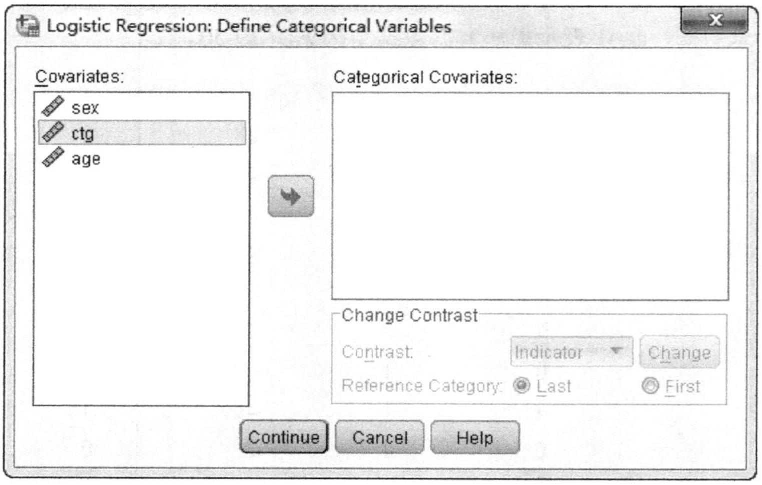

图 19-52 Logistic 回归哑变量定义框

结果见表 19-29～表 19-37。

表 19-29 Logistic 回归结果

Unweighted Cases		N	Percent
Selected Cases	Included in Analysis	67	100.0
	Missing Cases	0	.0
	Total	67	100.0
Unselected Cases		0	.0
Total		67	100.0

表 19-29 列出了纳入分析的个体数、缺失的个体数及未被纳入的个体数等信息。

表 19-30 Logistic 回归因变量编码

Original Value	Internal Value
未患病	0
患病	1

表 19-30 为因变量分类情况列表，需要注意的是 Binary Logistic 过程默认是以因变量较大取值的概率 P（Y=1）建立模型的。因此有必要了解因变量的赋值情况，以便做出正确的解释。

表 19-31 Logistic 回归 block 0 过程

Observed			Predicted		
			ca		Percentage Correct
			未患病	患病	
Step 0	ca	未患病	0	31	.0
		患病	0	36	100.0
	Overall Percentage				53.7

表 19-31 拟合的是只有常数的模型，为分类预测表，当不纳入任何自变量时的预测准确率正确率为 53.7%。

表 19-32　block 0 过程时 Logistic 回归模型

		B	S.E.	Wald	df	Sig.	Exp（B）
Step 0	Constant	.150	.245	.372	1	.542	1.161

表 19-32 为模型中只有常数项而无自变量时的回归参数及其检验结果，尚未纳入模型中其余自变量的分析结果见表 19-33，初步可以认为，在 0.05 检验水准下，sex、ctg 与因变量之间的联系具有统计学意义。同时若将全部自变量纳入模型，Score $\chi^2 = 12.504, P = 0.006$，说明全模型具有统计学意义。

表 19-34 列出的是模型系数的全局检验结果，当采用默认的 Enter 法筛选自变量时，Step 统计量为每一步与前一步相比的似然比检验结果；Block 统计量是指若将 block1 与 block 0 相比的似然比检验结果；Model 统计量则是上一个模型与现在方程中变量出现变化后模型的似然比检验结果。可见 3 种检验的结果相同，说明至少一个自变量有意义。

表 19-33　单变量分析结果

			Score	df	Sig.
Step 0	Variables	sex	4.120	1	.042
		ctg	4.614	1	.032
		age	3.781	1	.052
	Overall Statistics		12.504	3	.006

表 19-34　模型系数的全局检验

		Chi-square	df	Sig.
Step 1	Step	13.606	3	.003
	Block	13.606	3	.003
	Model	13.606	3	.003

表 19-35　模型情况

Step	-2 Log likelihood	Cox & Snell R Square	Nagelkerke R Square
1	78.902	.184	.246

表 19-35 列出了-2 Log likelihood 值及两种决定系数的数值，其中-2 Log likelihood 值可用于变量筛选过程中模型的选择。

表 19-36　自变量引入模型后预测情况

			Predicted		
			ca		
	Observed		未患病	患病	Percentage Correct
Step 1	ca	未患病	18	13	58.1
		患病	10	26	72.2
	Overall Percentage				65.7

表 19-36 列出了当自变量纳入模型后个体预测正确率为 65.7%，相对于模型中只有常数项时，正确率有所上升。

表 19-37　Logistic 回归模型参数及检验

		B	S.E.	Wald	df	Sig.	Exp（B）
Step 1	sex	1.228	.566	4.702	1	.030	3.416
	ctg	.778	.393	3.921	1	.048	2.178
	age	.074	.035	4.416	1	.036	1.077
	Constant	-4.542	1.830	6.160	1	.013	.011

表 19-37 为方程中各自变量检验情况列表，这是 Logistic 回归分析结果中最重要的一部分。输出的结果包括最终引入模型的自变量及常数项的系数（B）、标准误（SE）、Wald 卡方值（Wald）、自由度（df）、*P* 值（Sig）以及 OR 值（Exp（*B*））。本例中，三个自变量均有统计学意义。每个自变量对应的 Exp（*B*）可以反映其对因变量的作用。如性别的 OR=3.416，表示在其他自变量保持不变的情况下，男性（sex=1）和女性相比（sex=0），冠心病发病的危险性改变 3.416 倍。这里的解释方式是自变量高水平和低水平相比，导致自变量向高水平发展的作用强度，说明男性患冠心病的危险是女性的 3.416 倍。年龄 age 的 OR 值为 1.077，表示年龄每增加一岁，患冠心病的危险增加 1.077 倍。最后得到

$$\text{logit}(P) = -4.542 + 1.228 \times \text{sex} + 0.778 \times \text{ctg} + 0.074 \times \text{age}$$

九、生 存 分 析

生存分析（survival analysis）研究特定人群的生存过程，是在充分利用截尾数据所提供的不完全信息的前提下，既考虑结局，又考虑生存时间的一种统计方法。生存时间分布复杂，本章介绍乘积-极限法（product-limit method）和 Cox 回归。

（一）乘积-极限法

乘积-极限法属于非参数法，适用于以个体为单位收集信息的未分组生存资料，是最为基本的一种生存分析方法。

例 19-19　已知 10 名胰腺癌患者的生存资料，数据见本书中例 15-3，试计算不同时间的生存率。

SPSS 软件操作步骤如下：

建立数据文件：本例中输入 2 个变量：生存时间 time、生存状态 status（0-截尾，1-死亡），数据结构见图 19-53。

time	status
2.00	.00
3.00	1.00
4.00	1.00
5.00	1.00
6.00	.00
7.00	1.00
8.00	1.00
9.00	.00
10.00	1.00
11.00	.00

图 19-53　Kaplan-Meier 过程的数据结构

单击“Analyze”→“Survival”→“Kaplan-Meier”，弹出 Kaplan-Meier 主对话框，见图 19-54。将变量 time 放入“Time”框，将变量 status 放入“Status”框中，表示生存状态，并定义数值 1 表示结局发生。对话框中的 Factor 框，可输入影响生存时间的因素，Strata 可定义分层因素，即研究者想加以控制的混杂因素。Label Cases by 框可指定标签变量。

Save 子对话框可将计算结果保存为新变量：

Survival：累积生存率估计值。

Standard error of survival：累积生存率估计的标准误。

Hazard：累积风险率估计值。

Cumulative events：终结事件的累积频数。

Options 子对话框用于选择可供输出的统计量和统计图：

Statistics 复选框组：选择统计量。

Survival tables：输出使用乘积-极限法计算出的生存分析表。

Mean and median survival：平均生存时间和中位生存时间。

Quartiles：生存时间的四分位数。

Plots 复选框组：输出统计图。

Survival：累积生存率曲线。

One minus survival：1-生存率后的曲线。

Hazard：累积风险率散点图。

Log survival：对数累积生存率曲线。

Compare Factor 子对话框：可用于定义对选中的研究因素的比较方法。

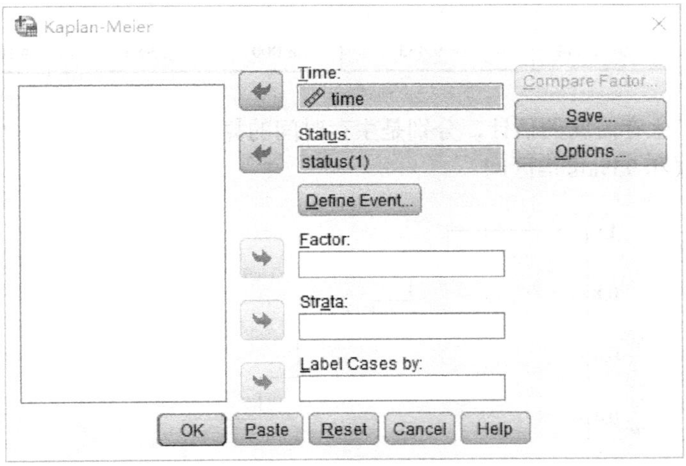

图 19-54 Kaplan-Meier 过程主对话框

本例在 Options 子对话框中选择 Survival，可输出生存率曲线图，结果见表 19-38 至表 19-40 和图 19-55。

表 19-38 Kaplan-Meier 过程概述

Total N	N of Events	Censored	
		N	Percent
10	6	4	40.0%

本例中样本量为 10，其中截尾 4 例，出现结局 6 例。

表 19-39　Kaplan-Meier 过程分析表

	Time	Status	Cumulative Proportion Surviving at the Time		N of Cumulative Events	N of Remaining Cases
			Estimate	Std. Error		
1	2.000	.00	.	.	0	9
2	3.000	1.00	.889	.105	1	8
3	4.000	1.00	.778	.139	2	7
4	5.000	1.00	.667	.157	3	6
5	6.000	.00	.	.	3	5
6	7.000	1.00	.533	.173	4	4
7	8.000	1.00	.400	.174	5	3
8	9.000	.00	.	.	5	2
9	10.000	1.00	.200	.166	6	1
10	11.000	.00	.	.	6	0

表 19-39 中各列的含义为：Time（各患者被观察的时间）、Status（生存状态，0-截尾，1-死亡）、Cumulative proportion Estimate（累积生存率）、Std. Error（累积生存率的标准误）、N of Cumulative Events（累积死亡数）、N of Remaining Cases（组中剩余人数）。

表 19-40　Kaplan-Meier 生存时间的估计

Mean				Median			
Estimate	Std. Error	95% Confidence Interval		Estimate	Std. Error	95% Confidence Interval	
		Lower Bound	Upper Bound			Lower Bound	Upper Bound
7.533	.969	5.634	9.433	8.000	1.956	4.167	11.833

表 19-40 列出了生存时间的估计，分别是生存时间的算术均数、标准误、95%的可信区间及中位生存时间、标准误和 95%可信区间。

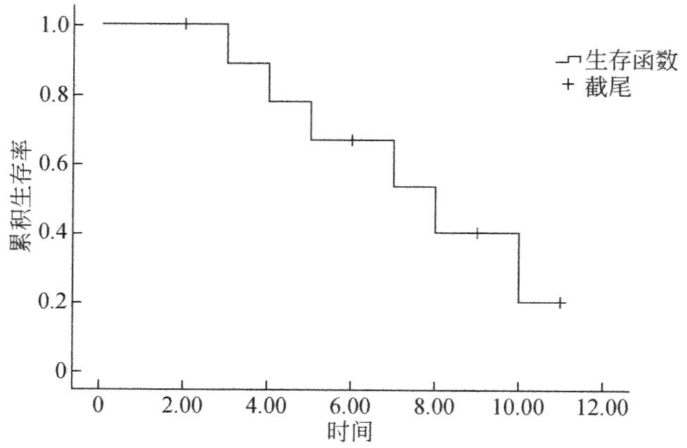

图 19-55　胰腺癌患者累积生存率曲线

图 19-55 显示的是 10 名胰腺癌患者的累积生存率曲线。

（二）Cox 回归模型

Cox 回归模型常用于生存分析中，研究多个因素对生存时间的影响。

例 19-20　为了比较 A、B 两种治疗方案的效果，A 组治疗 12 例患者，B 组治疗 13 例患者，每位患者检验其肾功能，记录每位患者的生存时间（天）和结局，问治疗方案和肾功能对患者的生存时间是否有影响？

SPSS 软件操作步骤如下：

建立数据文件：本例中输入 4 个变量，分别是 group（0-A 组，1-B 组）、kidney（0-肾功能正常，1-肾功能不正常）、生存时间 time、结局 state（0-截尾，1-死于该病），数据结构见图 19-56。

id	group	kidney	time	state
1.00	.00	1.00	8.00	1.00
2.00	.00	.00	852.00	.00
3.00	.00	1.00	52.00	1.00
4.00	.00	.00	220.00	1.00
5.00	.00	1.00	63.00	1.00
6.00	.00	.00	8.00	1.00
7.00	.00	.00	1976.00	.00
8.00	.00	.00	1296.00	.00
9.00	.00	.00	1460.00	.00

图 19-56　Cox 回归分析数据结构

单击“Analyze”→“Survival”→“Cox Regression”，弹出 Cox 回归对话框，见图 19-57。将变量 time 放入“Time”框，将变量 state 放入“Status”框中，表示生存状态，并定义数值 1 表示结局发生。将变量 group 和 kidney 放入“Covariates”框中，表示待研究的自/协变量。“Method”框

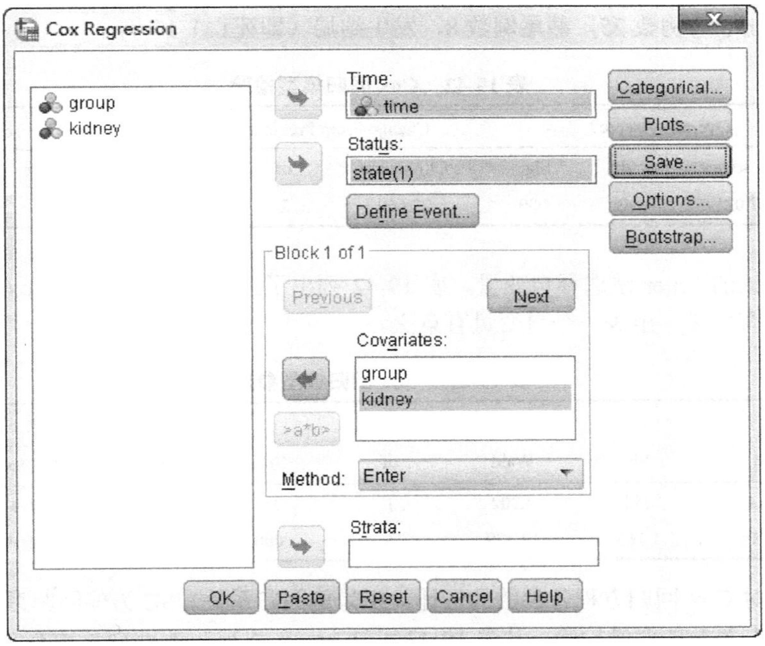

图 19-57　Cox 回归对话框

中提供了自变量进入 Cox 回归方程的方法，有 Enter 法、Forward：LR 法等，各方法的区别参考线性回归部分，默认的方法是 Enter。“Strata”表示分层变量。

其他按钮的功能：

“Categorical”：可将分类变量转化为 k-1 个哑变量进行分析（k 为该变量的水平数），对于无序多分类变量尤为重要。

“Plots”选项列出了 Cox 回归模型中的统计图，Survival 表示累计生存函数曲线；Hazard 表示累计风险函数散点图等，可根据需要选择。

“Save”选项列出了和生存函数有关的指标，如“Survival function”表示累计生存率估计值；“Hazard function”表示风险函数等。

“Options”选项列出了模型统计量。如“CI for exp（B）”表示相对危险度的可信区间，“Display baseline function”表示输出风险基准函数。

结果见表 19-41～表 19-43。

表 19-41 Cox 回归分析概述

		N	Percent
Cases available in analysis	Event	17	68.0%
	Censored	8	32.0%
	Total	25	100.0%
Cases dropped	Cases with missing values	0	0.0%
	Cases with negative time	0	0.0%
	Censored cases before the earliest event in a stratum	0	0.0%
	Total	0	0.0%
Total		25	100.0%

表 19-41 列出了总例数 25，截尾例数 8，发生结局（即死亡）17 例。

表 19-42 Cox 回归模型检验

-2 Log Likelihood	Overall （score）			Change From Previous Step			Change From Previous Block		
	Chi-square	df	Sig.	Chi-square	df	Sig.	Chi-square	df	Sig.
71.415	27.021	2	.000	22.669	2	.000	22.669	2	.000

本例采用默认的 Enter 法选择自变量，表 19-42 列出了当纳入自变量后，Cox 回归模型的检验结果。可知模型有意义，至少一个自变量有意义。

表 19-43 Cox 回归模型参数

	B	SE	Wald	df	Sig.	Exp（B）	95.0% CI for Exp（B）	
							Lower	Upper
group	1.243	.599	4.302	1	.038	3.466	1.071	11.220
kidney	4.105	1.165	12.429	1	.000	60.670	6.190	594.605

表 19-43 是对 Cox 回归方程各参数的估计，B 为偏回归系数、SE 为偏回归系数标准误，Wald 统计量用于偏回归系数的假设检验，从表 19-43 可知 group 和 kidney 两变量均有统计学意义，均能影响患者的生存时间。Exp（B）表示死亡风险的比值。本例中变量 group 的死亡风险比值为 3.466，

表示在患者肾功能相同时，疗法B的死亡风险是A的3.466倍。变量kidney的死亡风险比值为60.67，表示在疗法相同时，伴有肾功能不正常的患者其死亡风险是肾功能正常患者的60.67倍。

十、常见统计图的制作

SPSS 有较强的作图功能，可以绘制常用的统计图，其制作过程分为两步：建立数据文件、生成图形，必要时可对图形进行修饰。本章仅介绍常用的几种统计图的制作。

（一）条形图

条形图（bar chart）是用等宽直条的高度来表示数据的图形。可绘制出单式条形图和复式条形图。

例 19-21　将表 19-44 的资料绘成条形图。

表 19-44　2015 年某市婴儿、新生儿和幼儿的死亡率（‰）

地区	婴儿	新生儿	幼儿
市区	10.6	6.4	0.7
郊县	12.7	8.1	1.7

1. 建立数据文件

条形图数据结构见图 19-58。

地区	儿童	死亡率
1.00	1.00	10.60
1.00	2.00	6.40
1.00	3.00	.70
2.00	1.00	12.70
2.00	2.00	8.10
2.00	3.00	1.70

图 19-58　条形图数据结构

2. 图形生成

单击 Graphs→Legacy Dialogs→Bar，展开对话框如图 19-59。选择所需的条形图类型：

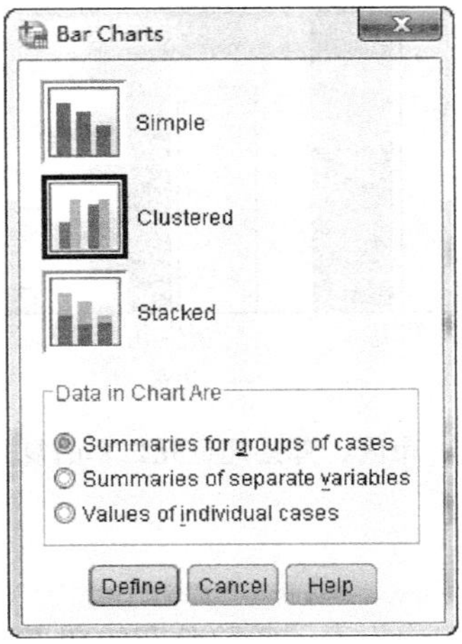

图 19-59　条形图绘制选项

• Simple 单式条形图

• Clustered 复式条形图

• Stacked 分段式条形图

本例选择 Clustered。并选择图形中数据描述方式（Data in Chart Are）有

Summaries for groups of cases：以某个分类变量的分组情况为基础，反映以组为单位的变量指标。

Summaries of separate variables：反映统计资料中多个变量。

Values of individual cases：反映某个变量的所有取值情况。

本例中选择“Summaries for groups of cases”。单击“Define”后弹出如图 19-60 所示的对话框，依次将变量选入相应框中，单击“OK”。本例中生成的复式条形图见图 19-61。

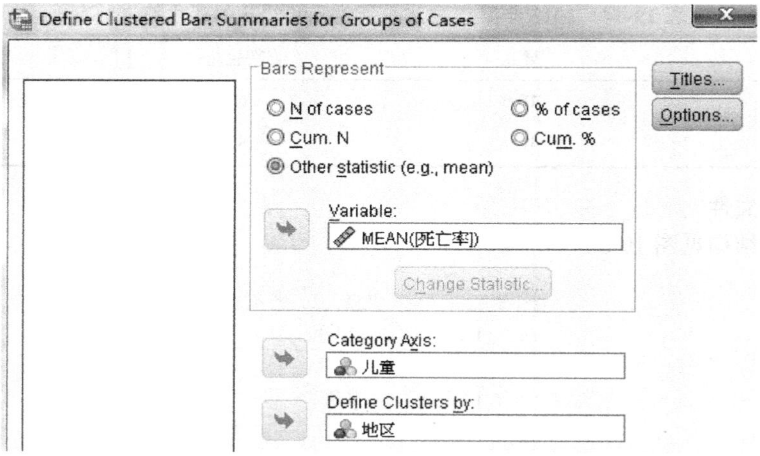

图 19-60　条形图设置对话框

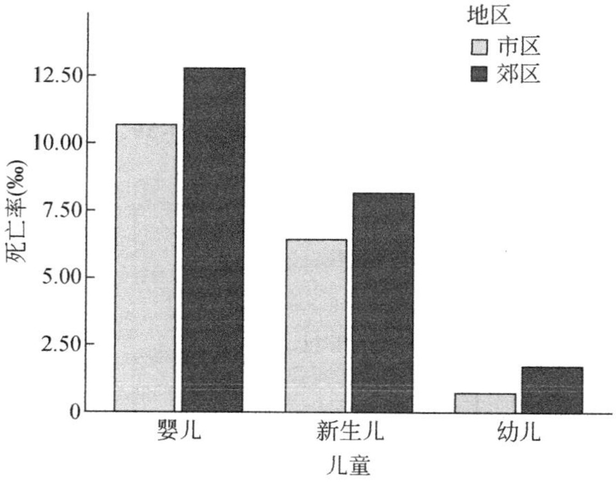

图 19-61　市区、郊县儿童死亡率的复式条形图

（二）直方图

直方图（histogram）是用矩形的面积表示频数分布的图形。

例 19-22　将 150 名 12 岁健康男童的体重资料，数据见例 19-2，绘制成直方图。

1. 建立数据文件

数据格式见图 19-27。

2. 生成直方图

单击 Graphs→Legacy Dialogs→Histogram，展开如图 19-62。将变量引入“Variable”框，生成的直方图见图 19-63。

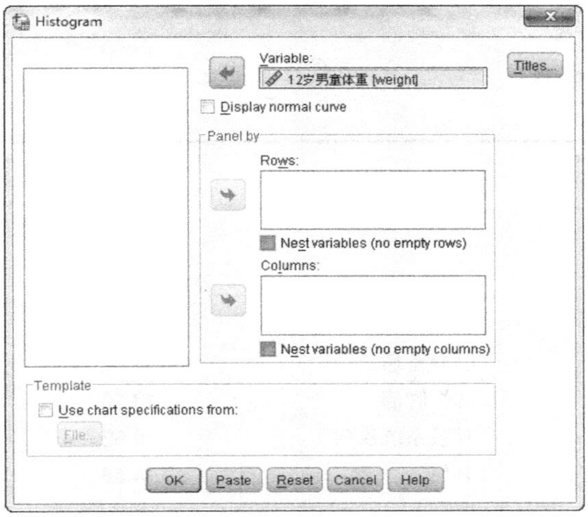

图 19-62　直方图绘制对话框

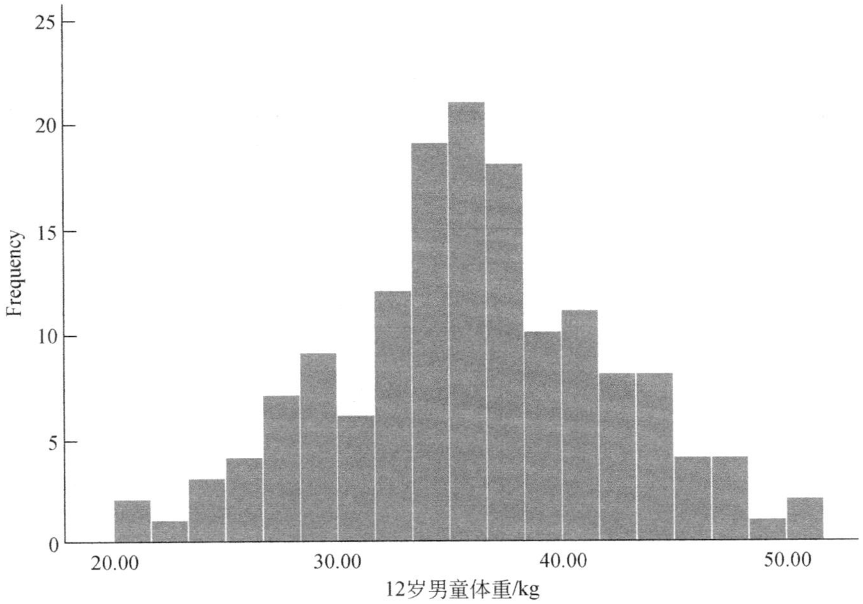

图 19-63　12 岁男童体重分布直方图

（三）饼图

饼图（pie chart）是用圆形及圆内扇形的角度来表示数值大小的图形，主要用于表示一个样本（或总体）中各类别的频数占全部频数的比例（构成比）。

例 19-23 将某地区某年死因构成比资料，如表 19-45，绘制饼图。

表 19-45 某地某年死因构成比资料

死因分类	构成比（%）
心血管疾病	35.48
脑血管疾病	31.80
恶性肿瘤	18.60
呼吸系统疾病	9.62
其他	4.50

1. 建立数据文件

数据格式见图 19-64。

死因	构成比
心血管疾病	35.48
脑血管病	31.80
恶性肿瘤	18.60
呼吸系统疾病	9.62
其他	4.50

图 19-64 饼图数据格式

2. 生成图形

单击 Graphs→Legacy Dialogs→Pie，选中“Summaries for Groups of Cases”，单击“Define”，进入饼图主对话框，如图 19-65。在“Slices Represent”中选择“Sum of variable”，“Variable”框中选入“构成比”变量，“Define Slices by”框中选入“死因分类”变量，单击 OK，生成的饼图见图 19-66。

图 19-65 饼图绘制对话框

（四）线图

线图（line chart）适用于连续型变量资料。用线段的上升和下降来表示某事物因时间或条件而变化的趋势，或某现象随另一现象变迁的情况。

例 19-24 根据某地居民 1950～1970 年结核病死亡率绘制线图。

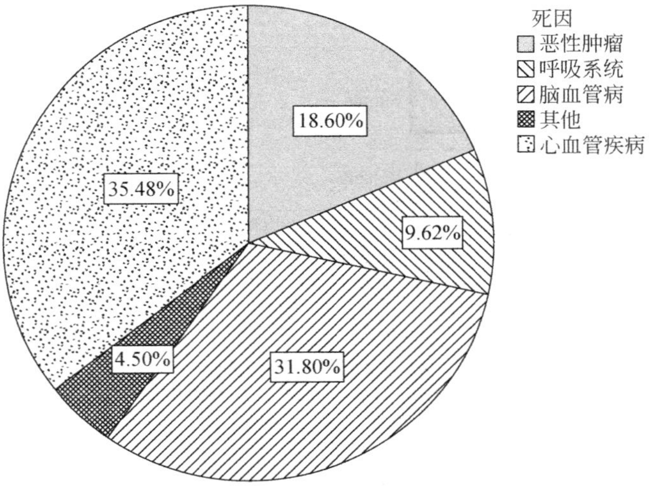

图 19-66　某地某年死因构成比情况

1. 建立数据文件

数据格式见图 19-67。

年份	结核病死亡率
1950	173.90
1952	156.80
1954	142.00
1956	127.80
1958	97.70
1960	71.30
1962	59.20
1964	46.00
1966	37.50
1968	36.50
1970	32.30

图 19-67　线图数据格式

2. 生成图形

单击 Graphs→Legacy Dialogs→Line，进入线图主对话框，如图 19-68 所示。SPSS 提供了三种类型线图的绘制。

- Simple：单线图，用一条折线表示某事物的变化趋势。
- Multiple：多线图，用多条折线表示多个事物的变化趋势。
- Drop-line：垂线图，反映多个事物差距的线图。

本例中选择“Simple”，单击“Summaries for groups of cases”，单击“Define”，进入线图绘制对话框，“Lines Represent”中选择“Other statistics[e.g.mean]”，“Variable”框中选择“结核死亡率”，“Category Axis”框中选入“年份”，单击 OK。生成的线图如图 19-69。

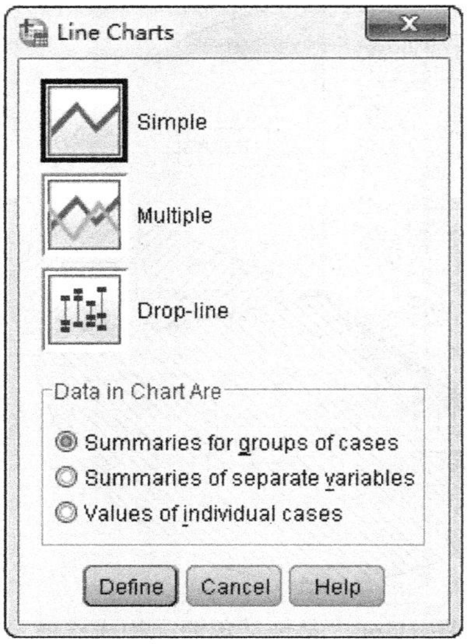

图 19-68 线图主对话框

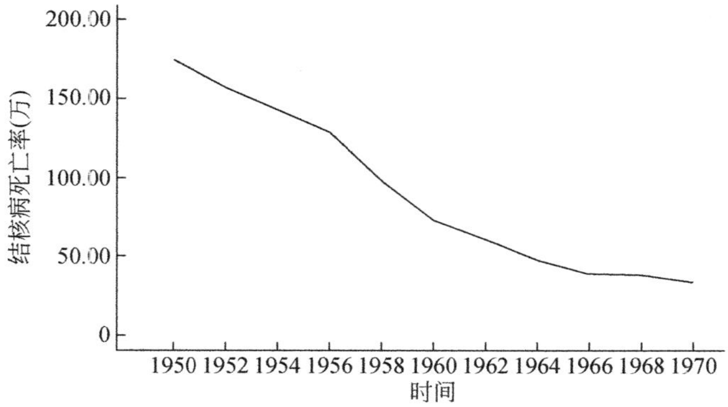

图 19-69 某地居民 1950～1970 年间结核病死亡率

（五）散点图

见直线回归部分。

（刘丽群 唐艳林）

主要参考文献

曹素华. 1998. 实用医学多因素统计方法. 上海：上海医科大学出版社.

陈峰. 2000. 医用多元统计分析方法. 北京：中国统计出版社.

陈启光，陈炳为. 2013. 医学统计学. 3 版. 南京：东南大学出版社.

陈希孺. 1981. 数理统计引论. 北京：科学出版社.

陈珍珍. 2018. 统计学. 6 版. 厦门：厦门大学出版社.

方积乾. 2012. 卫生统计学. 7 版. 北京：人民卫生出版社.

国家卫生健康委员会. 2020. 2020 中国卫生健康统计年鉴. 北京：中国协和医科大学出版社.

何迎春. 2013. 医学统计学. 沈阳：辽宁大学出版社.

蒋庆琅. 1998. 实用统计分析方法. 方积乾，等译. 北京：北京医科大学・中国协和医科大学联合出版社.

李君荣，郭怀兰. 2015. 医疗保险统计学. 北京：科学出版社.

李君荣，孙峰. 2012. 医学科研设计. 镇江：江苏大学出版社.

李君荣，杨江林. 2003. 医疗保险统计学. 北京：人民卫生出版社.

李晓松. 2020. 医学统计学. 4 版. 北京：高等教育出版社.

陆守曾，陈峰. 2016. 医学统计学. 3 版. 北京：中国统计出版社.

罗家洪，郭秀花. 2018. 医学统计学. 3 版. 北京：科学出版社.

尚磊. 2014. 卫生管理统计学. 北京：中国统计出版社.

孙振球，徐勇勇. 2015. 医学统计学. 4 版. 北京：人民卫生出版社.

田海霞，景刚. 2019. 统计学——原理与 EXCEL 应用. 北京：机械工业出版社.

吴可杰. 2012. 统计学原理. 南京：南京大学出版社.

徐国祥. 2014. 统计学. 2 版. 上海：格致出版社.

许军. 2006. EpiData 3. 02 数据管理软件实用教程. 北京：军事医学科学出版社.

薛留根. 2013. 应用非参数统计. 北京：科学出版社.

颜虹，徐勇勇. 2015. 医学统计学. 3 版. 北京：人民卫生出版社.

余松林. 1991. 临床随访资料的统计分析方法. 北京：人民卫生出版社.

曾五一，朱建平. 2012. 统计学. 上海：上海财经大学出版社.

曾玉林. 2015. 统计学. 长春：吉林大学出版社.

张剑，安海忠. 2012. 社会研究方法. 大连：东北财经大学出版社.

张文彤，董伟. 2018. SPSS 统计分析高级教程. 3 版. 北京：高等教育出版社.

张文彤. 2017. SPSS 统计分析基础教程. 3 版. 北京：高等教育出版社.

CHATTERJEE S. 2006. Regression Analysis by Example. 4th ed. New York：John Wiley & Sons，Inc.

DANIEL W W. 1995. Biostatistics：A Foundation for Analysis in the Health Science. 6th ed. New York：John Wiley & Sons，Inc.

HAIR J F，BLACK W C. 2019. BABIN B J，et al. Multivariate Data Analysis. 8th ed. London：Pearson Higher Education.

SHUMWAY R H. 2006. Time Series Analysis and Its Applications with R Examples. 2nd ed. New York：Springer Science.

VAUGHAN E J，VAUGHAN T M. 2014. Fundamentals of Risk and Insurance. 11th ed. New York：John Wiley & Sons，Inc.

附录1　统 计 用 表

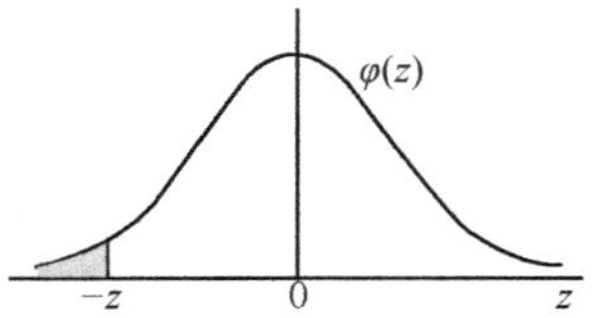

附表 1　标准正态分布曲线下的面积，Φ（$-z$）值

$-z$	0	0.01	0.02	0.03	0.04	0.05	0.06	0.07	0.08	0.09
−3.0	0.0013	0.0013	0.0013	0.0012	0.0012	0.0011	0.0011	0.0011	0.001	0.0010
−2.9	0.0019	0.0018	0.0018	0.0017	0.0016	0.0016	0.0015	0.0015	0.0014	0.0014
−2.8	0.0026	0.0025	0.0024	0.0023	0.0023	0.0022	0.0021	0.0021	0.002	0.0019
−2.7	0.0035	0.0034	0.0033	0.0032	0.0031	0.0030	0.0029	0.0028	0.0027	0.0026
−2.6	0.0047	0.0045	0.0044	0.0043	0.0041	0.0040	0.0039	0.0038	0.0037	0.0036
−2.5	0.0062	0.0060	0.0059	0.0057	0.0055	0.0054	0.0052	0.0051	0.0049	0.0048
−2.4	0.0082	0.0080	0.0078	0.0075	0.0073	0.0071	0.0069	0.0068	0.0066	0.0064
−2.3	0.0107	0.0104	0.0102	0.0099	0.0096	0.0094	0.0091	0.0089	0.0087	0.0084
−2.2	0.0139	0.0136	0.0132	0.0129	0.0125	0.0122	0.0119	0.0116	0.0113	0.0110
−2.1	0.0179	0.0174	0.0170	0.0166	0.0162	0.0158	0.0154	0.0150	0.0146	0.0143
−2.0	0.0228	0.0222	0.0217	0.0212	0.0207	0.0202	0.0197	0.0192	0.0188	0.0183
−1.9	0.0287	0.0281	0.0274	0.0268	0.0262	0.0256	0.0250	0.0244	0.0239	0.0233
−1.8	0.0359	0.0351	0.0344	0.0336	0.0329	0.0322	0.0314	0.0307	0.0301	0.0294
−1.7	0.0446	0.0436	0.0427	0.0418	0.0409	0.0401	0.0392	0.0384	0.0375	0.0367
−1.6	0.0548	0.0537	0.0526	0.0516	0.0505	0.0495	0.0485	0.0475	0.0465	0.0455
−1.5	0.0668	0.0655	0.0643	0.063	0.0618	0.0606	0.0594	0.0582	0.0571	0.0559
−1.4	0.0808	0.0793	0.0778	0.0764	0.0749	0.0735	0.0721	0.0708	0.0694	0.0681
−1.3	0.0968	0.0951	0.0934	0.0918	0.0901	0.0885	0.0869	0.0853	0.0838	0.0823
−1.2	0.1151	0.1131	0.1112	0.1093	0.1075	0.1056	0.1038	0.1020	0.1003	0.0985
−1.1	0.1357	0.1335	0.1314	0.1292	0.1271	0.1251	0.1230	0.1210	0.1190	0.1170
−1.0	0.1587	0.1562	0.1539	0.1515	0.1492	0.1469	0.1446	0.1423	0.1401	0.1379
−0.9	0.1841	0.1814	0.1788	0.1762	0.1736	0.1711	0.1685	0.1660	0.1635	0.1611
−0.8	0.2119	0.2090	0.2061	0.2033	0.2005	0.1977	0.1949	0.1922	0.1894	0.1867
−0.7	0.2420	0.2389	0.2358	0.2327	0.2296	0.2266	0.2236	0.2206	0.2177	0.2148
−0.6	0.2743	0.2709	0.2676	0.2643	0.2611	0.2578	0.2546	0.2514	0.2483	0.2451
−0.5	0.3085	0.3050	0.3015	0.2981	0.2946	0.2912	0.2877	0.2843	0.2810	0.2776
−0.4	0.3446	0.3409	0.3372	0.3336	0.3300	0.3264	0.3228	0.3192	0.3156	0.3121
−0.3	0.3821	0.3783	0.3745	0.3707	0.3669	0.3632	0.3594	0.3557	0.3520	0.3483
−0.2	0.4207	0.4168	0.4129	0.4090	0.4052	0.4013	0.3974	0.3936	0.3897	0.3859
−0.1	0.4602	0.4562	0.4522	0.4483	0.4443	0.4404	0.4364	0.4325	0.4286	0.4247
0.0	0.5000	0.4960	0.4920	0.4880	0.4840	0.4801	0.4761	0.4721	0.4681	0.4641

注：Φ（z）=1−Φ（$-z$）

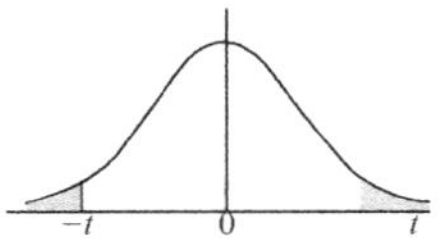

附表2 *t*界值表

自由度 ν	概率，P										
	单侧：	0.25	0.20	0.10	0.05	0.025	0.01	0.005	0.0025	0.001	0.0005
	双侧：	0.50	0.40	0.20	0.10	0.050	0.02	0.010	0.005	0.002	0.0010
1		1.000	1.376	3.078	6.314	12.706	31.821	63.657	127.321	318.309	636.619
2		0.816	1.061	1.886	2.920	4.303	6.965	9.925	14.089	22.327	31.599
3		0.765	0.978	1.638	2.353	3.182	4.541	5.841	7.453	10.215	12.924
4		0.741	0.941	1.533	2.132	2.776	3.747	4.604	5.598	7.173	8.610
5		0.727	0.920	1.476	2.015	2.571	3.365	4.032	4.773	5.893	6.869
6		0.718	0.906	1.440	1.943	2.447	3.143	3.707	4.317	5.208	5.959
7		0.711	0.896	1.415	1.895	2.365	2.998	3.499	4.029	4.785	5.408
8		0.706	0.889	1.397	1.860	2.306	2.896	3.355	3.833	4.501	5.041
9		0.703	0.883	1.383	1.833	2.262	2.821	3.250	3.690	4.297	4.781
10		0.700	0.879	1.372	1.812	2.228	2.764	3.169	3.581	4.144	4.587
11		0.697	0.876	1.363	1.796	2.201	2.718	3.106	3.497	4.025	4.437
12		0.695	0.873	1.356	1.782	2.179	2.681	3.055	3.428	3.930	4.318
13		0.694	0.870	1.350	1.771	2.160	2.650	3.012	3.372	3.852	4.221
14		0.692	0.868	1.345	1.761	2.145	2.624	2.977	3.326	3.787	4.140
15		0.691	0.866	1.341	1.753	2.131	2.602	2.947	3.286	3.733	4.073
16		0.690	0.865	1.337	1.746	2.120	2.583	2.921	3.252	3.686	4.015
17		0.689	0.863	1.333	1.740	2.110	2.567	2.898	3.222	3.646	3.965
18		0.688	0.862	1.330	1.734	2.101	2.552	2.878	3.197	3.610	3.922
19		0.688	0.861	1.328	1.729	2.093	2.539	2.861	3.174	3.579	3.883
20		0.687	0.860	1.325	1.725	2.086	2.528	2.845	3.153	3.552	3.850
21		0.686	0.859	1.323	1.721	2.080	2.518	2.831	3.135	3.527	3.819
22		0.686	0.858	1.321	1.717	2.074	2.508	2.819	3.119	3.505	3.792
23		0.685	0.858	1.319	1.714	2.069	2.500	2.807	3.104	3.485	3.768
24		0.685	0.857	1.318	1.711	2.064	2.492	2.797	3.091	3.467	3.745
25		0.684	0.856	1.316	1.708	2.060	2.485	2.787	3.078	3.450	3.725
26		0.684	0.856	1.315	1.706	2.056	2.479	2.779	3.067	3.435	3.707
27		0.684	0.855	1.314	1.703	2.052	2.473	2.771	3.057	3.421	3.690
28		0.683	0.855	1.313	1.701	2.048	2.467	2.763	3.047	3.408	3.674
29		0.683	0.854	1.311	1.699	2.045	2.462	2.756	3.038	3.396	3.659
30		0.683	0.854	1.310	1.697	2.042	2.457	2.750	3.030	3.385	3.646
31		0.682	0.853	1.309	1.696	2.040	2.453	2.744	3.022	3.375	3.633
32		0.682	0.853	1.309	1.694	2.037	2.449	2.738	3.015	3.365	3.622
33		0.682	0.853	1.308	1.692	2.035	2.445	2.733	3.008	3.356	3.611
34		0.682	0.852	1.307	1.691	2.032	2.441	2.728	3.002	3.348	3.601
35		0.682	0.852	1.306	1.690	2.030	2.438	2.724	2.996	3.340	3.591
36		0.681	0.852	1.306	1.688	2.028	2.434	2.719	2.990	3.333	3.582
37		0.681	0.851	1.305	1.687	2.026	2.431	2.715	2.985	3.326	3.574
38		0.681	0.851	1.304	1.686	2.024	2.429	2.712	2.980	3.319	3.566
39		0.681	0.851	1.304	1.685	2.023	2.426	2.708	2.976	3.313	3.558
40		0.681	0.851	1.303	1.684	2.021	2.423	2.704	2.971	3.307	3.551
50		0.679	0.849	1.299	1.676	2.009	2.403	2.678	2.937	3.261	3.496
60		0.679	0.848	1.296	1.671	2.000	2.390	2.660	2.915	3.232	3.460
70		0.678	0.847	1.294	1.667	1.994	2.381	2.648	2.899	3.211	3.435
80		0.678	0.846	1.292	1.664	1.990	2.374	2.639	2.887	3.195	3.416
90		0.677	0.846	1.291	1.662	1.987	2.369	2.632	2.878	3.183	3.402
100		0.677	0.845	1.290	1.660	1.984	2.364	2.626	2.871	3.174	3.390
200		0.676	0.843	1.286	1.653	1.972	2.345	2.601	2.839	3.131	3.340
500		0.675	0.842	1.283	1.648	1.965	2.334	2.586	2.820	3.107	3.310
1000		0.675	0.842	1.282	1.646	1.962	2.330	2.581	2.813	3.098	3.300
∞		0.6745	0.8416	1.2816	1.6449	1.9600	2.3263	2.5758	2.8070	3.0902	3.2905

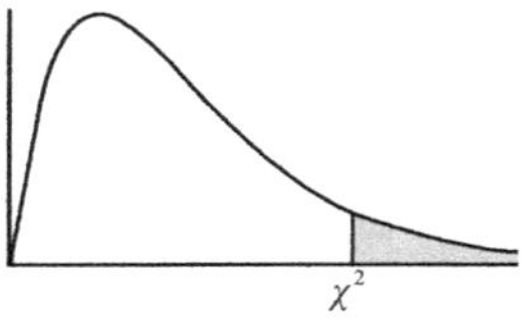

附表 3　χ^2 界值表

自由度	概率，P												
ν	0.995	0.990	0.975	0.950	0.900	0.750	0.500	0.250	0.100	0.050	0.025	0.010	0.005
1					0.02	0.10	0.45	1.32	2.71	3.84	5.02	6.63	7.88
2	0.01	0.02	0.05	0.10	0.21	0.58	1.39	2.77	4.61	5.99	7.38	9.21	10.60
3	0.07	0.11	0.22	0.35	0.58	1.21	2.37	4.11	6.25	7.81	9.35	11.34	12.84
4	0.21	0.30	0.48	0.71	1.06	1.92	3.36	5.39	7.78	9.49	11.14	13.28	14.86
5	0.41	0.55	0.83	1.15	1.61	2.67	4.35	6.63	9.24	11.07	12.83	15.09	16.75
6	0.68	0.87	1.24	1.64	2.20	3.45	5.35	7.84	10.64	12.59	14.45	16.81	18.55
7	0.99	1.24	1.69	2.17	2.83	4.25	6.35	9.04	12.02	14.07	16.01	18.48	20.28
8	1.34	1.65	2.18	2.73	3.49	5.07	7.34	10.22	13.36	15.51	17.53	20.09	21.95
9	1.73	2.09	2.70	3.33	4.17	5.90	8.34	11.39	14.68	16.92	19.02	21.67	23.59
10	2.16	2.56	3.25	3.94	4.87	6.74	9.34	12.55	15.99	18.31	20.48	23.21	25.19
11	2.60	3.05	3.82	4.57	5.58	7.58	10.34	13.70	17.28	19.68	21.92	24.72	26.76
12	3.07	3.57	4.40	5.23	6.30	8.44	11.34	14.85	18.55	21.03	23.34	26.22	28.30
13	3.57	4.11	5.01	5.89	7.04	9.30	12.34	15.98	19.81	22.36	24.74	27.69	29.82
14	4.07	4.66	5.63	6.57	7.79	10.17	13.34	17.12	21.06	23.69	26.12	29.14	31.32
15	4.60	5.23	6.26	7.26	8.55	11.04	14.34	18.25	22.31	25.00	27.49	30.58	32.80
16	5.14	5.81	6.91	7.96	9.31	11.91	15.34	19.37	23.54	26.30	28.85	32.00	34.27
17	5.70	6.41	7.56	8.67	10.09	12.79	16.34	20.49	24.77	27.59	30.19	33.41	35.72
18	6.26	7.01	8.23	9.39	10.86	13.68	17.34	21.60	25.99	28.87	31.53	34.81	37.16
19	6.84	7.63	8.91	10.12	11.65	14.56	18.34	22.72	27.20	30.14	32.85	36.19	38.58
20	7.43	8.26	9.59	10.85	12.44	15.45	19.34	23.83	28.41	31.41	34.17	37.57	40.00
21	8.03	8.90	10.28	11.59	13.24	16.34	20.34	24.93	29.62	32.67	35.48	38.93	41.40
22	8.64	9.54	10.98	12.34	14.04	17.24	21.34	26.04	30.81	33.92	36.78	40.29	42.80
23	9.26	10.20	11.69	13.09	14.85	18.14	22.34	27.14	32.01	35.17	38.08	41.64	44.18
24	9.89	10.86	12.40	13.85	15.66	19.04	23.34	28.24	33.20	36.42	39.36	42.98	45.56
25	10.52	11.52	13.12	14.61	16.47	19.94	24.34	29.34	34.38	37.65	40.65	44.31	46.93
26	11.16	12.20	13.84	15.38	17.29	20.84	25.34	30.43	35.56	38.89	41.92	45.64	48.29
27	11.81	12.88	14.57	16.15	18.11	21.75	26.34	31.53	36.74	40.11	43.19	46.96	49.64
28	12.46	13.56	15.31	16.93	18.94	22.66	27.34	32.62	37.92	41.34	44.46	48.28	50.99
29	13.12	14.26	16.05	17.71	19.77	23.57	28.34	33.71	39.09	42.56	45.72	49.59	52.34
30	13.79	14.95	16.79	18.49	20.60	24.48	29.34	34.80	40.26	43.77	46.98	50.89	53.67
40	20.71	22.16	24.43	26.51	29.05	33.66	39.34	45.62	51.81	55.76	59.34	63.69	66.77
50	27.99	29.71	32.36	34.76	37.69	42.94	49.33	56.33	63.17	67.51	71.42	76.15	79.49
60	35.53	37.48	40.48	43.19	46.46	52.29	59.33	66.98	74.40	79.08	83.30	88.38	91.95
70	43.28	45.44	48.76	51.74	55.33	61.70	69.33	77.58	85.53	90.53	95.02	100.43	104.22
80	51.17	53.54	57.15	60.39	64.28	71.14	79.33	88.13	96.58	101.88	106.63	112.33	116.32
90	59.20	61.75	65.65	69.13	73.29	80.62	89.33	98.65	107.57	113.15	118.14	124.12	128.30
100	67.33	70.06	74.22	77.93	82.36	90.13	99.33	109.14	118.50	124.34	129.56	135.81	140.17

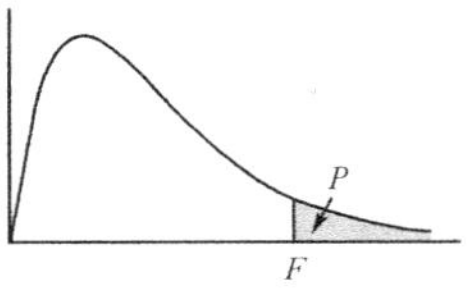

附表 4 *F*界值表

附表 4.1 *F*界值表（方差分析用，单侧界值）

上行：P= 0.05，下行：P= 0.01

分母的自由度 ν_2	分子的自由度，ν_1											
	1	2	3	4	5	6	7	8	9	10	11	12
1	161.45	199.50	215.71	224.58	230.16	233.99	236.77	238.88	240.54	241.88	242.98	243.91
	4052.18	4999.50	5403.35	5624.58	5763.65	5858.99	5928.36	5981.07	6022.47	6055.85	6083.32	6106.32
2	18.51	19.00	19.16	19.25	19.30	19.33	19.35	19.37	19.38	19.40	19.40	19.41
	98.50	99.00	99.17	99.25	99.30	99.33	99.36	99.37	99.39	99.40	99.41	99.42
3	10.13	9.55	9.28	9.12	9.01	8.94	8.89	8.85	8.81	8.79	8.76	8.74
	34.12	30.82	29.46	28.71	28.24	27.91	27.67	27.49	27.35	27.23	27.13	27.05
4	7.71	6.94	6.59	6.39	6.26	6.16	6.09	6.04	6.00	5.96	5.94	5.91
	21.20	18.00	16.69	15.98	15.52	15.21	14.98	14.80	14.66	14.55	14.45	14.37
5	6.61	5.79	5.41	5.19	5.05	4.95	4.88	4.82	4.77	4.74	4.70	4.68
	16.26	13.27	12.06	11.39	10.97	10.67	10.46	10.29	10.16	10.05	9.96	9.89
6	5.99	5.14	4.76	4.53	4.39	4.28	4.21	4.15	4.10	4.06	4.03	4.00
	13.75	10.92	9.78	9.15	8.75	8.47	8.26	8.10	7.98	7.87	7.79	7.72
7	5.59	4.74	4.35	4.12	3.97	3.87	3.79	3.73	3.68	3.64	3.60	3.57
	12.25	9.55	8.45	7.85	7.46	7.19	6.99	6.84	6.72	6.62	6.54	6.47
8	5.32	4.46	4.07	3.84	3.69	3.58	3.50	3.44	3.39	3.35	3.31	3.28
	11.26	8.65	7.59	7.01	6.63	6.37	6.18	6.03	5.91	5.81	5.73	5.67
9	5.12	4.26	3.86	3.63	3.48	3.37	3.29	3.23	3.18	3.14	3.10	3.07
	10.56	8.02	6.99	6.42	6.06	5.80	5.61	5.47	5.35	5.26	5.18	5.11
10	4.96	4.10	3.71	3.48	3.33	3.22	3.14	3.07	3.02	2.98	2.94	2.91
	10.04	7.56	6.55	5.99	5.64	5.39	5.20	5.06	4.94	4.85	4.77	4.71
11	4.84	3.98	3.59	3.36	3.20	3.09	3.01	2.95	2.90	2.85	2.82	2.79
	9.65	7.21	6.22	5.67	5.32	5.07	4.89	4.74	4.63	4.54	4.46	4.40
12	4.75	3.89	3.49	3.26	3.11	3.00	2.91	2.85	2.80	2.75	2.72	2.69
	9.33	6.93	5.95	5.41	5.06	4.82	4.64	4.50	4.39	4.30	4.22	4.16
13	4.67	3.81	3.41	3.18	3.03	2.92	2.83	2.77	2.71	2.67	2.63	2.60
	9.07	6.70	5.74	5.21	4.86	4.62	4.44	4.30	4.19	4.10	4.02	3.96
14	4.60	3.74	3.34	3.11	2.96	2.85	2.76	2.70	2.65	2.60	2.57	2.53
	8.86	6.51	5.56	5.04	4.69	4.46	4.28	4.14	4.03	3.94	3.86	3.80
15	4.54	3.68	3.29	3.06	2.90	2.79	2.71	2.64	2.59	2.54	2.51	2.48
	8.68	6.36	5.42	4.89	4.56	4.32	4.14	4.00	3.89	3.80	3.73	3.67
16	4.49	3.63	3.24	3.01	2.85	2.74	2.66	2.59	2.54	2.49	2.46	2.42
	8.53	6.23	5.29	4.77	4.44	4.20	4.03	3.89	3.78	3.69	3.62	3.55
17	4.45	3.59	3.20	2.96	2.81	2.70	2.61	2.55	2.49	2.45	2.41	2.38
	8.40	6.11	5.18	4.67	4.34	4.10	3.93	3.79	3.68	3.59	3.52	3.46
18	4.41	3.55	3.16	2.93	2.77	2.66	2.58	2.51	2.46	2.41	2.37	2.34
	8.29	6.01	5.09	4.58	4.25	4.01	3.84	3.71	3.60	3.51	3.43	3.37
19	4.38	3.52	3.13	2.90	2.74	2.63	2.54	2.48	2.42	2.38	2.34	2.31
	8.18	5.93	5.01	4.50	4.17	3.94	3.77	3.63	3.52	3.43	3.36	3.30
20	4.35	3.49	3.10	2.87	2.71	2.60	2.51	2.45	2.39	2.35	2.31	2.28
	8.10	5.85	4.94	4.43	4.10	3.87	3.70	3.56	3.46	3.37	3.29	3.23
21	4.32	3.47	3.07	2.84	2.68	2.57	2.49	2.42	2.37	2.32	2.28	2.25
	8.02	5.78	4.87	4.37	4.04	3.81	3.64	3.51	3.40	3.31	3.24	3.17
22	4.30	3.44	3.05	2.82	2.66	2.55	2.46	2.40	2.34	2.30	2.26	2.23
	7.95	5.72	4.82	4.31	3.99	3.76	3.59	3.45	3.35	3.26	3.18	3.12
23	4.28	3.42	3.03	2.80	2.64	2.53	2.44	2.37	2.32	2.27	2.24	2.20
	7.88	5.66	4.76	4.26	3.94	3.71	3.54	3.41	3.30	3.21	3.14	3.07
24	4.26	3.40	3.01	2.78	2.62	2.51	2.42	2.36	2.30	2.25	2.22	2.18
	7.82	5.61	4.72	4.22	3.90	3.67	3.50	3.36	3.26	3.17	3.09	3.03
25	4.24	3.39	2.99	2.76	2.60	2.49	2.40	2.34	2.28	2.24	2.20	2.16
	7.77	5.57	4.68	4.18	3.85	3.63	3.46	3.32	3.21	3.13	3.06	2.99

附表 4.2　*F*界值表（方差分析用，单侧界值）

分母的自由度 ν_2	分子的自由度，ν_1											
	14	16	20	24	30	40	50	75	100	200	500	∞
1	245.36	246.46	248.01	249.05	250.10	251.14	251.77	252.62	253.04	253.68	254.06	254.31
	6142.67	6170.10	6208.73	6234.63	6260.65	6286.78	6302.52	6323.56	6334.11	6349.97	6359.50	6365.86
2	19.42	19.43	19.45	19.45	19.46	19.47	19.48	19.48	19.49	19.49	19.49	19.50
	99.43	99.44	99.45	99.46	99.47	99.47	99.48	99.49	99.49	99.49	99.50	99.50
3	8.71	8.69	8.66	8.64	8.62	8.59	8.58	8.56	8.55	8.54	8.53	8.53
	26.92	26.83	26.69	26.60	26.50	26.41	26.35	26.28	26.24	26.18	26.15	26.13
4	5.87	5.84	5.80	5.77	5.75	5.72	5.70	5.68	5.66	5.65	5.64	5.63
	14.25	14.15	14.02	13.93	13.84	13.75	13.69	13.61	13.58	13.52	13.49	13.46
5	4.64	4.60	4.56	4.53	4.50	4.46	4.44	4.42	4.41	4.39	4.37	4.37
	9.77	9.68	9.55	9.47	9.38	9.29	9.24	9.17	9.13	9.08	9.04	9.02
6	3.96	3.92	3.87	3.84	3.81	3.77	3.75	3.73	3.71	3.69	3.68	3.67
	7.60	7.52	7.40	7.31	7.23	7.14	7.09	7.02	6.99	6.93	6.90	6.88
7	3.53	3.49	3.44	3.41	3.38	3.34	3.32	3.29	3.27	3.25	3.24	3.23
	6.36	6.28	6.16	6.07	5.99	5.91	5.86	5.79	5.75	5.70	5.67	5.65
8	3.24	3.20	3.15	3.12	3.08	3.04	3.02	2.99	2.97	2.95	2.94	2.93
	5.56	5.48	5.36	5.28	5.20	5.12	5.07	5.00	4.96	4.91	4.88	4.86
9	3.03	2.99	2.947	2.90	2.86	2.83	2.80	2.77	2.76	2.73	2.72	2.71
	5.01	4.92	4.81	4.73	4.65	4.57	4.52	4.45	4.41	4.36	4.33	4.31
10	2.86	2.83	2.77	2.74	2.70	2.66	2.64	2.60	2.59	2.56	2.55	2.54
	4.60	4.52	4.41	4.33	4.25	4.17	4.12	4.05	4.01	3.96	3.93	3.91
11	2.74	2.70	2.65	2.61	2.57	2.53	2.51	2.47	2.46	2.43	2.42	2.40
	4.29	4.21	4.10	4.02	3.94	3.86	3.81	3.74	3.71	3.66	3.62	3.60
12	2.64	2.60	2.54	2.51	2.47	2.43	2.40	2.37	2.35	2.32	2.31	2.30
	4.05	3.97	3.86	3.78	3.70	3.62	3.57	3.50	3.47	3.41	3.38	3.36
13	2.55	2.51	2.46	2.42	2.38	2.34	2.31	2.28	2.26	2.23	2.22	2.21
	3.86	3.78	3.66	3.59	3.51	3.43	3.38	3.31	3.27	3.22	3.19	3.17
14	2.48	2.44	2.39	2.35	2.31	2.27	2.24	2.21	2.19	2.16	2.14	2.13
	3.70	3.62	3.51	3.43	3.35	3.27	3.22	3.15	3.11	3.06	3.03	3.00
15	2.42	2.38	2.33	2.29	2.25	2.20	2.18	2.14	2.12	2.10	2.08	2.07
	3.56	3.49	3.37	3.29	3.21	3.13	3.08	3.01	2.98	2.92	2.89	2.87
16	2.37	2.33	2.28	2.24	2.19	2.15	2.12	2.09	2.07	2.04	2.02	2.01
	3.45	3.37	3.26	3.18	3.10	3.02	2.97	2.90	2.86	2.81	2.78	2.75
17	2.33	2.29	2.23	2.19	2.15	2.10	2.08	2.04	2.02	1.99	1.97	1.96
	3.35	3.27	3.16	3.08	3.00	2.92	2.87	2.80	2.76	2.71	2.68	2.65
18	2.29	2.25	2.19	2.15	2.11	2.06	2.04	2.00	1.98	1.95	1.93	1.92
	3.27	3.19	3.08	3.00	2.92	2.84	2.78	2.72	2.68	2.62	2.59	2.57
19	2.26	2.21	2.16	2.11	2.07	2.03	2.00	1.96	1.94	1.91	1.89	1.88
	3.19	3.12	3.00	2.92	2.84	2.76	2.71	2.64	2.60	2.55	2.51	2.49
20	2.22	2.18	2.12	2.08	2.04	1.99	1.97	1.93	1.91	1.88	1.86	1.84
	3.13	3.05	2.94	2.86	2.78	2.69	2.64	2.57	2.54	2.48	2.44	2.42
21	2.20	2.16	2.10	2.05	2.01	1.96	1.94	1.90	1.88	1.84	1.83	1.81
	3.07	2.99	2.88	2.80	2.72	2.64	2.58	2.51	2.48	2.42	2.38	2.36
22	2.17	2.13	2.07	2.03	1.98	1.94	1.91	1.87	1.85	1.82	1.80	1.78
	3.02	2.94	2.83	2.75	2.67	2.58	2.53	2.46	2.42	2.36	2.33	2.31
23	2.15	2.11	2.05	2.01	1.96	1.91	1.88	1.84	1.82	1.79	1.77	1.76
	2.97	2.89	2.78	2.70	2.62	2.54	2.48	2.41	2.37	2.32	2.28	2.26
24	2.13	2.09	2.03	1.98	1.94	1.89	1.86	1.82	1.80	1.77	1.75	1.73
	2.93	2.85	2.74	2.66	2.58	2.49	2.44	2.37	2.33	2.27	2.234	2.21
25	2.11	2.07	2.01	1.96	1.92	1.87	1.84	1.80	1.78	1.75	1.73	1.71
	2.89	2.81	2.70	2.62	2.54	2.45	2.40	2.33	2.29	2.23	2.19	2.17

附表 4.3 *F*界值表（方差分析用,单侧界值）

分母的自由度 ν_2	分子的自由度，ν_1											
	1	2	3	4	5	6	7	8	9	10	11	12
26	4.23	3.37	2.98	2.74	2.59	2.47	2.39	2.32	2.27	2.22	2.18	2.15
	7.72	5.53	4.64	4.14	3.82	3.59	3.42	3.29	2.18	3.09	2.02	2.96
27	4.21	3.35	2.96	2.73	2.57	2.46	2.37	2.31	2.25	2.20	2.17	2.13
	7.68	5.49	4.60	4.11	3.78	3.56	3.39	3.26	3.15	3.06	2.99	2.93
28	4.20	3.34	2.95	2.71	2.56	2.45	2.36	2.29	2.24	2.19	2.15	2.12
	7.64	5.45	4.57	4.07	3.75	3.53	3.36	3.23	3.12	3.03	2.96	2.60
29	4.18	3.33	2.93	2.70	2.55	2.43	2.35	2.28	2.22	2.18	2.14	2.10
	7.60	5.42	4.54	4.04	3.37	3.50	3.33	3.20	3.09	3.00	2.93	2.87
30	4.17	3.32	2.92	2.69	2.53	2.42	2.33	2.27	2.21	2.16	2.13	2.09
	7.56	5.39	4.51	4.02	3.70	3.47	3.30	3.17	3.07	2.98	3.91	2.84
32	4.15	3.29	2.90	2.67	2.51	5.40	2.31	2.24	2.19	2.14	2.10	2.07
	7.50	5.34	4.46	3.97	3.65	3.43	3.26	3.13	3.02	2.93	2.86	2.80
34	4.13	3.28	2.88	2.65	2.49	2.38	2.99	2.23	2.17	2.12	2.08	2.05
	7.44	5.29	4.42	3.93	3.61	3.39	3.22	3.09	2.98	2.89	2.82	2.76
36	4.11	3.26	2.87	2.63	2.48	2.36	2.28	2.21	2.15	2.11	2.07	2.03
	7.40	5.25	4.38	3.89	3.57	3.35	3.18	3.05	2.95	2.86	2.79	2.72
38	4.10	3.24	2.85	2.62	2.46	2.35	2.26	2.19	2.14	2.09	2.05	2.02
	7.35	5.21	4.34	3.86	3.54	3.32	3.15	3.02	2.92	2.83	2.75	2.69
40	4.08	3.23	2.84	2.61	2.45	3.34	2.25	2.18	2.12	2.08	2.04	2.00
	7.31	5.18	4.31	3.83	3.51	3.29	3.12	2.99	2.89	2.80	2.73	2.66
42	4.07	3.22	2.83	2.59	2.44	2.32	2.24	2.17	2.11	2.06	2.03	1.99
	7.28	5.15	4.29	3.80	3.49	3.27	3.10	2.97	2.86	2.78	2.70	2.64
44	4.06	3.21	2.82	2.58	2.43	2.31	2.23	2.16	2.10	2.05	2.01	1.98
	7.25	5.12	4.26	3.78	3.47	3.24	3.08	2.95	2.84	2.75	2.68	2.62
46	4.05	3.20	2.81	2.57	2.42	2.30	2.22	2.15	2.09	2.04	2.00	1.97
	7.22	5.10	4.24	3.76	3.44	3.22	3.06	2.93	2.82	2.73	2.66	2.60
48	4.04	3.19	2.80	2.57	2.41	2.29	2.21	2.14	2.08	2.03	1.99	1.96
	7.19	5.08	4.22	3.74	3.43	3.20	3.04	2.91	2.80	2.71	2.64	2.58
50	4.03	3.18	2.79	2.56	2.40	2.29	2.20	2.13	2.07	2.03	1.99	1.95
	7.17	5.06	4.20	3.72	3.41	3.19	3.02	2.89	2.78	2.70	2.63	2.56
60	4.00	3.15	2.76	2.53	2.37	2.25	2.17	2.10	2.04	1.99	1.95	1.92
	7.08	4.98	4.13	3.65	3.34	3.12	2.95	2.82	2.72	2.63	2.56	2.50
70	3.98	3.13	2.74	2.50	2.35	2.23	2.14	2.07	2.02	1.97	1.93	1.89
	7.01	4.92	4.07	3.60	3.29	3.07	2.91	2.78	2.67	2.59	2.51	2.45
80	3.96	3.11	2.72	2.49	2.33	2.21	2.13	2.06	2.00	1.95	1.91	1.88
	6.96	4.88	4.04	3.56	3.26	3.04	2.87	2.74	2.64	2.55	2.48	2.42
100	3.94	3.09	2.70	2.46	2.31	2.19	2.10	2.03	1.97	1.93	1.89	1.85
	6.90	4.82	3.98	3.51	3.21	2.99	2.82	2.69	2.59	2.50	2.43	2.37
125	3.92	3.07	2.68	2.44	2.29	2.17	2.08	2.01	1.96	1.91	1.87	1.83
	6.84	4.78	3.94	3.47	3.17	2.95	2.79	2.66	2.55	2.47	2.39	2.33
150	3.90	3.06	2.66	2.43	2.27	2.16	2.07	2.00	1.94	1.89	1.85	1.82
	6.81	4.75	3.91	3.45	3.14	2.92	2.76	2.63	2.53	2.44	2.37	2.31
200	3.89	3.04	2.65	2.42	2.26	2.14	2.06	1.98	1.93	1.88	1.84	1.80
	6.76	4.71	3.88	3.41	3.11	2.89	2.73	2.60	2.50	2.41	2.34	2.27
400	3.86	3.02	2.63	2.39	2.24	2.12	2.03	1.96	1.90	1.85	1.81	1.78
	6.70	4.66	3.83	3.37	3.06	2.85	2.68	2.56	2.45	2.37	2.29	2.23
1000	3.85	3.00	2.61	2.38	2.22	2.11	2.02	1.95	1.89	1.84	1.80	1.76
	6.66	4.63	3.80	3.34	3.04	3.82	2.66	2.53	2.43	2.34	2.27	2.20
∞	3.84	3.00	2.60	2.37	2.21	2.10	2.01	1.94	1.88	1.83	1.79	1.75
	6.64	4.60	3.78	3.32	3.02	2.80	2.64	2.51	2.41	2.32	2.21	2.18

附表 4.4 *F*界值表（方差分析用，单侧界值）

分母的自由度 ν_2	分子的自由度，ν_1											
	14	16	20	24	30	40	50	75	100	200	500	∞
26	2.09	2.05	1.99	1.95	1.90	1.85	1.82	1.78	1.76	1.73	1.71	1.69
	2.86	2.78	2.66	2.58	2.50	2.42	2.36	2.29	2.25	2.19	2.16	2.13
27	2.08	2.04	1.97	1.93	1.88	1.84	1.81	1.76	1.74	1.71	1.69	1.67
	2.82	2.75	2.63	2.55	2.47	2.38	2.33	2.26	2.22	2.16	2.12	2.10
28	2.06	2.02	1.96	1.91	1.87	1.82	1.79	1.75	1.73	1.69	1.67	1.65
	2.79	2.72	2.60	2.52	2.44	2.35	2.30	2.23	2.19	2.13	2.09	2.06
29	2.05	2.01	1.94	1.90	1.85	1.81	1.77	1.73	1.71	1.67	1.65	1.64
	2.77	2.69	2.57	2.49	2.41	2.33	2.27	2.20	2.16	2.10	2.06	2.03
30	2.04	1.99	1.93	1.89	1.84	1.79	1.76	1.72	1.70	1.66	1.64	1.62
	2.74	2.66	2.55	2.47	2.39	2.30	2.25	2.17	2.13	2.07	2.03	2.01
32	2.01	1.97	1.91	1.86	1.82	1.77	1.74	1.69	1.67	1.63	1.61	1.59
	2.70	2.62	2.50	2.42	2.34	2.25	2.20	2.12	2.08	2.02	1.98	1.96
34	1.99	1.95	1.89	1.84	1.80	1.75	1.71	1.67	1.65	1.61	1.59	1.57
	2.66	2.58	2.46	2.38	2.30	2.21	2.16	2.08	2.04	1.98	1.94	1.91
36	1.98	1.93	1.87	1.82	1.78	1.73	1.69	1.65	1.64	1.59	1.56	1.55
	2.62	2.54	2.43	2.35	2.26	2.18	2.12	2.04	2.00	1.94	1.90	1.87
38	1.96	1.92	1.85	1.81	1.76	1.71	1.68	1.63	1.61	1.57	1.54	1.53
	2.59	2.51	2.40	2.32	2.23	2.14	2.09	2.01	1.97	1.90	1.86	1.84
40	1.95	1.90	1.84	1.79	1.74	1.69	1.66	1.61	1.59	1.55	1.53	1.51
	2.56	2.48	2.37	2.29	2.20	2.11	2.06	1.98	1.94	1.87	1.83	1.80
42	1.94	1.89	1.83	1.78	1.73	1.68	1.65	1.60	1.57	1.53	1.51	1.49
	2.54	2.46	2.34	2.26	2.18	2.09	2.03	1.95	1.91	1.85	1.80	1.78
44	1.92	1.88	1.81	1.77	1.72	1.67	1.63	1.59	1.56	1.52	1.49	1.48
	2.52	2.44	2.32	2.24	2.15	2.07	2.01	1.93	1.89	1.82	1.78	1.75
46	1.91	1.87	1.80	1.76	1.71	1.65	1.62	1.57	1.55	1.51	1.48	1.46
	2.50	2.42	2.30	2.22	2.13	2.04	1.99	1.91	1.86	1.80	1.76	1.73
48	1.90	1.86	1.79	1.75	1.70	1.64	1.61	1.56	1.54	1.49	1.47	1.45
	2.48	2.40	2.28	2.20	2.12	2.02	1.97	1.89	1.84	1.78	1.73	1.70
50	1.89	1.85	1.78	1.74	1.69	1.63	1.60	1.55	1.52	1.48	1.46	1.44
	2.46	2.38	2.27	2.18	2.10	2.01	1.95	1.87	1.82	1.76	1.71	1.68
60	1.86	1.82	1.75	1.70	1.65	1.59	1.56	1.51	1.48	1.44	1.41	1.39
	2.39	2.31	2.20	2.12	2.03	1.94	1.88	1.79	1.75	1.68	1.63	1.60
70	1.84	1.79	1.72	1.67	1.62	1.57	1.53	1.48	1.45	1.40	1.37	1.35
	2.35	2.27	2.15	2.07	1.98	1.87	1.83	1.74	1.70	1.62	1.57	1.54
80	1.82	1.77	1.70	1.65	1.60	1.54	1.54	1.45	1.43	1.38	1.35	1.32
	2.31	2.23	2.12	2.03	1.94	1.85	1.79	1.70	1.65	1.58	1.53	1.49
100	1.79	1.75	1.68	1.63	1.57	1.52	1.48	1.42	1.39	1.34	1.31	1.28
	2.27	2.19	2.07	1.98	1.89	1.80	1.74	1.65	1.60	1.52	1.47	1.43
120	1.77	1.73	1.66	1.60	1.55	1.49	1.45	1.40	1.36	1.31	1.27	1.25
	2.23	2.15	2.03	1.94	1.85	1.76	1.69	1.60	1.55	1.47	1.41	1.37
150	1.76	1.71	1.64	1.59	1.54	1.48	1.44	1.38	1.34	1.29	1.25	1.22
	2.20	2.12	2.00	1.92	1.83	1.73	1.66	1.57	1.52	1.43	1.38	1.33
200	1.74	1.69	1.62	1.57	1.52	1.46	1.41	1.35	1.32	1.26	1.22	1.19
	2.17	2.09	1.97	1.89	1.79	1.69	1.63	1.53	1.48	1.39	1.33	1.28
400	1.72	1.67	1.60	1.54	1.49	1.42	1.38	1.32	1.28	1.22	1.17	1.13
	2.13	2.05	1.92	1.84	1.75	1.64	1.58	1.48	1.42	1.32	1.24	1.19
1000	1.70	1.65	1.58	1.53	1.47	1.41	1.36	1.30	1.26	1.19	1.13	1.08
	2.10	2.02	1.90	1.81	1.72	1.61	1.54	1.44	1.38	1.28	1.19	1.11
∞	1.69	1.64	1.57	1.52	1.46	1.39	1.35	1.28	1.24	1.17	1.11	1.00
	2.08	2.00	1.88	1.79	1.70	1.59	1.52	1.42	1.36	1.25	1.15	1.00

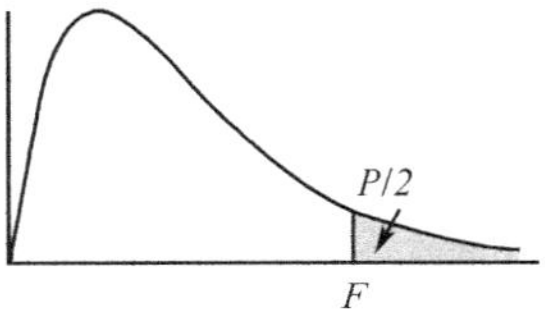

附表 5.1 *F* 界值表（方差齐性检验用,双侧界值）

$P=0.05$

分母的自由度 ν_2	分子的自由度，ν_1 1	2	3	4	5	6	7	8	9	10	12	15	20	30	60	∞
1	647.79	799.50	864.16	899.58	921.85	937.11	948.22	956.66	963.28	968.63	976.71	984.87	993.10	1001.41	1009.80	1018.26
2	38.51	39.00	39.17	39.25	39.30	39.33	39.36	39.37	39.39	39.40	39.41	39.43	39.45	39.46	39.48	39.50
3	17.44	16.04	15.44	15.10	14.88	14.73	14.62	14.54	14.47	14.42	14.34	14.25	14.17	14.08	13.99	13.90
4	12.22	10.65	9.98	9.60	9.36	9.20	9.07	8.98	8.90	8.84	8.75	8.66	8.56	8.46	8.36	8.26
5	10.01	8.43	7.76	7.39	7.15	6.98	6.85	6.76	6.68	6.62	6.52	6.43	6.33	6.23	6.12	6.02
6	8.81	7.26	6.60	6.23	5.99	5.82	5.70	5.60	5.52	5.46	5.37	5.27	5.17	5.07	4.96	4.85
7	8.07	6.54	5.89	5.52	5.29	5.12	4.99	4.90	4.82	4.76	4.67	4.57	4.47	4.36	4.25	4.14
8	7.57	6.06	5.42	5.05	4.82	4.65	4.53	4.43	4.36	4.30	4.20	4.10	4.00	3.89	3.78	3.67
9	7.21	5.71	5.08	4.72	4.48	4.32	4.20	4.10	4.03	3.96	3.87	3.77	3.67	3.56	3.45	3.33
10	6.94	5.46	4.83	4.47	4.24	4.07	3.95	3.86	3.78	3.72	3.62	3.52	3.42	3.31	3.20	3.08
11	6.72	5.26	4.63	4.28	4.04	3.88	3.76	3.66	3.59	3.53	3.43	3.33	3.23	3.12	3.00	2.88
12	6.55	5.10	4.47	4.12	3.89	3.73	3.61	3.51	3.44	3.37	3.28	3.18	3.07	2.96	2.85	2.72
13	6.41	4.97	4.35	4.00	3.77	3.60	3.48	3.39	3.31	3.25	3.15	3.05	2.95	2.84	2.72	2.60
14	6.30	4.86	4.24	3.89	3.66	3.50	3.38	3.29	3.21	3.15	3.05	2.95	2.84	2.73	2.61	2.49
15	6.20	4.77	4.15	3.80	3.58	3.41	3.29	3.20	3.12	3.06	2.96	2.86	2.76	2.64	2.52	2.40
16	6.12	4.69	4.08	3.73	3.50	3.34	3.22	3.12	3.05	2.99	2.89	2.79	2.68	2.57	2.45	2.32
17	6.04	4.62	4.01	3.66	3.44	3.28	3.16	3.06	2.98	2.92	2.82	2.72	2.62	2.50	2.38	2.25
18	5.98	4.56	3.95	3.61	3.38	3.22	3.10	3.01	2.93	2.87	2.77	2.67	2.56	2.44	2.32	2.19
19	5.92	4.51	3.90	3.56	3.33	3.17	3.05	2.96	2.88	2.82	2.72	2.62	2.51	2.39	2.27	2.13
20	5.87	4.46	3.86	3.51	3.29	3.13	3.01	2.91	2.84	2.77	2.68	2.57	2.46	2.35	2.22	2.09
21	5.83	4.42	3.82	3.48	3.25	3.09	2.97	2.87	2.80	2.73	2.64	2.53	2.42	2.31	2.18	2.04
22	5.79	4.38	3.78	3.44	3.22	3.05	2.93	2.84	2.76	2.70	2.60	2.50	2.39	2.27	2.14	2.00
23	5.75	4.35	3.75	3.41	3.18	3.02	2.90	2.81	2.73	2.67	2.57	2.47	2.36	2.24	2.11	1.97
24	5.72	4.32	3.72	3.38	3.15	2.99	2.87	2.78	2.70	2.64	2.54	2.44	2.33	2.21	2.08	1.94
25	5.69	4.29	3.69	3.35	3.13	2.97	2.85	2.75	2.68	2.61	2.51	2.41	2.30	2.18	2.05	1.91
26	5.66	4.27	3.67	3.33	3.10	2.94	2.82	2.73	2.65	2.59	2.49	2.39	2.28	2.16	2.03	1.88
27	5.63	4.24	3.65	3.31	3.08	2.92	2.80	2.71	2.63	2.57	2.47	2.36	2.25	2.13	2.00	1.85
28	5.61	4.22	3.63	3.29	3.06	2.90	2.78	2.69	2.61	2.55	2.45	2.34	2.23	2.11	1.98	1.83
29	5.59	4.20	3.61	3.27	3.04	2.88	2.76	2.67	2.59	2.53	2.43	2.32	2.21	2.09	1.96	1.81
30	5.57	4.18	3.59	3.25	3.03	2.87	2.75	2.65	2.57	2.51	2.41	2.31	2.20	2.07	1.94	1.79
40	5.42	4.05	3.46	3.13	2.90	2.74	2.62	2.53	2.45	2.39	2.29	2.18	2.07	1.94	1.80	1.64
60	5.29	3.93	3.34	3.01	2.79	2.63	2.51	2.41	2.33	2.27	2.17	2.06	1.94	1.82	1.67	1.48
120	5.15	3.80	3.23	2.89	2.67	2.52	2.39	2.30	2.22	2.16	2.05	1.94	1.82	1.69	1.53	1.31
∞	5.02	3.69	3.12	2.78	2.57	2.41	2.29	2.19	2.11	2.05	1.94	1.83	1.71	1.57	1.39	1.00

附表 5.2 *F*界值表（方差齐性检验用,双侧界值）

***P*= 0.10**

分母的自由度 ν_2	分子的自由度，ν_1															
	1	2	3	4	5	6	7	8	9	10	12	15	20	30	60	∞
1	161.45	199.50	215.71	224.58	230.16	233.99	236.77	238.88	240.54	241.88	243.91	245.95	248.01	250.10	252.20	254.31
2	18.51	19.00	19.16	19.25	19.30	19.33	19.35	19.37	19.38	19.40	19.41	19.43	19.45	19.46	19.48	19.50
3	10.13	9.55	9.28	9.12	9.01	8.94	8.89	8.85	8.81	8.79	8.74	8.70	8.66	8.62	8.57	8.53
4	7.71	6.94	6.59	6.39	6.26	6.16	6.09	6.04	6.00	5.96	5.91	5.86	5.80	5.57	5.69	5.63
5	6.61	5.79	5.41	5.19	5.05	4.95	4.88	4.82	4.77	4.74	4.68	4.62	4.56	4.50	4.43	4.37
6	5.99	5.14	4.76	4.53	4.39	4.28	4.21	4.15	4.10	4.06	4.00	3.94	3.87	3.81	3.74	3.67
7	5.59	4.74	4.35	4.12	3.97	3.87	3.79	3.73	3.68	3.64	3.57	3.51	3.44	3.38	3.30	3.23
8	5.32	4.46	4.07	3.84	3.69	3.58	3.50	3.44	3.39	3.35	3.28	3.22	3.15	3.08	3.01	2.93
9	5.12	4.26	3.86	3.63	3.48	3.37	3.29	3.23	3.18	3.14	3.07	3.01	2.94	2.86	2.79	2.71
10	4.96	4.10	3.71	3.48	3.33	3.22	3.14	3.07	3.02	2.98	2.91	2.85	2.77	2.70	2.62	2.54
11	4.84	3.98	3.59	3.36	3.20	3.09	3.01	2.95	2.90	2.85	2.79	2.72	2.65	2.57	2.49	2.40
12	4.75	3.89	3.49	2.26	3.11	3.00	2.91	2.85	2.80	2.75	2.69	2.62	2.54	2.47	2.38	2.30
13	4.67	3.81	3.41	3.18	3.03	2.92	2.83	2.77	2.71	2.67	2.60	2.53	2.46	2.38	2.30	2.21
14	4.60	3.74	3.34	3.11	2.96	2.85	2.76	2.70	2.65	2.60	2.53	2.16	2.39	2.31	2.22	2.13
15	4.54	3.68	3.29	3.06	2.90	2.79	2.71	2.64	2.59	2.54	2.48	2.40	2.33	2.25	2.16	2.07
16	4.49	3.63	3.24	3.01	2.85	2.74	2.66	2.59	2.54	2.49	2.42	2.35	2.28	2.19	2.11	2.01
17	4.45	3.59	3.20	2.96	2.81	2.70	2.61	2.55	2.49	2.45	2.38	2.31	2.23	2.15	2.06	1.96
18	4.41	3.55	3.16	2.93	2.77	2.66	2.58	2.51	2.46	2.41	2.34	2.27	2.19	2.11	2.02	1.92
19	4.38	3.52	3.13	2.90	2.74	2.63	2.54	2.48	3.42	2.38	2.31	2.23	2.16	2.07	1.98	1.88
20	4.35	3.49	3.10	2.87	2.71	2.60	2.51	2.45	2.39	2.35	2.28	2.20	2.12	2.04	1.95	1.84
21	4.32	3.47	3.07	2.84	2.68	2.57	2.49	2.42	2.37	2.32	2.25	2.18	2.10	2.01	1.92	1.81
22	4.30	3.44	3.05	2.82	2.66	2.55	2.46	2.40	2.34	2.30	2.23	2.15	2.07	1.98	1.89	1.78
23	4.28	3.42	3.03	2.80	2.64	2.53	2.44	2.37	2.32	2.27	2.20	2.13	2.05	1.96	1.86	1.76
24	4.26	3.40	3.01	2.78	2.62	2.51	2.42	2.36	2.30	2.25	2.18	2.11	2.03	1.94	1.84	1.73
25	4.24	3.39	2.99	2.76	2.60	2.49	2.40	2.34	2.28	2.21	2.16	2.09	2.01	1.92	1.82	1.71
26	4.23	3.37	2.98	2.74	2.59	2.47	2.39	2.32	2.27	2.22	2.15	2.07	1.99	1.90	1.80	1.69
27	4.21	3.35	2.96	2.73	2.57	2.46	2.37	2.31	2.25	2.20	2.13	2.06	1.97	1.88	1.79	1.67
28	4.20	3.34	2.95	2.71	2.56	2.45	2.36	2.29	2.24	2.19	2.12	2.04	1.96	1.87	1.77	1.65
29	4.18	3.33	2.93	2.70	2.55	2.43	2.35	2.28	2.22	2.18	2.10	2.03	1.94	1.85	1.75	1.64
30	4.17	3.32	2.92	2.69	2.53	2.42	2.33	2.27	2.21	2.16	2.09	2.02	1.93	1.84	1.74	1.62
40	4.08	3.23	2.84	2.61	2.45	2.34	2.25	2.18	2.12	2.08	2.00	1.92	1.84	1.74	1.64	1.51
60	4.00	3.15	2.76	2.53	2.37	2.25	2.17	2.10	2.04	1.99	1.92	1.84	1.75	1.65	1.53	1.39
120	3.92	3.07	2.68	2.45	2.29	2.18	2.09	2.02	1.96	1.91	1.83	1.75	1.66	1.55	1.43	1.25
∞	3.84	3.00	2.60	2.37	2.21	2.10	2.01	1.94	1.88	1.83	1.75	1.67	1.57	1.46	1.32	1.00

本书二维码

附录 1 中附表 6-附表 18

附录 2　常用统计学词汇

附录 3　复习思考题